Peter Gomez und Gilbert Probst

Die Praxis des ganzheitlichen Problemlösens

Peter Gomez und Gilbert Probst

Die Praxis des ganzheitlichen Problemlösens

Vernetzt denken
Unternehmerisch handeln
Persönlich überzeugen

3., unveränderte Auflage

Haupt Verlag
Bern Stuttgart Wien

Unseren Kindern

1. Auflage: 1995
2. Auflage: 1997
3. Auflage: 1999

Bibliografische Information der Deutschen Nationalbibliothek:
Die Deutsche Nationalbibliothek verzeichnet diese Publikation
in der Deutschen Nationalbibliografie; detaillierte bibliografische Angaben
sind im Internet über http://dnb.d-nb.de abrufbar.
ISBN 978-3-258-07306-4

Gestaltung: Atelier Mühlberg, Basel
Umschlagbild: Aquarell von Charlotte Probst, Genf

Printed in Germany

www.haupt.ch

Inhaltsverzeichnis

Vorwort

Ganzheitliches oder vernetztes Denken ist heute zu einem Schlagwort geworden. Kaum eine politische Meinungsäusserung, kaum ein Interview in der Wirtschaftspresse, in denen nicht dieses Denken heraufbeschworen wird. Auch in den Unternehmen gehört es heute zum guten Ton, einen ganzheitlichen Ansatz bei der Strategiefindung oder der Reorganisation zu fordern. So löblich diese Absichtserklärungen auch sind, die entsprechende Praxis sieht noch wenig verheissungsvoll aus, unsere unternehmerischen und gesellschaftlichen Problemlösungen würden sonst eine höhere Qualität aufweisen. Es besteht also Handlungsbedarf.

Wer heute vernetzt denken möchte, ist nicht mehr nur auf seine Intuition angewiesen. In den letzten Jahren sind dazu verschiedene Ansätze und Problemlösungsmethoden entwickelt und in der Praxis erfolgreich angewandt worden. Unter dem Titel «Vernetztes Denken im Management» haben die Autoren 1987 eine solche Problemlösungsmethodik vorgestellt (GOMEZ/PROBST 1987). Diese Methodik wurde von breiten Kreisen sehr positiv aufgenommen, und seither sind eine Vielzahl von Praxisprojekten mit ihrer Hilfe durchgeführt worden. Die Methodik wurde auch einer grossen Zahl von Führungskräften und Studenten vermittelt und mit ihnen an konkreten Problemstellungen erprobt. Diese vielfältigen Aktivitäten der letzten neun Jahre haben zu Verbesserungen und Vereinfachungen der Methodik geführt. Viel bedeutender ist aber ihre Erweiterung in den Aktions- und Verhaltensbereich. Die Devise heisst nicht mehr nur: «Vernetzt denken», sondern «Vernetzt denken – Unternehmerisch handeln – Persönlich überzeugen». Es reicht nicht aus, passende Gedankenmodelle zu komplexen Problemsituationen zu entwickeln (vernetzt denken). Vielmehr muss darauf aufbauend in der Praxis etwas bewegt werden (unternehmerisch handeln). Und dies ist nur möglich, wenn die Problemlösenden ihre Mitarbeiterinnen und Mitarbeiter mitreissen können (persönlich überzeugen). Dies hat viel früher bereits der grosse Schweizer Pädagoge PESTALOZZI (1944) erkannt, als er davon sprach, dass nur jemand mit Kopf, Hand und Herz etwas bewegen könne.

Wenn in diesem Buch alle drei Aspekte eines ganzheitlichen Problemlösens vorgestellt werden, so soll dies in zweifacher Hinsicht konsequent erfolgen. Zum einen wird die Dreiteilung über sämtliche Kapitel durchgezogen und werden die heute geläufigen Problemlösungsansätze auf diesen Gebieten integriert. Zum anderen wird vernetztes Denken, unternehmerisches Handeln und persönliches Überzeugen anhand einer Vielzahl von Unternehmensbeispielen illustriert, um zu dokumentieren, dass es sich hier nicht um blosse theoretische Konstrukte handelt. Der Stil des Buches wurde zudem bewusst so gehalten, dass das Gedankengut einer breiteren Öffentlichkeit zugänglich wird und nicht bloss Spezialisten anspricht.

Dieses Buch ist das Resultat einer intensiven Zusammenarbeit mit Kollegen, Führungskräften und Studenten. Ohne ihr Engagement und ihr kritisches Urteil wäre unsere Methodik leblos und praxisfern geblieben. Deshalb gilt ihnen allen unser herzlicher Dank. Besonders danken möchten wir Hans Ulrich, der den St. Galler Systemansatz begründet und uns in allen Phasen der Entwicklung der Methodik mit der ihm eigenen Kreativität und konstruktiven Kritik unterstützt hat. Weiterer Dank gebührt Jürg Honegger, Sabine Köhler, Clemens Rühling, Kai Romhardt und Manfred Stüttgen, die durch ihre Kommentare und ihre administrative Betreuung viel zum Gelingen des Buches beigetragen haben, sowie den Schweizerischen Kursen für Unternehmungsführung, die es uns alljährlich ermöglichen, die Methodik mit fast 100 oberen Führungskräften praktisch anzuwenden. Unser Verleger Men Haupt hat das Projekt in dankenswerter Weise stets voll Enthusiasmus begleitet. Herzlich danken wir schliesslich unseren Familien, die unsere Arbeit im wahrsten Sinn des Wortes ganzheitlich unterstützt haben.

Nach der guten Aufnahme, die die erste Auflage in kurzer Zeit gefunden hat, legen wir hier eine überarbeitete Fassung vor. Die Schritte zur Lösungsgestaltung und -umsetzung wurden gestrafft und mit weiteren Beispielen angereichert. Der Epilog fasst neu die jüngsten Entwicklungen auf dem Gebiet des Wissensmanagements zusammen. Wir hoffen, dadurch die praktische Umsetzbarkeit der Problemlösungsmethodik nochmals erleichtert zu haben.

St. Gallen / Genf, im Herbst 1996
Peter Gomez und Gilbert Probst

Prolog
Vom Umgang mit komplexen Problemen

Als die SWISSAIR 1992 das Projekt ALCAZAR eines möglichen Zusammenschlusses mit KLM, SAS und AUSTRIAN AIRLINES in Angriff nahm, fühlten sich viele Schweizer vor den Kopf gestossen. Sollte es tatsächlich soweit kommen, dass «ihre» Fluggesellschaft – ein nationales Monument – in der Anonymität einer führenden europäischen Airline verschwinden sollte? Argumente bezüglich wirtschaftlicher Notwendigkeiten angesichts der Nichtbeteiligung der Schweiz am europäischen Integrationsprozess oder schlicht die Frage nach den Überlebenschancen einer mittelgrossen Airline konnten kaum jemanden beeindrucken. Für die Schweizer trugen die Flugzeuge der SWISSAIR das weisse Kreuz auf rotem Grund in die weite Welt, und dies sollte auch in Zukunft so bleiben.

Die wenigsten Schweizer waren und sind sich aber bewusst, was hinter dem Unternehmen «SWISSAIR» steht. Ende der 70er Jahre noch bestand dieses aus 50 Flugzeugen, die einwandfrei operieren und eine qualitativ hohe Dienstleistung für Flugpassagiere erbringen sollten. Obwohl die SWISSAIR auch noch einige kleinere Nebengeschäfte betrieb, war ihre Haupttätigkeit doch der Flugbetrieb. Zwar koordinierte man sich auf bestimmten Gebieten mit anderen Airlines, doch war die Zusammenarbeit recht marginal. Ganz anders die heutige SWISSAIR. 1994 erzielte diese mit 31'600 Mitarbeitern einen Umsatz von rund 6.5 Mrd. Sfr. Davon stammen 2.1 Mrd. Sfr. aus anderen Aktivitäten als dem Flugbetrieb, vor allem aus dem in den letzten Jahren stark erweiterten Catering- und Verpflegungsbereich. Die SWISSAIR hat sich auch zum Ziel gesetzt, das Kerngeschäft Verpflegung zu einem zweiten Standbein weiter auszubauen. Es ist wohl kaum anzunehmen, dass die Schweizer Bevölkerung sich für diesen Teil der SWISSAIR besonders einsetzen würde. Sie wusste aber schlicht und einfach nicht, dass die SWISSAIR auch noch andere Dinge macht als «fliegen». Vielen auch nicht geläufig sind die grosse Zahl von Allianzen und Überkreuz-Beteiligungen, die die SWISSAIR in den letzten Jahren eingegangen ist. Zu erwähnen sind hier die Zusammenarbeit mit DELTA AIRLINES und SINGAPORE AIRLINES, die EUROPEAN QUALITY-ALLIANCE mit SAS und AUSTRIAN AIRLINES, die Beteiligung am weltweiten Reservationssystem

GALILEO oder die Wartungskooperation SHANNON-AEROSPACE. Und eben erst erwarb die SWISSAIR fast 50% der SABENA, was die beiden Partner zur viertgrössten Fluggesellschaft in Europa werden lässt. Für einen Aussenstehenden ist es also fast nicht mehr möglich, die Unternehmensgrenzen der SWISSAIR zu ziehen, festzustellen, was dazu gehört und was nicht. Auch ist die SWISSAIR nicht mehr ein hierarchisch fein säuberlich strukturiertes Unternehmen. In den letzten Jahren wurden Hierarchieebenen abgebaut, eine Profitcenter-Organisation errichtet, Netzwerkstrukturen eingeführt. Dies alles, um wettbewerbsfähiger zu werden, um langfristig eine gute Überlebenschance in diesem harten Geschäft zu haben.

Das Beispiel der SWISSAIR zeigt, dass moderne Unternehmen nur verstanden werden können, wenn ihre Wirkungsweise grundsätzlich hinterfragt wird. Wie funktionieren eigentlich Unternehmen? Wie verläuft der Geschäftsalltag von Führungskräften? Welche Aufgaben erfüllen Mitarbeiterinnen und Mitarbeiter? Noch vor wenigen Jahren hätten solche Fragen Erstaunen oder gar Kopfschütteln ausgelöst. Unternehmen stellen Produkte und Dienstleistungen für ihre Kunden her, Führungskräfte setzen Ziele, planen, koordinieren und überwachen, Mitarbeiterinnen und Mitarbeiter übernehmen die ausführenden Tätigkeiten. Alles ist schön geordnet, wie die Rädchen einer Maschine, die perfekt ineinandergreifen. Aber ist dies heute noch die Wirklichkeit?

Konnte früher das Unternehmen anhand seiner Produktionsstandorte und seiner Absatzorganisation klar identifiziert werden, so fällt die Orientierung heute schwer. Im Zeitalter der Allianzen und der «virtuellen» Unternehmen verwischen sich die Grenzen zunehmend. Je nach zu bearbeitenden Projekten werden Unternehmen modular zusammengesetzt, arbeiten sie mit dem einen oder anderen Partner zusammen. Gewisse Güter werden produziert, andere dazugekauft. Es ist sogar nicht unüblich, zusammen mit der Konkurrenz zu produzieren, auf dem Markt aber getrennt aufzutreten. Der Begriff der Konkurrenz relativiert sich dadurch natürlich. Was heute zum Unternehmen gehört, ist morgen vielleicht Konkurrenz – und umgekehrt. Das Unternehmen, wie wir es gekannt haben, gibt es in Zukunft immer weniger.

Der Mythos der Ziele setzenden, planenden, koordinierenden und überwachenden Führungskraft wurde schon in den 70er Jahren von MINTZBERG (1973) entlarvt. Aufgrund seiner empirischen Arbeiten zur Führungstätigkeit zeigte er auf, dass Führungskräfte die genannten Aktivitäten in keiner Art und Weise systematisch durchführen, sondern dass ihr Tagesablauf geprägt ist durch eine hektische Folge von Telefonaten, kurzen Gesprächen, Sitzungen und dem gelegentlichen Studium von Akten. Trotz diesem für einen Aussenstehenden chaotisch erscheinenden Vorgehen gelingt es, in den Fluss der Ereignisse jenen Sinn zu bringen, den wir als «Unternehmen» wahrnehmen.

Überholt ist schliesslich auch die Interpretation der Rolle der Mitarbeiter als ausführende Stellen. In der heutigen Zeit der flachen Hierarchien wird die Unterscheidung zwischen Führenden und Ausführenden immer mehr obsolet, Sachbearbeiter führen sich selbst und werden so zu den «Professionals», mit denen die Leistung des Unternehmens steht oder fällt.

Gibt es in diesem Kaleidoskop noch einen ruhenden Pol, ein gemeinsames Merkmal, eine Invariante? Bei all den angesprochenen Aktivitäten geht es letztlich um

Prozesse des Problemlösens.

Vielfältig miteinander verknüpfte Problemlösungsaktivitäten konstituieren das, was wir ein Unternehmen nennen. Der Alltag der Führungskräfte ist geprägt durch eine stete Folge der Lösung einfachster bis komplexester Probleme. Und alle Mitarbeiterinnen und Mitarbeiter sind in diese Problemlösungsprozesse eingebunden, die schliesslich zur Kundenzufriedenheit führen sollen.

Angesichts der zentralen Bedeutung der Problemlösungsprozesse für das Unternehmensgeschehen stellt sich natürlich sofort die Frage nach dem erfolgsversprechendsten Vorgehen. Gibt es so etwas wie eine universell gültige Methodik, die – richtig angewandt – stets zum Ziel führt? Offensichtlich nicht, wie das Scheitern so vieler Problemlösungen in der Unternehmenspraxis immer wieder zeigt. Jeder Problemlösungsprozess ist letztlich ein Versuch-Irrtums-Prozess, allerdings unter unterschiedlichen Voraussetzungen. Während niedere Organismen oft unter Einsatz ihres Lebens experimentieren, kann der Mensch durch sein Arbeiten mit Modellen und entsprechender Simulation seine Theorien für ihn «sterben» lassen. Wie gut die Problemlösung ausfällt, hängt damit letztlich von der Güte des zugrundegelegten Modells ab, und zu dessen Entwicklung lassen sich keine universell gültigen Ratschläge geben. Für bestimmte Konstellationen sind allerdings Handlungsanweisungen möglich, die die Erfolgswahrscheinlichkeit wesentlich erhöhen. Dies soll anhand von Beispielen aus dem Unternehmenszusammenhang illustriert werden.

Führungskräfte wie auch Mitarbeiter und Mitarbeiterinnen (im folgenden Problemlösende genannt) sehen sich einer Vielzahl unterschiedlichster Problemstellungen gegenüber, wie Abbildung 1 zeigt. Betrachtet man diese Problemstellungen etwas näher, so weisen sie unterschiedliche Eigenschaften auf und lassen sich demzufolge kategorisieren. Drei Arten von Problemen sollen im folgenden unterschieden werden: Einfache, komplizierte und komplexe Probleme.

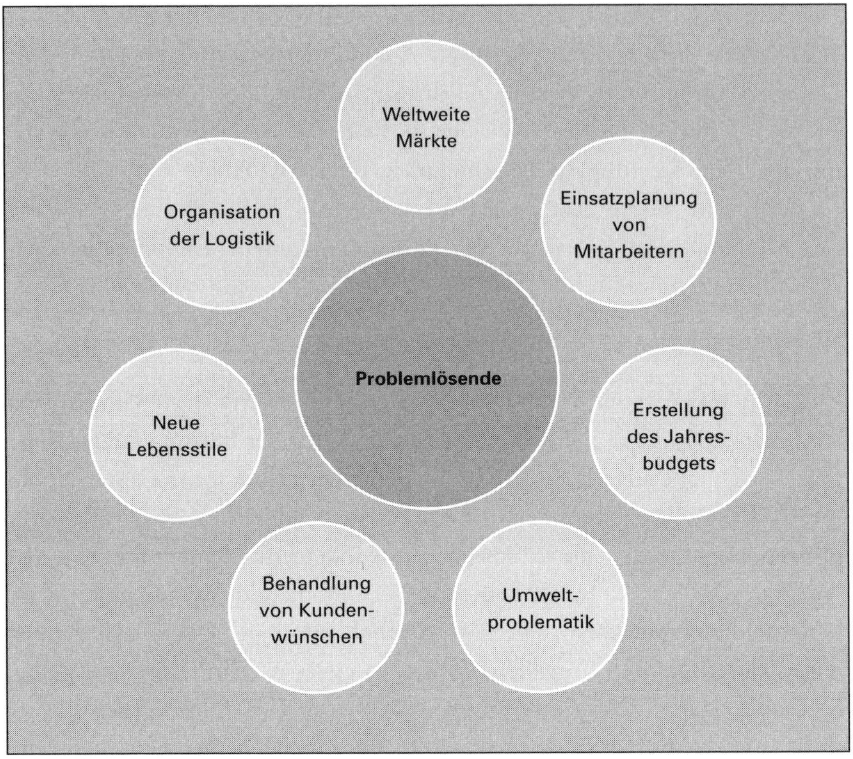

Abbildung 1
Unternehmerische Problemstellungen

- *Einfache Probleme*
  Diese Probleme sind durch wenige Einflussgrössen charakterisiert, die zudem eine geringe Verknüpfung aufweisen. In diese Kategorie fallen von den obigen Beispielen die Einsatzplanung von Mitarbeitern und die routinemässige Behandlung von Kundenwünschen. Diese Probleme lassen sich ohne methodische Hilfe aufgrund der Erfahrung, der vorhandenen Kenntnisse und Routinen bewältigen. Ein einfaches Problemlösungsschema kann hier unterstützende Dienste leisten. Diese Art von Problemen deckt den grössten Teil des unternehmerischen Geschehens ab. Es sind all jene ungezählten Schwierigkeiten, die wir fast unbewusst tagtäglich bewältigen.

- *Komplizierte Probleme*
  Diese Probleme sind durch eine Vielzahl verschiedener Einflussgrössen charakterisiert, die zudem relativ stark miteinander verknüpft sind. Die Strukturen bleiben aber über die Zeit stabil, die entsprechende Dynamik ist also gering. Beispiele für diese Art von Problemen sind die Erstellung des Jahresbudgets und die Organisation der Logistik. Bis ein Budget dem Verwaltungsrat präsentiert werden kann, sind eine Vielzahl von Operationen und Tausende von Mitarbeiterstunden notwendig. Trotzdem ist das

Prozedere jedes Jahr dasselbe, und es ist eine reine Fleissarbeit, bis das Budget steht. Bei der Organisation der Logistik eines Einzelhandelunternehmens geht es darum, die richtige Ware in der richtigen Menge an die richtige Verkaufsstelle zu liefern. Auch hier handelt es sich um eine Optimierungsaufgabe, die mit genügend analytischem Verstand gelöst werden kann. Für diese Art von Problemen stehen eine Vielzahl von Problemlösungsmethoden zur Verfügung, die letztlich immer eine Optimierung bei bestimmten Rahmenbedingungen beinhalten.

- *Komplexe Probleme*
  Komplexe Probleme unterscheiden sich von den komplizierten Problemen dadurch, dass zwar auch viele verschiedene, stark verknüpfte Einflussgrössen die Problemsituation auszeichnen, deren Interaktion sich aber laufend verändert. Hauptcharakteristikum komplexer Probleme ist also Dynamik, ein Eigenleben, das Auftreten immer neuer Muster und Konstellationen. Beispiele für komplexe Probleme in Abbildung 1 sind die Umweltproblematik, die weltweiten Märkte sowie die neuen Lebensstile. Die weltweite Öffnung der Märkte bedeutet, dass plötzlich neue Konkurrenten in den angestammten Heimmarkt eintreten, Substitutionsprodukte die eigene Marktposition streitig machen (zum Beispiel Generica bei den pharmazeutischen Produkten) oder sich ein dramatischer Preisverfall durch Billigprodukte ergibt. Die Marktkonstellation verändert sich oft schlagartig, gewohnte Strukturen verschwinden. Diese Art von Problemen erfordern ein völlig neues Denken und Handeln, wie in diesem Buch zu zeigen sein wird.

Im heutigen Unternehmensgeschehen lässt sich eine starke Verschiebung weg von den einfachen und komplizierten Problemen hin zu den komplexen Problemen feststellen. Aber nicht nur die Komplexität nimmt zu, sondern es entstehen eigentliche Dilemmata für die Führungskräfte.

Die folgenden Spannungsfelder der heutigen Unternehmen sollen dies illustrieren:

– Zunehmende Internationalisierung und Vernetzung der Unternehmung bei gleichzeitiger Fragmentierung der Märkte und Individualisierung der Bedürfnisse.
– Steigende Dynamik des Unternehmensgeschehens bei gleichzeitig abnehmender verfügbarer Reaktionszeit der Führungskräfte.
– Wachsender Ruf der Mitarbeiter nach Leadership bei gleichzeitiger Forderung nach vermehrten eigenen Handlungsspielräumen.
– Weiteres Streben nach Wohlstand bei gleichzeitiger Wahrung ökologischer Ziele und sozialer Verantwortung.
– Verstärkte Innovationskraft bei gleichzeitiger Beherrschung zunehmender Risiken.

Um diese Herausforderungen annehmen zu können, müssen Führungskräfte Fähigkeiten aufweisen, die sich von den hergebrachten zum Teil signifikant unterscheiden. Sie tun sich aber schwer im Umgang mit Komplexität (vgl. dazu auch GROSS, 1994, für den gesellschaftlichen Kontext). Wie DÖRNER (1989) aufgrund empirischer Untersuchungen eindrücklich gezeigt hat, begehen wir immer wieder die folgenden grundlegenden Fehler:

- *Mangelhafte Zielerkennung*
  Es fällt uns schwer zu spezifizieren, was wir überhaupt erreichen wollen. Wir verhalten uns ähnlich wie Amateur-Schachspieler, die in den nächsten zwei bis drei Zügen denken. Professionelle Schachspieler denken in Mustern, das heisst in Stellungen auf dem Brett. Ihr Ziel ist beispielsweise der Aufbau einer Angriffstellung, die einzelnen Züge sind nur ein Mittel zum Zweck. An die Stelle des Denkens in Punktzielen tritt das Denken in Konstellationen – das einzig Realistische in komplexen Problemsituationen.

- *Beschränkung auf Ausschnitte*
  Unsere Ausbildung, unsere Fähigkeiten und unser Beruf verleiten uns dazu, jeweils jene Ausschnitte der Problemsituation hervorzuheben, in denen wir uns auskennen. Klassisches Beispiel dafür ist die Einteilung der betriebswirtschaftlichen Lehrstühle an unseren Universitäten. Für den Marketingprofessor ist die aufgetretene Schwierigkeit «nichts anderes als» ein Marketingproblem, für den Personalprofessor ist es ein Personalproblem. Unglücklicherweise nehmen komplexe Probleme keine Rücksicht auf die Einteilung unserer Lehrstühle. Deshalb werden ausschnittsbezogene Problemlösungen meistens fehlschlagen.

- *Einseitige Schwerpunktbildung*
  Dieser Fehler hängt eng mit dem vorangegangenen zusammen. Wenn wir die Welt durch eine bestimmte Brille sehen, werden wir auch unsere Aktionen mit dem dieser Brille zugehörenden Instrumentarium vornehmen. Dörner illustriert dies anhand eines Simulationsmodelles, bei dem die Versuchspersonen Bürgermeister/in spielen mussten. Manager bemühten sich sofort und meist ausschliesslich um die wirtschaftliche Gesundung der Stadt, und führten sie ins Chaos. Andere Gruppen nahmen sich vorwiegend der sozial Benachteiligten an und führten die Stadt ebenfalls in den Ruin.

- *Unbeachtete Nebenwirkungen*
  Von klein auf wurde uns in der Schule das monokausale Ursache-Wirkungs-Denken beigebracht. In komplexen Situationen hat aber jede Ursache verschiedene Wirkungen, genauso wie Wirkungen verschiedene Ursachen haben. DÖRNER illustriert dies an seinem Simulationsmodell

«Tanaland», bei dem die Teilnehmer Nomaden in der Sahelzone «beraten» sollen. Das Graben von Tiefwasserbrunnen erwies sich vordergründig als die ideale Lösung. Die Nomaden hatten Wasser, konnten sich niederlassen, das Vieh tränken. Dass dieses aber die Böden abweiden und die Nomaden zum Weiterziehen zwingen würde, wurde nicht bedacht. Diese negative Nebenwirkung übertraf aber bei weitem den positiven Effekt der Tiefwasserbrunnen.

- *Tendenz zur Übersteuerung*
  In komplexen Situationen sind zeitliche Verzögerungen ein wesentliches Charakteristikum. Kennen wir diese nicht, so neigen wir zur Übersteuerung des Systems. Ein gutes Beispiel dafür ist die Notenbankpolitik der 60er und 70er Jahre. Wurde die Geldmenge gedrosselt, und trat nicht sofort der erwartete inflationsdämpfende Effekt ein, so wurde der Geldhahn weiter zugedreht und die Wirtschaft entsprechend abgewürgt. Die Kenntnis der involvierten zeitlichen Verzögerungen hätte ein solch oft fatales Verhalten verhindert.

- *Tendenz zu autoritärem Verhalten*
  Angesichts der Erfolgslosigkeit unserer Massnahmen bei Eingriffen in komplexe Situationen neigen wir dazu, als letzte Rettung autoritär den eigenen Willen durchzusetzen. Es versteht sich von selbst, dass dadurch der angerichtete Schaden nur noch grösser wird.

Dieses Buch wird darauf ausgerichtet sein, Wege zur Bewältigung komplexer Situationen aufzuzeigen. Vorher ist aber noch auf das Vorgehen bei jenen Problemen einzugehen, die wir oben als «einfach» oder «kompliziert» bezeichnet haben.

Einfache Probleme

Einfache Probleme zeichnen sich durch wenige Einflussgrössen, eine geringe Verknüpfung zwischen diesen Grössen und durch eine weitgehende Stabilität dieser Beziehungen aus. Wir haben oben als Beispiele die Behandlung von Kundenwünschen und die Einsatzplanung von Mitarbeitern genannt. Gerade diese Beispiele zeigen aber die Problematik einer solchen Problemkategorisierung auf. Viele Führungskräfte werden zu Recht argumentieren, dass die Behandlung von Kundenwünschen in ihrer Situation alles andere als ein einfaches Problem sei. Ob ein Problem als einfach taxiert werden kann, hängt nicht nur von den jeweiligen Gegebenheiten ab, sondern auch von der Wahrnehmung des Problemlösers. Und diese wird entscheidend bestimmt durch sein Wissen, seine Erfahrung und seine Fähigkeiten. Was für einen Anfänger als kompliziert erscheint, präsentiert sich für den erfahrenen Professional oft als einfach. Er weiss, auf welche wenigen Grössen er sich konzentrieren muss, um erfolgreich zu sein. Damit ist allerdings nicht ausgesagt, dass die Bestimmung eines Problems als einfach, kompliziert oder komplex einzig von den Zielen und Fähigkeiten des Problemlösers abhängig ist. Es sei hier an die Warnung von Albert Einstein erinnert: «Ein Problem soll immer so einfach wie möglich gesehen werden, aber nicht einfacher!» Es gibt eine Grenze der Vereinfachung, deren Unterschreitung zu unzulänglichen oder falschen Schlüssen führt. Gerade in einer Zeit, in der reduktionistische Denkweisen nach dem Prinzip: «Es ist ja nichts anderes als ...» sehr populär sind, muss vor unzulässigen Vereinfachungen gewarnt werden.

Ein Problem wird nicht dadurch einfach, dass man es durch einige wenige Grössen oder Zusammenhänge definiert. Anderseits kann man aber Probleme auch «überkomplizieren», indem man alle möglichen Aspekte auch noch miteinbezieht, die nur einen marginalen Einfluss haben. Einen Königsweg zur Kategorisierung von Problemen gibt es nicht. Es ist aber ein erstes Gebot eines jeden Problemlösungsprozesses, die Art des Problems zu erkennen, um anschliessend die geeignete Methodik anwenden zu können.

Wird ein Problem als «einfach» identifiziert, so reicht in vielen Fällen der gesunde Menschenverstand aus, um es zu lösen. Wollte man hier jedesmal

Abbildung 2
Grundmodul des Problemlösungsprozesses (Brauchlin, 1978, S. 77)

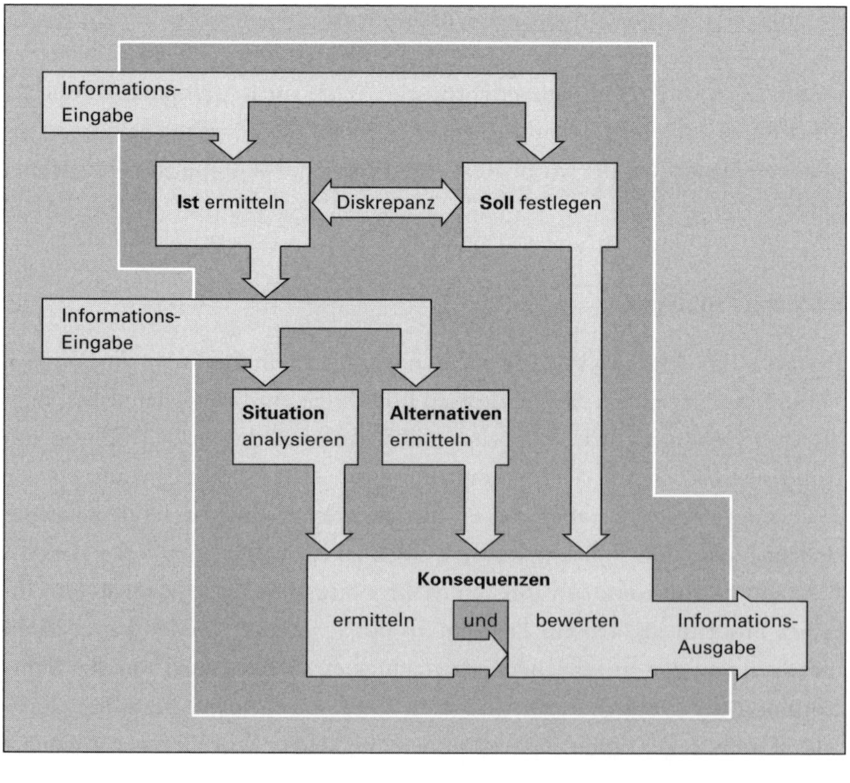

nach dem Lehrbuch vorgehen, hiesse dies, mit Kanonen auf Spatzen zu schiessen. Anderseits kann es aber oft von Nutzen sein, sich an gewisse Leitideen zu halten, sei es nur, um nichts Wesentliches zu vergessen. Eine solche Leitidee für einen beliebigen Problemlösungsprozess ist in Form eines «Grundmoduls» in Abbildung 2 festgehalten.

In diesem Grundmodul wird Problemlösen als ein Informationsverarbeitungsprozess verstanden. Ausgangspunkt ist die Ermittlung des Ist-Zustandes und die Festlegung des Soll- oder Zielzustandes. Das Problem wird definiert als Diskrepanz zwischen Soll und Ist. In einem nächsten Schritt geht es darum, die Ist-Situation zu analysieren, bevor anschliessend Alternativen zur Veränderung dieser Situation ermittelt werden. Auf der Grundlage der Zielvorstellungen, der Situationsanalyse und der gefundenen Alternativen werden schliesslich die Konsequenzen ermittelt und bewertet, was zu einem Entscheid im Sinne einer Problemlösung führen soll.

Letztlich werden in jedem Problemlösungsprozess und in jeder Methodik die Elemente des «Grundmoduls» wieder auftreten. Aber die Darstellung allein vermittelt schon den Eindruck der Statik, die einfachen oder allenfalls noch komplizierten Probleme eigen ist. Das Grundmodul gibt keine Hinweise darauf, wie in den einzelnen Schritten vorzugehen ist. Dies wird der Intuition des Problemlösers überlassen.

Für einfache Probleme reicht dies völlig aus, und deshalb kann dieses Modul mit Gewinn eingesetzt werden. Für komplizierte und komplexe Probleme jedoch müssen dem Problemlöser differenziertere Vorgehensweisen und Instrumente an die Hand gegeben werden.

Komplizierte Probleme

Komplizierte Probleme zeichnen sich durch eine Vielzahl relativ stark verknüpfter Einflussfaktoren aus, wobei das Verknüpfungs- und Interaktionsmuster sich im Zeitablauf nicht stark ändert. Diese Art von Problemen lässt sich mit dem gesunden Menschenverstand allein nicht mehr bewältigen. Wesentlich geprägt durch die Fachrichtung des Operations Research (OR), wurde ein ausgebautes Instrumentarium zur Lösung komplizierter Probleme entwickelt.

Es ist hier nicht der Ort, dieses Instrumentarium umfassend darzustellen. Es sind im folgenden lediglich einige einfachere Ansätze vorzustellen, um das Prinzip zu illustrieren: Der Entscheidungsbaum, das PERT-System und die dynamische Investitionsrechnung.

Das Entscheidungsbaumverfahren strebt eine Optimierung mehrstufiger Entscheidungen bei Unsicherheit an. Abbildung 3 illustriert dieses Verfahren. Sie zeigt die sogenannte «Roll-back»-Analyse. Diese verfolgt den Zweck, aus

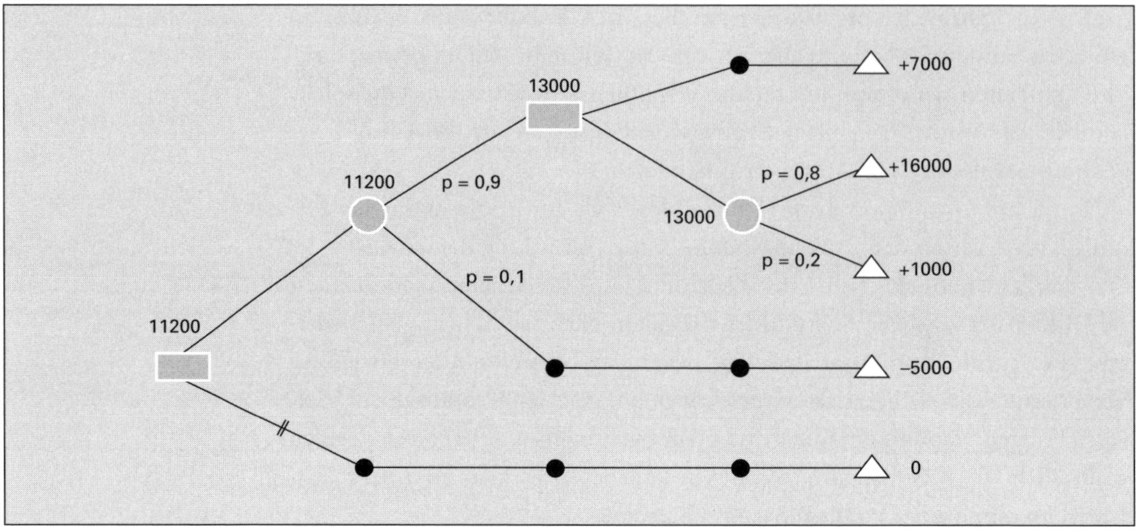

Abbildung 3
Illustration des Entscheidungsbaumverfahrens (Brauchlin, 1978, S. 195)

verschiedenen denkbaren Strategien die optimale zu eruieren. Im Beispiel wird die Frage untersucht, ob ein bestimmter Spezialapparat entwickelt werden soll. Die Entwicklungskosten des Prototyps betragen Sfr. 5'000.–. Wird gar nichts unternommen, so ergibt sich beim untersten Endknoten eine 0. Wird entwickelt, so wird mit einer Wahrscheinlichkeit von 90% angenommen, dass der Kunde bestellt, mit 10% Wahrscheinlichkeit erfolgt keine Bestellung. In diesem Falle sind die Entwicklungskosten von Sfr. 5'000.– verloren. Wird aufgrund des befriedigenden Prototyps die Produktion aufgenommen, so hat der Kunde zwei Wahlmöglichkeiten. Wählt er das Verfahren 1 (oberster Ast), so ergibt sich ein Gewinn von Sfr. 7'000.–. Wählt er das Verfahren 2, so ist wiederum die Unterscheidung zu treffen, ob der gewählte Prototyp auch in der Produktion die erwarteten Resultate bringt (Wahrscheinlichkeit 80%), oder ob auf das Verfahren 1 umgestellt werden muss (Wahrscheinlichkeit 20%). Im ersten Fall ergibt sich eine Gewinnerwartung von Sfr. 16'000.–, im zweiten von Sfr. 1'000.–. Rechnet man nun im Sinne der «Roll-back»-Analyse von rechts nach links, so ergibt sich ein Erwartungswert des gesamten Projektes von Sfr. 11'200.–, das bedeutet, dass das Projekt durchgeführt werden sollte.

Ein weiterer Ansatz für komplizierte Probleme ist die Netzplantechnik. Diese tritt in verschiedenen Varianten unter den Namen PERT (Program Evaluation and Review Technique) oder CPM (Critical Path Method) auf. Der Begriff des «Netzplans» wird immer wieder verwechselt mit dem «Netzwerk» der in diesem Buch vorgestellten Problemlösungsmethodik für komplexe Probleme. Es handelt sich aber um etwas völlig Unterschiedliches. Bei der Netzplantechnik geht es um die Optimierung des Ablaufes von Aktivitäten in Projekten im Sinne einer Zeitplanung und einer optimalen Kapazitätsauslastung.

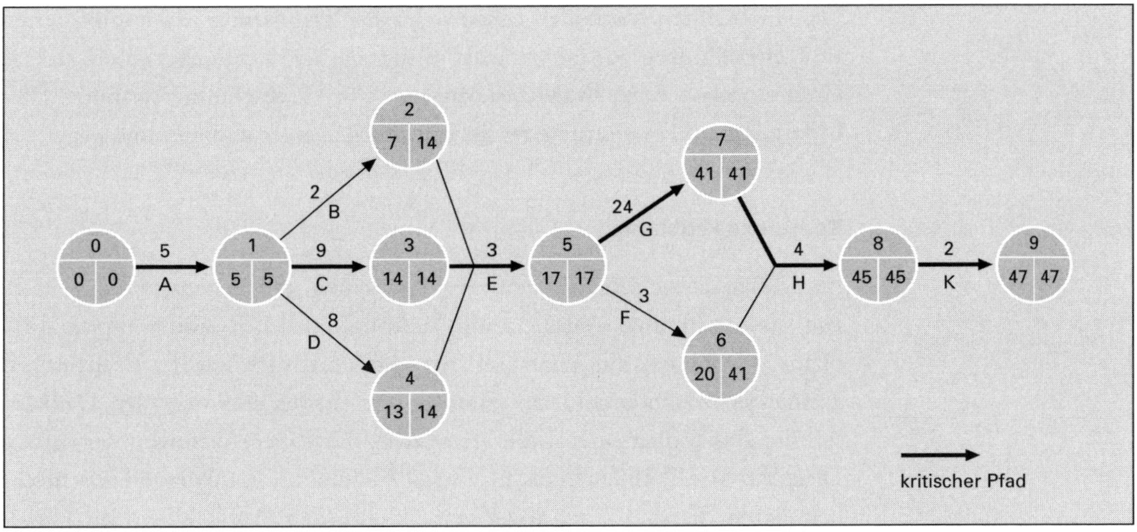

Abbildung 4
Illustration eines PERT-Netzplanes (Probst, 1993, S. 128)

Abbildung 4 illustriert einen solchen Netzplan. Die drei Zahlen der jeweiligen Knoten bedeuten folgendes: Oben Position des Vorganges in der Sequenz, links Anfangstermin, rechts Endtermin. Die Zahlen bei den Pfeilen halten die jeweilige Dauer in Wochen fest, und die Buchstaben bezeichnen besondere Aktivitäten, «E» zum Beispiel Schulungsseminare. Aufgrund dieser Darstellung kann nun der «kritische Pfad» ermittelt werden, hier durch die fetten Pfeile dargestellt. Diese Darstellung ermöglicht es nun, Pufferzeiten und Zeitreserven zu ermitteln und zu verhindern, dass Programmverzögerungen eintreten.

Als letzter Ansatz für komplizierte Probleme sei noch die dynamische Investitionsrechnung erwähnt. Diese trägt dem zeitlichen Auseinanderklaffen von Mitteleinsatz und Mittelwirkung bei Investitionen Rechnung und berücksichtigt den Zeitwert des Geldes. Es wird unterschieden zwischen der Kapitalwertmethode und der Methode des internen Zinssatzes (Brauchlin 1978, S. 209). Bei der Kapitalwert- oder Gegenwartswertmethode werden die in Zukunft erwirtschafteten Mittel mit einem festgelegten Zinsfuss auf die Gegenwart abdiskontiert. Zieht man noch den erwarteten Liquidationserlös mit ein, so kann ermittelt werden, ob die Investition die angestrebte Verzinsung erbringt. Bei der Methode des internen Zinssatzes wird die Frage gestellt, bei welchem Zinssatz der Kapitalwert von Ausgaben und Einnahmen gleich Null ist, das heisst, zu welchem Satz sich die Investition verzinst. Entscheidend bei diesem Verfahren ist die Berücksichtigung des Zeitwerts des Geldes. Dem wird durch die Abzinsung auf die Gegenwart Rechnung getragen. Dem Prinzip der dynamischen Investitionsrechnung werden wir in etwas anderer Form in Schritt 4 der Problemlösungsmethodik wieder begegnen, wenn es um die dynamische Evaluation gefundener Alternativen geht.

Die vorgestellten Methoden lassen sich zur Optimierung von komplizierten Problemstellungen gewinnbringend einsetzen. Sie stossen aber sofort an ihre Grenzen, wenn versucht wird, sie auf komplexe Probleme anzuwenden. Hier bedarf es einer Erweiterung des herkömmlichen Instrumentariums.

Komplexe Probleme

Im Gegensatz zu den komplizierten Problemen, mit denen sie die Vielzahl von Einflussfaktoren und die starke Verknüpfung teilen, sind komplexe Probleme durch Dynamik charakterisiert. Art und Intensität der Beziehungen können sich verändern, Einflussfaktoren dazustossen oder wegfallen. Das Muster der Zusammenhänge – die Vernetzung – ist einem Wandel unterworfen. Diese Art von Problemen lässt sich mit herkömmlichen Methoden schlecht bewältigen. Es sind neue Wege gesucht, um den Problemlösenden Handlungsanweisungen bereitstellen zu können.

Die Entwicklung ganzheitlicher Lösungsansätze für komplexe Probleme hat eine lange Tradition. Es würde den Rahmen sprengen, hier auf die unterschiedlichsten Konzeptionen einzugehen. Vielmehr soll der Weg aufgezeigt werden, der zu der in diesem Buch entwickelten Problemlösungsmethodik geführt hat. Nach dem Zweiten Weltkrieg entstanden in verschiedenen Teilen der Welt Denkansätze, die die zunehmende Komplexität unternehmerischer und gesellschaftlicher Zusammenhänge erkannten und ein ganzheitliches Vorgehen bei Problemlösungen anstrebten. Es entwickelten sich die neuen Wissenschaften der Systemtheorie und der Kybernetik. Grosse Verdienste für die Grundlagenforschung erwarben Wissenschaftler wie AHSBY (1956), BERTALANFFY (1951) und WIENER (1948). Die Ideen dieser Pioniere wurden von Wirtschafts- und Sozialwissenschaftlern aufgenommen und auf Unternehmen und andere soziale Institutionen übertragen. Besonders hervorzuheben sind hier BEER (1959, 1966), FORRESTER (1961) und ULRICH (1968). Ein zentrales Element all dieser Ansätze war die Forderung nach einem konsequenten Denken in Kreisläufen, also nach einem vernetzten Denken. Die erste operative Umsetzung dieses Denkens in ein praktisch handhabbares Problemlösungsinstrumentarium stammt von FORRESTER (1961, 1971). Sein Ansatz des System Dynamics, den er sukzessive im Zusammenhang eines Unternehmens (Industrial Dynamics), einer Stadt (Urban Dynamics) und der gesamten Welt (World Dynamics) einsetzte, war der Ausgangspunkt der Entwicklung jener drei Ansätze des Vernetzten Denkens, die heute zur Bewältigung komplexer Probleme am meisten angewandt werden.

Anfangs der 80er Jahre stellte VESTER (VESTER/HESSLER 1980) mit seinem Sensitivitätsmodell eine ausgebaute Modellierungsmethodik für komplexe Systeme vor. Die positiven und negativen Rückkoppelungen als Bausteine des

Modells sowie die Aufbereitung des Modells im Vorfeld der Simulation entsprachen weitestgehend dem Ansatz von Forrester. Eine bedeutende Weiterentwicklung dieses Ansatzes stellt aber das gesamte von Vester bereitgestellte Rahmenwerk dar, das spezifische Hinweise darauf gibt, welche Variablen in das Modell Eingang finden sollen (Kriterienmatrix), wie diese aufeinander einwirken (Einflussmatrix) und wie mittels Teilsimulationen Anregungen zur gezielten Beeinflussung der Situation gewonnen werden können. Auch seine biokybernetischen Lenkungsregeln, die später im vierten Schritt unserer Problemlösungsmethodik ausführlich diskutiert werden, stellen eine echte Innovation dar. Vester hat seinen Problemlösungsansatz in verschiedensten Zusammenhängen praktisch angewandt, so in der Planung von Ballungsgebieten (1976) und bei der Bewältigung von Verkehrsproblemen (1990). Ebenfalls hat er eine Software zur Simulation seiner Modelle entwickelt, auf die später noch einzugehen sein wird. Vester arbeitet stets mit einem grossen Stab von Leuten an umfassenden Problemstellungen gesellschaftlicher Relevanz und weniger an konkreten Problemen einzelner Unternehmen.

In der zweiten Hälfte der 80er Jahre stellten Gomez, Probst und Ulrich (Gomez/Probst 1987, Ulrich/Probst 1988) die auf komplexe Unternehmensprobleme zugeschnittene Methodik des vernetzten Denkens vor. Fundament dieser Methodik war der an der Hochschule St. Gallen entwickelte Systemansatz (Ulrich 1968; Gomez/Malik/Oeller 1975; Probst 1981) sowie ebenfalls das System Dynamics von Forrester. Die Methodik sollte Problemlösenden in Unternehmen die Möglichkeit geben, ohne fremde Hilfe komplexe Problemstellungen besser zu bewältigen. Sie verzichtete auf die Entwicklung und Simulation komplizierter Modelle, sondern wies den Praktikern einen gut nachvollziehbaren Weg zur eigenen Entwicklung und Interpretation von Netzwerken. Die Methodik des Vernetzten Denkens ist heute in der Unternehmenspraxis im deutschsprachigen Europa weit verbreitet und anerkannt. Und sie bildet nach wie vor das Skelett der in diesem Buch vorgestellten Problemlösungsmethodik.

Anfangs der 90er Jahre schliesslich stellte Senge (1990) in seinem Buch *The Fifth Discipline* seinen Ansatz des vernetzten Denkens vor, den er zu einer Theorie der «Lernenden Organisation» weiterverarbeitete. Ausgehend vom Forrester-Ansatz entwickelte er Archetypen von Kreisläufen für bestimmte Problemstellungen von Unternehmen und anderen sozialen Institutionen. Der Ansatz von Senge ist eher eine Denkhaltung als eine ausgebaute Problemlösungsmethodik. Deshalb gibt es auch bisher noch nicht allzu viele konkrete Anwendungen in der Unternehmenspraxis. Senge hat aber vor allem in den USA das Bewusstsein für das vernetzte Denken entscheidend geschärft, und es ist sein Verdienst, die wichtige Brücke zum organisatorischen Lernen geschlagen zu haben.

Wenn in diesem Buch die St. Galler Methodik des vernetzten Denkens von den Autoren in ihrer Weiterentwicklung vorgestellt wird, so sind hierzu einige Vorbemerkungen zu machen. Seit der ersten Vorstellung der Methodik im Jahre 1987 (Gomez/Probst 1987) sind neun Jahre vergangen. In dieser Zeit konnte die Methodik auf dem Prüfstand der Unternehmenspraxis vielfach getestet werden. Die Autoren haben selber über 50 Projekte auf der obersten Führungsebene von Unternehmen, öffentlichen Institutionen, Standesorganisationen und politischen Behörden durchgeführt. Über eine Auswahl solcher Projekte wurde in einem Sammelband (Probst/Gomez 1991) eingehend berichtet. Viele der durchgeführten Projekte werden auch in diesem Buch vorgestellt. Auf mittlerer und unterer Führungsebene von Unternehmen haben unsere Mitarbeiter eine Vielzahl von Projekten durchgeführt, und über Seminare konnten wir einigen tausend Führungskräften die Methodik näherbringen. Diese Aktivitäten haben uns die Stärken der Methodik, aber auch ihre Schwächen schonungslos aufgezeigt. Wir haben versucht, das Bewährte in diesem Buch noch zu verstärken, die Schwächen aber konsequent auszumerzen.

Wenn hier ein Punkt hervorgehoben werden soll, so ist es nicht die sukzessive Reduktion der Schritte der Problemlösungsmethodik von sieben (1987) auf sechs (1991) und schliesslich auf fünf (1995). Diese Reduktion erfolgte aufgrund der gewonnenen Erfahrungen zur noch besseren Anwendbarkeit der Methodik. Viel entscheidender ist die Integration zweier neuer Dimensionen, die bisher eindeutig zu kurz gekommen sind, nämlich die des unternehmerischen Handelns und die des persönlichen Überzeugens.

Beobachtet man das Führungsverhalten in Unternehmen, oder konsultiert man die entsprechende Managementliteratur, so stellt man in den wenigsten Fällen eine Integration von Sach- und Verhaltensebene fest. In der Managementliteratur gibt es auf der einen Seite die Strategie- und Organisationsbücher, die auf der sachlogischen Ebene zeigen, wie man Wettbewerbsstrategien entwickelt, Allianzen gestaltet und Kernkompetenzen aufbaut. Dabei steht die Technik der Durchführung solcher Analysen im Vordergrund. Das neueste Beispiel ist die Literatur zum Business Process Reengineering (Hammer/Champy 1994). Hier wird über eine neue Unternehmensarchitektur – weg von den Funktionen und hin zu den Prozessen – ausführlich berichtet. Was dies für ein Umdenken bei den Führungskräften und Mitarbeitern bedingt, wird jedoch nur am Rande beleuchtet. Auf der anderen Seite gibt es die Leadership- oder Führungsliteratur. Hier wird über die Erlangung von Führungskompetenz, die Motivation von Mitarbeitern, die persönliche Selbstentfaltung geschrieben. Die zugrundeliegende Geschäftslogik wird meist mit keinem Wort erwähnt. Was nützt aber eine motivierte Mannschaft, wenn diese einen Markt im Niedergang bearbeitet? Oder anders ausgedrückt, die entsprechende Literatur gibt einem oft das Gefühl einer «frohen Mannschaft auf dem sinkenden Schiff».

Ähnlich sieht es im Unternehmenskontext aus. In guten Zeiten spielen die weichen Faktoren und die Organisationsentwicklung eine wichtige Rolle. Förderung der Mitarbeiter – «Empowerment» – lautet die Devise. Brechen jedoch schwierigere Zeiten an, so wird ohne Rücksicht auf Verluste auf der Ebene der Sachlogik operiert. Neue Strategien werden entworfen, Organisationen umgekrempelt, Managementsysteme eingeführt. Ob die Befindlichkeit der Organisation ein Verdauen dieser Veränderungen ermöglicht, wird nicht gefragt.

Was not tut, ist eine ausgewogene Kombination von Sach- und Verhaltensorientierung, wie es in Abbildung 5 dargestellt ist. Was bedeutet dies nun für eine Methodik zur Bewältigung komplexer Probleme? Diese darf nicht nur rein technisch aufzeigen, welche Schritte durchlaufen werden müssen und welche Inhalte in den einzelnen Schritten abzuarbeiten sind. Vielmehr muss die Frage ebenfalls gestellt werden, wie die gefundenen Lösungen in das Unternehmensgeschehen eingebettet werden können. Diese Dimension kam bei unseren bisherigen Publikationen stets zu kurz, sie hat sich aber in der praktischen Erfahrung als zunehmend wichtig erwiesen. Deshalb haben wir die Dimension des vernetzten Denkens durch die zwei weiteren Dimensionen

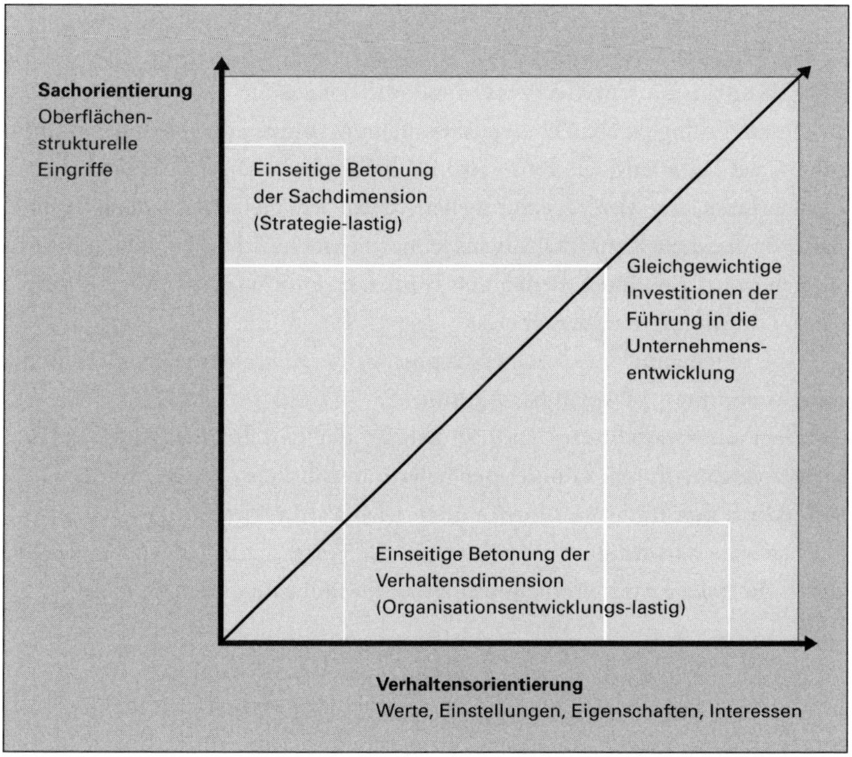

Abbildung 5
Komplementarität von Sach- und Verhaltensdimension in der Unternehmensentwicklung (Müller-Stewens, 1995)

Prozesse des vernetzten Denkens	Prozesse des unternehmerischen Handelns	Prozesse des persönlichen Überzeugens
Konzepte	Instrumente	Verhaltens-weisen

Abbildung 6
Integrierte Prozess-Sicht des Problemlösens

des «Unternehmerischen Handelns» und des «Persönlichen Überzeugens» ergänzt. Unternehmerisch handeln heisst, im Unternehmen die gefundenen Konzepte im Interesse des Ganzen umzusetzen. Dabei genügt der gute Wille nicht. Dazu gehört das Überzeugen durch persönliches Beispiel und die Zivilcourage. Erst in dieser Kombination ist es möglich, nicht nur vernetzt zu denken, sondern auch entsprechend zu handeln.

Wenn also im folgenden eine Methodik zur Bewältigung komplexer Probleme vorgestellt wird, so geschieht es immer aus einer dreifachen Optik, wie Abbildung 6 zeigt. Entscheidend ist hier die Prozess-Sicht. Wie wir einleitend zu diesem Prolog gesehen haben, ist ein Unternehmen ein vielfältig verknüpftes Ganzes bestehend aus Prozessen. Deshalb müssen diese Prozesse bei allen Dimensionen im Vordergrund stehen. Beim «Vernetzten Denken» führen diese Prozesse zu Konzepten, beim «Unternehmerischen Handeln» schlagen sie sich in Instrumenten nieder, und beim «Persönlichen Überzeugen» führen sie zu bestimmen Verhaltensweisen.

Wie sehen nun die einzelnen Schritte unserer Problemlösungsmethodik aus? Abbildung 7 gibt darüber Auskunft.

Über die Bezeichnung und die Inhalte der einzelnen Schritte der Problemlösungsmethodik könnte hier bereits ausführlich referiert werden. Dies soll jedoch den nächsten fünf Kapiteln vorbehalten bleiben. Ein erster Hinweis soll aber trotzdem gegeben werden in Form der zentralen Fragen, die durch die Schritte der Problemlösungsmethodik beantwortet werden.

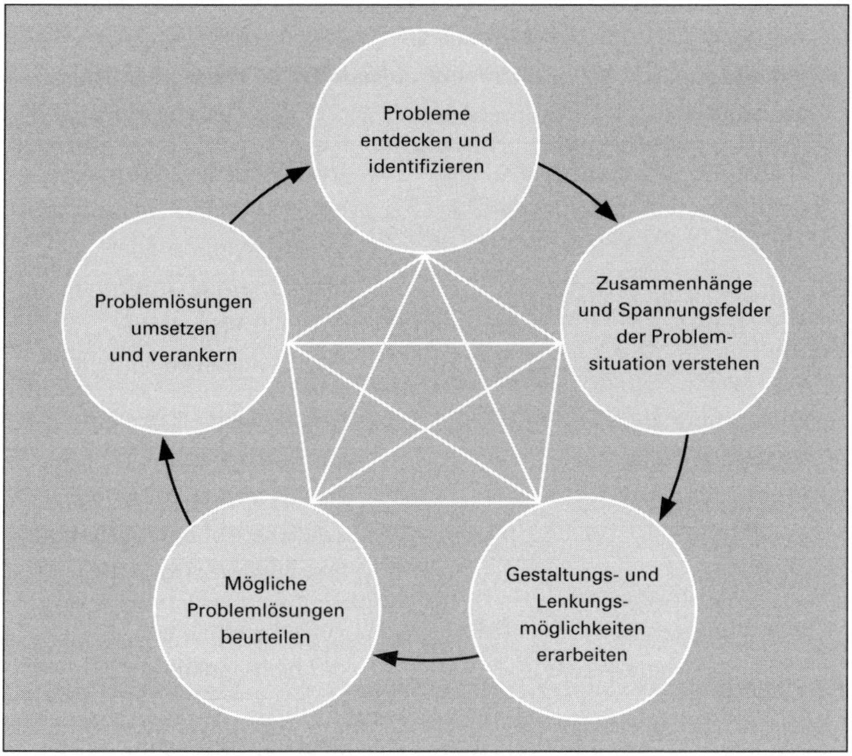

Abbildung 7
Schritte der ganzheitlichen Problemlösungmethodik

- Schritt 1
  Wie wird das Problem zum Problem?
- Schritt 2
  Wie entsteht aus einzelnen Teilen ein integriertes Ganzes?
- Schritt 3
  Welches sind die Ansatzpunkte für Veränderungen?
- Schritt 4
  Welcher Lösungsansatz «passt»?
- Schritt 5
  Wie bringt man die Problemlösung zum Laufen?

Kombiniert man nun die Problemlösungsschritte mit den Prozessen des vernetzten Denkens, unternehmerischen Handelns und persönlichen Überzeugens, so ergibt sich die Feinstruktur von Abbildung 8.

Schritte der Methodik \ Prozessfelder	**Vernetzt denken**
Probleme entdecken und identifizieren	■ Unterschiedliche Standpunkte einnehmen ■ Zweckbestimmung und Systemabgrenzung vornehmen ■ Schlüsselfaktoren ableiten
Zusammenhänge und Spannungsfelder der Problemsituation verstehen	■ Den zentralen Kreislauf identifizieren ■ Das Netzwerk aufbauen ■ Zeitliche Abhängigkeiten und Intensitäten ermitteln
Gestaltungs- und Lenkungsmöglichkeiten erarbeiten	■ Verhaltensmuster der nicht lenkbaren Bereiche ermitteln ■ Lenkungsoptionen identifizieren ■ Indikatoren der Zielerreichung festlegen
Mögliche Problemlösungen beurteilen	■ Die Einhaltung der systemischen Lenkungsregeln sicherstellen ■ Alternativen qualitativ beurteilen ■ Mögliche Problemlösungen quantitativ bewerten
Problemlösungen umsetzen und verankern	■ Stufengerecht und multidimensional verankern ■ Früherkennung und Fortschrittkontrolle sicherstellen ■ Entwicklungsprozesse und -fähigkeiten erfassen

Abbildung 8
Feinstruktur der ganzheitlichen Problemlösungsmethodik

	Unternehmerisch handeln	Persönlich überzeugen
	■ Anspruchsgruppen-Teams bilden ■ Ziele festlegen ■ Kompetenzen aufbauen	■ Verantwortung übernehmen ■ Visionen kommunizieren ■ Schwergewichte setzen
	■ Nach Prozessen statt Funktionen organisieren ■ Die Geschäftslogik entwickeln ■ Zeitmanagement umsetzen	■ Unternehmergeist fördern ■ Paradoxien/Dilemmata managen ■ Projekt- und Teamarbeit fördern
	■ Szenarien entwickeln und durchspielen ■ Kreative Problemlösungen entwickeln ■ Fortschritte in der Problemlösung überwachen	■ Zunkunftsorientiert denken und handeln ■ Machbarkeiten und Grenzen aufzeigen ■ Zielorientiert führen und Kreativität fördern
	■ Die Eigengesetzlichkeiten des Unternehmens nutzen ■ Benchmarking praktizieren ■ Wertsteigerungen realisieren	■ Die Mitarbeiterinitiative fördern ■ Den Risikodialog suchen ■ Die Interessen der Anspruchsgruppen sichern
	■ Umsetzung planen und kommunizieren ■ Ziel- und anreizorientiert realisieren ■ Lernorientiertes Controlling einführen	■ Dialog praktizieren ■ Vertrauens- und sinnorientiert führen ■ Lernprozesse auslösen und unterstützen

Noch ein Wort zu den unterschiedlichen Darstellungen der Abbildungen 7 und 8. Das Denken in Kreisläufen wurde oben als Synonym für das vernetzte Denken vorgestellt. Das bedeutet aber, dass auch die Problemlösungsmethodik ein Kreislauf sein muss. Probleme entstehen, werden entdeckt und gelöst; es werden aber wieder neue Probleme entstehen, und der Kreislauf beginnt von vorne. Auch darf man sich den Problemlösungsprozess nicht sequentiell vorstellen, sondern als einen iterativen Prozess. Man beginnt bei der Problemidentifikation, schreitet fort zur Bestimmung der Zusammenhänge und der Erarbeitung von Lenkungsmöglichkeiten. Plötzlich entdeckt man aber, dass die Problemidentifikation ungenügend war, und man geht zurück zum ersten Schritt. Von dort springt man vielleicht direkt auf den vierten Schritt, geht wieder zurück, usw. Dies wird in Abbildung 7 deutlich.

Abbildung 9
Illustrationsbeispiele aus der Praxis, geordnet nach Problemlösungsschritten

Beispiele / Schritte der Methodik	**Integrale Beispiele**
Probleme entdecken und identifizieren	■ Ciba
Zusammenhänge und Spannungsfelder der Problemsituation verstehen	■ Asea Brown Boveri (ABB)
Gestaltungs- und Lenkungsmöglichkeiten erarbeiten	■ IBM
Mögliche Problemlösungen beurteilen	■ Kuoni Reisen
Problemlösungen umsetzen und verankern	■ Hewlett Packard

Dass für Abbildung 8 wieder die traditionelle Darstellung gewählt wurde, hat didaktische Gründe zur Erleichterung der Übersicht.

Viele Stichworte von Abbildung 8 mögen im Moment noch wenig aussagen. Sie werden aber in den nächsten Kapiteln ausführlich diskutiert. Des weiteren werden alle Schritte und Teilschritte anhand von Beispielen aus der Praxis illustriert. Welche Beispiele zu dieser Illustration herangezogen werden, zeigt übersichtsmässig Abbildung 9. Das Grundprinzip der beispielhaften Illustration besteht darin, in jedem Schritt ein Beispiel voll durchzuarbeiten, in Schritt 1 das Beispiel CIBA. Innerhalb jedes Schrittes werden einzelne Punkte wiederum an kleineren Beispielen (zum Beispiel Skiort Laax) illustriert.

Einzelbeispiele		
Vernetzt denken	**Unternehmerisch handeln**	**Persönlich überzeugen**
■ Skiort Laax ■ ABB	■ Bundesamt für Verkehr ■ IBM	■ General Electric ■ Hilti ■ Canon
■ Swissair ■ Ciba ■ Schweizerische Radio- und Fernsehgesellschaft (SRG)	■ Hewlett Packard ■ IBM ■ Apple ■ Hilti	■ Gore ■ British Airways ■ TRW Repa
■ Schweizer Illustrierte	■ Kuoni ■ Mikron	■ Oticon ■ Winterthur-Versicherungen ■ Sony
■ Ringier ■ Mikron	■ BP ■ Migros ■ Schweizer Rückversicherung ■ Merkur	■ Ciba ■ General Electric
■ Hewlett Packard ■ Maag Technic	■ Swisscontrol ■ Geberit	■ Mettler-Toledo ■ SMH

Bevor nun in den nächsten fünf Kapiteln die einzelnen Schritte der ganzheitlichen Problemlösungsmethodik vorgestellt werden, noch drei grundlegende Bemerkungen zum Arbeiten mit der Methodik. Die grundlegende Philosophie wird zwar auch im folgenden bei der Vorstellung der entsprechenden Konzepte, Instrumente und Verhaltensweisen immer wieder durchschimmern. Trotzdem soll sie im Sinne einer Zusammenfassung vorangestellt werden.

- *Das Lösen komplexer Probleme ist eine Führungsaufgabe und kann nicht delegiert werden!*
  Das Vorhandensein eines ausgebauten Instrumentariums verleitet Führungskräfte nur allzu leicht zur Delegation von Aufgaben, die in ihrem ureigensten Verantwortungsbereich liegen. Ein gutes Beispiel dafür sind die strategischen Planungen der grossen Unternehmen in den 70er und 80er Jahren. Diese Aufgabe wurde an die Stäbe delegiert, die mit grösster Akribie alle möglichen Informationen sammelten und zu einem strategischen Plan verdichteten. Diesen präsentierten sie den staunenden Führungskräften und waren anschliessend sehr enttäuscht, dass der Plan in der Schublade verschwand. Grund dafür war die mangelnde Identifikation der Führungskräfte mit der erarbeiteten Strategie. Diese war etwas Fremdes, «nicht auf dem eigenen Mist Gewachsenes». In der strategischen Führung haben die 90er Jahre hier eine klare Trendwende gebracht. Strategien sind Chefsache, die Führungskräfte erarbeiten sie selber. Sie werden dabei von ihren Stäben unterstützt. Dasselbe muss auch für die Bearbeitung komplexer Probleme – und um solche handelt es sich ja auch bei der strategischen Führung – gelten. Deshalb ist die Methodik so ausgestaltet, dass sie von Führungskräften in kürzester Zeit begriffen und umgesetzt werden kann. Es wird bewusst auf die Erstellung komplizierter Computermodelle verzichtet, da in einem solchen Falle die Zwischenschaltung von Spezialisten unvermeidlich wäre. Dann ergäbe sich wieder der eben beschriebene Verfremdungseffekt.

- *Komplexe Probleme können nur in Teamarbeit erfolgreich bewältigt werden!*
  Die Zeiten der einsamen Problemlöser im stillen Kämmerlein sind vorbei. Ganzheitliches Problemlösen bedeutet, alle Wissensträger in den Problemlösungsprozess aktiv miteinzubeziehen. Auch die Interessen der jeweiligen Anspruchsgruppen sollen im Team personell vertreten sein. Das bedeutet einerseits, dass der Problemlösungsprozess durch eine professionelle Projektorganisation unterstützt wird. Entscheidend ist aber noch ein weiteres Instrument, nämlich der Einsatz von Workshops. Diese ermöglichen es, das Wissen und die Meinungen der Teammitglieder in kürzester Zeit zu integrieren und mit Bezug auf die jeweils aktuelle Fragestellung zu bün-

deln. Die Methodik des ganzheitlichen Problemlösens ist auf das Arbeiten in Workshops abgestimmt, und der Leiter des Prozesses versteht sich nicht mehr als interner oder externer Berater, sondern als Moderator eines Prozesses auf der Basis der methodischen Vorgaben.

- *Die Bewältigung komplexer Probleme ist ein Lernprozess!*
  Bei vielen Problemlösungsprozessen herrscht heute immer noch die Meinung vor, dass mit der Lösung das Problem ad acta gelegt werden könne. Natürlich zielt jeder Prozess auf die Lösung eines bestimmten Problems ab. Gleichzeitig aber muss jeder Prozess dazu benutzt werden, zu lernen. Dies nicht nur auf individueller Ebene, sondern auch auf der Ebene der Gesamtorganisation. Organisationelles Lernen ist mehr als die Summe allen individuellen Lernens. Auf diese Lernprozesse wird in den einzelnen Schritten der Problemlösungsmethodik, besonders aber im Epilog noch einzugehen sein.

Mit diesen grundlegenden Bemerkungen zum Denkansatz der ganzheitlichen Problemlösung kann nun übergeleitet werden zum 1. Schritt der Methodik, der sich mit der Entdeckung und der Identifikation von Problemen beschäftigt.

Schritt 1
Probleme entdecken und identifizieren

Im November 1986 stand ein Lagerhaus des Schweizer Chemiekonzerns SANDOZ in Schweizerhalle bei Basel in Flammen. Bei den Löscharbeiten gelangten giftige Stoffe in den Rhein, was ein grosses Fischsterben auslöste. Die umliegende Bevölkerung musste evakuiert werden, im Chemiestandort Basel griff die Angst um sich. Heini LIPPUNER, der spätere Vorsitzende der Konzernleitung von CIBA, dem grössten Schweizer Chemie- und Pharmaunternehmen, fasst die damalige Stimmung wie folgt zusammen (LIPPUNER, 1993, 97): «Nach diesem Feuer wusste unser Unternehmen, dass für die Chemische Industrie die Welt nie mehr dieselbe sein würde wie vorher. Der öffentliche Aufschrei als Folge dieses Desasters war Ausdruck des lange aufgestauten Ärgers der Bevölkerung und des Misstrauens gegenüber der modernen Hochtechnologie im allgemeinen – Seveso, Bhopal, Tschernobyl, Schweizerhalle – und wir erkannten darin das Sympton eines tieferliegenden Problems: Die Wertsysteme der Gesellschaft und der Industrie hatten sich weit auseinanderentwickelt ... Dieser Wandel sozialer Werte war aber nicht unsere einzige Herausforderung. Es gab auch einen starken Druck für radikalen Wandel von innerhalb des Unternehmens selbst und von Seiten des unmittelbaren Geschäftsumfeldes. Irreversible Trends in der Wettbewerbslandschaft, wie Globalisierung, Industriekonsolidierung, Bildung wirtschaftlicher Blöcke, usw., beschleunigten sich. Das Unternehmen hatte mit sinkender Produktivität zu kämpfen; Jahrzehnte der Prosperität hatten zu einer gewissen Trägheit geführt. ... Wandel hiess deshalb das oberste Gebot.»

Nach ihrer Berufung an die Führungsspitze nahmen Dr. Alex KRAUER als Verwaltungsratspräsident und Heini LIPPUNER als Vorsitzender der Konzernleitung der CIBA 1988 diese Herausforderung an und entwickelten mit einem multinationalen Kernteam eine neue Vision für das Unternehmen. Begleitet wurde dieser Prozess von einem «Think tank» jüngerer Führungskräfte des mittleren und oberen Managements, die als besonders kreativ, offen und mutig eingeschätzt wurden, und die das Vertrauen ihrer Kollegen besassen. Die so nach und nach entstehende Vision wurde in das Unternehmen und sein relevantes Umfeld zurückgespielt und reflektiert. Und 1989 stellte die CIBA

	Vision Ciba-Geigy
Verantwortung für den wirtschaftlichen Erfolg auf lange Sicht	Wir erwirtschaften angemessene finanzielle Ergebnisse durch qualitatives Wachstum und ständige Erneuerung einer ausgewogenen Geschäftsstruktur, so dass wir das Vertrauen all jener rechtfertigen, die auf unser Unternehmen bauen – Aktionäre, Mitarbeiter/-innen, Geschäftspartner und Öffentlichkeit. Wir werden unsere langfristige Zukunft nicht durch die Maximierung des kurzfristigen Gewinns gefährden.
Gesellschaftliche Verantwortung	Wir sind ein vertrauenswürdiges, gegenüber der Gesellschaft offenes Unternehmen. Mit unserer Geschäftstätigkeit wollen wir einen sinnvollen Beitrag zur Lösung globaler Probleme und zum Fortschritt der Menschheit leisten. Wir sind uns unserer Verantwortung bewusst, wenn wir neue Erkenntnisse in Wissenschaft und Technik zur kommerziellen Anwendung bringen. Wir wägen Nutzen und Risiko bei allen Aktivitäten, Verfahren und Produkten sorgfältig ab.
Verantwortung für die Umwelt	Rücksicht auf die Umwelt ist Teil all unseres Handelns. Wir entwickeln Produkte und Verfahren so, dass sie ihren Zweck sicher und mit geringstmöglicher Umweltbelastung erfüllen. Wir machen sparsamen Gebrauch von Rohstoffen und Energie und bemühen uns ständig, Abfälle in jeder Form zu reduzieren. Es ist unsere Pflicht, unvermeidbaren Abfall unter Einsatz neuester Technologien sicher zu entsorgen.

Abbildung 1.1
Vision CIBA-GEIGY 1989

(damals noch CIBA-GEIGY) den Mitarbeitern und der Öffentlichkeit folgende Vision vor: «Wir wollen die Zukunft unseres Unternehmens über das Jahr 2000 hinaus sichern, indem wir ein ausgewogenes Verhältnis zwischen unserer wirtschaftlichen, gesellschaftlichen und ökologischen Verantwortung anstreben.» Diese Vision wurde sodann, wie in Abbildung 1.1 vorgestellt, weiter spezifiziert.

Die neue Vision der CIBA löste einen fundamentalen Wandel aus, der von einer neuen strategischen Ausrichtung im Markt bis hin zur Schaffung umfassender Möglichkeiten der Selbstverwirklichung der Mitarbeiter unter den Stichworten «Empowerment» und «Directed Autonomy» führte. Dieser Wandel wäre wohl kaum initiiert worden – CIBA-GEIGY war Ende der 80er Jahre ein wirtschaftlich äusserst erfolgreiches Unternehmen –, wenn nicht eine kleine Gruppe oberster Führungskräfte den grundlegenden Wertewandel in der Gesellschaft ernst genommen und problematisiert hätte. Das «Problem» lag also nicht einfach auf der Hand. Vielmehr musste es entdeckt und identifiziert werden. Dabei waren die vielfältigen legitimen Ansprüche unterschiedlichster gesellschaftlicher und wirtschaftlicher Interessengruppen zu berücksichtigen. Und es brauchte viel Mut von Alex Krauer und Heini Lippuner, trotz der massiven Vorwürfe der «Nestbeschmutzung» seitens der Konkurrenz die neue Vision konsequent zu kommunizieren und umzusetzen.

Probleme dürfen also nicht einfach als vorgegeben betrachtet werden. Nicht zuletzt die auf langer Tradition beruhende und auch heute noch übliche Form des Schulunterrichts auf allen Stufen ist der Grund dafür, dass wir immer wieder diesen Fehler begehen. Schülerinnen und Schüler erhalten von den Lehrkräften Probleme vorgesetzt, die sie lösen sollen. Und normalerweise haben die Lehrkräfte auch zur Kontrolle des Erreichten die Lösung parat. Selten kommt ein Lehrer auf die Idee, das Problem als solches durch die Studierenden hinterfragen zu lassen. Dabei zeigt aber gerade das obige Beispiel, dass Probleme nicht einfach auf der Hand liegen. Sie müssen entdeckt und identifiziert werden. Und dies ist oft bedeutend schwieriger als die Problemlösung selbst.

In seinem meisterhaften Buch *The Age of Unreason* erzählt Charles HANDY (1991) die Geschichte des gesottenen Frosches. Wirft man einen Frosch in siedendes Wasser, so wird er – zwar vermutlich vergebens – mit aller Kraft versuchen, seinem Schicksal zu entrinnen. Legt man aber einen Frosch in ein Gefäss mit kaltem Wasser und bringt dieses langsam zum Sieden, so wird er keine Anstalten machen, das Gefäss zu verlassen, bis er tot ist. Der Grund dafür liegt darin, dass die jeweilige Zunahme der Wassertemperatur vom Frosch nicht als eine markante Änderung gegenüber vorher wahrgenommen wird und er keinen Grund dafür sieht, sein Verhalten zu ändern. Den Schock des Eintauchens in siedendes Wasser hingegen nimmt er als massive Veränderung der Situation – als Katastrophe – wahr, und er wird versuchen, dieses Unheil abzuwenden.

Handy sieht grosse Parallelen zum Verhalten der Menschen. Der Mensch hat im Laufe der Evolution die Fähigkeit entwickelt, auf Krisen oder Katastrophen sofort und zielgerichtet zu reagieren. Bei Veränderungsprozessen, die in kleinen, kaum wahrnehmbaren Schritten ablaufen, reagiert der Mensch kaum, da er jeweils keinen genügenden Anlass erkennen kann, sein Verhalten zu ändern. Ein gutes Beispiel dafür ist die Erwärmung der Erdatmosphäre durch die Verwendung fossiler Brennstoffe. Das Ansteigen der Temperaturen über die Jahrzehnte findet in so kleinen Schritten statt, dass die Menschen kaum einen Unterschied gegenüber den Vorjahren feststellen und so keinen Grund für eine Verhaltensänderung sehen. Erst wenn dieser Temperaturanstieg Katastrophen auslöst durch Verschiebungen der Klimazonen, wird eine Reaktion erfolgen, denn dann wird eine grundlegende Veränderung hautnah erlebt. Ähnliches trifft auch für das Verhalten von Mitarbeitern und Führungskräften im Unternehmen zu. Auf einen Einbruch des Marktanteiles von 10 % wird ein Unternehmen mit allen Kräften reagieren, währenddem ein langsamer Marktanteilschwund von jährlich einem halben Prozent die Leute kaum gross aufrütteln wird.

Der Grossteil der Probleme unserer Gesellschaft und Wirtschaft liegt aber im Bereich dieser langsamen Veränderungen. Diese Probleme sind als solche kaum erkennbar, sie treten nicht in der gleichen Form zutage wie bei einer Krise. Das bedeutet aber, dass diese Probleme entdeckt und identifiziert werden müssen, soll das Schicksal des gesottenen Frosches nicht geteilt werden. Oder anders ausgedrückt, wir müssen uns die Frage stellen:

Wie wird das Problem zum Problem?

Als erstes drängt sich hier eine begriffliche Präzisierung auf. Umgangssprachlich wird unter einem Problem eine Schwierigkeit, ein Abweichen von einem Wunschzustand verstanden. Der Begriff ist also negativ belegt, es besteht ein Leidensdruck und damit Handlungsbedarf. Wenn hier von Problemen gesprochen wird, so wird dieser Begriff sehr viel weiter gefasst. Gemeint ist damit eine Problemsituation, oder noch allgemeiner, ein Anlass zum Handeln. Ein Problem ist zwar immer eine Abweichung zwischen Wunsch und Wirklichkeit, zwischen Soll und Ist. Diese Abweichung kann aber durchaus erfreulich sein, also nicht im landläufigen Sinn ein «Problem». Wenn zum Beispiel HEWLETT PACKARD nach jährlichen Umsatzwachstumsraten von 20% sich Mitte der 90er Jahre plötzlich einem Wachstum von 25% gegenübersieht, so ist dies zwar erfreulich, aber ein Problem in unserem Sinne. Zwar wird hier kein Leidensdruck geschaffen, Handeln wird dennoch notwendig.

Eine weitere Abgrenzung ist zwischen Problemen und Symptomen vorzunehmen. Eine aufgetretene Schwierigkeit wird oft voreilig als Problem bezeichnet. Dabei sind Schwierigkeiten normalerweise Anzeichen – eben Symptome – für tieferliegende Probleme. Das gängige Problemlösungsverhalten erschöpft sich oft in einer Symptombekämpfung, weil eben diese Unterscheidung nicht getroffen wird. Wenn ein Patient mit 40 Grad Fieber zum Arzt geht, so wird dieser wohl kaum das Fieber als Problem bezeichnen und entsprechend lindernde Medikamente verschreiben. Vielmehr wird er das Fieber als Symptom eines tieferliegenden Problems erkennen und nach dessen Wurzeln suchen. Diese Unterscheidung zwischen Symptom und Problem ist grundlegend für den ersten Schritt des Problemlösungsprozesses. Sie wird das Vorgehen entscheidend prägen.

Schliesslich wurde im einleitenden Kapitel zwischen einfachen, komplizierten und komplexen Problemen unterschieden. Die folgenden Ausführungen sind für komplexe Probleme massgeschneidert. Sie lassen sich aber auch

Vernetzt denken	Unternehmerisch handeln	Persönlich überzeugen
■ Unterschiedliche Standpunkte einnehmen	■ Anspruchsgruppen-Teams bilden	■ Verantwortung übernehmen
■ Zweckbestimmung und Systemabgrenzungen vornehmen	■ Ziele festlegen	■ Visionen kommunizieren
■ Schlüsselfaktoren ableiten	■ Kompetenzen aufbauen	■ Schwergewichte setzen

Abbildung 1.2
Prozesse der Problementdeckung und -identifikation

auf einfache und komplizierte Probleme anwenden, obwohl dort die Problementdeckung und -identifikation meist nicht so schwer fällt. Aber gerade solche Probleme können zu einer vorschnellen Festlegung und damit auch zu unbefriedigenden Lösungen führen. Deshalb lohnt es sich auch bei einfachen und komplizierten Problemen, die folgenden Handlungsanweisungen zu befolgen, wenn vielleicht auch eher holzschnittartig und mit weniger Aufwand.

Welche Prozesse sind nun charakteristisch für den Schritt der Problementdeckung und -identifikation? Abbildung 1.2 gibt eine erste Übersicht.

Diese Prozesse sind im folgenden zu beleuchten und in ihren Grundstrukturen zu diskutieren. Anschliessend werden Vorgehensweisen und Instrumente zur Führung dieser Prozesse vorgestellt und anhand von Beispielen illustriert. Logischer Ausgangspunkt ist das Vernetzte Denken. Dass allerdings in der Praxis die verschiedenen Prozessfelder in anderer Reihenfolge und Gewichtung zum Zuge kommen können, versteht sich von selbst.

Vernetzt denken	Unternehmerisch handeln	Persönlich überzeugen
■ Unterschiedliche Standpunkte einnehmen	■ Anspruchsgruppen-Teams bilden	■ Verantwortung übernehmen
■ Zweckbestimmung und System-abgrenzungen vornehmen	■ Ziele festlegen	■ Visionen kommunizieren
■ Schlüsselfaktoren ableiten	■ Kompetenzen aufbauen	■ Schwergewichte setzen

Vernetzt denken

Vernetztes Denken bei der Problementdeckung und -identifikation bedeutet zuerst, die Problemsituation aus verschiedenen Perspektiven zu beleuchten, um so eine ganzheitliche Sicht zu erreichen. Erst dann können die Konturen des Problems herausgearbeitet werden.

Unterschiedliche Standpunkte einnehmen

Probleme sind nicht einfach gegeben, sie wollen entdeckt werden. Dies ist die Quintessenz unserer obigen Ausführungen. Entdecken setzt aber Entdecker voraus. Diese wollen wir von nun an «Problemlösende» oder «Problemlöser» nennen. Die Entdeckungen dieser Problemlöser werden unterschiedlich ausfallen, je nachdem mit welchen Vorstellungen, Erfahrungen und Wissensinhalten sie an die Realität herangehen. In jedem Fall konstruieren sie Wirklichkeiten, bilden sich ein Modell der Problemsituation. Es gibt also so viele unterschiedliche Wirklichkeiten, wie es Problemlöser gibt.

Was hat diese Erkenntnis, die wir dem radikalen Konstruktivismus (Berger/Luckman, 1980; Glasersfeld, 1994; Watzlawick, 1978) verdanken, für Auswirkungen auf das Vorgehen in diesem Schritt des Problemlösungsprozesses? Wie wir bereits im Prolog gesehen haben, neigen wir angesichts komplexer Problemsituationen dazu, Ausschnitte auszuwählen und uns im weiteren Vorgehen ausschliesslich auf diese zu konzentrieren. Dabei ist nicht nur unsere Wahrnehmung selektiv, sondern auch unser dadurch geprägtes Handeln. Wir konstruieren uns ein Modell der Welt, und diese Konstruktion ist abhängig von unserer Vorgeschichte, unserer Ausbildung und unserer Erfah-

Abbildung 1.3
Einstein oder Badenixen?
(Haken/Haken-Krell, 1992, S. 196)

rung. Dass dabei viele wichtige Aspekte der Problemsituation vernachlässigt werden, ist unmittelbar einsichtig. Wir nehmen die Welt durch eine bestimmte Brille wahr und erhalten so nur eine eindimensionale Sicht. Was wir brauchen, sind verschiedene Brillen.

Um eine ganzheitliche Sicht der Problemsituation zu erlangen, muss diese aus unterschiedlichen Standpunkten oder Perspektiven erfasst und charakterisiert werden. Genauso wie man im Vexierbild von Abbildung 1.3 sowohl Albert Einstein wie auch drei Badenixen sehen kann, so sieht der Produktionsleiter eines Unternehmens ein Kundenproblem eben anders als sein Kollege vom Marketing.

Konkret bedeutet dies nun für den Problemlöser, sich bewusst in verschiedene Perspektiven hineinzuversetzen, bzw. sich in die Schuhe anderer Interessen zu stellen. Abbildung 1.4 illustriert die Umsetzung dieses Vorgehens.

Probleme nehmen bekanntlich keine Rücksicht auf die durch unsere Organisation geschaffenen Abteilungsgrenzen. Deshalb ist eine Problemsituation beispielsweise innerhalb des Produktionsbereiches nicht nur aus der Sicht des Produktionsleiters zu beurteilen. Vielmehr sind die unterschiedlichen Standpunkte des Einkaufs, des Marketings, des Personalwesens oder des Rechnungswesens einzubringen, um eine ganzheitliche Sicht zu erlangen. Die Problemsituation wird weiter unterschiedliche Konturen haben, ob sie aus der Sicht der Führungsspitze oder aus der Perspektive der vierten Hierarchieebene des Unternehmens betrachtet wird. Neben den internen Funktionen und den direkt Betroffenen sollten aber auch die institutionellen Anspruchsträger oder Stakeholders zu Worte kommen. Ein und dieselbe Problemsituation sieht durch die Brille der Aktionäre völlig anders aus als in den Augen der Gewerkschaften. In den meisten Fällen werden sie zwar einen kleinsten gemeinsamen Nenner finden, die Konturen des Problems werden sich aber grundlegend unterscheiden. Schliesslich lässt sich die Perspektivenwahl auch mit unterschiedlichen Dimensionen der Umwelt und der «Inwelt» des Unternehmens begründen. Wenn im obigen Beispiel die CIBA in ihrer Vision die wirtschaftliche, die ökologische und die gesellschaftliche Sicht gleichgewichtig miteinbezieht, so wird damit eine ganzheitliche Betrachtungsweise verstärkt.

Zwei Beispiele sollen das Vorgehen bei der Wahl verschiedener Perspektiven illustrieren, nämlich das des Bergtourismus als gesellschaftlich/wirtschaftlicher Problemstellung und das des Qualitätsmanagements als unternehmerischer Problemstellung. Der Bergtourismus hat in den letzten Jahren einen gewaltigen Aufschwung erlebt, wie das nachfolgende Beispiel der Gemeinde Laax zeigt, einer führenden Schweizer Skistation. Für die einen ist die dabei entstandene Bahnen- und Hotelinfrastruktur ein hochwillkommener Beitrag

Abbildung 1.4
Abgrenzung der Problemsituation aus verschiedenen Perspektiven (Ulrich/Probst, 1988)

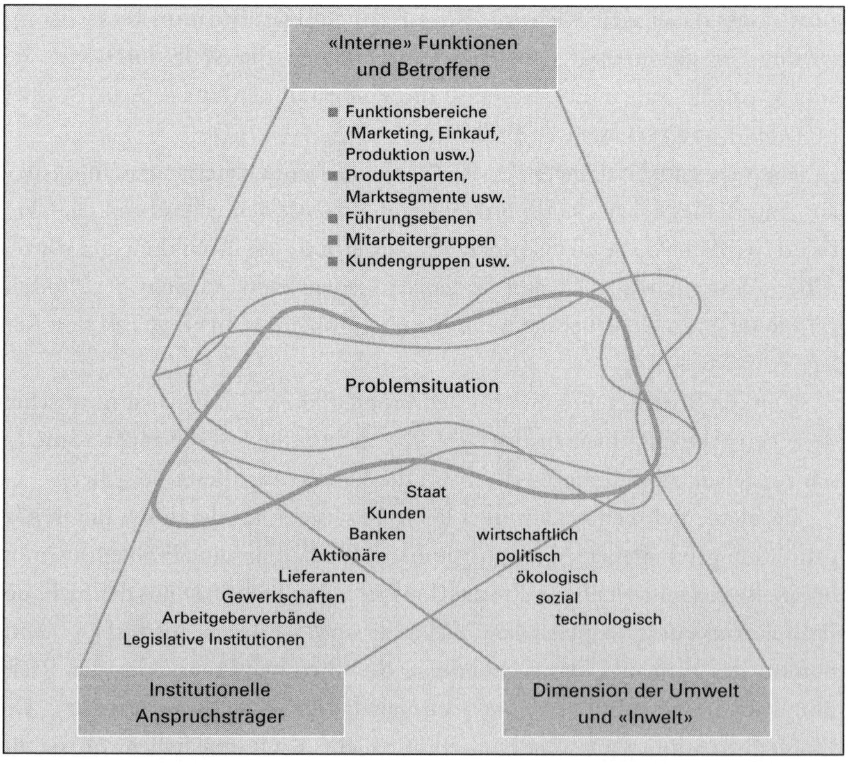

zur Wohlfahrt der jeweiligen Berggemeinden, für die anderen ein zu bekämpfender Auswuchs der Verschandelung und Zerstörung der Natur. Beide Standpunkte können durchaus Interessen geltend machen. Es gibt aber noch weitere legitime Perspektiven, wie Abbildung 1.5 zeigt.

Die verschiedenen Standpunkte und Perspektiven zum Bergtourismus vertreten natürlich unterschiedliche Interessen und Ziele. Bevor auf diese eingegangen wird, wird aber noch das Unternehmensbeispiel zum Qualitätsmanagement, das in Anlehnung an die Erfahrungen der ASEA BROWN BOVERI ABB Schweiz erstellt wurde, kurz eingeführt. Ein integriertes Qualitätsmanagement (SEGHEZZI 1994) muss verschiedenste Gruppierungen bei seiner Gestaltung miteinbeziehen: Kunden, Produktion, Lieferanten, Management, Öffentlichkeit, Finanzen. Auch hier werden unterschiedlichste Interessen und Ziele zum Tragen kommen. Diese sind zu einem Ganzen zu verschmelzen, das nicht von Einzelinteressen geprägt ist, sondern allen dient. Dass dies nicht nur harmonisch vonstatten gehen kann, versteht sich von selbst. Wesentlich ist hier aber, dass alle Sichtweisen zum Zuge kommen und der jeweils wichtige Zweck des Qualitätsmanagements erreicht wird.

Zweckbestimmung und Systemabgrenzung vornehmen

Der nächste Schritt des Vorgehens wird durch folgende Frage geleitet: Welchen Zweck erfüllt das System – in unserem Fall der Bergtourismus oder das Qualitätsmanagement – aus der Sicht der verschiedenen Perspektiven oder Standpunkte?

In dieser Frage taucht vielleicht überraschend der Begriff des Systems auf. Umgangssprachlich steht er für den Untersuchungsgegenstand schlechthin.

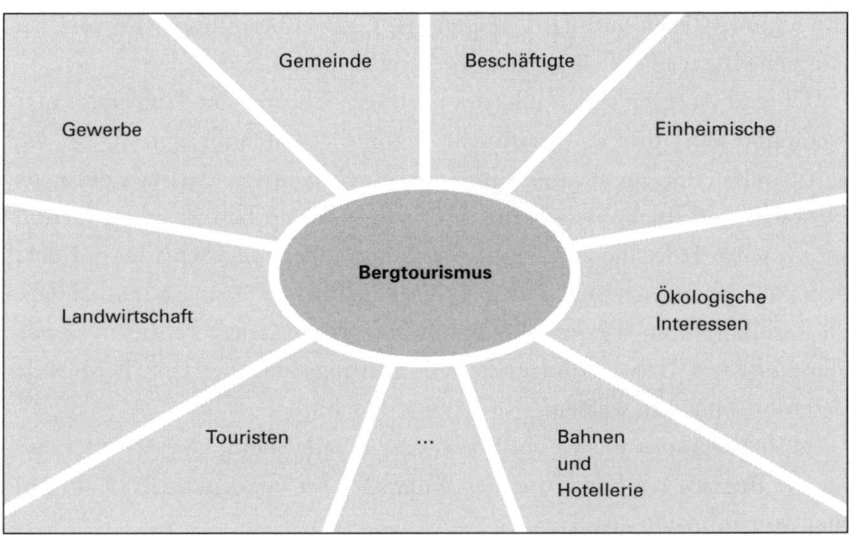

Abbildung 1.5
Perspektiven zum Bergtourismus

Hier muss er jedoch präzisiert werden, da es in diesem Schritt ja massgeblich um die Grenzziehung geht, das heisst um die Beantwortung der Frage, was zur Problemsituation gehört und was nicht?

Was ist nun eigentlich ein System? Erste Assoziationen zu diesem Begriff sind Produktionssystem, Baukastensystem, Rechnungswesensystem. Es geht hier also um etwas Systematisches, etwas klar Abgrenzbares, ja sogar etwas Mechanistisches. In grossem Kontrast dazu steht die folgende Umschreibung des Systembegriffs von Weinberg (1975, S. 52):

«Ein System ist eine bestimmte Art und Weise, die Welt zu sehen.»

Bei näherer Betrachtung zeigt sich, dass die obigen Beispiele von Systemen durchaus unter diese Definition fallen. So ist das Rechnungswesensystem eine ganz bestimmte Art und Weise, die finanziellen Zusammenhänge eines Unternehmens zu erfassen und darzustellen. Dabei gibt es mehrere Möglichkeiten dieser Modellierung, je nachdem welche finanziellen Aspekte und Zusammenhänge besonders herausgearbeitet werden sollen. In diesem Bereich haben sich aber auch Standards und damit verbindliche Richtlinien herauskristallisiert, die von Unternehmen nicht beliebig verändert werden können. Und diese Konventionen werden nun als etwas Unverrückbares akzeptiert, eben als System im engeren Sinne. Aber dass hier auch einmal eine erste Grenzziehung erfolgen musste, wird dabei vielfach vergessen.

Der Systembegriff von Weinberg entspricht natürlich der bisherigen Argumentation der Entdeckung von Problemen. Er bedarf aber der weiteren Präzisierung, um auch operational eingesetzt werden zu können. Dabei bietet sich folgende Umschreibung an: «Ein System ist ein dynamisches Ganzes, das als solches bestimmte Eigenschaften und Verhaltensweisen besitzt. Es besteht aus Teilen, die so miteinander verknüpft sind, dass kein Teil unabhängig ist von anderen Teilen und das Verhalten des Ganzen beeinflusst wird vom Zusammenwirken aller Teile.» (Ulrich/Probst 1988, S. 30)

Es wird Aufgabe dieses und des nächsten Schrittes der Problemlösungsmethodik sein, dieses «dynamische Ganze» zu identifizieren. Dies wird schrittweise erfolgen, allerdings im Sinne eines iterativen Prozesses des steten Vorwärts- und Rückwärtsschreitens. Der erste Schritt besteht in der Identifikation jener Teile, die zum Ganzen gehören, oder umgekehrt ausgedrückt, dem Ausschluss jener Teile, die nicht dazu gehören. Ausgangspunkt ist dabei die Zweckbestimmung des Systems aus den verschiedenen Perspektiven oder Standpunkten. Dabei ist folgende Formulierung – illustriert am Beispiel des Bergtourismus – zu wählen:

«Der Bergtourismus ist ein System zur Bereitstellung von Arbeitsplätzen für die Region, zur Förderung der Wohlfahrt der Gemeinde, der Unterhaltung von Touristen, usw.»

Auf der Basis dieser Zweckbestimmung lassen sich sodann jene Schlüsselfaktoren ermitteln, die für die Problemsituation konstitutiv sind. Bevor dieser Schritt illustriert wird, soll aber eine umfassende Zweckbestimmung für unsere beiden obigen Beispiele vorgenommen werden. Zuerst zum Bergtourismus:

Perspektive/Standpunkt	**Bergtourismus hat den Zweck der …/ ist ein System zur …**
Einheimische	Förderung der Wohlfahrt der Berggemeinde bei gleichzeitiger Erhaltung der kulturellen Identität
Beschäftigte	Bereitstellung attraktiver und sicherer Arbeitsplätze
Gemeinde	Erhöhung des Bekanntheitsgrades zur Förderung des Wohlstandes
Gewerbe	Auslastung der Kapazitäten und zum Unternehmenswachstum
Landwirtschaft	Gefährdung der Betriebe und der Bewirtschaftungsflächen
Touristen	Unterhaltung und Erholung
Bahnen/Hotellerie	Auslastung der Anlagen im Ganzjahresbetrieb
Ökologische Interessengruppen	Zerstörung der Umwelt

In gleicher Weise ist nun die Zweckbestimmung für das Qualitätsmanagement des Unternehmens vorzunehmen:

Perspektive/Standpunkt	**Qualitätsmanagement hat den Zweck der …/ist ein System zur …**
Kunde	Sicherstellung von Zuverlässigkeit, langer Lebensdauer, Entsorgbarkeit
Produktion	Minimierung von Doppelarbeiten, Leerläufen, Nachbesserungsarbeiten
Lieferanten	Etablierung einer Partnerschaft auf der Basis von Zuverlässigkeit
Management	Aufbau einer Erfolgsposition im Hinblick auf die Wertsteigerung des Unternehmens
Mitarbeiter	Bereitstellung klarer Vorgaben und Anreize sowie einer geringeren Arbeitsbelastung
Öffentlichkeit	Schutz von Umwelt und Eigentum, Schonung von Ressourcen
Finanz- und Rechnungswesen	Wertsteigerung des Unternehmens

Perspektive/ Standpunkt	Bergtourismus hat den Zweck/ ist ein System zur...	Schlüsselfaktoren
Gewerbe	Auslastung der Kapazitäten und Sicherstellung des Unternehmenswachstums	■ Anziehungskraft der Gemeinde als Wirtschaftsraum ■ Anzahl Touristen ■ Kaufkraft Touristen ■ Rentabilität der Betriebe
Touristen	Unterhaltung und Erholung	■ Anzahl Betten ■ Anzahl/Qualität Bahnen und Sportanlagen ■ Unterhaltungsangebot ■ Schönheit der Landschaft
Ökologische Interessengruppen	Zerstörung der Umwelt	■ Künstliche Eingriffe in die Natur ■ Umweltschutzbemühungen der Gemeinde ■ Verkehrsplanung/ Attraktivität öffentlicher Verkehr

Abbildung 1.6
Perspektiven, Zweckbestimmungen und Schlüsselfaktoren zum Bergtourismus

Diese beiden Illustrationen zeigen, dass je nachdem, welche Gesichtspunkte zum Tragen kommen und welche bewusst oder unbewusst weggelassen werden, die Systemgrenzen anders gezogen werden. Damit wird aber auch klar, dass es die absoluten Systemgrenzen nicht gibt. Es handelt sich hier wiederum um eine Bestimmungsleistung der Problemlösenden. Somit macht es auch keinen Sinn, nach der «richtigen» Systemabgrenzung zu fragen. Diese kann nur mehr oder weniger zweckmässig sein, und auch dies kann zum jetzigen Zeitpunkt noch nicht beurteilt werden. Das «dynamische Ganze» ergibt sich ja erst durch das Zusammenspiel der Teile, und dessen Ermittlung wird Gegenstand des nächsten Schrittes der Problemlösungsmethodik sein.

Ein Rückblick auf die einleitenden Bemerkungen des Prologs dokumentiert die Bedeutung des hier vorgeschlagenen Weges der Systemabgrenzung. Dort wurde die Frage gestellt, wie ein Unternehmen funktioniere, was überhaupt ein Unternehmen sei. Und als Antwort darauf wurde das Unternehmen als ein Netzwerk von Prozessen vorgestellt (vgl. dazu auch Bleicher, 1992). Welche Prozesse in welcher Problemsituation aber relevant sind, hängt von der Zweckbestimmung aus verschiedenen Perspektiven ab, die die Sy-

Perspektive/ Standpunkt	Qualitätsmanagement hat den Zweck/ist ein System zur...	Schlüsselfaktoren
Kunde	Sicherstellung von Zuverlässigkeit, langer Lebensdauer, Entsorgbarkeit	■ Kundenansprüche ■ Kundenzufriedenheit ■ Preis/Leistungsverhältnis ■ Pünktlichkeit ■ Umweltverträglichkeit
Lieferanten	Etablierung einer Partnerschaft auf der Basis der Zuverlässigkeit	■ Liefertreue ■ Kooperation ■ Information/Feedback ■ Referenzen ■ Folgeaufträge
Mitarbeiter	Bereitstellung klarer Vorgaben und Anreize sowie einer geringeren Arbeitsbelastung	■ Qualitätsstandards ■ Arbeitszufriedenheit ■ Motivation ■ Schulung ■ Information der Mitarbeiter ■ Anzahl Leerläufe ■ Bonussystem

Abbildung 1.7
Perspektiven, Zweckbestimmungen und Schlüsselfaktoren zum Qualitätsmanagement

stemgrenzen zieht. Sollen diese Grenzen aber weiter an Kontur gewinnen, müssen nun in einem nächsten Schritt die Schlüsselfaktoren – oder anders ausgedrückt die relevanten Teile des Systems – herauskristallisiert werden.

Schlüsselfaktoren ableiten

Schlüsselfaktoren sind in der obigen Definition von Ulrich/Probst jene Teile, deren Interaktion die Dynamik des Systems ausmacht. Grundsätzlich kann ein System beliebig viele Teile haben. Entscheidend ist hier aber, jene Teile zu identifizieren, die das Verhalten des Systems wesentlich prägen – die Schlüsselfaktoren. Wie lassen sich diese Grössen nun ermitteln? Ein erster, aber ganz entscheidender Anhaltspunkt sind sicher die obigen Zweckbestimmungen der jeweiligen Problemsituationen. Aus diesen lassen sich rein intuitiv Schlüsselfaktoren ableiten, wie die beispielhaften Illustrationen von Abbildung 1.6 zum Bergtourismus und von Abbildung 1.7 zum Qualitätsmanagement illustrieren.

Es stellt sich allerdings die Frage, ob wir es bei diesem intuitiven Vorgehen bewenden lassen müssen. Gibt es keine Kriterien darüber, welche und wievie-

Dimensionen	Ausprägungen
Anspruchsgruppen	Kapitalgeber Verwaltungs- oder Aufsichtsrat Management Mitarbeiter Kunden Lieferanten Banken Staat Öffentlichkeit und Gesellschaft Konkurrenz
Unternehmensbereiche	Produkt-/Marktbereich Finanzbereich Sozialer Bereich Führungsbereich
Managementebenen	Normatives Management Strategisches Management Operations Management
Managementdimensionen	Aktivitäten (Politik/Strategie) Strukturen (Organisation) Verhalten (Kultur)
Produktionsfaktoren	Materie Energie Information Geld

Abbildung 1.8
Kriterienmatrix zur Identifikation von Bereichen unternehmerischer Schlüsselfaktoren

le Grössen miteinbezogen werden müssen, um die Zusammenhänge vollständig (was immer das auch heissen mag) erfassen zu können. Eine Möglichkeit zeigen Vester/Hessler (1980, S. 46) mit ihrer Kriterienmatrix auf. Danach ist bei der Auswahl der Schlüsselfaktoren darauf zu achten, dass alle Lebensbereiche, die kybernetischen Grundkategorien (zum Beispiel Grenzwert, Schwellenwert), die physikalischen Grundkategorien (Materie, Energie, Information), die dynamischen Grundkategorien (Flussgrösse, Strukturgrösse), die Systembeziehungen (interne und externe Beeinflussbarkeit) sowie die variablen Entwicklungen (statisch, linear, exponentiell) berücksichtigt werden. Diese Kategorisierung eignet sich für Grosssysteme wie Ballungsgebiete oder Verkehrssysteme. Für Unternehmen hingegen muss diese Kriterienmatrix angepasst werden, um sinnvoll Anwendung finden zu können. Welches wären hier nun Kriterien, die zur Beurteilung der erreichten Feldabdeckung herangezogen werden könnten? Abbildung 1.8 gibt eine entsprechende Übersicht.

Natürlich erhebt diese Kriterienmatrix keinen Anspruch auf Vollständigkeit. Sie eignet sich aber als Checkliste dafür, ob bei der Auswahl der Schlüsselfaktoren alle wichtigen Bereiche abgedeckt worden sind, oder ob noch Lücken bestehen. Die Anwendung der Kriterienmatrix setzt allerdings ein gutes Verständnis der Unternehmenszusammenhänge sowie auch der später einzuführenden Logik der Netzwerke voraus.

Mit diesen Ausführungen kann nun die konzeptionelle Ebene des vernetzten Denkens verlassen und zum unternehmerischen Handeln übergegangen werden. Hier geht es nun darum, jene Instrumente vorzustellen, die die konzeptionellen Überlegungen zur unternehmerischen Realität werden lassen.

Unternehmerisch handeln

Auf dem Papier ist es nur ein kleiner Schritt vom vernetzten Denken zum unternehmerischen Handeln. In der unternehmerischen oder gesellschaftlichen Realität hingegen ist der Weg beschwerlich. Verlangt das vernetzte Denken die Einnahme verschiedener Perspektiven oder Standpunkte, so geht es jetzt um den aktiven Einbezug der legitimen Anspruchsgruppen in den Problemlösungsprozess. Bildlich gesprochen, sollen die verschiedenen Standpunkte nun personifiziert, die Anspruchsgruppenträger in das Problemlösungsteam einbezogen werden. Die Begründung dafür lässt sich nicht nur aus der Sicht der Qualität der Problemlösung, sondern auch auf der Basis ethischer Überlegungen führen.

Vernetzt denken	Unternehmerisch handeln	Persönlich überzeugen
■ Unterschiedliche Standpunkte einnehmen	■ Anspruchsgruppen-Teams bilden	■ Verantwortung übernehmen
■ Zweckbestimmung und Systemabgrenzungen vornehmen	■ Ziele festlegen	■ Visionen kommunizieren
■ Schlüsselfaktoren ableiten	■ Kompetenzen aufbauen	■ Schwergewichte setzen

Anspruchsgruppen-Teams bilden

Im Rahmen des Nachdiplomstudienganges in Umweltwissenschaften der Universität Zürich führte einer der Autoren einen Workshop zum vernetzten Denken über das Thema des Waldsterbens durch. Dabei wurden nach Perspektiven verschiedene Arbeitsgruppen gebildet, die die jeweiligen Interessenlagen der Anspruchsgruppen reflektieren sollten: Individuum, Gesellschaft, Volkswirtschaft, Autopartei, der Wald selbst, usw. Die Arbeiten schritten zügig voran, die Diskussion war sehr lebhaft. Anschliessend wurden diese Perspektiven zusammengeführt und die Diskussion auf die Integration der Standpunkte ausgerichtet. Die zum Teil kontroverse Aussprache wurde jäh unterbrochen durch eine Teilnehmerin, die ihrer Frustration mit folgenden Worten Luft machte: «Hören wir doch endlich auf, Behauptungen aufzustellen, herumzudilettieren – holen wir den Experten für das Waldsterben!» Damit waren wir aber unmittelbar beim entscheidenden Punkt. Es gibt nämlich keine Experten für das Waldsterben. Der Biologe kann uns präzis Auskunft geben über die Mechanismen des Wasserhaushaltes eines Waldes und über den Einfluss des sauren Regens auf die Gesundheit der Bäume. Er kennt sich aber nicht aus in den Freizeitgewohnheiten der Menschen und ihrem Drang, das Auto auch dann bedenkenlos zu nutzen, wenn sie die Natur sterben sehen. Die Soziologen und Psychologen kennen sich auf dem Gebiet des menschlichen Verhaltens aus, verstehen wiederum aber nichts von den forstwirtschaftlichen Voraussetzungen eines gesunden Waldes. Die einzige Möglichkeit eines ganzheitlichen Angehens des Waldsterbens besteht darin, eine interdisziplinäre Gruppe von Wissensträgern zusammenzustellen, um so gemeinsam Zusammenhänge und Handlungsmöglichkeiten zu erarbeiten.

Die Zusammenstellung der Gruppe ist aber nicht nur unter dem Gesichtspunkt der Zweckmässigkeit im Hinblick auf die Problemlösung vorzunehmen. Vielmehr ist es auch ein Gebot ethischen Verhaltens, bereits zu Beginn des Problemlösungsprozesses alle legitimen Interessen zu Wort kommen zu lassen. Ethische Fragen werden heute oft sehr abstrakt und abgehoben diskutiert. Wie kann aber dem ethischen Gebot des ausgewogenen Einbezugs legitimer Ansprüche besser nachgelebt werden, als durch ein konsequent interdisziplinär zusammengesetztes Problemlösungsteam? Damit ist es allerdings noch nicht getan; auch bei der späteren Evaluation möglicher Problemlösungen müssen die verschiedenen Anspruchsgruppen explizit wieder zum Zuge kommen.

Wie beim Einbezug der verschiedenen Anspruchsgruppen und bei der Einbringung ihrer jeweiligen Zielvorstellungen vorgegangen werden kann, soll am Beispiel der Strassenverkehrssicherheit illustriert werden. In der Schweiz obliegt es dem Bundesrat, Richtlinien zur Strassenverkehrssicherheit zu erlassen. Ausgangspunkt ist ein Leitbild, das von einer permanenten Arbeitsgruppe entwickelt und den jeweiligen Änderungen im Umfeld des Strassenverkehrs angepasst wird. Diese Gruppe wird vom Bundesamt für Verkehr einberufen. Die Zusammensetzung dieser Gruppe hängt sehr stark von den jeweils dominierenden Themen ab. In den 50er und 60er Jahren stand der Ausbau des Strassennetzes im Vordergrund, und damit waren vor allem Baufachleute und -planer gefragt. In den 70er Jahren war das Thema Nummer eins die Notfallversorgung von Unfallopfern, und entsprechend wurden Ärzte und Vertreter des Gesundheitswesens in die Gruppe berufen. In den 80er und 90er Jahren rückt nun ein völlig neues Thema in den Vordergrund, nämlich das veränderte Risikoverhalten der Verkehrsteilnehmer im Kontext eines gesellschaftlichen Wertewandels hin zu mehr Freiheit und Ungebundenheit. Das bedeutet aber, dass die Gruppe ergänzt werden muss durch Soziologen und Psychologen.

Abbildung 1.9 zeigt, wie unterschiedlich die verschiedenen Ansprüche an die Strassenverkehrssicherheit sind.

Unternehmerisches Handeln auf diesem Gebiet bedeutet also, dass bei der Entwicklung des Leitbildes und bei der Ableitung von Richtlinien die entsprechenden Anspruchsgruppen im Problemlösungsteam vertreten sind. Leider wird dies nicht immer konsequent verfolgt. So ist es durchaus angebracht, in der Expertengruppe als Verkehrsteilnehmer nicht nur Automobilisten, sondern auch Fussgänger, Motorrad- und Radfahrer einzuladen. Ähnliches

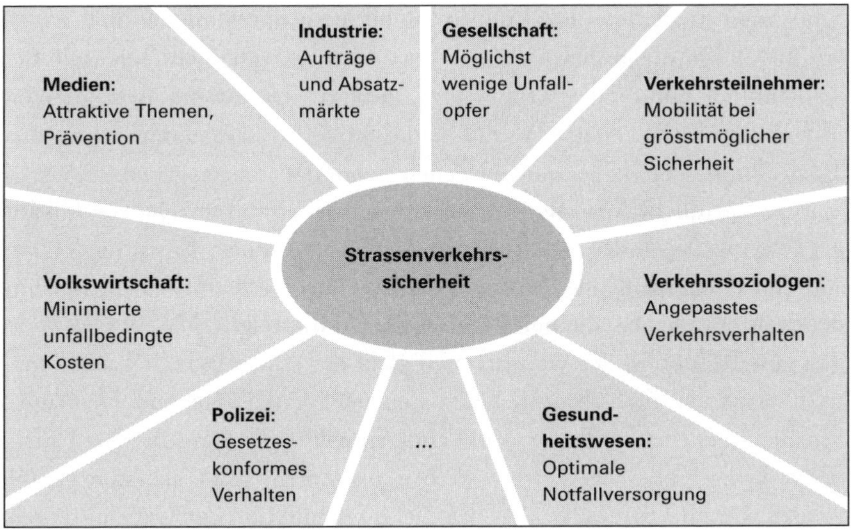

Abbildung 1.9
Anspruchsgruppeninteressen bezüglich Strassenverkehrssicherheit

gilt für interdisziplinäre Projektgruppen in Spitälern, in denen neben den Chefärzten Vertreter des Pflegepersonals, der Verwaltung und der politischen Behörden auch Patientinnen und Patienten einzubinden sind.

Ein zentrales Element zum gezielten Einsatz von Anspruchsgruppen-Teams im Problemlösungsprozess sind Workshops. Am Beispiel «Strassenverkehrssicherheit» soll der Einsatz von Workshops, wie er von den Autoren praktiziert wird, illustriert werden. Ein in die Thematik einführender Workshop dauert normalerweise 1 ½ Tage. Dazu kommt ein halber Tag Vorbereitung mit der organisierenden Kerngruppe. In unserem Beispiel traf sich einer der Autoren zuerst mit drei Vertretern des Bundesamtes für Verkehr zum gegenseitigen Kennenlernen und zur Grobstrukturierung des Workshops. Auch wurden dabei wichtige Unterlagen ausgetauscht und kommentiert. Die Arbeitsgruppe selber fand sich am Vorabend des eigentlichen Workshoptages um 16.00 Uhr an einem Tagungsort ein, der ein Arbeiten fern von Störungen des Geschäftsalltages erlaubte. Die Zusammensetzung der Gruppe ergab sich aus den Vorgesprächen, bei denen die verschiedenen legitimen Anspruchsgruppen und ihre Zielvorstellungen ausführlich diskutiert worden waren. Alle diese Anspruchsgruppen waren personell vertreten und konnten ihre Meinung einbringen. Eine Ausnahme gab es jedoch, aus verständlichen Gründen. Es wurde nämlich erst im Verlaufe des Workshops klar, dass verkehrssoziologische und -psychologische Anliegen heute eine immer grössere Rolle spielen. Genau aber auf diesem Gebiete fehlten die Vertreter. Es war deshalb eine der ersten Aktivitäten unmittelbar nach dem Workshop, die Gruppe entsprechend zu ergänzen.

Das erste Treffen der Gruppe am Vorabend wurde in Form eines Kamingespräches ausgestaltet. Dabei ging es einerseits um das Vertrautwerden mit der Problemlösungsmethodik und anderseits auch um das gegenseitige persönliche Kennenlernen. Die Problemlösungsmethodik wurde in ihren Schritten anhand von Beispielen in gut zwei Stunden vorgestellt und mit den Teilnehmern diskutiert. Anschliessend fand ein Nachtessen statt, das den Meinungsaustausch weiter förderte und die verschiedenen Perspektiven zum Tragen kommen liess.

Der eigentliche Workshoptag begann mit einer eingehenden Diskussion der Interessenlagen der verschiedenen Anspruchsgruppen. Es wurde der Versuch unternommen, annäherungsweise eine erste gemeinsame Zielsetzung der Strassenverkehrssicherheit zu erarbeiten. Hier zeigte sich beispielsweise, dass eine Reduktion der Verkehrstoten nicht das umfassende Ziel sein konnte. Dies einmal deshalb, weil heute viel mehr Unfallopfer mit bleibenden Schäden überleben als früher. Zum anderen will es die Statistik, dass Unfallopfer, die nach über vier Wochen sterben, nicht mehr als Verkehrstote gezählt werden. Damit war es klar, dass das Ziel die Reduktion der Unfallopfer sein sollte. Nun kann man diese leicht dadurch reduzieren, indem man weniger Verkehr zulässt und damit die Mobilität senkt. Das Ziel wurde deshalb provisorisch so formuliert: «Eine möglichst geringe Zahl von Unfallopfern bei gewährleisteter Mobilität». Die verbleibenden 1½ Stunden des Vormittags wurden benutzt, um das im nächsten Problemlösungsschritt vorzustellende Netzwerk in seinen Grundzügen zu entwickeln. Nach einem gemeinsamen Mittagessen wurden die Arbeiten zum Netzwerk fortgesetzt, und die restlichen zwei Stunden bis zum Abend waren der Interpretation der gefundenen Resultate gewidmet.

Bei diesem, wie auch vielen anderen Workshops, hat sich gezeigt, dass nur die Einhaltung gewisser Spielregeln den Erfolg garantiert. Der Workshop ist mit der Kerngruppe gut vorzubereiten. Der Moderator muss die Logik der Zusammenhänge grob im Kopf haben, sonst kann er die Teammitglieder nicht richtig integrieren. Es wäre eine Illusion zu meinen, die letzteren würden ihre Interessen schon selber einbringen und so schrittweise das angestrebte Netzwerk autonom entwickeln. Tatsache ist, dass der Moderator aufgrund seiner Kenntnis der Zusammenhänge die Teilnehmer aktivieren muss. Weiter ist es von grosser Bedeutung, dass alle Interessen und die entsprechenden Zusammenhänge der Problemsituation dokumentiert und in das Gesamtbild eingebaut werden. Hierzu eignet sich ganz besonders die Metaplan-Technik. Bei der Entwicklung und Interpretation der Netzwerke ist darauf zu achten, dass eine Wandtafel oder ein «Whiteboard» zur Verfügung steht. Denn sehr oft werden die Teilnehmer Dinge wieder anders sehen und interpretieren, so dass Korrekturen stets möglich sind. Auf dem Flipchart ergäbe sich dann ein heilloses Durcheinander.

Eine Frage tritt im Zusammenhang der Gestaltung solcher Workshops immer wieder auf: Wann schliesse ich einen Schritt ab, wann ist beispielsweise die Systemabgrenzung oder die Netzwerkbildung vollständig? Die Erfahrung zeigt, dass auch bei schwierigen Problemstellungen durch eine gute Moderation in zwei Stunden eine für alle Teilnehmer befriedigende Zielformulierung erreicht werden kann. Bei der Entwicklung des Netzwerkes müssen rund drei bis vier Stunden eingesetzt werden. Es kann natürlich vorkommen, dass keine Einigkeit in der Gruppe erzielt wird. Das bedeutet, dass parallel mit unterschiedlichen Zielen und/oder Netzwerken gearbeitet werden muss. Aber auch dies wird zu fruchtbaren Diskussionen führen.

Ziele festlegen

Sind die Anspruchsgruppenträger und ihre groben Zielvorstellungen soweit einbezogen, bedeutet unternehmerisches Handeln nun Festlegen der Ziele, nach denen die Güte möglicher Problemlösungen beurteilt werden kann. Wie aufgrund der bisherigen Überlegungen zu erwarten ist, werden sich zwischen den Zielen der Anspruchsgruppen Konflikte ergeben, eine Zielharmonie ist in den wenigsten Fällen zu erwarten. Auch wird es nicht möglich sein, zu diesem frühen Zeitpunkt des Problemlösungsprozesses die Ziele präzis und operational zu fassen. Einmal ist das Problemwissen noch recht rudimentär, und zum andern kann eine zu detaillierte Zielformulierung den Prozess zu stark kanalisieren und mögliche Lösungen von vornherein ausschliessen. Solche Ziele sind dann nicht mehr lösungsneutral.

In Lehrbüchern zum Problemlösungs- und Entscheidungsprozess wird in dieser Phase die Erstellung von Zielhierarchien gefordert. Dies widerspricht aber dem Anspruchsgruppendenken, erfordert die Hierarchiebildung doch Gewichtungen sowie Unter- und Überordnungen. Ziele erlangen aber erst Bedeutung im Wirkungsgefüge des Gesamtzusammenhangs – und dieses soll in den nächsten Schritten des Problemlösungsprozesses erarbeitet werden. Daraus folgt, dass Ziele nach Anspruchsgruppen wohl festgehalten, nicht aber zu stark detailliert, operationalisiert und hierarchisiert werden sollen. Dies soll an einem Beispiel illustriert werden.

Ende der 80er Jahre geriet der Computerhersteller IBM in ernsthafte Schwierigkeiten. Veränderte Kundenbedürfnisse und neue Wettbewerber hatten den einst stolzen Marktleader ins Schlingern gebracht. IBM konnte nicht mehr weiter lediglich ein Verkäufer von Hard- und Software sein, eine Neudefinition des Geschäftes drängte sich auf. In Zukunft will IBM der führende Anbieter integrierter Informatikproblemlösungen sein, und dies in allen Branchen und Spezialitäten. Diese Neuausrichtung betraf auch IBM Schweiz, die ihre Strategie auf der Basis des vernetzten Denkens und Handelns entwickelte. Der erste Schritt bestand darin, die verschiedenen Anspruchsgruppen zu identifizieren und ihre Ziele bei den strategischen Überlegungen einfliessen zu lassen. Abbildung 1.10 zeigt einen Ausschnitt aus den mit den Anspruchsträgern gemeinsam erarbeiteten Grobzielen.

Diese Ziele lassen sich nicht a priori hierarchisch ordnen; auch ihre Bedeutung ist nicht absolut gegeben. Vielmehr werden diese Ziele erst im nächsten Schritt des Problemlösungsprozesses am Profil gewinnen, wenn sie im Netzwerk zueinander in Beziehung gebracht werden.

Anspruchsgruppen	Ziele
Kunden	Schlüsselfertigkeit Qualitätsstandard Kontinuität/Sicherheit
Geschäftspartner	Partnerschaft Geschäftsvolumen Folgeprojekte
Management	Marktanteile Profitabilität Wachstum Selbstverwirklichung
Mitarbeiter	Interessante Arbeit Förderung Einsatz der Fähigkeiten

Abbildung 1.10
Grobziele der IBM-Informatik-Gesamtlösungsstrategie

Kompetenzen aufbauen

Als Gegenstück zur Ableitung der Schlüsselfaktoren beim vernetzten Denken geht es beim unternehmerischen Handeln nun darum, die erforderlichen Kompetenzen für eine Zielerreichung zu ermitteln. Diese Kompetenzen sollen es ermöglichen, im Wettbewerb bestmöglich zu bestehen, das heisst, langfristig auf diesem Gebiet die Konkurrenz ausstechen zu können. Kompetenzen können marktgerichtet sein, wie die Erfolgspositionen (PÜMPIN 1992), oder sie können im Sinne von Nutzenpotentialen sowohl unternehmensexterne als auch -interne Stärken umfassen (PÜMPIN 1989). In diesem Zusammenhang tritt auch oft der Begriff der Kernkompetenzen (PRAHALAD/HAMEL 1991) auf. Natürlich lassen sich diese Kompetenzen hier noch nicht abschliessend spezifizieren, ist es doch gerade die Aufgabe des Problemlösungsprozesses, solche Kompetenzen herauszuarbeiten. Aber bereits in dieser frühen Phase muss ein Gespür dafür entwickelt werden, welches der Fokus der Problemlösung sein sollte.

Bei ihren Überlegungen zur Ausrichtung des Unternehmens auf integrierte Problemlösungen identifizierte IBM Schweiz folgende erforderlichen Kompetenzen zur Erringung der Marktführerschaft:

- Produktekenntnis
- Branchenkenntnis
- Einfühlungsvermögen in das Kundenproblem
- Projektmanagement
- Breite Produktepalette
- Total Quality Management (TQM)
- Innovationskraft
- Beratungs-Know how
- Service-Kultur

Wie IBM schnell feststellte, deckten sich ihre eigenen Kompetenzen nicht in allen Punkten mit denen für das Neugeschäft geforderten. Ganz besonders traf dies auf das Einfühlungsvermögen in das Kundenproblem, das Beratungs-Know how und die Service-Kultur zu. IBM sah sich gezwungen, diese Fähigkeiten selber aufzubauen oder von aussen zu akquirieren. Beides wurde in der Zwischenzeit in Angriff genommen, und die vor kurzem zu 70% akquirierte Sulzer-Informatik passt haargenau in diese Strategie, bringt sie IBM doch die gesuchte SAP-Kompetenz.

Unternehmerisch handeln heisst also in diesen Phasen des Problemlösungsprozesses, die legitimen Anspruchsgruppen teammässig umfassend miteinzubeziehen, deren Interessen zu Unternehmenszielen zu verdichten, und die erforderlichen Kompetenzen zur Zielerreichung zu bestimmen. Damit ist ein erster Schritt zur Umsetzung der Konzeption des vernetzten Denkens getan. Es darf aber nicht hier stehengeblieben werden – die Umsetzung muss mit persönlicher Überzeugung erfolgen.

Vernetzt denken	Unternehmerisch handeln	Persönlich überzeugen
Unterschiedliche Standpunkte einnehmen	Anspruchsgruppen-Teams bilden	Verantwortung übernehmen
Zweckbestimmung und System-abgrenzungen vornehmen	Ziele festlegen	Visionen kommunizieren
Schlüsselfaktoren ableiten	Kompetenzen aufbauen	Schwergewichte setzen

Persönlich überzeugen

Ziele setzen, Kompetenzen aufbauen – in manchen Unternehmen geschieht dies rein mechanisch, ganz nach Schema. Wichtig ist hier aber, ob sich Führungskräfte und Mitarbeiter mit diesen Prozessen identifizieren, sich dafür einsetzen.

Verantwortung übernehmen

Entscheidend für den Erfolg eines Problemlösungsprozesses ist es, dass ganz von Anfang an Verantwortung übernommen und das gewünschte Lösungsverhalten vorgelebt wird. Was bedeutet «Verantwortung übernehmen» aber in diesem Kontext? Eine Antwort auf diese Frage gibt die Unterscheidung zwischen Accountability und Responsability von Mills (1991). Für beide Begriffe findet sich im Wörterbuch die deutsche Übersetzung «Verantwortlichkeit». Mills macht aber einen klaren Unterschied zwischen beiden Begriffen, der sich am besten anhand eines Beispieles illustrieren lässt. Verantwortlich im Sinne von «accountable» ist jemand, der oder die stets im grösseren Interesse der Sache handelt, währenddem Verantwortliche im Sinne der «responsibility» eine ihnen übertragene Verantwortung wahrnehmen. Nehmen wir das Beispiel des Verwaltungsrates eines Unternehmens, der zwischen zwei Beratungsfirmen für ein umfassendes Restrukturierungsprojekt wählen muss. Die eine Beratungsfirma ist klein und weniger bekannt, sie hat aber ein ganz spezifisches Know how für diese Aufgabe und auch entsprechend ausgezeichnete Referenzen. Die andere Beratungsfirma gehört zu den ganz grossen und hat schon viele ähnliche Projekte abgewickelt. Nehmen wir an, der Verwaltungsrat sei davon überzeugt, dass die kleinere Beratungsfirma eine bessere Arbeit leisten würde. Im Interesse der Sache müsste er also unbedingt dieser Firma den Vorzug geben. In den meisten Fällen wird er aber die bekannte Unternehmensberatung wählen, weil bei einem allfälligen Misserfolg des Projektes niemand dem Verwaltungsrat einen Vorwurf machen kann, da er ja seine Verantwortung wahrgenommen und die beste Firma ausgewählt hat. Nach dem Grundsatz der Accountability müsste der Verwaltungsrat sich zur kleineren Beratungsfirma bekennen, trotz des Risikos eines späteren Vorwurfs. Denn die Erfolgschancen im Dienste der Sache sind bei dieser Lösung grösser.

Verantwortung übernehmen vor dem Hintergrund der hier vertretenen Denkweise heisst verantwortlich im Sinne von «accountable» handeln. Dies setzt aber voraus, dass ein entsprechendes Problemverhalten vorgelebt, Probleme entsprechend sichtbar gemacht, thematisiert und kommuniziert werden. Man muss dem Problem «einen Namen geben», wie dies Jack Welch getan hat, als er sein «Work out»-Programm den Mitarbeitern von GENERAL ELECTRIC nahegebracht hat (TICHY/SHERMAN 1993). Er selber gab ihnen das Beispiel, wie sie in ihrem Tätigkeitsbereich Kreativität entwickeln und dem Unternehmen neue Wege aufzeigen konnten, indem er an den entsprechenden Workshops persönlich teilnahm und seine Ideen kommunizierte. Ein Vehikel war dabei seine Vision einer «neuen» GENERAL ELECTRIC.

Visionen kommunizieren

Was ist eigentlich eine Vision? Wodurch unterscheidet sie sich von der Unternehmensphilosophie, von der Unternehmenspolitik, vom Leitbild, von der Unternehmensmission? Eine treffende Definition stammt von einem anonymen Autor: «A vision is a dream with a deadline.» Eine Vision ist ein Traum mit einem Verfalldatum. Die wahrscheinlich bekannteste Vision stammt von Kennedy, als er anfangs der 60er Jahre proklamierte: «Spätestens 1970 wird der erste Mensch auf dem Mond stehen.» Während die Unternehmensphilosophie die obersten Grundwerte der Führung festschreibt, die Unternehmenspolitik die Produkt/Markt-, die finanziellen, sozialen und führungsmässigen Ziele festlegt, das Leitbild die obersten Verhaltensgrundsätze und den Führungsstil des Unternehmens spezifiziert und die Mission die heutige Aufgabe in der Gesellschaft bestimmt, hält die Vision fest, was das Unternehmen in der Zukunft sein und tun soll. Beispiele sagen mehr als viele Worte:

- «Wir wollen das weltweit führende Unternehmen der Befestigungstechnik im Bausektor sein.» (HILTI AG, Schaan)
- «Wir wollen den besten Service der Welt bieten.» (IBM, unter CEO WATSON)

- «Wir wollen das beste und erfolgreichste Unternehmen der Luftfahrtindustrie sein.» (BRITISH AIRWAYS)

Als «Deadline» wurde bei allen drei Visionen implizit ein Zeitraum von drei bis fünf Jahren angenommen.

Was zeichnet nun gute Visionen aus? Gute Visionen

- sind einfach und einleuchtend
- sind zukunftsgerichtet
- stellen den Kunden und seine Bedürfnisse in den Mittelpunkt
- tragen den legitimen Anspruchsgruppen des Unternehmens angemessen Rechnung
- spornen alle Mitarbeiter zu unternehmerischen Spitzenleistungen an
- mobilisieren Ressourcen und setzen diese zielgerichtet ein.

Es sei dem Leser überlassen, die oben vorgestellten Visionen an diesen Kriterien zu messen. Am nächsten scheint uns die damalige Vision der IBM zu kommen. Aber wie die Geschichte lehrt, müssen sich Visionen im Zeitverlauf weiterentwickeln, um neuen Umweltkonstellationen genügen zu können. Bei der IBM war nicht die Vision falsch, sie wurde nur nicht mehr gelebt. Und damit sind wir beim entscheidenden Punkt angekommen. Eine Vision wird nur dann unternehmerisches Verhalten hervorrufen, wenn sie kommuniziert, vorgelebt, umgesetzt und ihre Erreichung belohnt wird.

Schwergewichte setzen

Genauso wie in dürre Worte gefasste Ziele nie die gleiche Wirkung haben wie die zündenden Ideen einer Vision, so wird die Aufzählung der erforderlichen Kompetenzen kaum jemanden hinter dem Ofen hervorlocken. Auch hier gilt es, Schwerpunkte zu setzen. Ein überzeugender Ansatz liegt hier in Form des oben eingeführten Konzeptes der Kernkompetenzen vor (PRAHALAD/HAMEL 1991). Kernkompetenzen sind Fähigkeiten eines Unternehmens, die es ermöglichen, in rascher Folge Produkt- und Dienstleistungsinnovationen in verschiedenen Bereichen hervorzubringen. Das in diesem Zusammenhang immer wieder angeführte Unternehmen ist Canon. Kernkompetenzen von Canon sind die Feinmechanik, die Feinoptik und die Mikroelektronik. Eine Kombination dieser Kompetenzen ermöglichte die Entwicklung einer Vielzahl neuer Produkte von Kameras über Kopierer und Faxgeräte bis hin zu Masken-Justier-Geräten für die Chipherstellung. Ein anderes Beispiel ist DAIMLER-BENZ. Um Kernkompetenzen auf den Bereichen der Antriebe und der Mikroelektronik aufzubauen, wurden die verschiedensten Unternehmen der Luft- und Raumfahrtindustrie übernommen. So hat sich Daimler-Benz ein Know how bei den Antrieben aufgebaut, das von Aggregaten für Personen- und Lastwagen über solche für Helikopter und Regionalflugzeuge bis hin zu Triebwerken für Grossraumflugzeuge und Raketen reicht. Dieses Wissen wirkt gegenseitig befruchtend und kann zu einer Vielzahl weiterer Innovationen auf dem Antriebsgebiet führen.

Persönlich überzeugen heisst, konsequent Schwerpunkte zu setzen und einige wenige Kernkompetenzen des Unternehmens bewusst auf- und auszubauen. Es bedeutet Abschied nehmen von der oft anzutreffenden Verzettelung in viele durchaus interessante Aktivitäten, die aber letztlich wenig zielführend im Sinne der Vision sind.

Damit schliesst sich der Kreis der Aktivitäten, die den ersten Schritt des Vorgehens beim Problemlösen konstituieren, der der Entdeckung und Identifikation des Problems gewidmet ist. Einleitend zu diesem Kapitel wurde die Neuausrichtung der CIBA kurz vorgestellt. Dieser Faden soll jetzt wieder aufgenommen und die dem ersten Problemlösungsschritt entsprechende Vorgehensweise der CIBA vorgestellt werden.

Das Beispiel CIBA

Abbildung 1.11
(gegenüberliegende Seite)
Perspektiven/Standpunkte, Zweckbestimmung und Schlüsselfaktoren der CIBA

Ausgangspunkt der Neuorientierung der CIBA Ende der 80er Jahre war die Erkenntnis, dass die erfolgreiche Führung eines Chemie- und Pharmaunternehmens eine ganzheitliche Sicht voraussetzt. Ganzheitlich bedeutet in diesem Kontext, dass nicht nur der wirtschaftliche Erfolg Massstab allen unternehmerischen Handeln ist, sondern dass die Umweltverträglichkeit und die soziale Verantwortung gleichgewichtig bei den Entscheidungen berücksichtigt werden müssen. Wirtschaftlicher Erfolg, Umweltverträglichkeit, soziale Verantwortung – drei Perspektiven oder Standpunkte, die das Unternehmen in einem völlig anderen Licht erscheinen lassen. Die entsprechenden Zweckbestimmungen lauten:

- Die CIBA ist ein System zur Schaffung von Aktionärsnutzen oder Shareholder Value (wirtschaftlicher Erfolg).
- Die CIBA ist ein System zur Entwicklung, Herstellung und Verbreitung von Produkten und Verfahren, die ihren Zweck sicher, energiesparend und mit geringstmöglicher Umweltbelastung erfüllen (Umweltverträglichkeit).
- Die CIBA ist ein System zur Unterstützung eines gesunden Fortschritts der Menschheit und eines verantwortungsbewussten Einsatzes neuer wissenschaftlicher Erkenntnisse und Techniken (soziale Verantwortung).

Perspektive/ Standpunkt	CIBA ist ein System/ hat den Zweck der...	Schlüsselfaktoren
Wirtschaft-licher Erfolg	Schaffung von Aktionärsnutzen oder Shareholder Value	■ Qualität des Produkteprogramms ■ Forschung und Entwicklung ■ Investitionen ■ Kundennutzen ■ Verkäufe ■ Cash flow ■ Wettbewerbsposition ■ Konkurrenzstärke ■ Innovation ■ Dividende/Kursentwicklung
Umwelt-verträglichkeit	Entwicklung, Herstellung und Verbreitung von Produkten und Verfahren, die ihren Zweck sicher, energiesparend und mit geringstmöglicher Umweltbelastung erfüllen	■ Qualität der Produktionsanlagen ■ Umweltschädigung ■ Umweltbewusstsein ■ Gesellschaftliche Akzeptanz ■ Image ■ Selbstbeschränkung ■ Nebenwirkungen
Soziale Ver-antwortung	Unterstützung eines gesunden Fortschrittes der Menschheit und eines verantwortungs-wussten Einsatzes neuer wissenschaftlicher Er-kenntnisse und Techniken	■ Attraktivität für neue Mitarbeiter ■ Mitarbeiterqualität ■ Volksgesundheit ■ Qualitatives Wachstum ■ Gesellschaftlicher Nutzen ■ Ethische Grundregeln

Diese unterschiedlichen Zweckbestimmungen führen auch zu jeweils verschiedenen Schlüsselfaktoren des Erfolgs, wie Abbildung 1.11 illustriert.

Die obigen Perspektiven oder Standpunkte sind aber viel zu abstrakt, um im Unternehmen und seinem Umfeld eine Verhaltensänderung auslösen zu können. Deshalb sind jetzt die verschiedenen Anspruchsgruppen der CIBA zu identifizieren und zur Mitarbeit bei der Neuausrichtung aufzufordern. Abbildung 1.12 zeigt eine Auswahl solcher Anspruchsgruppen mit ihren jeweiligen Zielvorstellungen. Bei ihrer Neuausrichtung hat die CIBA diese Gliederung natürlich weiter verfeinert, indem verschiedene Typen von Kapitalgebern (institutionelle Anleger versus Kleinaktionäre), unterschiedliche Mitarbeiter (Sachbearbeiter, Kader, Direktion), oder verschiedene Konsumentenschichten (geographische Kriterien, Kaufkraftklassen) unterschieden wurden. Weitere Anspruchsgruppen waren die Lieferanten, Konkurrenten, ökologische Gruppierungen, die Region Basel usw.

Welches sind nun die erforderlichen Kompetenzen, um die obigen Ziele auch erreichen zu können? Hier ein kurzer Überblick:

- Qualitativ hochstehende Produktionsanlagen (Sicherheit, Umweltbelastung, Energieverbrauch)
- Image als ökologisch verantwortungsvolles Unternehmen
- Innovation bei Produkten und Prozessen
- Attraktiver Arbeitgeber
- Professionelle Informationspolitik

Abbildung 1.12
Anspruchsgruppen der CIBA mit ihren Zielvorstellungen

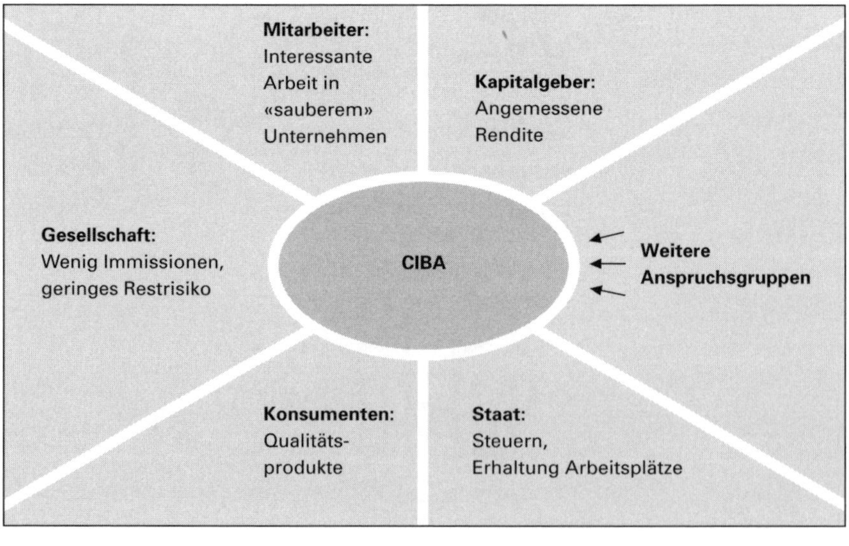

- Finanzkraft
- Hohe ethische Standards

Die Führungsspitze der CIBA, allen voran Alex KRAUER und Heini LIPPUNER, hat die volle Verantwortung für die Neuorientierung des Unternehmens übernommen und dokumentiert dies gegen aussen durch überzeugende Auftritte in den Medien und gegen innen durch eine offene Kommunikationspolitik über alle Stufen hinweg. Die Betonung ökologischer und gesellschaftlicher Anliegen hat der CIBA vor allem seitens der Konkurrenz viele Anfeindungen gebracht, jedoch in einer breiteren Öffentlichkeit auch sehr viel Goodwill geschaffen. So ist klar feststellbar, dass die CIBA eine grosse Zahl neuer Mitarbeiter gerade wegen ihrer Neuorientierung gewonnen hat. Das Unternehmen hat seine neue Konzeption konsequent kaskadenförmig in Workshops kommuniziert, und alle Mitarbeiter haben heute nicht nur Budgetziele, sondern auch ökologische und gesellschaftliche Jahresvorgaben.

Die Vision der CIBA wurde einleitend zu diesem Kapitel bereits vorgestellt. In Abbildung 1.13 sei deshalb nur noch das Logo vorgestellt, das diese eindringlich illustriert.

Abbildung 1.13
Logo der CIBA-Vision

Die Auswirkungen dieser Vision waren vielfältig (RÜEGG-STÜRM/GOMEZ, 1994). Einerseits hat die CIBA mit dieser Vision die Mitarbeiter zum Umdenken gebracht, und eine breite Sensibilisierung bezüglich möglicher Konflikte zwischen wirtschaftlichen, ökologischen und gesellschaftlichen Zielen hat stattgefunden. Anderseits appelliert die Vision doch eher an den Intellekt als an die Emotion, und sie vermittelt kein Gefühl der Dringlichkeit der vorgebrachten Anliegen. Unter dem Strich muss ihre Wirkung aber als sehr positiv eingeschätzt werden.

Bleibt zum Abschluss noch die Setzung von Schwergewichten auf der Basis dieser Vision. Für die CIBA lauten diese auf der wirtschaftlichen Seite Konzentration auf die Kerngeschäfte, organisatorische Straffung zur Erzielung einer höheren Wertschöpfung sowie Dezentralisierung der Verantwortung. Im sozialen Bereich heissen die Stichworte «Empowerment» und «Directed Autonomy». Die Mitarbeiter erhalten einen grösstmöglichen Freiheitspielraum, und es wird ihnen entsprechende Verantwortung delegiert. Unterstützt wird dies durch eine regelmässige Beurteilung des Führungsverhaltens, und besondere Bedeutung hat ein strategisches Anreizsystem, das unternehmerische Initiative belohnt. Auf der ökologischen Seite schliesslich wird konsequent in umweltfreundliche Verfahren investiert und werden klare Vorgaben bezüglich der Forschungspolitik in ökologisch heiklen Bereichen erlassen.

1996 haben sich für die CIBA völlig neue Horizonte zur Setzung von Schwergewichten eröffnet. Im grössten Schulterschluss der Wirtschaftsgeschichte fanden die CIBA und die eingangs dieses Kapitels erwähnte SANDOZ zusammen. Die Herausforderung für das neue Unternehmen NOVARTIS besteht darin, zwei völlig verschiedene Kulturen zu verschmelzen – und dabei die obige Vision nicht aus den Augen zu verlieren.

Mit der Vorstellung und Illustration des Vorgehens beim Erkennen und Identifizieren von Problemen liegen nun jene Bausteine vor, die im nächsten Schritt der Problemlösungsmethodik miteinander vernetzt werden sollen.

Schritt 2

Zusammenhänge und Spannungsfelder der Problemsituation verstehen

«Denke global, handle lokal». Diese Idee stand Pate, als Percy BARNEVIK Ende der 80er Jahre eine neue organisatorische Architektur für die eben fusionierten Unternehmen der ASEA und der BROWN BOVERI zur ABB ASEA BROWN BOVERI AG in Angriff nahm. Barnevik wollte seinen in der Stromerzeugung und -verteilung sowie in Verkehrssystemen weltweit tätigen Konzern zu einer multilokalen (oder englisch «multidomestic») Unternehmung ausgestalten (BARNEVIK, 1991). Für die ABB bedeutete die Umsetzung der obigen Leitmaxime

- ein differenziertes, lokal angepasstes Handeln im Markt,
- eine weltweite Vernetzung der Wertschöpfung,
- ein globales Anspruchsniveau bezüglich Effizienz und Qualität und
- den Einbezug «externer» Ziele.

Die Matrix-Organisation der ABB in Abbildung 2.1 illustriert die Umsetzung dieser Konzeption.

Die Aktivitäten der ABB sind einerseits eingeteilt in vier Geschäftssegmente, die wiederum 50 Business Areas enthalten, und in drei Regionen mit insgesamt 34 Landesgesellschaften. Segmente und Regionen stehen für das «Denke global». Das «Handle lokal» wird von rund 5'000 Profit-Centers weltweit wahrgenommen. Ein Profit-Center weist durchschnittlich nur 50 Mitarbeiter auf und verankert die ABB im jeweiligen lokalen Markt.

Das Organigramm vermittelt den Eindruck einer klaren Organisation, wenn nicht sogar einer gewissen Harmonie der Architektur des Unternehmens. Was ein Kenner der Matrix-Organisation aber bereits ahnt, wird bei einer näheren Betrachtung der ABB offensichtlich. Was in Abbildung 2.1 mit einer homogenen Fläche mit der lapidaren Bezeichnung ca. 5'000 Profit-Center dargestellt wird, ist in Wahrheit ein äusserst komplexes Geflecht von unzähligen Spannungsfeldern. Die schön lineare Darstellung des Organigramms verdeckt ein Wirkungsgefüge zum grossen Teil selbstorganisierender

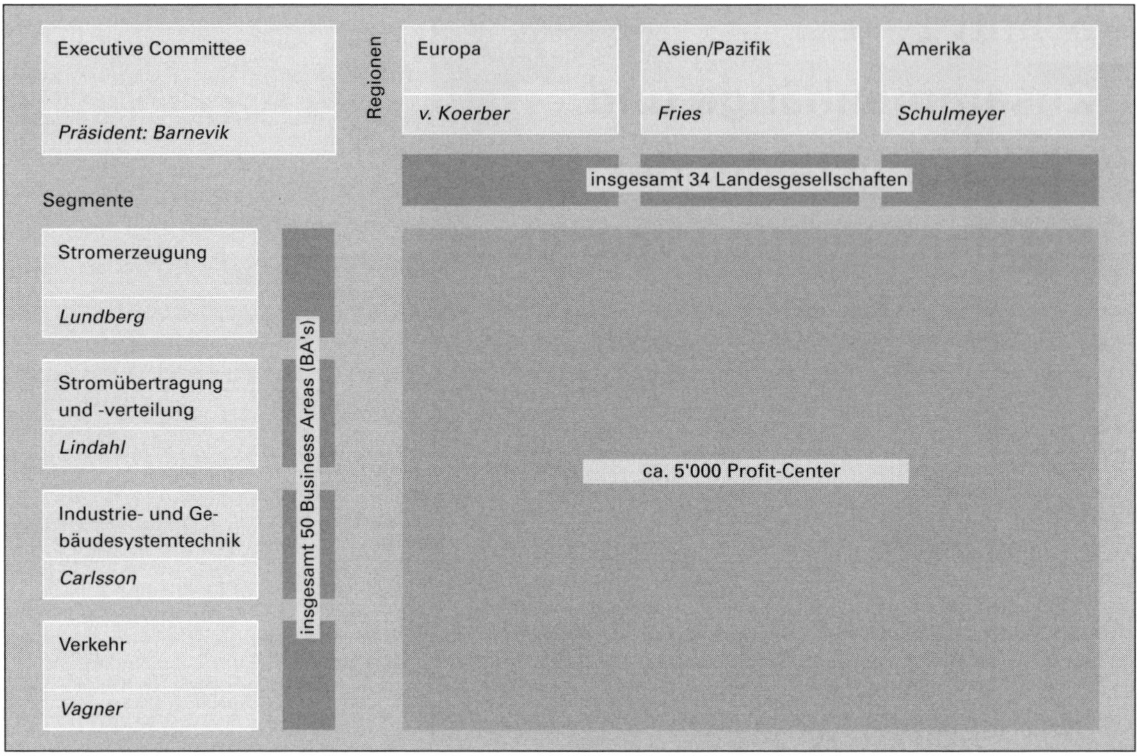

Abbildung 2.1 Organisation der ASEA BROWN BOVERI AG (von Koerber, 1993)

Prozesse, die alles andere als harmonisch sind. Das Organigramm gibt nicht nur keinen Aufschluss darüber, wie das multilokale Unternehmen ABB wirklich funktioniert, sondern es gaukelt auch vor, dass die Kenntnis der einzelnen Teile der Organisation (Geschäftssegmente, Regionen und Profit-Centers) ausreichten, um das Ganze zu verstehen. Befragt man aber einen Mitarbeiter der ABB über ihre Erfahrungen in diesem Unternehmen, so zeigt sich schnell, dass die Beziehungen zwischen diesen Teilen sehr viel wichtiger sind als die Teile selber.

Damit sind wir aber bei der zentralen Thematik dieses Schrittes des Problemlösungsprozesses angelangt, die sich in folgende Frage fassen lässt:

Wie entsteht aus einzelnen Teilen ein integriertes Ganzes?

Ausgangspunkt der Beantwortung dieser Frage bildet die Erkenntnis, dass das Ganze etwas anderes ist als die Summe seiner Teile. Dies bedeutet aber eine klare Absage an den Reduktionismus, der aufgrund der Kenntnis der Teile das Ganze rekonstruieren zu können glaubt. Dass dies schon bei relativ einfachen Zusammenhängen nicht mehr möglich ist, sollen die folgenden zwei Beispiele illustrieren.

Abbildung 2.2 zeigt ein Computerbild von Albert Einstein. Greift man, wie links gezeigt, einen Teil dieses Bildes heraus, so ergibt sich eine Ansamm-

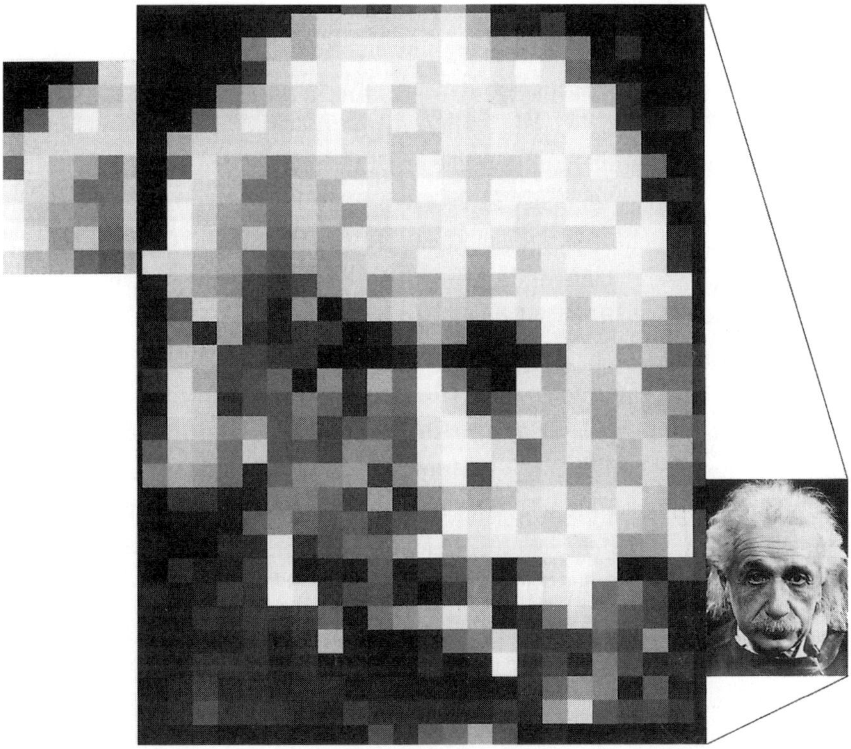

Abbildung 2.2
Mustererkennung: Das Ganze ist etwas anderes als die Summe seiner Teile

lung von Quadraten unterschiedlichen Helligkeitsgrades – schwarze, dunkelgraue, hellgraue, weisse. Man kann diese Helligkeitstöne nun noch weiter untersuchen und jedes Quadrat im Detail charakterisieren. Trotzdem wird dieses Gebilde keinen anderen Sinn ergeben als eine Ansammlung von Teilen. Betrachtet man jedoch das ganze Computerbild und kneift die Augen zu, so entsteht plötzlich ein Abbild von Albert Einstein, das in seinen Grundzügen der Photografie rechts entspricht. Was ist hier geschehen, wie konnte aus dieser Ansammlung von Quadraten plötzlich ein Bild entstehen? Verantwortlich dafür ist unser Gehirn, das die Quadrate zueinander in Beziehung gesetzt hat. Entscheidend für die Erkennung von Mustern sind also die Beziehungen zwischen den Teilen, sie lassen ein Ganzes entstehen.

Tragen wir dieser Erkenntnis beim Problemlösen Rechnung? Nein, denn wir haben es anders gelernt! Wir sind gewohnt, Teilaspekte der Problemlösung herauszugreifen und diese möglichst detailliert und präzise zu erfassen. Ein Paradebeispiel dafür ist die Struktur unserer Universitäten. Die Lehrstühle bspw. der betriebswirtschaftlichen Fakultäten sind nach den Funktionen Marketing, Finanz- und Rechnungswesen, Personalwesen, Organisation, Informatik, usw. gegliedert. Jeder Lehrstuhl hat sodann wieder verschiedene Spezialgebiete, zu denen geforscht und entsprechend publiziert wird. Dissertationen decken dabei meist sehr kleine Ausschnitte einzelner Themenkreise ab, bearbeiten diese aber in aller Tiefe. Solche Forschungsarbeiten und Dissertationen entsprechen in obigem Bild einzelnen Quadraten, die eine bestimmte Tönung aufweisen. Was passiert nun, wenn man alle diese Arbeiten zusammenfügt? Entsteht dabei ein integriertes Bild der Unternehmensrealität? Nein, denn die Funktion, die unser Gehirn bei der Mustererkennung übernimmt, existiert an den Universitäten meistens nicht. Bekanntlich nehmen aber Unternehmensprobleme keine Rücksicht auf die Gliederung und Abgrenzung unserer Lehrstühle. Und wenn keine problembezogene Integration betriebswirtschaftlicher Erkenntnisse erfolgt, ist meist auch ihre Praxisrelevanz gering.

Aber auch im Unternehmen verfällt das gängige Instrumentarium der Geschäfts- und Umweltanalyse in denselben Fehler. Nimmt man die einschlägigen Instrumente zur Hand, so wimmelt es von Checklisten und organigrammartigen Darstellungen. Checklisten haben den grossen Vorteil, dass eine weitgehende Feldabdeckung erreicht und nichts vergessen wird. Ein gutes Beispiel dafür ist der Instrumenten-Check des Piloten vor dem Start. Checklisten fokussieren aber wiederum die Teile einer Problemsituation. Die einzelnen Punkte stehen unter- oder nebeneinander, es wird nichts ausgesagt über die Bedeutung oder Wichtigkeit eines einzelnen Teils im grösseren Ganzen. Diese tritt erst hervor, wenn die einzelnen Punkte miteinander in Beziehung gesetzt werden. Mit Checklisten werden Daten gesammelt. Diese werden erst dann zur Information, wenn sie miteinander verknüpft sind. Damit zeigt sich auch die grosse Gefahr von Checklisten: Sie geben die Illusion der Vollständigkeit, der Erfassung einer Problemsituation als Ganzes. Dabei führen sie oft nur zu Datenfriedhöfen.

Wie steht es nun mit Organigrammen oder ähnlichen baumartigen Analyseinstrumenten? Kommen hier nicht die oben vermissten Beziehungen zwischen den Teilen endlich zum Zuge? Organigramme sind die klassischen Repräsentanten des linearen Ursache-Wirkungs-Denkens. Dieses postuliert, dass es für jede Wirkung eine zuordenbare Ursache geben muss. Im Volksmund spricht man hier vom Wenn-Dann-Denken. Charakteristisch für diese Denkweise ist das Argumentieren in Zweierbeziehungen. Zwar werden die Teile nicht mehr isoliert erfasst, aber es werden auch nur jeweils Paare von Teilen zum Betrachtungsgegenstand. Und die Zusammenschau aller paarweisen Beziehungen soll sodann zu jenem Bild führen, das für das Ganze steht.

Im Organigramm hat jedes Kästchen vorgesetzte und untergeordnete Stellen, wobei die paarweisen Beziehungen den Dienstweg abbilden. Obwohl heute alle in Unternehmen Tätigen wissen, dass Organigramme nicht im entferntesten die Funktionsweise des Unternehmens abbilden, erscheinen diese doch immer in den Jahresberichten und in der einschlägigen Wirtschaftspresse. Warum dies? Wir haben in der Schule das Denken in Ursache-Wir-

		Sitzungen							
		1	2	3	4	5	6	7	8
Personen	P_1	*	*	*	*	o	o	o	o
	P_2	*	*	o	o	o	o	*	*
	P_3	o	o	*	*	o	o	*	*
	P_4	o	*	o	*	o	*	o	*

* anwesend
o abwesend

Abbildung 2.3
Die Problematik des paarweisen Vergleiches (Gomez, 1981, S. 17)

kungs-Beziehungen gelernt, dem die einfache Über- und Unterordnung des Organigramms entspricht. Bei einfachen Zusammenhängen führt diese paarweise Betrachtungsweise durchaus zum Ziel. Unternehmen werden auch heute noch meist als Maschinen begriffen, und Führungskräfte sollten ihre Gestaltungsaufgabe wie Ingenieure wahrnehmen. Die Erfahrung der letzten Jahrzehnte hat aber gelehrt, dass Unternehmen eher Organismen oder Ökosystemen gleichen, bei denen das lineare Denken weitestgehend versagt. Wenn daran trotzdem weiter festgehalten wird, so ist dies einerseits der Macht der Gewohnheit zuzuschreiben. Zum anderen fehlten uns aber bisher überwiegend die Instrumente, um die Vernetztheit von Problemsituationen abzubilden.

Dass das lineare Denken, und damit die Vorgehensweise des paarweisen Vergleiches nicht nur inadäquate, sondern falsche Resultate bringen kann, zeigt das Beispiel in Abbildung 2.3.

Nehmen wir an, vier Personen gehören einer Gruppe an, die sich in regelmässigen Abständen trifft. Lässt sich mit Bezug auf die Anwesenheit der Personen irgendeine Regelmässigkeit oder Struktur entdecken? Betrachtet man die Personen paarweise, so zeigt sich kein Muster; alle Möglichkeiten treten auf (**, *o, o*, oo). Nimmt man jedoch jeweils drei Personen zusammen, so treten beispielsweise bei der Konstellation P1, P2, P3 die folgenden Zustände auf: **o, *o*, ooo, o**. Es kommt also beispielsweise nie vor, dass alle drei gleichzeitig anwesend sind. Beim paarweisen Vergleich wäre die Möglichkeit einer solchen Konstellation anzunehmen gewesen.

In Abbildung 2.4 sei das klassische lineare Denken nochmals illustriert, einmal in der Karikatur des Analytikers, zum anderen in Form des klassischen Organigramms.

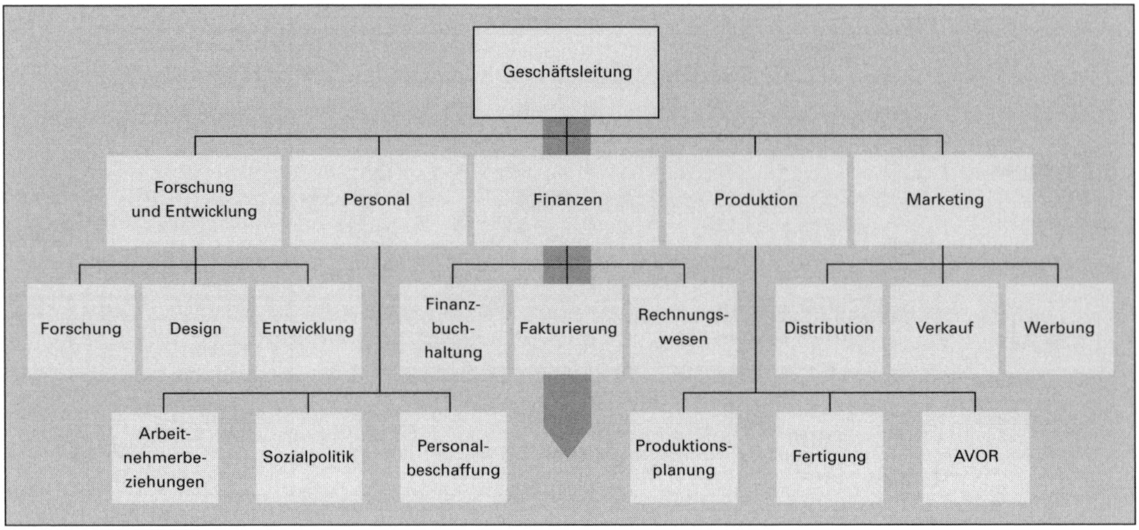

Abbildung 2.4
Ausprägungen des linearen Ursache-Wirkungs-Denkens (Karikatur nach Weick, 1979, S. 77)

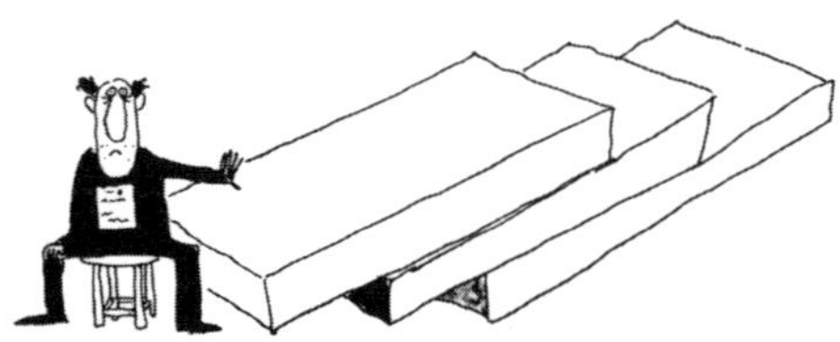

Abbildung 2.5
Prozesse des Verstehens der Zusammenhänge und der Spannungsfelder einer Problemsituation

Was soll nun an die Stelle des linearen Ursache-Wirkungs-Denkens treten? Das Denken in Kreisläufen! Wie dieses umgesetzt werden kann, ist Gegenstand des 2. Schrittes der Problemlösungsmethodik. Abbildung 2.5 fasst die zu durchlaufenden Prozesse übersichtsmässig zusammen.

Vernetzt denken	**Unternehmerisch handeln**	**Persönlich überzeugen**
■ Den zentralen Kreislauf identifizieren	■ Nach Prozessen statt Funktionen organisieren	■ Unternehmensgeist fördern
■ Das Netzwerk aufbauen	■ Die Geschäftslogik entwickeln	■ Paradoxien/Dilemmata managen
■ Zeitliche Abhängigkeiten und Intensitäten ermitteln	■ Zeitmanagement umsetzen	■ Projekt- und Teamarbeit fördern

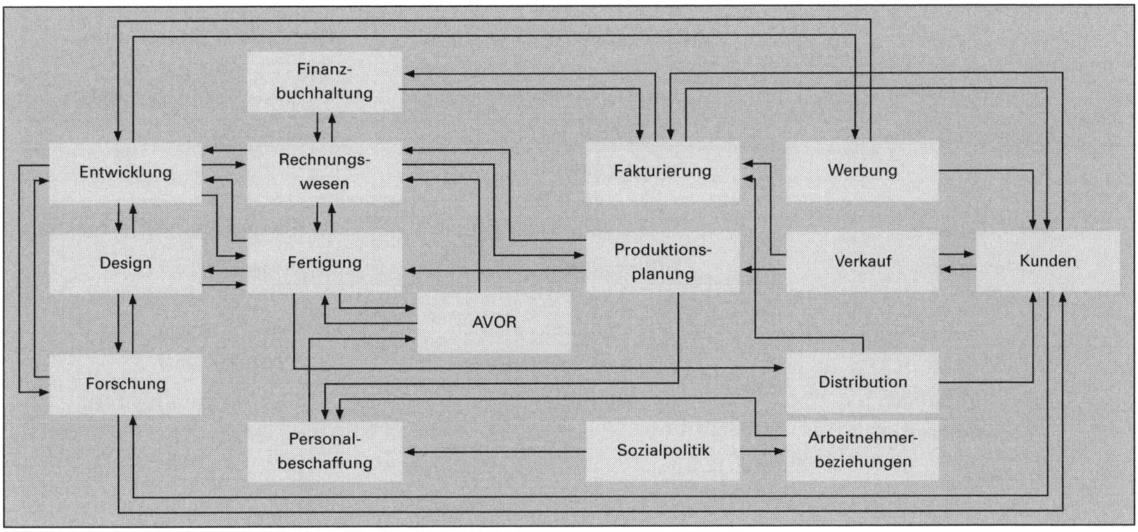

Abbildung 2.6
Ausprägungen von Kreislaufdenken (Karikatur nach Weick, 1979, S. 77)

Vernetztes Denken heisst letztlich nichts anderes als Denken in Kreisläufen. Die Natur lehrt uns dieses Denken, nehmen wir doch nur einmal das Recycling. Die Natur kennt keinen Abfall, alles wird wieder verwertet und dient als Aufbaustoff für neue Formen. Im menschlichen Körper entspricht der Stoffwechsel und der Blutkreislauf diesem Prinzip. Aber auch in der Volkswirtschaft finden wir Kreisläufe, wie den Geld- und Güterkreislauf. Und das Denken in Kreisläufen entspricht auch den tatsächlichen unternehmerischen Gegebenheiten. Deshalb sollten unsere Überlegungen zu den Zusammenhängen und Spannungsfeldern der Problemsituation von Gedanken entlang den Linien der Abbildung 2.6 geprägt sein.

Die Organisationsdarstellung in Abbildung 2.6 zwingt zum Denken in Kreisläufen. Und sie gibt die unternehmerischen Zusammenhänge (mit identischem Inhalt der Kästchen von Abbildung 2.4) sicher besser wieder als das Organigramm. Trotzdem hat diese Darstellung noch grosse Schwächen. Und zwar liegen sie bei den Beziehungen, die durch Pfeile zwischen den Kästchen symbolisiert sind. Es wird nämlich nichts darüber ausgesagt, welcher Art diese Beziehungen sind. Und gerade dies bestimmt im entscheidenden Ausmasse, wie das Ganze in seiner Dynamik erscheint.

Damit sind wir aber bereits mitten in den Prozessen drin, die das vernetzte Denken in diesem Schritt charakterisieren.

Vernetzt denken	Unternehmerisch handeln	Persönlich überzeugen
■ Den zentralen Kreislauf identifizieren	■ Nach Prozessen statt Funktionen organisieren	■ Unternehmergeist fördern
■ Das Netzwerk aufbauen	■ Die Geschäftslogik entwickeln	■ Paradoxien/Dilemmata managen
■ Zeitliche Abhängigkeiten und Intensitäten ermitteln	■ Zeitmanagement umsetzen	■ Projekt- und Teamarbeit fördern

Vernetzt denken

Bevor die Entwicklung eines Netzwerkes mit der Identifikation des zentralen Kreislaufes in Angriff genommen werden kann, muss ein grundlegendes Verständnis für die Natur der Beziehungen zwischen den Teilen geschaffen werden. Beziehungen können in dreifacher Hinsicht spezifiziert werden:

- In ihrer Wirkung: Sind sie verstärkend oder dämpfend bzw. stabilisierend?
- Nach ihrem Zeithorizont: Wirken sie kurz-, mittel- oder langfristig?
- Nach ihrer Intensität: Ist der Einfluss schwach, mittel oder stark?

Beginnen wir mit der Bestimmung der Wirkung einer Beziehung. Diese erfolgt durch die Zuordnung eines (+) oder eines (–) zu dem jeweiligen Pfeil der Darstellung. Ein (+) denotiert eine verstärkende Wirkung. Das Beispiel in Abbildung 2.7 soll diese verstärkende Wirkungsweise illustrieren. Ein (+) bedeutet nicht, dass diese Beziehung «gut» oder «positiv» ist. Vielmehr sagt das (+) aus: Je mehr vom einen, desto mehr vom anderen. Zum Beispiel in Abbildung 2.7: Je mehr Geburten, desto grösser die Bevölkerung, desto mehr Geburten, desto grösser die Bevölkerung … Das Resultat dieser Entwicklung ist in Abbildung 2.7 durch die Bevölkerungsexplosion charakterisierende exponentielle Entwicklung dargestellt. SENGE (1990) verwendet anstelle des (+) das Symbol einer Lawine – ein intuitiv guter Zugang zu diesen Zusammenhängen!

Das (+) kann aber auch eine verstärkende Wirkung in die andere Richtung bedeuten, je nachdem, welches der Ausgangspunkt der Überlegungen ist. Je weniger Geburten, desto kleiner die Bevölkerung, desto weniger Geburten, desto kleiner die Bevölkerung … In diesem Falle bedeutet diese Entwicklung, dass die Bevölkerung ausstirbt. Derselbe Kreislauf kann also Anwendung finden auf die Dynamik der Bevölkerungsentwicklung in Entwicklungsländern und in reichen Industriegesellschaften. Bei den ersteren findet eine Bevölkerungsexplosion, bei der zweiten ein steter Bevölkerungsrückgang statt.

Bezeichnet ein (+) eine verstärkende Wirkung, so steht das (–) für eine Dämpfung oder Stabilisierung. Dies sei an einer Erweiterung des Beispieles in Abbildung 2.8 illustriert. Analog zum obigen bedeutet ein (–) nicht, dass etwas «schlecht» oder «negativ» ist, sondern, dass mehr vom einen zu weniger vom anderen führt, und umgekehrt. Abbildung 2.8 liest sich wie folgt: Je mehr Geburten, desto grösser die Bevölkerung, desto grösser die Übervölkerung. Die Übervölkerung aber führt, sei es durch eine sich aus der Erkenntnis der Zusammenhänge ergebende Geburtenkontrolle oder durch eine erhöhte Todesrate in Folge von Krankheit, sozialen Missständen usw., zu einer Reduktion der Geburten. Weniger Geburten bedeutet aber weniger Bevölkerung und damit auch weniger Übervölkerung, was tendenziell zu einem Wiederanstieg der Geburten, damit zu Bevölkerungswachstum und einer zunehmenden Übervölkerung führt. Die Dynamik dieser Entwicklung lässt sich dadurch beschreiben, dass die Bevölkerung um ein bestimmtes Niveau

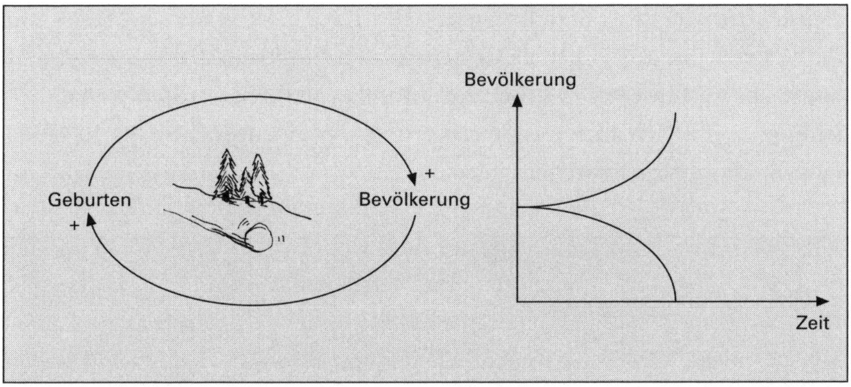

Abbildung 2.7
Bevölkerungsdynamik als Resultat verstärkender Wirkungen

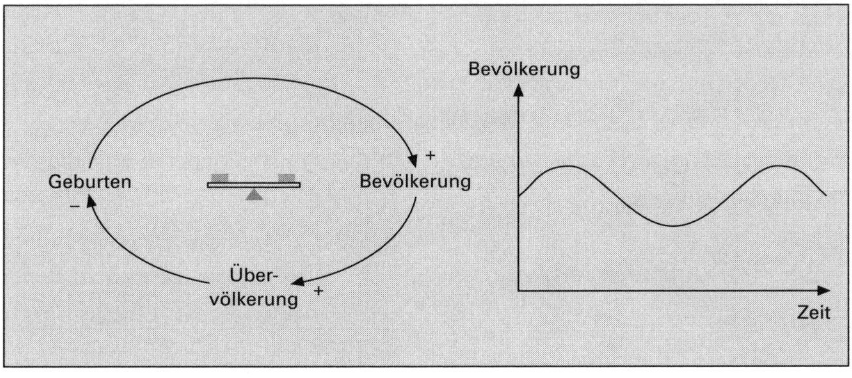

Abbildung 2.8
Stabilisierende Wirkungen in der Bevölkerungsdynamik

pendelt, innerhalb bestimmter Bandbreiten aber stabil bleibt. In der Sprache der Technik handelt es sich hierbei um eine negative Rückkoppelung, wie wir sie auch beim altbekannten Beispiel des Thermostaten wiederfinden. Senge (1990) verwendet in diesem Zusammenhang das Symbol der Waage.

Nach der Spezifikation der Wirkung geht es in einem nächsten Schritt darum, den Zeithorizont der Beziehungen zu ermitteln. Es gibt verschiedene Möglichkeiten, zeitliche Abhängigkeiten darzustellen. Es kann sehr präzis vorgegangen werden, indem jedem Pfeil die Anzahl Tage, Monate oder Jahre zugeordnet wird, die zwischen der Änderung der einen Grösse und der Beeinflussung der anderen liegen. Üblicherweise wird aber nur unterschieden zwischen kurz-, mittel- und langfristigen Wirkungen, wobei dies mit unterschiedlichen Strichdicken der Pfeile dargestellt wird. Allerdings muss von vornherein festgelegt werden, was unter kurz-, mittel- und langfristig verstanden werden soll. Ist beispielsweise bei einem Computerhersteller ein Zeitraum von zwei bis drei Jahren bereits langfristig, so fällt dies bei einem Elektrizitätswerk immer noch in die kurzfristige Kategorie. Das Beispiel in Abbildung 2.9 illustriert diese Zusammenhänge.

In Abbildung 2.9 ist die zeitliche Dynamik eines Zeitschriftenverlages dargestellt. Der Kreislauf liest sich wie folgt: Steigt die Verkaufsauflage, so nimmt auch die Leserreichweite zu, die nach Anzahl Lesern der gekauften Zeitschriften berechnet wird. Die Auswirkung ist sehr kurzfristig, da ja die Zeitschriften meist unmittelbar nach dem Kauf gelesen werden. Steigt nun die Leserreichweite, so hat dies einen starken Einfluss auf das Anzeigenaufkommen, weil Inserenten lieber in stark gelesenen Zeitschriften werben. Allerdings ergibt sich hier eine Verzögerung von einem halben bis zu einem Jahr, da die Leserreichweitenzahlen in der Schweiz nur einmal im Jahr von

Abbildung 2.9
Zeitliche Abhängigkeiten im Verlagsgeschäft

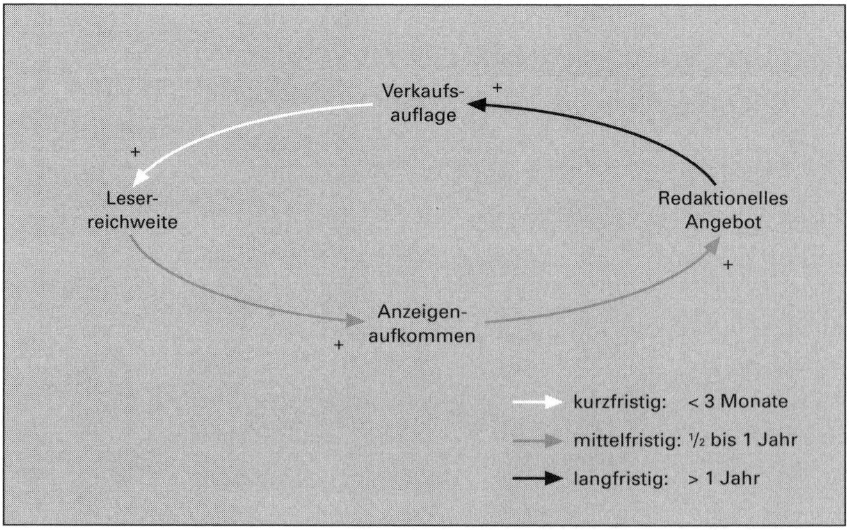

einer unabhängigen Instanz erhoben werden, und so die Inserenten zeitlich stark verzögert reagieren. Steigt das Anzeigenaufkommen, so wird der Verlag die freigewordenen Mittel in die Verbesserung des redaktionellen Angebotes investieren, dies allerdings auch mittelfristig in Abstimmung mit dem sich abzeichnenden Trend. Veränderungen des redaktionellen Angebotes werden aber von potentiellen Neukäufern meist erst nach einiger Zeit zur Kenntnis genommen, so dass die Auswirkung eher eine langfristige ist.

Das Interessante an dieser Darstellung ist, dass die zeitlichen Verzögerungen bei den jeweiligen Zweierbeziehungen recht einsichtig sind, dass jedoch der Kreislauf als Ganzes ein Zeitverhalten an den Tag legt, das intuitiv nicht einfach erfassbar ist. Meist werden zeitliche Abhängigkeiten gewaltig unterschätzt, und diese Art der Darstellung kann deshalb zu einem vertieften Verständnis der entsprechenden Dynamik führen.

Bleibt noch die Intensität der Wirkungsbeziehungen. Die bisherigen Darstellungen sagen nichts darüber aus, wie intensiv die Veränderung einer Grösse auf andere sich auswirkt. Die Intensität kann schwach, mittel oder stark sein. Dies lässt sich durch entsprechende Markierung der Pfeile mit Zahlen (1 = schwach, 2 = mittel, 3 = stark) oder Farben festhalten. Aufbauend auf diesen Intensitäten lassen sich aber zusätzlich Hinweise über die Beeinflussbarkeit der Problemsituation gewinnen, wie weiter unten im Zusammenhang mit der Einflussmatrix noch zu zeigen sein wird.

Mit diesen Ausführungen zur Spezifikation der Beziehungen liegen nun die Bausteine zur Entwicklung eines Netzwerkes vor, so dass diese mit der Identifikation des zentralen Kreislaufes in Angriff genommen werden kann.

Den zentralen Kreislauf identifizieren

Vernetztes Denken heisst «denken in Kreisläufen». Konsequenterweise muss deshalb am Anfang jeder Ermittlung des Beziehungsmusters einer Problemsituation die Identifikation des zentralen Wirkungskreislaufes stehen. Das Vorgehen wird dabei durch zwei Vorgaben bestimmt, nämlich einerseits durch die in den Mittelpunkt gestellte Perspektive und andererseits durch die im ersten Problemlösungsschritt ermittelten Ziele und Schlüsselfaktoren.

Waren im ersten Schritt der Methodik die verschiedenen Perspektiven oder Standpunkte umfassend zu berücksichtigen, so ist jetzt eine Perspektive als zentral oder zumindest als primus inter pares zu bestimmen. Diese Entscheidung stellt natürlich wichtige Weichen. Nehmen wir als Beispiel die SWISSAIR. Entwickelt diese die Strategien der Wettbewerbspositionierung auf der Basis des Vernetzten Denkens, so spielt es eine entscheidende Rolle, ob als zentraler Kreislauf wirtschaftliche oder ökologische Zusammenhänge gewählt werden. Stehen im Mittelpunkt des SWISSAIR-Netzwerkes Grössen wie Umweltbewusstsein, Umweltschutz und gesellschaftliche Akzeptanz, so wird die Strategie der Swissair anders ausfallen, als wenn diese Grössen Marktanteil, freie Cash flows und Kundenzufriedenheit heissen. Dieses Beispiel ist übrigens nicht aus der Luft gegriffen. In den 80er Jahren orientierte sich die Swissair stark an solchen ökologischen Überlegungen, bis sie der rauhe Wind des Wettbewerbs im internationalen Flugverkehr zwang, sich mehr an den wirtschaftlichen Gegebenheiten auszurichten. Dass dieser Wechsel schmerzhaft war und auch Arbeitsplätze gekostet hat, versteht sich von selbst.

Welches ist nun der zentrale Kreislauf der im vorherigen Problemlösungsschritt beschriebenen Konstellation der CIBA? Die folgenden Ausführungen fassen die Resultate eines Workshops der Autoren mit der erweiterten Konzernleitung der CIBA zusammen. Als erstes ist der primus inter pares der drei Sichtweisen des wirtschaftlichen Erfolges, der Umweltverträglichkeit und der sozialen Verantwortung zu identifizieren. Für die CIBA ist dies ohne Zweifel der wirtschaftliche Erfolg. Ausgangspunkt der Bestimmung der konstitutiven Grössen des wirtschaftlichen Erfolges ist Abbildung 1.11 des vorhergehenden Kapitels, in der als Zweck der CIBA aus dieser wirtschaftlichen Sicht die Schaffung von Aktionärsnutzen oder Shareholder Value bestimmt, sowie als Schlüsselfaktoren des Erfolges Grössen wie Qualität des Produkteprogrammes, Kundennutzen, Verkäufe oder Cash flow identifiziert wurden. Wie baut man nun diese Grössen zu einem Kreislauf zusammen? Ausgangspunkt ist das zu erreichende Ziel, bei der wirtschaftlichen Betrachtungsweise der erzeugte Kundennutzen. Wie wird nun Kundennutzen geschaffen, welches sind die Mittel zur Zielerreichung? Hier steht die Qualität des Produkteprogrammes im Vordergrund. Wie lässt sich weiter feststellen, ob das Ziel erreicht wurde? Antwort: Durch die Höhe der Verkäufe. Arbeitet man sich nun nach dieser Logik vorwärts und rückwärts weiter, so entsteht schliesslich der in Abbildung 2.10 dargestellte Grundkreislauf.

Der zentrale Kreislauf ist selbstverstärkend, was sich aus den ausschliesslich positiven (+) Einflüssen zwischen den einzelnen Grössen ableiten lässt. Die Selbstverstärkung kann aber in beide Richtungen wirken, als Aufschwung oder als Abschwung. Nehmen wir zuerst die Variante des Aufschwungs und beginnen dieses Mal mit der Forschung und Entwicklung. Je besser die Forschung und Entwicklung, desto mehr neue Produkte können auf den Markt gebracht werden. Dies verbessert die Qualität des Produkteprogrammes und damit auch den Kundennutzen. Je grösser der Kundennutzen, desto höher sind die Verkäufe und damit auch die Erträge. Diese Erträge ermöglichen höhere Investitionen und damit wiederum die Bereitstellung zusätzlicher Mittel für F + E, was sich in neuen Produkten niederschlägt, usw. Die Dynamik dieses Kreislaufes entspricht also dem Prinzip des «je mehr … desto mehr», was zu einem steten Aufschwung führt.

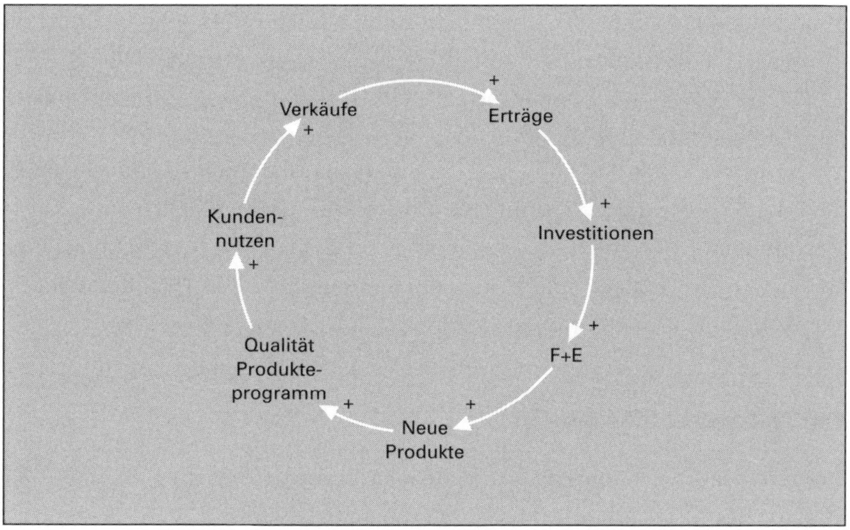

Abbildung 2.10
Zentraler Kreislauf der CIBA

Dieselbe Konstellation kann aber auch zu einem Teufelskreis werden, wenn sich die Ausgangsbedingungen ändern. Sinken nämlich die Verkäufe, beispielsweise ausgelöst durch eine Rezession, starke Konkurrenz oder unternehmerische Fehlentscheide, so resultieren auch tiefere Erträge. Je weniger Erträge, desto weniger Möglichkeiten der Investition und desto weniger Möglichkeiten für die Forschung und Entwicklung. Dies bedeutet aber auch weniger neue Produkte und damit eine sinkende Qualität des Produkteprogramms. Der Kundennutzen wird dadurch geringer, und die Verkäufe werden weiter abnehmen, was zu weniger Erträgen und Möglichkeiten der Investition führt, usw. Was also in guten Zeiten ein Antriebsmotor ist, kann in schlechten Zeiten zum Teufelskreis werden.

Damit ist aber auch das Stichwort zur Benennung des zentralen Kreislaufes gegeben. In vielen Anwendungen hat es sich bewährt, diesen Kreislauf als «Motor» zu bezeichnen. Ausgangspunkt der Entwicklung eines Netzwerkes sollte also die Frage sein: Welches ist der Motor, der das Ganze (die Problemsituation) antreibt? Stehen wirtschaftliche Zusammenhänge im Mittelpunkt, so macht diese Frage in den meisten Fällen Sinn. Natürlich gibt es aber auch Kreisläufe, die nicht selbstverstärkend, sondern stabilisierend sind. Dies drückt sich dadurch aus, dass mindestens eine Beziehung negativ (-), oder aber die Anzahl negativer Beziehungen ungerade ist. In diesem Falle kann natürlich nicht mehr länger von einem «Motor» gesprochen werden, sondern der Kreislauf ist als «Stabilisator» zu bezeichnen.

Hier noch ein kleiner technischer Hinweis. Ob eine Beziehung als positiv oder negativ charakterisiert wird, hängt oft von der Art der Formulierung der einzelnen Grössen ab. Im obigen Beispiel könnte man anstatt Kundennutzen Kundenreklamationen einsetzen. Die Zusammenhänge würden dann wie folgt lauten: je besser die Qualität des Produkteprogramms, desto geringer die Kundenreklamationen und desto höher die Verkäufe. An die Stelle der zwei Pluszeichen zwischen Qualität des Produkteprogramms und Kundennutzen sowie zwischen Kundennutzen und Verkäufe treten jeweils zwei Minuszeichen. An der Logik des Kreislaufes verändert sich aber nichts, da zweimal Minus wieder Plus gibt. Es empfiehlt sich, wenn immer möglich die positive Formulierung zu wählen. Zwar kommt es auf das Gleiche heraus, ob ein Glas halb voll oder halb leer ist; im Sinne des unternehmerischen Handelns bedeutet aber eine positive Formulierung immer einen grösseren Ansporn.

Das Netzwerk aufbauen

Nachdem nun der zentrale Kreislauf identifiziert ist, geht es im folgenden darum, das Netzwerk schrittweise auszubauen. Als roter Faden dienen dazu einerseits die im vorangegangenen Schritt eingenommenen Perspektiven sowie die dort identifizierten Schlüsselfaktoren. Dies soll am Beispiel des CIBA-Netzwerkes illustriert werden. In Abbildung 1.11 des vorangegangenen Kapitels wurden die drei Perspektiven des wirtschaftlichen Erfolges, der Umweltverträglichkeit und der sozialen Verantwortung dokumentiert. Ausgehend vom zentralen Kreislauf ist als erstes die wirtschaftliche Perspektive weiter zu detaillieren. Eine Regel muss bei dieser Detaillierung aber stets beachtet werden: Die berücksichtigten Grössen sollten in etwa das gleiche Abstraktions- bzw. Aggregationsniveau aufweisen. So ist es wenig zielführend, wenn im selben Netzwerk Grössen wie «Wettbewerbsposition des Unternehmens» und «Standort der Maschine X in der Halle Z» auftauchen. Es geht also darum, auf dem selben Auflösungsniveau zu operieren. Wie dieses Niveau variiert werden kann, soll im Anschluss an dieses Beispiel gezeigt werden.

Die Erweiterung des Grundkreislaufes um wichtige wirtschaftliche Grössen wird in Abbildung 2.11 gezeigt. Nachdem der Grundkreislauf die Produkt-/Markt-Beziehungen abbildet, muss als nächstes die Konkurrenzsituation eingebaut werden. Je mehr Mittel für Investitionen zur Verfügung stehen, desto besser wird auch die Prozess- und Systeminnovation sein. Das bedeutet eine Schwächung der Konkurrenz und damit eine Verbesserung der eigenen Wettbewerbsposition. Je besser die Wettbewerbsposition ist, desto höher sind die Verkäufe und damit die Erträge, so dass neue Mittel zur Innovation zur Verfügung stehen. Die Wettbewerbsposition wird zudem durch einen gesteigerten Kundennutzen verstärkt, so dass sich die Verkäufe über die Reputation des Unternehmens zusätzlich steigern lassen.

In einem nächsten Schritt werden in Abbildung 2.12 die Zusammenhänge der Umweltverträglichkeit in das Netzwerk eingebaut.

Vernetzt denken
Unternehmerisch handeln
Persönlich überzeugen

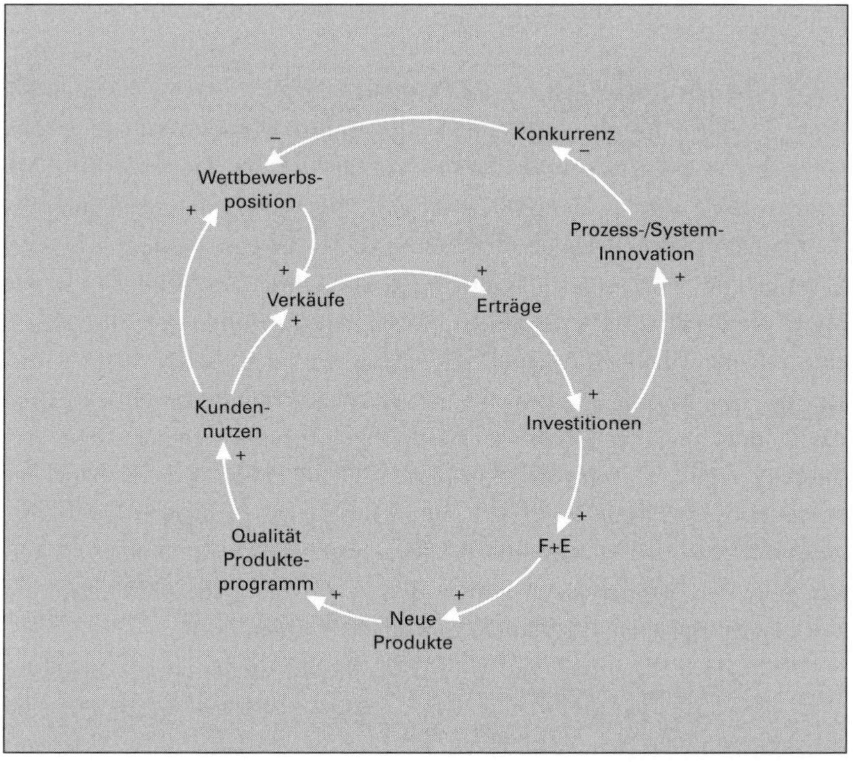

Abbildung 2.11
Wirtschaftliche Beziehungen der CIBA

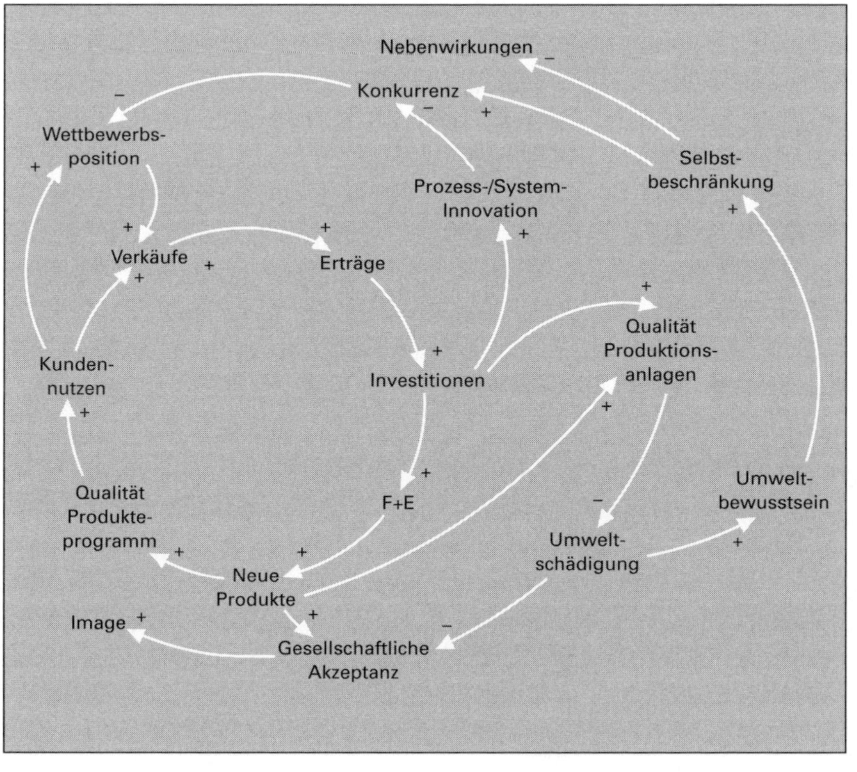

Abbildung 2.12
Das Zusammenspiel von wirtschaftlichen und ökologischen Grössen der CIBA

Je mehr Mittel zur Verfügung stehen, desto mehr kann in die Qualität der Produktionsanlagen investiert werden. Aber auch die Einführung neuer Produkte erfordert diesbezüglich eine Qualitätssteigerung. Bessere Anlagen bedeuten weniger Immissionen und damit weniger Umweltschädigung. Dies wirkt sich in zweifacher Hinsicht aus, nämlich auf die gesellschaftliche Akzeptanz sowie auf das Umweltbewusstsein. Weniger Umweltschädigung bedeutet mehr Goodwill bei der Bevölkerung und damit ein besseres Image der Chemie. Dies wird unterstützt durch gute neue Produkte. Wird aber zu wenig in die Qualität der Produktionsanlagen investiert und resultiert dadurch eine anhaltend hohe Umweltschädigung, so wird sich das Umweltbewusstsein der Bevölkerung erhöhen. Der entsprechende moralische Druck zwingt das Unternehmen, sich selbst zu beschränken, gewisse Produkte und Produktionsverfahren nicht mehr einzusetzen. Damit stärkt es die Konkurrenz, besonders dann, wenn diese in Ländern mit einem geringeren Umweltbewusstsein produzieren oder ihre Produkte vertreiben kann. Anderseits verschafft es sich dadurch einen Vorteil, dass es weniger Nebenwirkungen und sich daraus ergebende Produkthaftungsfälle befürchten muss.

Bleibt noch die soziale Verantwortung, die in Abbildung 2.13 eingebaut wird. Ausgangspunkt der Weiterentwicklung des bisherigen Netzwerkes sind das Image und die Nebenwirkungen. Je besser die gesellschaftliche Akzeptanz

Abbildung 2.13
Wirtschaftlicher Erfolg, Umweltverträglichkeit und soziale Verantwortung im Netzwerk der CIBA

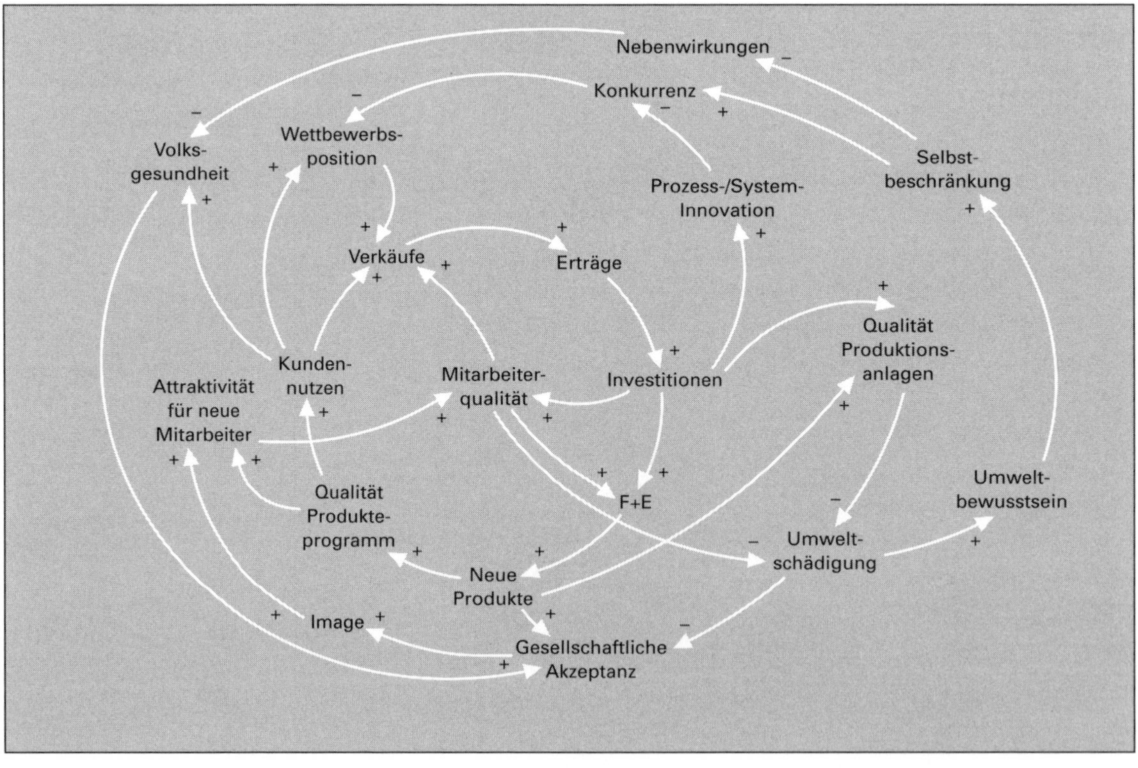

und damit das Image des Unternehmens, desto attraktiver ist es für neue Mitarbeiter. Diese Attraktivität wird zusätzlich verstärkt durch ein gutes Produkteprogramm. Je besser das Mitarbeiterpotential, desto besser ist auch die Mitarbeiterqualität, die hier im Zentrum des Netzwerkes plaziert wurde, um den hohen Stellenwert dieses Faktores zu dokumentieren. Je besser die Mitarbeiterqualität, desto bessere Leistungen im Absatzmarkt und damit höhere Verkäufe, desto bessere Forschungsleistungen und damit neue Produkte und desto umweltbewusstere Mitarbeiter und damit eine geringere Umweltschädigung. Anderseits bedarf es natürlich auch der Investitionen in die Mitarbeiterqualität, um diese langfristig halten und entwickeln zu können. Je weniger Nebenwirkungen sich aufgrund der Selbstbeschränkung ergeben, desto besser ist die Volksgesundheit, was wiederum die gesellschaftliche Akzeptanz der Chemie erhöht.

Der Kreis der drei die CIBA-Vision konstituierenden Perspektiven hat sich damit geschlossen. Das Netzwerk wäre aber nicht vollständig, wenn nicht noch der Aspekt der Öffentlichkeitsarbeit miteinbezogen würde. Wie oben bereits gezeigt, ist es das persönliche Anliegen der obersten Führungsspitze, einen Dialog mit der Öffentlichkeit über die Umsetzung der Vision in Gang zu halten. Die entsprechende Ergänzung des Netzwerkes ist in Abbildung 2.14 festgehalten.

Abbildung 2.14
Netzwerk des Gesamtzusammenhangs der CIBA

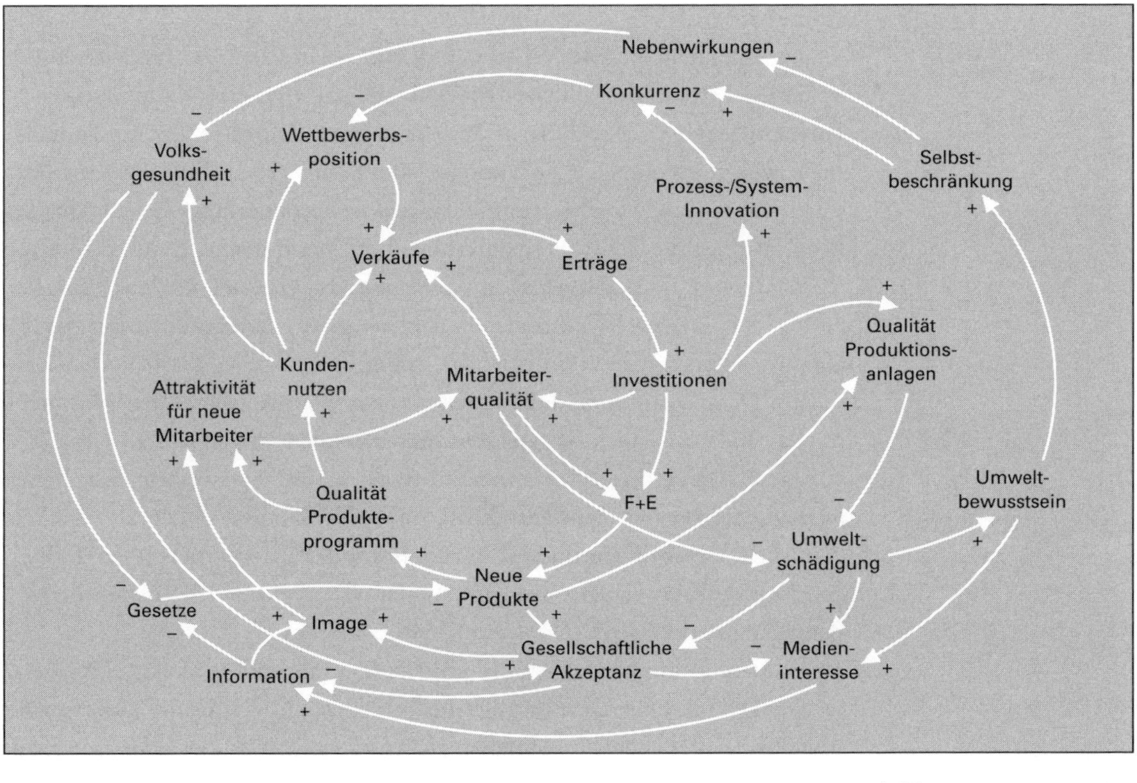

Entscheidende Einflussgrössen sind hier das Medieninteresse, die Information und die Gesetzesentwicklung. Je grösser die Umweltschädigung und damit das Umweltbewusstsein und je geringer die gesellschaftliche Akzeptanz der Chemie, desto grösser ist auch das Medieninteresse für diesen Bereich der Wirtschaft und der Gesellschaft. Je stärker das Medieninteresse ist, desto professioneller muss auch die Information sein, um das Image des Unternehmens stetig verbessern zu können. Die Informationspolitik hat aber noch einen anderen Effekt. Je besser sie ist, desto eher können Gesetzesentwicklungen vermieden werden, die die Möglichkeiten des Unternehmens auf dem Gebiete der Produkteentwicklung einengen. Mit anderen Worten, durch einen guten Dialog mit der Öffentlichkeit und durch entsprechende Konzeptionen, beispielsweise auf dem Gebiete der Selbstbeschränkung, können ungünstige Gesetzesentwicklungen kanalisiert werden.

Abbildung 2.15
(gegenüberliegende Seite)
Auflösungskegel
der Zusammenhänge
der CIBA

Betrachtet man nun dieses Netzwerk, so hat es zweifellos einen sehr hohen Abstraktions-/Aggregationsgrad. Man könnte auch sagen, der Anspruch dieses Netzwerkes, die Zusammenhänge eines Unternehmens mit beinahe 100'000 Mitarbeitern abzubilden, sei zu hoch gegriffen. Es wurde aber bereits oben ausgeführt, dass es ein Grundprinzip der Entwicklung eines Netzwerkes sein muss, dass nicht unterschiedliche Auflösungsniveaus zum Zuge kommen. Eine weitere Spezifizierung und Detaillierung des Netzwerkes kann über den Auslösungskegel erfolgen, dessen Prinzip in Abbildung 2.15 illustriert wird.

Im bisherigen Netzwerk fand sich der hochaggregierte Zusammenhang: Je höher die Erträge, desto mehr Möglichkeiten zur Investition, desto besser die Forschung und Entwicklung ... Will man nun über diese Zusammenhänge mehr wissen, so muss der Auflösungsgrad erhöht werden. Eine Analogie dazu wäre eine stärkere Vergrösserung beim Mikroskop oder die grössere Annäherung an die Erde beim Helikopterflug. Im Zusammenhang des Vernetzten Denkens wird dieses Vorgehen als Auflösungskegel bezeichnet. Um feststellen zu können, welche Investitionsmöglichkeiten zur Verfügung stehen, ist auf einem tieferen Auflösungsniveau der Bezug zu den freien Cash flows herzustellen. Diese bestimmen den Wert des Unternehmens, damit den Aktionärsnutzen und schliesslich das zur Verfügung stehende Eigenkapital. Diese Zusammenhänge müssen wiederum in Form eines Netzwerkes festgehalten werden, um nicht in ein einfaches Ursache-Wirkungs-Denken zu verfallen. Natürlich lässt sich dieselbe Auflösung für andere Zusammenhänge des obigen Netzwerkes vollziehen, was in Abbildung 2.15 durch die entsprechenden Kreise angedeutet wird.

Der Auflösungskegel illustriert anschaulich, was mit der Aussage, Vernetztes Denken sei «analytisch und synthetisch zugleich» (ULRICH/PROBST 1988), gemeint ist. Bei allen Problemlösungsprozessen ist es früher oder später un-

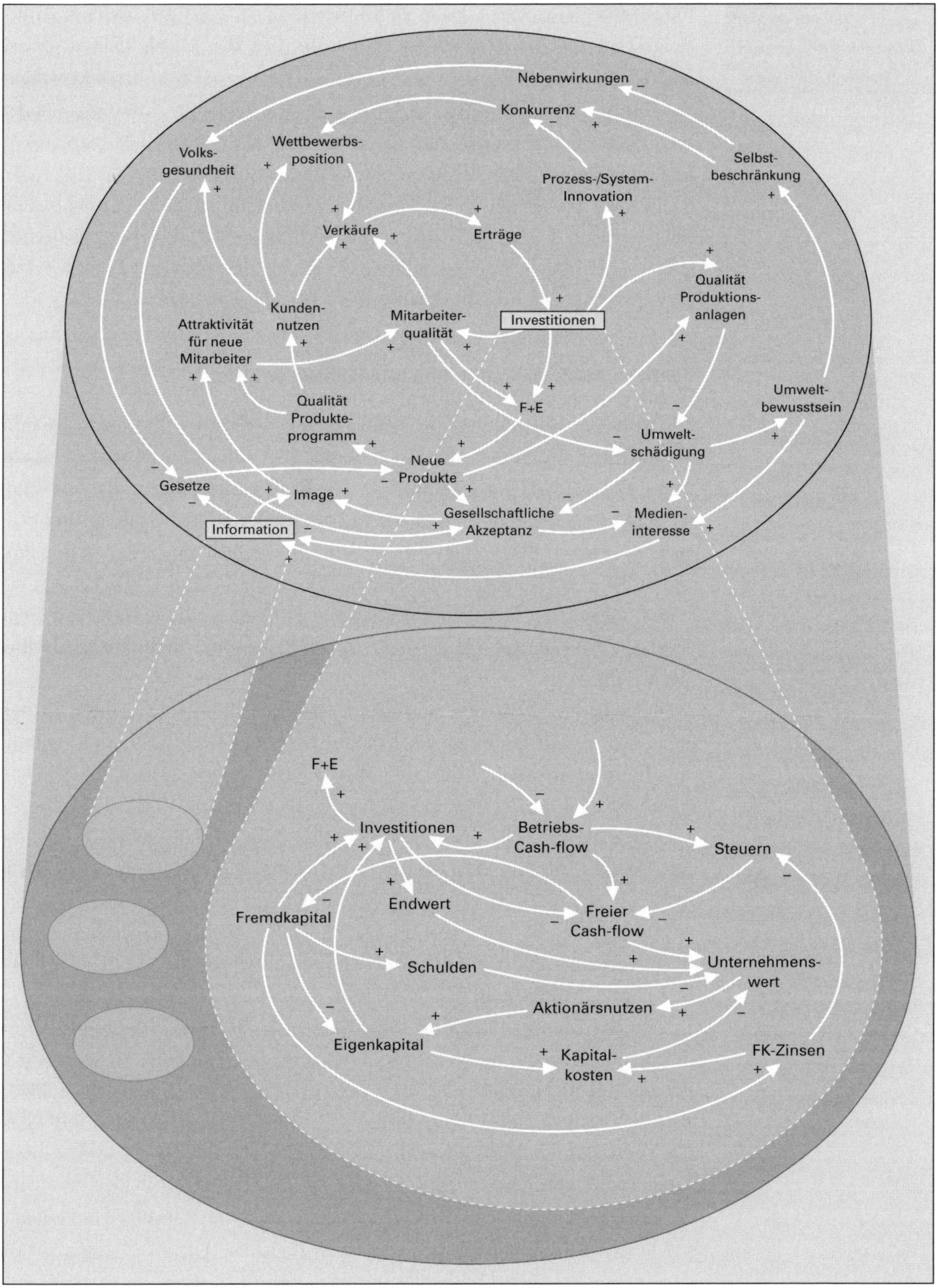
Nebenwirkungen
Konkurrenz
Volks-
gesundheit
Wettbewerbs-
position
Selbst-
beschränkung
Prozess-/System-
Innovation
Verkäufe
Erträge
Qualität
Produktions-
anlagen
Kunden-
nutzen
Attraktivität
für neue
Mitarbeiter
Mitarbeiter-
qualität
Investitionen
Umwelt-
bewusstsein
Qualität
Produkte-
programm
F+E
Umwelt-
schädigung
Neue
Produkte
Gesetze
Image
Gesellschaftliche
Akzeptanz
Medien-
interesse
Information
F+E
Investitionen
Betriebs-
Cash-flow
Steuern
Fremdkapital
Endwert
Freier
Cash-flow
Schulden
Unternehmens-
wert
Aktionärsnutzen
Eigenkapital
Kapital-
kosten
FK-Zinsen

umgänglich, einzelne Aspekte zu vertiefen. Dabei wird gemäss dem Auflösungskegel analytisch so vorgegangen, dass von der jeweils tieferen Ebene jederzeit wieder im Sinne einer Synthese auf die obere Ebene zurückgeschlossen werden kann. So bleibt das Denken in den grösseren Zusammenhängen stets gewahrt. Die Gefahr ist dann entsprechend geringer, dass man sich in Details verliert und wieder in reduktionistisches Denken verfällt.

Mit der Bestimmung der Wirkungsrichtung als verstärkend oder stabilisierend wurde ein erster Schritt zur Spezifikation des Beziehungsgeflechtes gemacht. In einem weiteren Schritt geht es nun darum, die zeitlichen Verzögerungswirkungen und die Intensität der Beeinflussung festzuhalten.

Zeitliche Abhängigkeiten und Intensitäten ermitteln

Die bisherige Darstellung von Netzwerken erweckte den Eindruck, dass die Veränderung einzelner Grössen sich unmittelbar auf andere auswirken würde, und dies mit gleich grosser Intensität. Die Realität sieht aber anders aus. Hinter dem unscheinbaren Pfeil zwischen Forschung und Entwicklung und neuen Produkten in den obigen Netzwerken verbirgt sich eine tiefgreifende Problematik. In der Pharmaindustrie dauert es acht bis zehn Jahre, bis sich ein Forschungsprojekt in einem marktfähigen Produkt niederschlägt. Und lange nicht alle Forschungsprojekte sind von Erfolg gekrönt, die Intensität der Beeinflussung variiert also je nach Qualität der Forschungsabteilung. Um die Vernetzung einer Situation zu erfassen, sind deshalb unbedingt die zeitlichen Verhältnisse und die Stärke der Beeinflussung und Beeinflussbarkeit miteinzubeziehen, wie bereits zu Beginn dieses Schrittes gezeigt wurde. Dies soll an einem Beispiel aus der Medienwelt nun illustriert werden.

Die Schweizerische Radio- und Fernsehgesellschaft (SRG) sah sich 1992 vor die Tatsache gestellt, dass aufgrund eines neuen Fernmeldegesetzes nicht mehr nur die PTT allein mobile Bildverbindungen für Aussenübertragungen anbieten durfte. Es stellte sich für die SRG die Frage, ob sie selber diese Aufgabe übernehmen sollte, um bei aktuellen Ereignissen möglichst rasch zur Stelle und damit entsprechend flexibel zu sein.

Mit der Ausarbeitung eines entsprechenden Projektes «Mobilink» wurde Silvio Studer beauftragt, der dieses Thema im Rahmen einer Gruppenarbeit des Nachdiplomstudiums an der Universität St. Gallen bearbeitete (CURTI/KÜNDIG/STUDER 1993). Die Gruppe entschloss sich, das Projekt mit Hilfe des Vernetzten Denkens anzugehen. Im folgenden sollen zwei Aspekte dieses Projektes herausgegriffen werden, nämlich das Netzwerk mit den zeitlichen Abhängigkeiten und die Ermittlung der Intensität der Wirkungsbeziehungen mit Hilfe der Einflussmatrix.

Bei der Ermittlung des Zeitverhaltens im Fall «Mobilink» wurden die kurz-, mittel- und langfristigen Beziehungen wie folgt definiert:

Kurzfristig	< 1 Jahr	
Mitttelfristig	1-3 Jahre	
Langfristig	> 3 Jahre	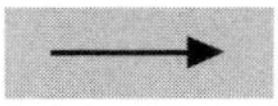

In Abbildung 2.16 ist die Vernetzung der Problemsituation «Mobilink» mit den zeitlichen Abhängigkeiten festgehalten. Sie zeigt, dass vor allem die Preispolitik und die Gestaltung der Arbeitsplätze kurzfristige Auswirkungen haben, währenddem sich die Konkurrenzsituation und die staatliche Deregulierung nur langfristig verändern. Mittelfristige Auswirkungen haben die Programmstrategie sowie der Aufbau der Verbindungskapazitäten.

Abbildung 2.16
(Seite 86)
Netzwerk «Mobilink» mit zeitlichen Abhängigkeiten

Die Kenntnis der zeitlichen Verzögerungen wird später vor allem dann von Nutzen sein, wenn es darum geht, die Geschwindigkeit der Wirkung von Gestaltungsmassnahmen einzuschätzen. Auch bei «Mobilink» ist der Grundsatz des «Faster time to market» zu beachten, da sich sonst Konkurrenzunternehmen etablieren könnten. Also müssen Massnahmen an jenen Punkten ansetzen, bei denen eine rasche Wirkung erwartet werden kann, wie beim Aufbau einer guten technischen Infrastruktur, bei einer hohen Mitarbeiterqualität, bei einer adäquaten Preispolitik und beim Kostenmanagement.

Abbildung 2.17
(Seite 87)
Einflussmatrix «Mobilink»

Die Intensität der Beziehungen wird entweder im Netzwerk durch Zahlenangaben bei den Pfeilen oder in der Einflussmatrix (von ihrem Erfinder auch «Papiercomputer» genannt: Vester 1990, S. 36) festgehalten. Die letztere ermöglicht eine genauere Analyse, erfordert aber auch bedeutend mehr Zeitaufwand. In der Einflussmatrix wird jede Grösse des Netzwerkes mit jeder anderen in Beziehung gesetzt, und die Intensität der Beziehungen wird mit 1 = schwach, 2 = mittel und 3 = stark bezeichnet. Besteht zwischen zwei Grössen des Netzwerkes kein direkter Pfeil, so müsste konsequenterweise in der Einflussmatrix eine Null eingesetzt werden. Oft werden aber mittelbare Beziehungen in ihrer Intensität auch noch erfasst, wobei allerdings auf die Gefahr von Mehrfachzählungen zu achten ist. Abbildung 2.17 hält die Einflussmatrix für das Netzwerk «Mobilink» fest.

Die Auswertung der obigen Matrix besteht nun darin, für jede Grösse zuerst die Aktivsumme (AS) der Beeinflussung aller anderen Grössen zu bilden. Die Kundenzufriedenheit beispielsweise beeinflusst alle anderen Grössen mit der Intensität 20. In gleicher Art wird sodann für jede einzelne Grösse die Passivsumme (PS) gebildet, was beispielsweise bedeutet, dass die Kundenzufriedenheit von allen anderen Grössen mit der Intensität 26 beeinflusst wird. Kategorisiert man nun die Grössen nach ihrer Einflussnahme einerseits

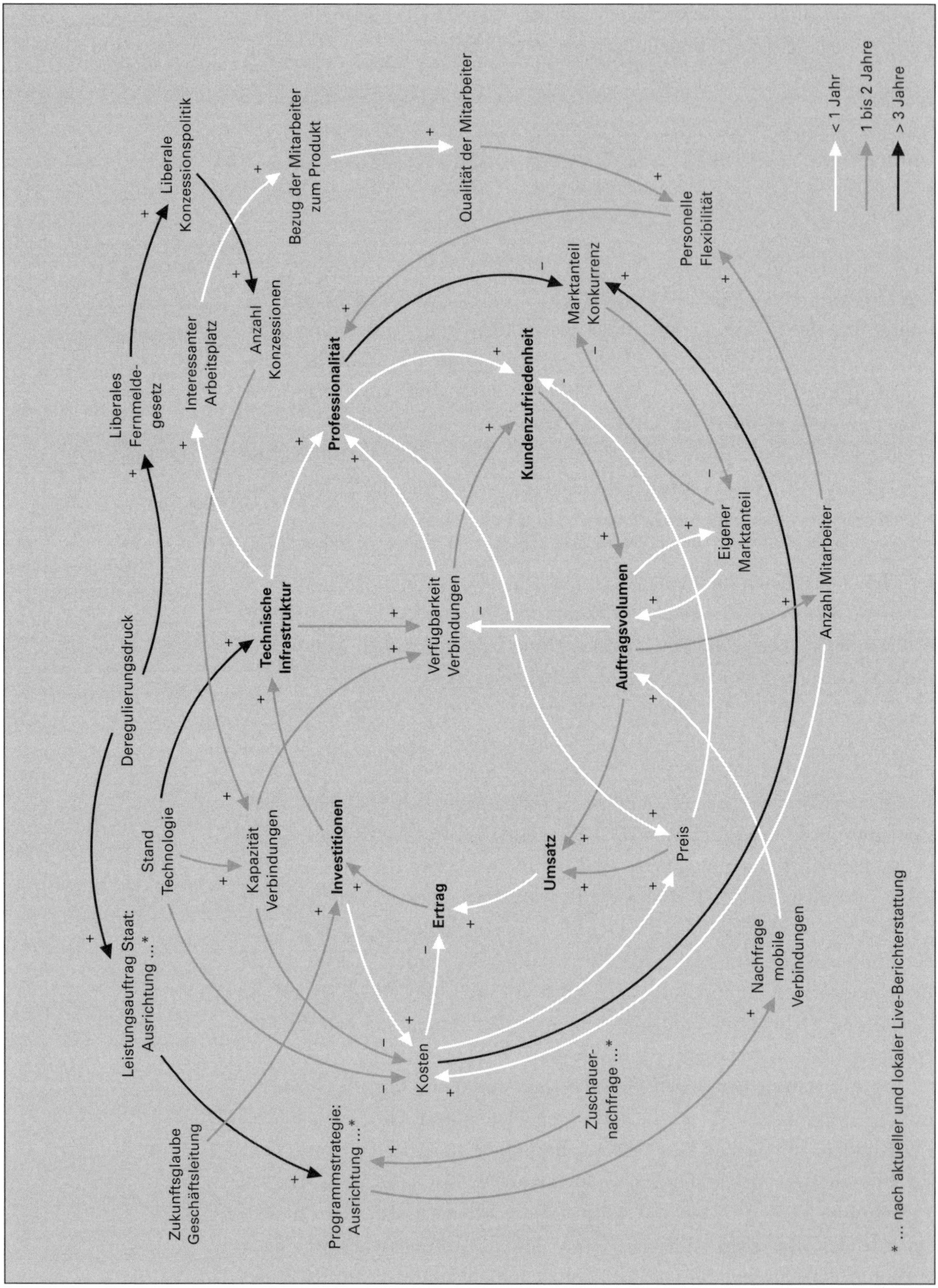
Liberales Fernmeldegesetz
Liberale Konzessionspolitik
Bezug der Mitarbeiter zum Produkt
Qualität der Mitarbeiter
Interessanter Arbeitsplatz
Anzahl Konzessionen
Professionalität
Marktanteil Konkurrenz
Personelle Flexibilität
Kundenzufriedenheit
Deregulierungsdruck
Technische Infrastruktur
Verfügbarkeit Verbindungen
Auftragsvolumen
Eigener Marktanteil
Anzahl Mitarbeiter
Leistungsauftrag Staat: Ausrichtung ...*
Stand Technologie
Kapazität Verbindungen
Investitionen
Ertrag
Umsatz
Preis
Kosten
Zukunftsglaube Geschäftsleitung
Programmstrategie: Ausrichtung ...*
Zuschauernachfrage ...*
Nachfrage mobile Verbindungen
< 1 Jahr
1 bis 2 Jahre
> 3 Jahre
* ... nach aktueller und lokaler Live-Berichterstattung

Wirkung von / auf	1	2	3	4	5	6	7	8	9	10	11	12	13	14	15	16	17	18	19	20	21	22	23	24	25	26	27	28	AS
1. Kundenzufriedenheit		3	2	2	2	1	1	0	0	0	0	2	1	0	1	0	0	2	0	0	1	0	1	1	0	0	0	0	20
2. Auftragsvolumen	0		3	3	2	2	1	2	1	1	0	1	1	0	0	0	0	0	0	0	0	1	2	0	0	0	0	0	20
3. Umsatz	0	1		3	3	2	2	1	0	2	1	0	1	0	0	0	0	1	0	0	1	0	1	0	0	0	0	0	19
4. Ertrag	1	0	0		3	3	2	2	2	1	2	1	0	0	1	0	0	1	0	0	1	0	1	0	0	0	0		21
5. Investitionen	1	1	0	1		3	2	2	0	1	0	1	1	0	2	1	0	0	0	0	1	0	1	0	0	0	0	0	18
6. Technische Infrastruktur	3	2	1	0	1		3	1	0	1	1	1	0	0	3	0	0	1	0	0	1	0	2	0	0	0	0	0	21
7. Professionalität	3	3	2	2	1	1		0	1	1	1	2	2	0	1	0	1	1	0	0	1	0	0	1	0	0	0	0	24
8. Verfügbare Verbindungen	3	2	2	1	0	0	3		0	1	1	1	1	0	0	0	1	1	0	0	0	0	0	0	0	0	0	0	17
9. Persönliche Flexibilität	2	2	1	1	0	0	3	0		0	0	0	0	0	0	0	0	0	0	0	0	0	1	2	0	0	0	0	12
10. Kosten	2	2	1	3	2	2	1	0	1		3	2	1	0	0	0	0	0	0	0	1	0	3	1	0	0	0	0	25
11. Preis	2	1	2	1	2	1	0	0	0	0		1	1	0	0	0	0	0	0	0	0	0	1	2	0	0	0	0	14
12. Eigener Marktanteil	1	3	3	2	1	1	1	0	1	0	0		3	0	0	0	0	0	0	0	1	0	1	0	0	0	0	0	18
13. Konkurrenz	1	3	2	2	1	1	1	0	0	0	1	3		0	0	0	0	0	0	0	1	0	1	0	0	0	0	0	17
14. Anzahl Konzessionen	0	1	1	1	0	0	1	2	0	1	1	0	0		0	0	0	0	0	0	0	0	1	1	0	0	0	0	10
15. Interessanter Arbeitsplatz	1	1	0	0	0	0	1	0	2	0	0	0	0	0		0	0	0	0	0	2	0	2	0	0	0	2	0	11
16. Kapazität Verbindungen	1	1	1	0	1	1	1	3	0	1	0	0	0	0	0		1	0	0	0	0	0	0	1	0	0	0	0	12
17. Zuschauernachfrage	0	2	2	2	1	0	1	0	0	0	0	0	0	0	1	0		3	0	0	1	0	1	2	0	0	0	0	16
18. Programmstrategie	0	2	1	0	2	1	1	0	0	0	0	1	1	0	0	0	0		0	0	1	0	2	3	0	0	0	0	15
19. Leistungsauftrag Staat	0	1	0	0	1	1	0	0	0	0	0	0	1	0	0	0	0	3		0	0	0	1	1	0	1	0	0	10
20. Deregulierungsdruck	1	0	0	0	0	0	0	0	0	0	1	0	1	3	0	0	0	2	2		0	0	0	0	3	0	0	3	16
21. Qualität der Mitarbeiter	2	1	1	1	1	1	3	0	3	1	0	0	1	0	0	0	0	0	0	0		0	1	0	0	0	0	0	16
22. Stand der Technik	0	0	0	1	1	2	1	2	0	2	1	0	1	1	0	2	1	0	0	0	1		1	0	0	0	0	0	17
23. Anzahl Mitarbeiter	2	1	0	1	0	0	2	1	3	3	0	0	0	0	0	0	0	0	0	0	1	0		0	0	0	0	0	14
24. Nachfrage mobile Verbindung	0	3	2	2	1	1	0	2	0	1	0	0	1	0	0	0	0	0	0	0	0	0	0		0	0	0	0	13
25. Liberale Konzessionspolitik	0	1	1	0	0	0	1	2	0	0	0	1	1	3	0	2	0	1	0	0	0	0	0	0		1	0	0	14
26. Zukunftsglaube GL	0	0	0	0	3	2	1	0	0	1	0	2	1	0	1	0	0	0	0	0	0	0	1	0	0		1	0	13
27. Mitarbeiterbezug	0	0	0	0	0	0	1	0	2	0	0	0	0	0	0	0	0	0	0	0	3	0	0	0	0	0		0	6
28. Liberales FMG	0	0	0	0	1	0	0	1	0	0	0	0	0	3	0	2	0	0	0	0	0	0	0	0	3	1	0		11
PS	26	37	28	29	30	26	34	21	16	18	13	19	20	10	10	7	4	16	2	0	18	1	25	15	6	3	3	3	

und ihrer Beeinflussbarkeit anderseits, so ergibt sich die Auswertung der Einflussmatrix in Abbildung 2.18. In dieser Darstellung lassen sich vier Typen von Grössen unterscheiden:

- *Aktive Grössen:* Sie beeinflussen die anderen Grössen stark, werden aber selber wenig beeinflusst. Beispiele dafür sind die Kosten, der Stand der Technik oder der eigene Marktanteil. Diese Grössen eignen sich später ausgezeichnet für Lenkungseingriffe, da sie die grösste Hebelwirkung und den grössten Multiplikatoreffekt erzielen.
- *Kritische Grössen:* Diese beeinflussen zwar stark, werden selber aber wieder stark beeinflusst. Beispiele dafür sind die Professionalität, die technische Infrastruktur oder das Auftragsvolumen. Diese Grössen eignen sich auch für Eingriffe, haben aber den Nachteil der Auslösung von Kettenreaktionen. Deshalb ist hier mit besonderer Vorsicht ans Werk zu gehen.

Abbildung 2.18
Auswertung der Einflussmatrix «Mobilink»

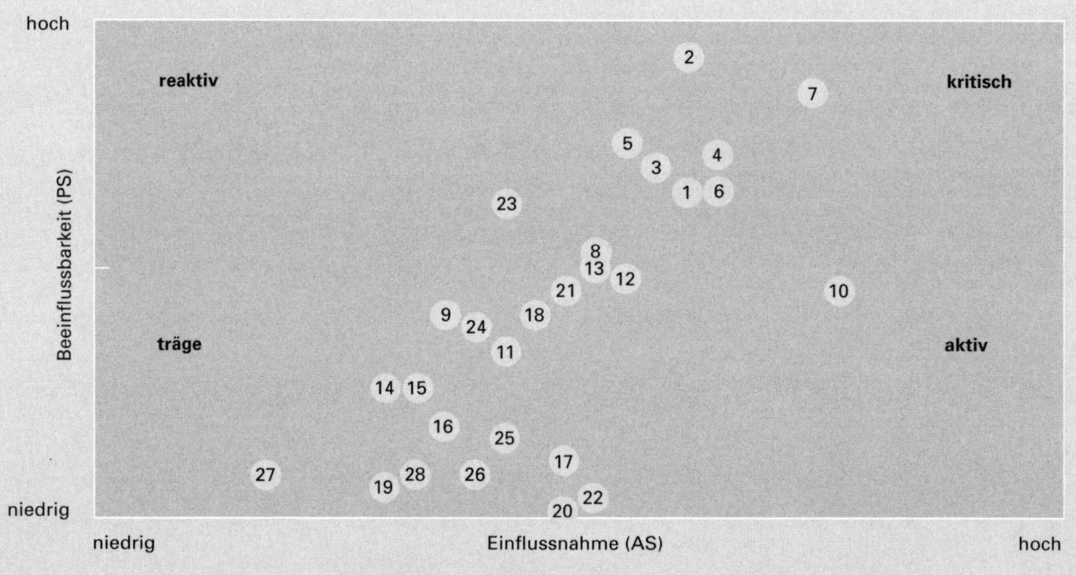

1	Kundenzufriedenheit	11	Preis	21	Qualität der Mitarbeiter
2	Auftragsvolumen	12	Eigener Marktanteil	22	Stand der Technik
3	Umsatz	13	Marktanteil Konkurrenz	23	Anzahl Mitarbeiter
4	Ertrag	14	Anzahl Konzessionen	24	Nachfrage nach mobilen Verbindungen
5	Investitionen	15	Interessanter Arbeitsplatz	25	Liberale Konzessionspolitik
6	Technische Infrastruktur	16	Kapazität Verbindungen	26	Zukunftsglaube Management
7	Professionalität	17	Zuschauernachfrage	27	Mitarbeiterbezug
8	Verfügbare Verbindungen	18	Programmstrategie	28	Liberales Fernmeldegesetz
9	Personelle Flexibilität	19	Leistungsauftrag Staat		
10	Kosten	20	Deregulierungsdruck		

- *Reaktive Grössen:* Diese Grössen haben wenig Einfluss, werden aber von den anderen Grössen sehr stark beeinflusst. Ein Beispiel dafür ist die Zahl der Mitarbeiter. Diese Grössen eignen sich kaum für Lenkungseingriffe, sie sind aber gut geeignet als Indikatoren zur Beurteilung der Entwicklung der Problemsituation.

- *Träge Grössen:* Diese beeinflussen weder die anderen Grössen stark, noch werden sie selber stark beeinflusst. Beispiele dafür sind der Bezug der Mitarbeiter zum Produkt, der Leistungsauftrag des Staates oder ein liberales Fernmeldegesetz. Diese Grössen können bei der Evaluation möglicher Lenkungseingriffe in die Problemsituation weitestgehend vernachlässigt werden, da sie wenig zur Dynamik beitragen.

Der Nutzen des Einsatzes der Einflussmatrix erweist sich als zwiespältig. Ihr Vorteil besteht darin, dass sie klare Hinweise darauf gibt, wo beim Eingriff in die Problemsituation mit den grössten Hebelwirkungen gerechnet werden kann, und wo wegen allfälliger Kettenreaktionen Vorsicht am Platze ist. Dem stehen aber verschiedene Nachteile gegenüber. Zum einen basiert sie auf dem Prinzip des paarweisen Vergleichs, das einleitend zu diesem Kapitel als unzulänglich zurückgewiesen wurde. Weiter besteht die grosse Gefahr von Mehrfachzählungen, die die Resultate entscheidend verfälschen können. Und schliesslich wiegen sich die Problemlöser in falscher Sicherheit, wenn sie endlich wieder Zahlen sehen und glauben, festen Grund unter den Füssen zu haben. Diese Zahlen trügen aber, sind sie doch stark subjektiv gefärbt und oft durch Mehrfachzählungen verfälscht. Bei knappen Abweichungen ist auf jeden Fall die Robustheit der jeweiligen Positionierung zu überprüfen.

Was bedeutet es nun, diese konzeptionellen Überlegungen des Kreislaufdenkens in unternehmerisches Handeln umzusetzen? Die Darstellung auf der nächsten Seite hält die entsprechenden Prozesse fest.

Vernetzt denken	Unternehmerisch handeln	Persönlich überzeugen
■ Den zentralen Kreislauf identifizieren	■ Nach Prozessen statt Funktionen organisieren	■ Unternehmergeist fördern
■ Das Netzwerk aufbauen	■ Die Geschäftslogik entwickeln	■ Paradoxien/Dilemmata managen
■ Zeitliche Abhängigkeiten und Intensitäten ermitteln	■ Zeitmanagement umsetzen	■ Projekt- und Teamarbeit fördern

Unternehmerisch handeln

Was entspricht dem Denken in Kreisläufen beim unternehmerischen Handeln? Das Organisieren nach Prozessen!

Nach Prozessen statt Funktionen organisieren

Auch heute noch dominiert das Denken und Wirken in Funktionen das Unternehmensgeschehen. Ausgangspunkt dieser Ausrichtung ist der Taylorismus mit seiner organisatorischen Gliederung des Unternehmens nach Spezialitäten oder Funktionen. Damit sollen die besonderen Fähigkeiten von Führungskräften und Mitarbeitern zielgerichtet eingesetzt werden. Ausdruck dieser Ausrichtung ist die funktionale Organisationsstruktur mit den typischen Einheiten Forschung und Entwicklung, Einkauf, Produktion, Verkauf, Finanz- und Rechnungswesen und Personal. Diese Spezialisierung erweist sich solange als sinnvoll, als die Produktepalette und die bearbeiteten Märkte recht homogen sind. Mit zunehmender Differenzierung und steigender Komplexität ergeben sich aber Koordinationsschwierigkeiten, die in dem sogenannten «Kamineffekt» resultieren. Da jede einzelne Funktion sich nur für ihren Bereich zuständig fühlt und nicht das Interesse des Unternehmens als Ganzes berücksichtigt, müssen immer mehr Entscheidungen von der Geschäftsleitung getroffen werden. Diese wird einerseits zunehmend überlastet, anderseits ist sie doch zu weit vom operativen Geschäft entfernt, um wirklich kompetent entscheiden zu können. Diese Entwicklung führt zu Suboptimierungen und zu beträchtlichen Nachteilen für die Kunden des Unternehmens.

Wie kommt es, dass der Grossteil vor allem kleinerer und mittlerer Unternehmen immer noch nach Funktionen organisiert ist? Einmal ist es sicher die Macht der Gewohnheit, die bestehende Strukturen resistent gegen Wandel macht. Die Unternehmen haben es sich angewöhnt, Verantwortliche für Produktion oder Marketing anzustellen und die Nachwuchspolitik auf solche Positionen auszurichten. Zur Zementierung des Ist-Zustandes tragen auch die Ausbildungsinstitutionen bei, deren Lehrstühle oder Fachgebiete immer noch vorwiegend auf diese Funktionen ausgerichtet sind. Weiter lässt sich ein so organisiertes Unternehmen auch mit weniger Mitarbeitern führen, als wenn innerhalb des Unternehmens «Subunternehmen» in Form von Divisionen, Sparten oder Profitcenters gebildet werden. Dies ist vor allem für kleinere und mittlere Unternehmen lebenswichtig. Schliesslich konnten bisher die Unzulänglichkeiten der funktionalen Organisation durch Hilfskonstruktionen, wie koordinierende Stabsstellen oder Produktmanager, überbrückt werden.

In den letzten Jahren hat sich die Ausgangslage aber grundlegend verändert. Die Kunden setzen die Unternehmen unter Druck, sie wollen die Unzulänglichkeiten, wie terminliche Verzögerungen, Qualitätsmängel oder unzureichendes Preis-/Leistungsverhältnis nicht mehr länger akzeptieren. Für die Unternehmen werden Themen wie «faster time to market» und «customer focus» immer zentraler. Um die damit verbundenen Ziele zu erreichen, gibt es nur eines: Weg von den Funktionen und konsequente Ausrichtung auf Prozesse. Dies entspricht aber exakt dem Denken in Kreisläufen. Ausgangs- und Endpunkt der oben gezeigten wirtschaftlichen Kreisläufe waren immer der Kundennutzen oder die Kundenzufriedenheit. Und genauso muss die Organisation der Zukunft um die Kernprozesse der Unternehmen herum organisiert sein, die ein Kundenbedürfnis als Ausgangspunkt und die Befriedi-

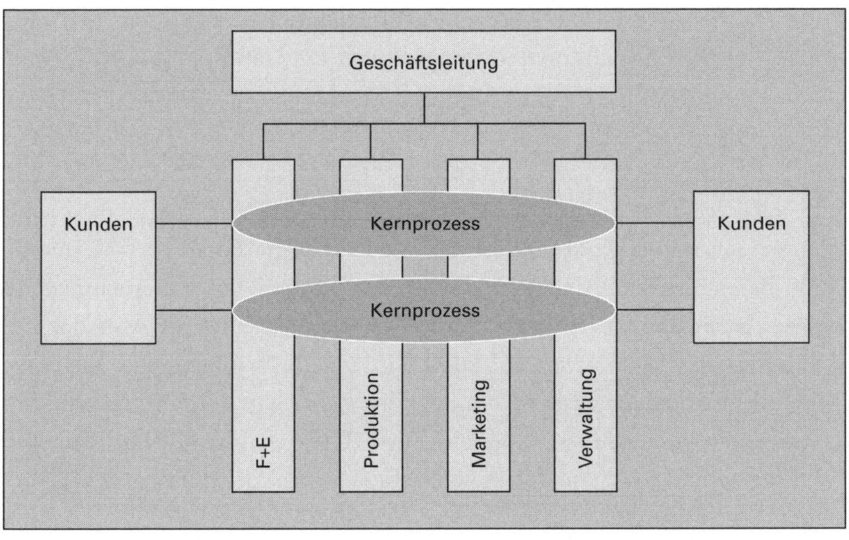

Abbildung 2.19
Von der funktionsorientierten zur prozessorientierten Organisation

gung dieses Bedürfnisses als Endpunkt haben. Diese Zusammenhänge sind in Abbildung 2.19 bildlich dargestellt.

Bei der prozessorientierten Organisation findet auch eine Umverteilung der Verantwortlichkeiten statt. Für jeden Prozess ist eine Führungskraft, oder besser ein Team von Führungskräften, zuständig. Diese koordinieren den Einsatz der Funktionen. Kunden im obigen Sinne sind nicht nur die Abnehmer im Markt. Das Prozessdenken fördert auch die Identifikation interner Kunden, der Abnehmer kann also auch ein eigenes Profit-Center oder eine andere Division sein.

Das prozessorientierte Denken hat die Wirtschaft mit voller Wucht getroffen, und ein Grossteil der heutigen Restrukturierungen von Unternehmen werden unter diesem Titel durchgeführt. Ausdruck dafür sind auch die Bestseller auf diesem Gebiet von Hammer/Champy und Davenport (HAMMER/CHAMPY, 1994, DAVENPORT, 1993). Viele Beratungsfirmen bieten heute dieses «Produkt» an, und manches Unternehmen funktioniert bereits nach diesem Prinzip, wie stellvertretend das Beispiel von HEWLETT PACKARD England in Abbildung 2.20 zeigt.

Sechs Prozesse bilden die organisatorischen Einheiten der Produktion von HEWLETT PACKARD und lösen damit die übliche Gliederung nach den Funktionen Forschung und Entwicklung, Produktion, Verkauf, Finanz- und Rechnungswesen sowie Personal ab. Damit verbunden ist natürlich auch eine völlige Umgestaltung der Reporting-Systeme, was sich in einem sogenannten «activity-based costing» ausdrückt.

Bei dieser an Prozessen orientierten Neuausrichtung der Unternehmen stellt sich natürlich die Frage, wie die Kernprozesse identifiziert und abgegrenzt werden können. Sicherlich kann das Vorgehen nicht darin bestehen,

Abbildung 2.20
Kernprozesse in der Produktion von HEWLETT PACKARD ENGLAND (Rigby, 1994)

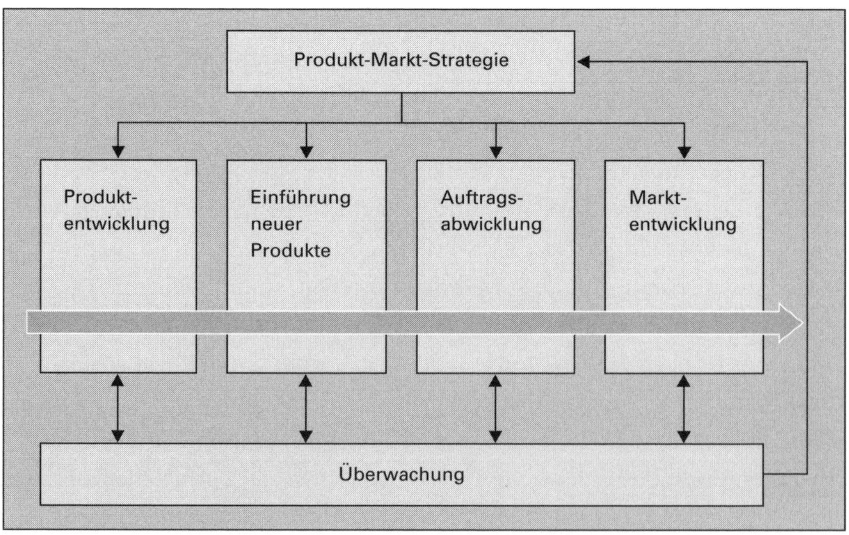

bisherige Prozesse innerhalb der unternehmerischen Funktionen einfach grenzüberschreitend auszudehnen. Bei HEWLETT PACKARD wird die neue Prozessorientierung weltweit so praktiziert, dass kaskadenförmig ausgehend vom Direktionspräsidenten (CEO) jeweils drei Prozesse bestimmt und heruntergebrochen werden. Es handelt sich hier um sogenannte Durchbruchprozesse, 1995 für den CEO zum Beispiel «Gewinn erhalten», «Auftragsabwicklung perfektionieren» und «Mitarbeiterzufriedenheit erhöhen». Die drei Prozesse werden auf jeweils einem einzigen Blatt Papier festgehalten und dann in gleicher Form in der Hierarchie nach unten stufengerecht weiter detailliert.

Ausgangspunkt der Bestimmung der Kernprozesse ist die Vision des Unternehmens und seine Geschäftslogik, mit der es im künftigen Wettbewerb bestehen will. Daraus werden die Kernkompetenzen des Unternehmens abgeleitet und die entsprechenden Kernprozesse definiert. Erst dann ist es möglich, die entsprechenden organisatorischen Vorkehrungen zu treffen (vgl. dazu GOMEZ, 1996). Dieses Vorgehen bedeutet aber, dass nicht mehr länger die Regel von CHANDLER (1962) gilt: «Structure follows strategy», sondern, dass es heute heisst: «Structure follows process follows strategy».

Die Geschäftslogik entwickeln

Voraussetzung einer erfolgreichen Prozessorientierung des Unternehmens ist die stete Weiterentwicklung der eigenen Geschäftslogik und ihre Anpassung an die künftigen Bedingungen des Wettbewerbs. Zwei neuere Beiträge der führenden Management-Wissenschaftler Peter DRUCKER und C. K. PRAHALAD zeigen die Bedeutung dieses Themas für jedes unternehmerische Handeln auf. In seinem Artikel «The Theory of Business» in der Harvard Business Review legt Drucker (1994) dar, dass der Grund des Misserfolges vieler Unternehmen darin zu suchen ist, dass ihre Geschäftslogik nicht mehr mit den realen Gegebenheiten des Wirtschaftslebens übereinstimmt. Bildlich gesprochen könnte man sagen, dass die Landkarte der Führungskräfte nicht mehr mit dem Territorium übereinstimmt, in dem sie sich bewegen. Als Beispiel dafür führt Drucker IBM an. Seit dem Aufkommen der Computer war es ein Glaubenssatz bei IBM, dass diese nach demselben Muster zu funktionieren hatten wie das Elektrizitätsgeschäft. Es würde in alle Zukunft zentrale Einheiten in Form immer leistungsstärkerer Mainframes geben, an die eine immer grössere Zahl von Benutzern angeschlossen werden sollten. Jegliche Erkenntnisse bezüglich Wirtschaftlichkeit, Informationslogik und Technologie schienen in diese Richtung zu weisen. Aber plötzlich kamen zwei junge Männer mit dem ersten PC auf den Markt. Jeder Computerhersteller wusste, dass der PC etwas Absurdes war. Er hatte zu wenig Speicher, Geschwindigkeit, Rechenkapazität. Der PC wurde aber wider Erwarten zum Erfolg. IBM ignorierte diese Entwicklung während einer langen Zeit. Zu einem späten Zeitpunkt sprangen sie zwar noch auf den Zug auf, und sie konnten sich aufgrund ihrer Stellung im Markt auch einen bedeutenden Anteil sichern. Ihre PC-Division schrieb aber stets rote Zahlen, und das Mainframe-Geschäft bröckelte stetig ab, so dass IBM anfangs der 90er Jahre in grösste Schwierigkeiten geriet. IBM versuchte alles, um Boden unter den Füssen zu gewinnen, und 1994 schrieb das Unternehmen wieder schwarze Zahlen. Allerdings basierte der Erfolg nach wie vor auf den Mainframes, die wirtschaftlicher erstellt und schneller auf den Markt gebracht wurden. Im PC-Geschäft wurde aber IBM von Firmen wie COMPACQ überrundet. Ausser der Ankündigung, dass man in Zukunft Netzwerke in den Mittelpunkt stellen würde («Network-Centric Computing»), hat sich bei IBM die grundlegende Ausrichtung noch wenig geändert. Grund dafür ist ein Phänomen, das PRAHALAD und BETTIS (1995) mit «Dominanter Logik» umschreiben.

Alle komplexen adaptiven Systeme – zu ihnen gehören selbstverständlich die Unternehmen – entwickeln Modelle der für sie relevanten Realität, um künftige Ereignisse antizipieren zu können. Die diesen Modellen zugrunde gelegten Annahmen basieren auf Daten, die einen Informationsfilter passiert haben. Dieser Filter besteht aus im Unternehmen implizit oder explizit vorherrschenden Werturteilen, wie das Geschäft betrieben wird. Wenn sich IBM im obigen Beispiel als Mainframe-Hersteller sieht, so werden alle Aktivitäten aus dieser Sicht beurteilt und bewertet. Die dominante Logik findet ihren Ausdruck oft in Tabus, die ein gewisses Aktivitätsspektrum als unmöglich ausschliessen. Aber es gibt auch unbeabsichtigte Wirkungen dieser Logik, nämlich sogenannte blinde Flecken. Genauso wie das menschliche Gehirn bei gewissen Konstellationen des Sehens reale Phänomene nicht wahrnehmen kann, so blendet die dominante Logik bestimmte unternehmerische Aspekte aus. Ist beispielsweise ein Unternehmen fast ausschliesslich auf die Forschung fixiert, so werden Marketing-Themen kaum zur Diskussion gestellt werden. Oder wenn im Falle IBM das Mainframe-Geschäft die Geschäftslogik prägt, so ist der PC höchstens ein ärgerlicher kleiner Störfaktor.

Für die gesunde Weiterentwicklung eines Unternehmens ist es unerlässlich, die dominante Logik immer wieder zu hinterfragen und gewisse Dinge zu verlernen. Viele Unternehmen erzwingen dies durch einen Wechsel an der Führungsspitze. Als Beispiel sei hier ein wichtiger Konkurrent von IBM, APPLE, genannt. In der Gründerphase wurde das Unternehmen von Steven JOBS geleitet, der einen Computer für jedermann bauen wollte. Deshalb lag sein Hauptaugenmerk auf der Computertechnik, und seine Mitarbeiter waren entsprechend auf Innovationen auf diesem Gebiet eingespurt. Das ging so lange gut, bis das Unternehmen eine gewisse Grösse überschritten hatte und auf erste Schwierigkeiten im Markt stiess. Die Zeit war nun gekommen, mit

John SCULLEY von PEPSI einen Marketingmann an die Spitze zu holen, der das Unternehmen grundlegend neu auf den Markt ausrichten sollte. Das bedeutete aber ein strengeres Regime im Unternehmen, Kostenbewusstsein, weniger ausgefallene Benutzerfunktionen, dafür ein besseres Preis-Leistungsverhältnis. Anfangs der 90er Jahre stiess aber die Logik von Sculley auch an ihre Grenzen, als der PC-Markt langsam gesättigt war. Die Aufgabe des neuen Verantwortlichen für Apple, Spindler, wird darin bestehen, das Unternehmen in einem Geflecht von Allianzen in der Computerindustrie so zu verankern, dass APPLE längerfristig überhaupt eine Überlebenschance hat.

Nun ist es nicht für jedes Unternehmen sinnvoll oder möglich, die oberste Leitung in regelmässigen Abständen auszutauschen. Auch wird dadurch das Problem nicht gelöst, da die dominante Logik ja in der gesamten Hierarchie verankert ist. Deshalb muss im Unternehmen ein umfassender Prozess der laufenden Überprüfung und Weiterentwicklung der Geschäftslogik in Gang gesetzt werden. Die Geschäftslogik muss immer dann überdacht werden, wenn sich eine Veränderung der Rahmenbedingungen der Geschäftstätigkeit und des Wettbewerbs abzeichnet. Dies im Sinne eines Agierens und wenn möglich einer Einflussnahme auf die neu entstehenden Spielregeln der Branche. Beispiele dafür sind PEOPLE EXPRESS, die mit ihren Billigangeboten den Flugverkehr revolutionierten, oder MÖVENPICK, die in der Schweiz neue Speisen (Meeresfrüchte) allen Bevölkerungsschichten zugänglich machten.

Wie ist nun bei der Weiterentwicklung der Geschäftslogik vorzugehen? Der konsequente Einsatz des vernetzten Denkens kann dazu der Schlüssel sein. Wenn unter Einbezug der Interessenlagen der verschiedenen Anspruchsgruppen des Unternehmens die Zusammenhänge der Geschäftstätigkeit sowie die Konkurrenz- und Umweltverflechtung immer wieder diskutiert werden, so ist die Gefahr weniger gross, dass Landkarte und Territorium nicht übereinstimmen. Gerade der Einbezug unterschiedlichster Sichtweisen verringert auch das Risiko eines bestimmten Filters der dominanten Logik. Natürlich darf diese Diskussion nicht nur an der Unternehmensspitze erfolgen. Vielmehr muss sie kaskadenförmig in Teams über das ganze Unternehmen hinweg erfolgen. Nur so ergibt sich auch jene Identifikation der Mitarbeiter mit ihrer Aufgabe, die unternehmerisches Handeln erst ermöglicht.

Zeitmanagement umsetzen

Bei den Ausführungen zum vernetzten Denken wurde besonderes Gewicht auf den Zeitaspekt gelegt. Damit wurde ein Thema angetippt, das heute in allen Unternehmungen höchste Aufmerksamkeit beansprucht. Unter dem Motto «Faster time to market» versuchen Unternehmen jeder Provenienz und Grössenordnung die Zeit zu verkürzen, die zwischen einem Kundenauftrag oder einer Neuentwicklung und der Auslieferung an den Kunden liegt. Dass diese Problemstellung eng verknüpft ist mit der oben dargestellten Prozessorientierung, versteht sich von selbst. Michael HAMMER hat die Tragweite dieser Problematik anlässlich eines Vortrages wie folgt illustriert. Er stellte dem Publikum die Frage, auf wieviel Prozent es die durchschnittliche wertschöpfende Zeit bei Produktions- und Dienstleistungsprozessen einschätze, ausgedrückt durch die Formel

$$\frac{\text{Wertschöpfungszeit}}{\text{Insgesamt benötigte Zeit}}$$

Er kam selber zum Schluss: Weniger als 5%. Das würde also bedeuten, dass in 95% der Produktions- oder Dienstleistungszeit nichts Produktives passiert, also dem Kunden Zeit gestohlen wird. Hammer fordert deshalb von den Unternehmen eine intensive Beschäftigung mit diesem Problem. Dabei geht es nicht darum, Verbesserungen von 10 oder 15% zu erzielen. Vielmehr sollten sogenannte «Quantensprünge» realisiert werden, das heisst Verbesserungen von 50 bis 80% sollten die Regel sein.

Stalk und Hout (STALK/HOUT 1990) geben einige eindrückliche Beispiele dafür, wie Produktionszeiten verkürzt werden können. So gelang es MATSUSHITA, die Herstellungszeit einer Waschmaschine von 360 Stunden auf zwei Stunden zu reduzieren, was einer Reduktion von 99,4% entspricht. In dieselbe Kategorie fällt die neue Produktion der HARLEY DAVIDSON-Motorräder, die anstelle der früheren 360 Tage heute weniger als drei Tage pro Maschine braucht. Diese Ergebnisse wurden durch konsequente Elimination der Totzeiten im Produktionsprozess erzielt.

«Faster time to market» heisst ein wichtiges Projekt im Pharmabereich der CIBA. Wie bereits dargestellt, sind in der Pharmaindustrie Entwicklungszeiten von acht bis zehn Jahren vom Startschuss bis zur Markteinführung keine Seltenheit. Ganz zu schweigen davon, dass viele Entwicklungen gestoppt werden, bevor sie überhaupt nur annähernd in die Nähe der Marktreife kommen. Die Entwicklung eines erfolgreichen Pharmazeutikums kostet im Durchschnitt zwischen 300 und 500 Millionen Franken. Diese Zahlen zeigen, wie wichtig eine Beschleunigung dieser Prozesse für die Pharmaindustrie ist. Den erfolgreichsten Unternehmen auf diesem Gebiet, wie beispielsweise GLAXO, ist eine massive Zeitreduktion gelungen. Dies vor allem dadurch, dass sie sich auf wenige Produktefamilien konzentriert und konsequent auf ihre Kernkompetenzen gesetzt haben.

Unternehmerisches Handeln bedeutet heute für jedes Unternehmen auch Management der Zeit. Je schneller Produktions- oder Dienstleistungsprozesse abgewickelt werden können, oder je kürzer die Entwicklungszeit eines Produktes ist, desto rascher ist das Unternehmen auf dem Markt und kann die entsprechende Monopolrente abschöpfen. Gleichzeitig ergeben sich auch bedeutende Kosteneinsparungen und damit ein besseres Preis-Leistungsverhältnis. Ein möglicher Ansatzpunkt zur Entdeckung von Beschleunigungsmöglichkeiten besteht in der richtigen Interpretation des oben entwickelten Netzwerkes mit den entsprechenden zeitlichen Abhängigkeiten. Ein Beispiel dafür findet sich in Abbildung 2.21.

Abbildung 2.21 zeigt das Zeitverhalten bei der Einführung neuer Produkte des im Baubereich tätigen Liechtensteiner Unternehmens HILTI AG. Das Netzwerk zeigt die zwei Teilkreise der produzierenden und der Marktdivisionen. Die Zahlen geben jeweils die Monate an, die bei der Einwirkung einer Grösse auf eine andere verstreichen. Beim «zentralen Motor» ergibt sich folgendes Bild: Liegt ein neu entwickeltes Produkt vor, geht es neun Monate, bis es produziert ist, weitere zwei Monate, bis es verfügbar und weitere zwei Monate, bis es in der richtigen Qualität im Markt eingeführt ist. Parallel dazu muss nun die marktbegleitende Einführung erfolgen. Das entwickelte Produkt geht direkt zum Produktmanager der Division, der aber neun Monate braucht, bis er die begleitende Software erstellt hat. Es vergehen weitere sieben Monate, bis die Software beim Produktmanager im Markt ist, dieser die Verkäufer geschult hat und die Qualität der Markteinführung gesichert ist.

Abbildung 2.21
Zeitmanagement
bei HILTI
(nach Meister, 1991)

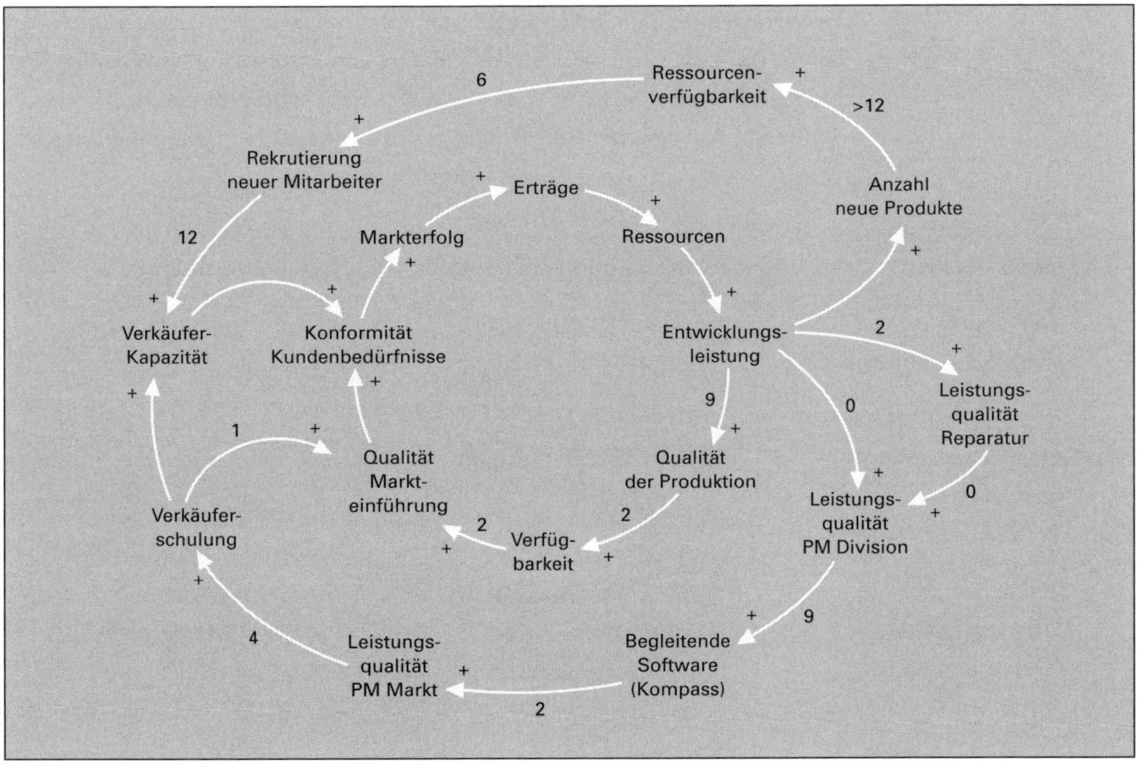

Die Software für das neue Produkt liegt also erst drei Monate nach der Markteinführung vor; ein unhaltbarer Zustand. Hier gilt es nun, an den richtigen Punkten anzusetzen, vermutlich bei der Entwicklungszeit für die begleitende Software. Eine ähnliche Verzögerung ergibt sich bei dem Aufbau neuer Verkäuferkapazität. Neue Produkte lösen nicht unmittelbar einen Aufbau dieser Kapazität aus. Vielmehr muss eine kritische Grenze durchstossen werden, bis Ressourcen bereitgestellt werden. Dieser Prozess kann aber bis zu einem Jahr dauern. Geht man davon aus, dass die Rekrutierung neuer Mitarbeiter sechs Monate dauert und ihre Einführung ein weiteres Jahr in Anspruch nimmt, so sieht man den gewaltigen Timelag von rund 2½ Jahren bei der Bereitstellung der notwendigen Servicekapazität. Hier müssen Mechanismen geschaffen werden, die den Prozess ganz entscheidend beschleunigen.

Unternehmerisch handeln reicht auch in diesem Schritt nicht aus, wenn das persönliche Überzeugen fehlt. In der untenstehenden Darstellung sind die entsprechenden Prozesse zusammengefasst.

Persönlich überzeugen

Als roter Faden hat uns eine zentrale Erkenntnis durch die Ausführungen zum zweiten Schritt der Problemlösungsmethodik geführt: Wir müssen das Denken in einzelnen Teilen und Funktionsbereichen des Unternehmens verlassen, um zu einem integrativen Denken und Handeln in Kreisläufen und Prozessen überzugehen. Wie lässt sich dies auf eine persönlich überzeugende Art und Weise bewerkstelligen? Das Stichwort heisst hier Unternehmergeist.

Vernetzt denken	Unternehmerisch handeln	Persönlich überzeugen
■ Den zentralen Kreislauf identifizieren	■ Nach Prozessen statt Funktionen organisieren	■ Unternehmergeist fördern
■ Das Netzwerk aufbauen	■ Die Geschäftslogik entwickeln	■ Paradoxien/Dilemmata managen
■ Zeitliche Abhängigkeiten und Intensitäten ermitteln	■ Zeitmanagement umsetzen	■ Projekt- und Teamarbeit fördern

Unternehmergeist fördern

Genauso wie der Entrepreneur seine Geschäftsidee in Form eines Unternehmens verwirklicht, sollen die Mitarbeiter «Unternehmer im Unternehmen» werden und jenen Unternehmergeist entwickeln, der Voraussetzung ist für das Funktionieren einer prozessorientierten Organisation. «Intrapreneurship ist ein Konzept zur Förderung unternehmerischen Verhaltens auf allen Ebenen einer bestehenden, grossen Organisation, welches zum Ziel hat, Innovationen zu stimulieren und zu realisieren, sowie der sinnentleerten und neuerungsfeindlichen Atmosphäre am Arbeitsplatz entgegenzuwirken.» (BITZER 1991, S. 17). Im Mittelpunkt dieses Konzeptes steht also die Innovation, das Ausbrechen aus eingefahrenen Gleisen. Das durch die funktionale Organisation geförderte, auf die Ausnutzung bestehender Erfolgspotentiale ausgerichtete administrative Verhalten soll abgelöst werden durch ein an Prozessen und dem Aufbau zukünftiger Erfolgspotentiale ausgerichtetes unternehmerisches Verhalten.

Die Nutzung des Potentials des Intrapreneurships erweist sich gerade für Grossunternehmen aufgrund des zunehmenden Druckes kleinerer Unternehmen im Markt als notwendig. Deren Wendigkeit und Innovationskraft erfordert von den grossen Unternehmen ähnliche Organisationsformen, die letztlich nur durch Unternehmen innerhalb des Unternehmens realisiert werden können. NAISBITT/ABURDENE (1985) illustrieren dies am Beispiel des Eintrittes von IBM in den PC-Markt. IBM gründete damals eine aus der bestehenden Organisation völlig herausgelöste unabhängige Geschäftseinheit, um sich so auf den neuen Markt besser einstellen zu können. Don ESTRIDGE, der Leiter dieser neuen Gruppe bei IBM, beschrieb dies sehr anschaulich: «Wenn Sie gegen Leute konkurrieren, die ihr Geschäft in einer Garage angefangen haben, müssen Sie eben auch in einer Garage anfangen.»

Mehr als 1'000 Worte der Erklärung des Konzepts sagen die «Zehn Gebote für den Intrapreneur» aus, die PINCHOT festgehalten hat und die in Abbildung 2.22 wiedergegeben sind.

Die Umsetzung des Intrapreneurship erfordert aber eine grundlegende Neuausrichtung des Unternehmens. Die streng hierarchisch gegliederten Organisationen («Paläste») müssen abgelöst werden durch ein Netzwerk lose gekoppelter, flexibler Einheiten («Zelte»). Die formale Organisation wird an Gewicht verlieren und durch eine «gesteuerte» Selbstorganisation ersetzt. Das bedeutet aber weiter, dass die Unternehmenskultur sich einem Wandel unterziehen muss. Wird von den Mitarbeitern Unternehmergeist und Denken in grossen Zusammenhängen verlangt, so muss auch die Fehlertoleranz grösser werden. Denn ohne Fehler keine Innovation! Und schliesslich müssen auch die Anreiz- und Belohnungssysteme der neuen Konstellation angepasst wer-

1 Komme täglich zur Arbeit mit der Bereitschaft, Dich feuern zu lassen.
2 Umgehe alle Anweisungen, die Dich daran hindern, Deinen Traum zu verwirklichen.
3 Unternimm alles, um Dein Projekt fortzuführen, ganz gleich, was in Deiner Stellenbeschreibung steht.
4 Suche Dir Mitarbeiter, die Dich dabei unterstützen.
5 Folge Deiner Intuition, welche Leute Du aussuchst und arbeite nur mit den besten.
6 Arbeite im Untergrund solange Du irgendwie kannst – Publicity löst den Immunmechanismus eines Unternehmens aus.
7 Setze nie auf ein Rennen, an dem Du nicht beteiligt bist.
8 Denke daran, dass es einfacher ist, um Vergebung als um Erlaubnis zu bitten.
9 Bleibe Deinen Zielen treu, aber bleibe auch realistisch im Hinblick auf die Wege zu ihrer Erreichung.
10 Erkenne Deine Sponsoren an.

Abbildung 2.22
Die zehn Gebote für den Intrapreneur (Pinchot, 1985, S. 22)

den. Die Entfaltung von Unternehmergeist wird für die Mitarbeiter nur dann attraktiv, wenn sie auch davon profitieren können, beispielsweise als Kleinaktionäre des Unternehmens.

Als Beispiel für die Umsetzung von Intrapreneurship sei die Firma GORE genannt, die durch ihre wasserabweisenden Bekleidungsprodukte bekannt geworden ist (ausführlich BITZER 1991, 38ff.). GORE hat sich zum Ziel gesetzt, den Mitarbeitern Freiräume zur individuellen Selbstverwirklichung zu schaffen und dabei trotzdem die hochgesteckten finanziellen Ziele zu erreichen. Alle Mitarbeiter haben die Möglichkeit, bei ihren Handlungen Risiken einzugehen und damit Fehler in Kauf zu nehmen. Allerdings darf dabei die Integrität des Gesamtunternehmens nicht gefährdet werden. GORE illustriert dies mit der Metapher, dass die Mitarbeiter wohl Löcher ins Schiff des Unternehmens bohren dürfen, jedoch nicht unterhalb der Wasserlinie, was ein Sinken des Schiffes bewirken könnte. Bei Entscheidungen, die das ganze Unternehmen gefährden könnten, muss der Rat eines erfahrenen Sponsors eingeholt werden. GORE hat keine in einem Organigramm darstellbare Struktur. Vielmehr handelt es sich um ein Netzwerk von Gruppen von Mitarbeitern, die sich auf eine bestimmte Aufgabe verpflichtet haben. Die dabei ablaufenden Selbstorganisationsprozesse werden intern als «Amöben-Konzept» bezeichnet. Natürlich ergeben sich in einer solchen Organisation auch eine

Vielzahl von Konflikten. Deshalb erstaunt es auch nicht, dass gerade viele neueintretende Mitarbeiter sich in diesem System nicht zurechtfinden und die entsprechende Fluktuation hoch ist. Die langjährigen Mitarbeiter hingegen werden durch diese Aufforderung zum Intrapreneurship motiviert und tragen damit zum Prosperieren des Unternehmens bei.

Paradoxien und Dilemmata managen

Es gibt kaum ein besseres Instrument als das Netzwerk, um die vielfältigen Spannungsfelder und die Dilemmata des unternehmerischen Geschehens zu illustrieren. Die bereits vorgestellten und später noch einzuführenden Beispiele belegen dies eindrücklich. Wie HANDY (1994) zeigt, lassen sich Paradoxien nicht auflösen, man muss mit ihnen leben, sie managen. So müssen Eltern mit ihren Kindern streng und bestimmt, aber auch zärtlich und verspielt sein. Wenn sie dies richtig tun, werden es die Kinder verstehen und schätzen. Genauso sieht sich das moderne Unternehmen einer Vielzahl von Spannungsfeldern gegenüber, die es nicht auflösen kann, sondern akzeptieren und managen muss, wie im Prolog bereits gezeigt wurde.

Wollen Führungskräfte überzeugen, so müssen sie die Herausforderungen der unternehmerischen Spannungsfelder annehmen. Es geht dabei um ein stetes Abwägen des einen gegen das andere, ein Gleichgewicht lässt sich nicht erreichen. In der Behandlung solcher «Ungleichgewichtsysteme» stehen die Führungskräfte und die Managementforscher nicht alleine. Auch die Naturwissenschaften beschäftigen sich heute eingehend mit den Eigenschaften von Systemen «fern des Gleichgewichts» (PRIGOGINE/STENGERS 1981). Über die Grenzen der Disziplinen hinweg ist man sich einig, dass nur solche Systeme sich weiterentwickeln können. Die Lernfähigkeit von Systemen, die nach Störungen immer wieder einem Gleichgewichtszustand zustreben, ist äusserst begrenzt. Deshalb ist die bewusste Auseinandersetzung mit Paradoxien und Dilemmata nicht als Problem, sondern als Chance zur Entwicklung der lernenden Organisation zu verstehen.

Eine Illustration des Umgangs mit Dilemmata gibt HAMPDEN-TURNER (1990) am Beispiel der BRITISH AIRWAYS. BRITISH AIRWAYS war bis in die frühen 80er Jahre ein Musterbeispiel für eine militärisch und technologisch geprägte Unternehmenskultur. Ihre Kunden empfanden sie als kalt, nachlässig, gefühlslos und bürokratisch. Dies führte zu dem in Abbildung 2.23 festgehaltenen Teufelskreis der Entwicklung.

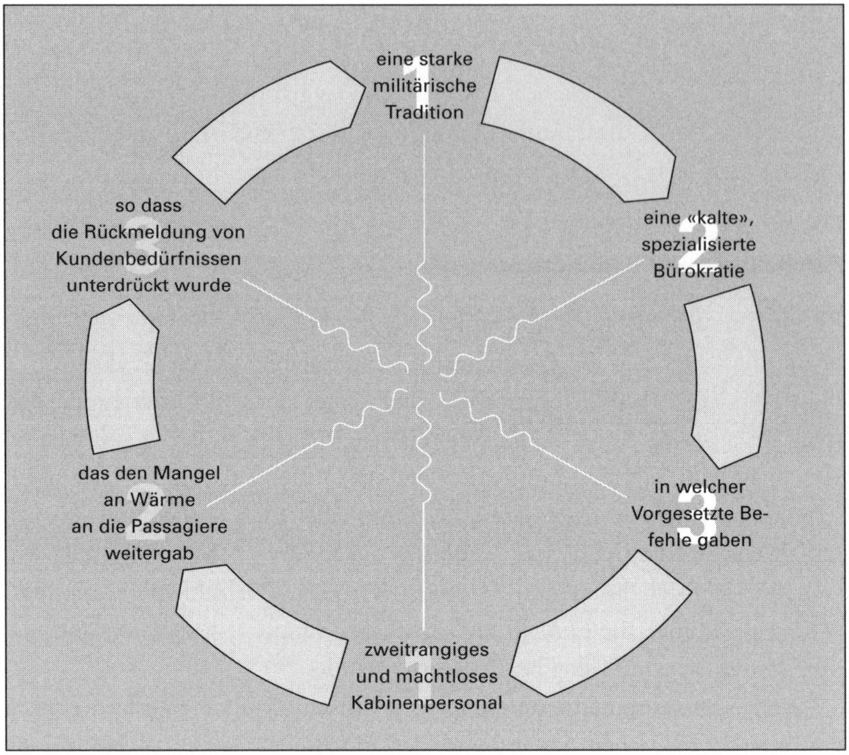

Abbildung 2.23 Teufelskreis der BRITISH AIRWAYS anfangs der 80er Jahre (Hampden-Turner, 1990, S. 97)

Drei Dilemmata sind in Abbildung 2.23 festgehalten:

1 Technologieorientierung versus Motivation der Mitarbeiter

2 «Kalte» Bürokratie versus Potential an Wärme und Zuneigung

3 Befehle von oben herab versus Wünsche der Basis

Dieser Teufelskreis führte dazu, dass das Ignorieren von Kundenwünschen die techno-militärische «Kälte» noch verstärkte.

BRITISH AIRWAYS leitete zwischen 1982 und 1988 einen fundamentalen Kulturwandel ein, der sie von einer der am schlechtesten bewerteten Fluggesellschaften mit grossen Verlusten zu einem profitablen Unternehmen mit hoher Kundenzufriedenheit werden liess. Aus dem Teufelskreis von Abbildung 2.23 wurde der «virtuose Kreis» von Abbildung 2.24.

Hauptelemente des kulturellen Wandels war die konsequente Motivation der Mitarbeiter zur Erhöhung der Kundenzufriedenheit. Voraussetzung dafür bildete eine Einstellungsänderung der Führungskräfte in Richtung mehr Wärme und Respekt gegenüber den Mitarbeitern, die diese an die Passagiere weitergeben sollten. Diese kulturellen Interventionen bewirkten ein Zusammenführen der – im Teufelskreis durch zerrissene Stricke symbolisierten – unterbrochenen Beziehungen. Technische Schwierigkeiten werden durch ein

Vernetzt denken
Unternehmerisch handeln
Persönlich überzeugen

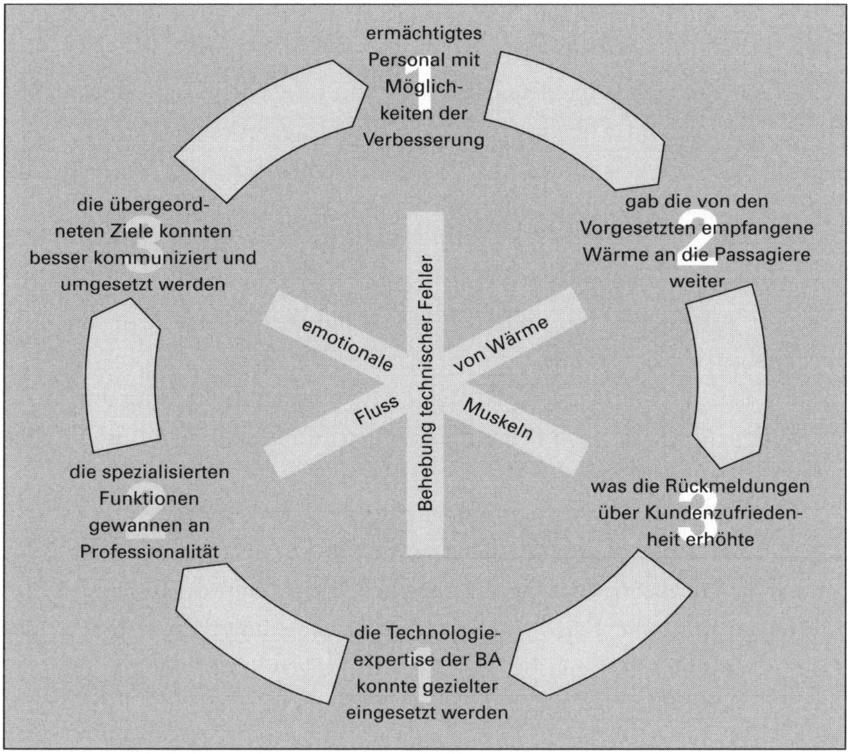

Abbildung 2.24
Der «virtuose Kreis» der BRITISH AIRWAYS Ende der 80er Jahre (Hampden-Turner, 1990, S. 98)

motiviertes Personal schnell und effizient behoben. Das Zusammengehörigkeitsgefühl von Kabinenpersonal und Passagieren bezieht auch die Führungskräfte und Spezialisten der BRITISH AIRWAYS mit ein und lässt sie ihre Professionalität in den Dienst der Kunden stellen. Schliesslich führt die bessere Abstimmung von Top-Down-Entscheidungen und Bottom-Up-Informationen zu einer umfassenden (auch emotionalen) Stabilisierung des Unternehmens.

Projekt- und Teamarbeit fördern

Prozessorientierung des Unternehmens, Intrapreneurship, Zeitmanagement – diese Konzepte lassen sich nur überzeugend umsetzen, wenn Teamwork an die oberste Stelle gesetzt wird. Teamarbeit spielt in allen Schritten der Problemlösungsmethodik eine zentrale Rolle, und entsprechend wird dieses Stichwort immer wieder auftauchen. Hier geht es aber um die Institutionalisierung von Teams im Rahmen der Unternehmensorganisation. Die zentrale Frage lautet hier: Wie kann die Idee der ganzheitlichen Problemlösung den Mitarbeitern persönlich überzeugend nahegebracht werden?

Es gibt verschiedene Arten von Teams, die in diesem Zusammenhang näher beleuchtet werden müssen. COHEN (1993) unterscheidet Netzwerkteams, Parallelteams, Projektteams und Arbeitteams. Bei den Netzwerkteams handelt es sich um Gruppen von Spezialisten, die innerhalb eines Unternehmens oder in Zusammenarbeit mit Spezialisten anderer Unternehmen komplexe Aufgabenstellungen behandeln. Beispiele dafür wären die Netzwerkteams von Beratungsfirmen oder Investmentbanken. Parallelteams treten, wie der Name sagt, parallel zur Primärorganisation des Unternehmens auf. Sie haben die Form von Qualitätszirkeln oder von Taskforces unterschiedlichster Zielsetzungen. Projektteams sind für in sich abgeschlossene, zeitlich begrenzte Aufgabenstellungen vorgesehen. Beispiele dafür sind Informatik- und Logistikprojekte. Arbeitteams im modernen Sinne sind verantwortlich für die oben beschriebenen Kernprozesse, die im Rahmen des Business Process Reengineering neu gestaltet werden. Vorläufer davon waren die teilautonomen Arbeitsgruppen, wie sie auch heute noch in den skandinavischen Automobilfabriken eingesetzt werden.

Welche Art von Team auch immer eingesetzt wird, es gibt einige Grundregeln, nach denen diese ausgestaltet werden sollen. Ausgangspunkt ist sicher einmal die Prozessorientierung. Entsprechend dem Tenor der bisherigen Ausführungen muss die Reise weg von den Fachabteilungen und hin zu den Prozessteams führen. Einfache Aufgabenzuteilungen sollten von multidimensionalen Berufsbildern abgelöst werden, das Empowerment (die Ermutigung der Mitarbeiter zur Selbstentfaltung und -initiative) an die Stelle der Kontrolle treten. Die Entlöhnung sollte nicht nach der Tätigkeit, sondern nach den Ergebnissen erfolgen, genauso wie bei der Beförderung nicht primär die Leistung, sondern die Fähigkeiten ausschlaggebend sein sollten. Dies alles ist nur möglich, wenn die Organisationen generell flacher werden und die Rolle der Führungskräfte eher als Coach denn als Aufseher verstanden wird.

Stellvertretend für die Vielzahl von Teamansätzen soll hier ein Konzept beispielhaft illustriert werden, das unter dem Namen «fraktale Fabrik» läuft. (SCHOLL/NIEMAND/BÄTZ 1994). Die fraktale Fabrik besitzt Eigenschaften, die den Fähigkeiten von Organismen nachempfunden sind: Selbstorganisation, Dynamik und Selbstähnlichkeit. Vor allem das Letztere ist in diesem Zusammenhang wichtig. Wie Abbildung 2.25 zeigt, findet sich auf allen Hierarchieebenen des Unternehmens dieselbe Organisationsstruktur wieder, nämlich die des Teams. Beim gezeigten Beispiel handelt es sich um die TRW REPA GMBH, die in Deutschland mit 1'700 Mitarbeitern Sicherheitsgurte und Airbags für Autos herstellt.

Die unterste Hierarchieebene mit den Montageteams ist nur drei Ebenen entfernt von der Geschäftsleitung, und die überlappenden Kreise im Organigramm zeigen, dass auf allen Ebenen die Teamarbeit gefördert wird. Die Teams setzen sich zusammen aus den Leitern der jeweiligen Hierarchieebenen sowie allen Leitern der nächsttieferen Hierarchieebene. Die Mitarbeiter sind somit immer in zwei Teams vertreten. Jedes Team besitzt die Eigen-

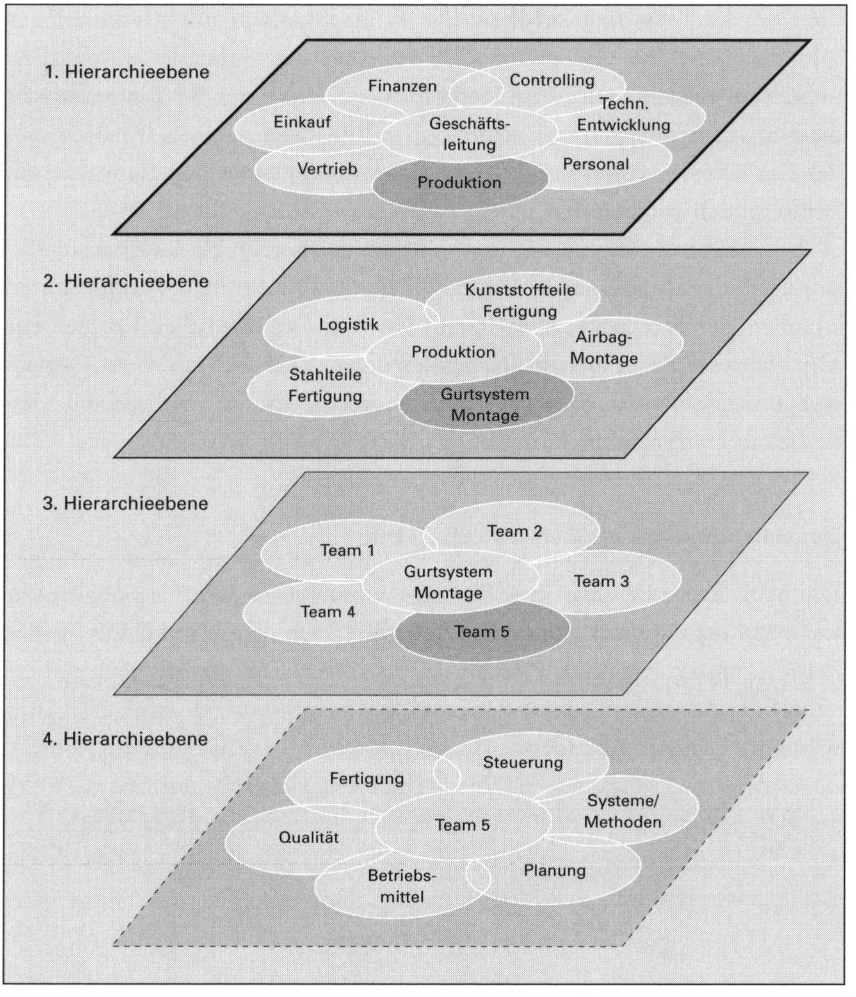

Abbildung 2.25
Selbstähnliche Teamorganisation der TRW REPA GmbH (Scholl/Niemand/Bätz, 1994, S. 45)

schaften der fraktalen Fabrik, wie am Beispiel des Montageteams gezeigt werden kann. Es wird geführt von einem Meister aus dem Bereich der Fertigung. In alle fünf Montageteams werden neben den eigentlichen Werkarbeitern dezentral Mitarbeiter aus Steuerung und Disposition, Fertigungsplanung, Qualitätskontrolle und Arbeitsvorbereitung zugeordnet. Die Prozessorientierung ist dadurch sichergestellt, dass die Teams Gurtsysteme komplett montieren. Die Teams haben die Möglichkeit, sich in ihrer Arbeitsteilung selbst zu organisieren. Vorgegeben werden lediglich die Ziele, die aus der operativen Zielsetzung des Gesamtunternehmens bis auf die unterste Stufe heruntergebrochen werden. Einen hohen Stellenwert hat die Mitarbeiterorientierung, denn bei der Herstellung von Gurtsystemen ist allerhöchste Zuverlässigkeit unabdingbar. Die Mitarbeiterorientierung äussert sich vor allem bei dem institutionalisierten Verbesserungsprozess, in den stets 20 bis 35% der Belegschaft involviert sind. Diese Teams sind interdisziplinär und können Themen ihrer Wahl selbständig bearbeiten. Die Teams lösen sich auf, wenn die Teammitglieder der Meinung sind, dass die eingebrachten Verbesserungsvorschläge umgesetzt worden sind. Anzufügen bleibt noch, dass bei der Umstellung auf diese neue Organistationsstruktur niemand im Unternehmen entlassen wurde. Der Umstrukturierungsprozess wurde zudem unter Anleitung externer Berater durch die betroffenen Mitarbeiter selbst durchgeführt.

Persönlich überzeugen heisst also, neben der Förderung des Intrapreneurships und dem Management von Paradoxien und Dilemmata das Augenmerk vor allem der Teamarbeit zu widmen. Wie wird dies nun bei einem Weltkonzern gemacht? Bevor die entsprechenden Ansätze bei der ASEA BROWN BOVERI gezeigt werden, ist das vernetzte Denken und das unternehmerische Handeln in diesem Unternehmen kurz zu illustrieren.

Das Beispiel ASEA BROWN BOVERI (ABB)

Die Vorstellung der ASEA BROWN BOVERI und ihrer Organisationsstruktur war der Ausgangspunkt dieses Kapitels. Wie lässt sich nun die ABB in ihrer Vernetzung, im Zusammenwirken der im Organigramm vorgestellten Teile, verstehen? Ausgangspunkt ist der zentrale Kreislauf oder «Motor» des Unternehmens, wie er in Abbildung 2.26 festgehalten ist.

Abbildung 2.26
Lokales Management als «Motor» der ABB

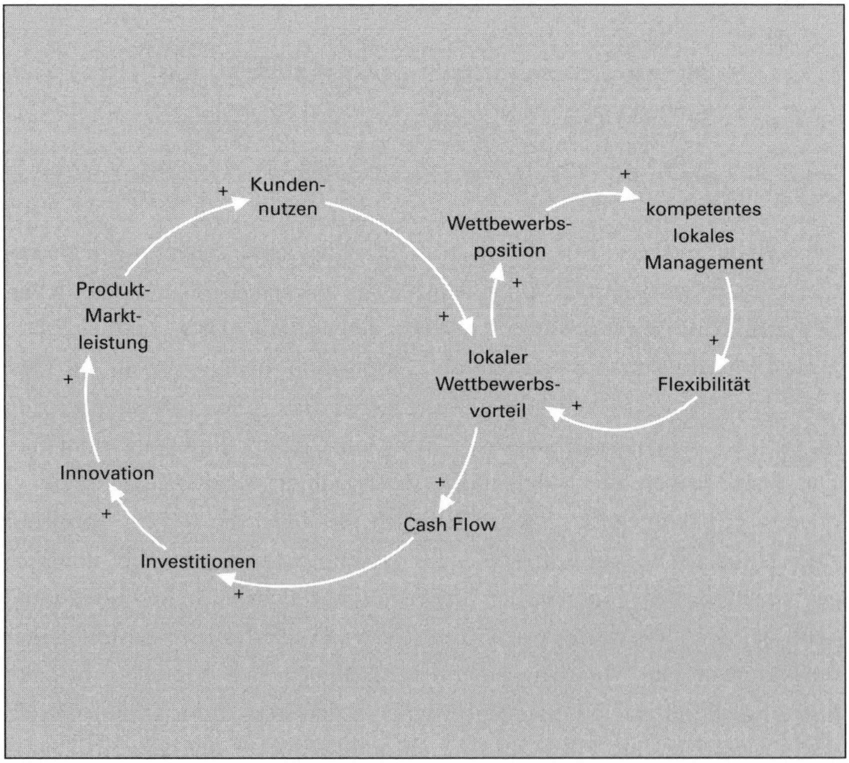

Zu Beginn dieses Kapitels wurde die organisatorische Ausrichtung der ABB mit «Denke global, handle lokal» charakterisiert. Oberste Voraussetzung für den Erfolg dieses weltweit tätigen Unternehmens ist damit die Verankerung in den lokalen Märkten durch die über 5'000 Profit-Centers. Damit ist aber auch ausgesagt, dass das lokale Management der «Motor», oder noch besser, die 5'000 «Motoren» der ABB ist. Der entsprechende Kreislauf liest sich wie folgt: Je besser die Innovation der lokalen Firmen oder Profit-Center, desto besser die Produkt-Markt-Leistung und desto höher der Kundennutzen. Zufriedene Kunden bedeuten einen lokalen Wettbewerbsvorteil, damit höhere Cash flows und zusätzliche Möglichkeiten der Investition, was wiederum Innovationen ermöglicht. Dieser zentrale «Motor» wird in der Weiterentwicklung des Netzwerkes in Abbildung 2.26 durch einen weiteren Kreislauf, den man bildlich als «Turbo» verstehen kann, verstärkt: Je grösser der lokale Wettbewerbsvorteil, desto besser ist die Wettbewerbsposition im jeweiligen Markt. Diese zieht wiederum kompetentes lokales Management an, das wesentlich zur Stärkung des jeweiligen Unternehmens im allgemeinen und zur Erhöhung der Flexibilität beiträgt. Dies wird sich wiederum in einem zusätzlichen lokalen Wettbewerbsvorteil niederschlagen.

Wie bringt nun ABB das «Denke global» ein, wie setzt sie die Vision des multilokalen Unternehmens um? Abbildung 2.27 illustriert die Vernetzung.

Abbildung 2.27
Netzwerk des multilokalen Managements der ABB (nach Gomez/Bleicher/Brauchlin/Haller, 1993, S. 289)

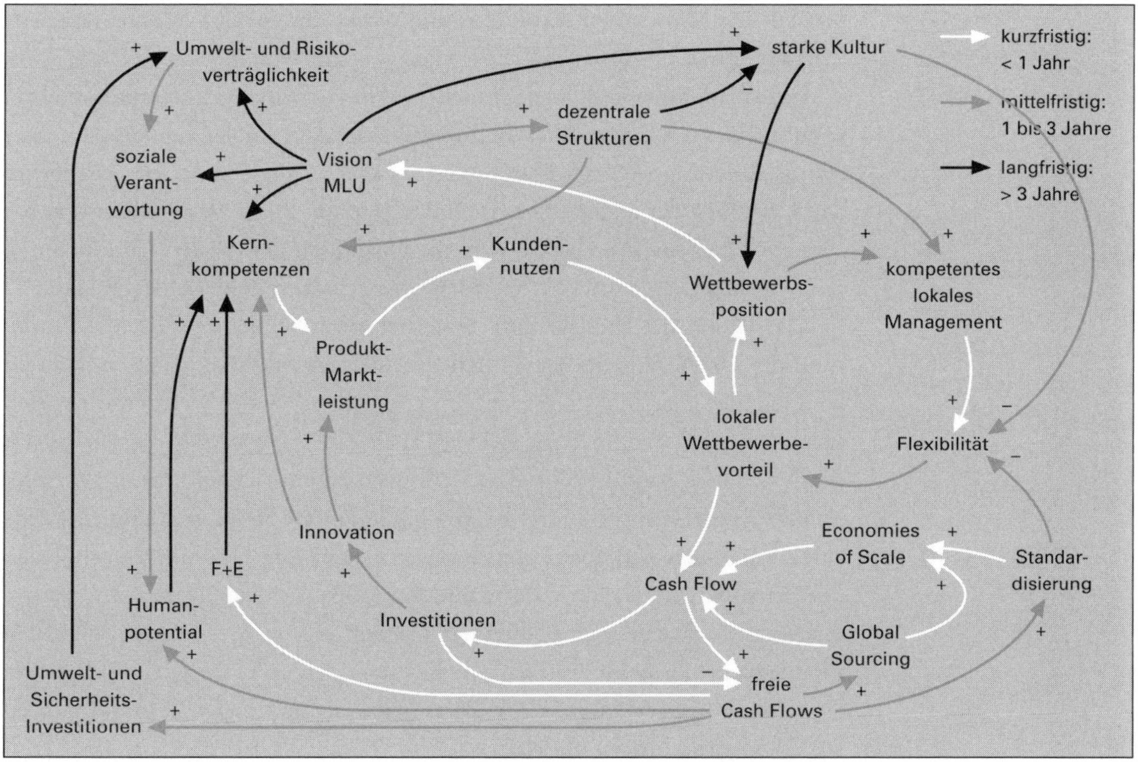

Ausgangspunkt der Vernetzung ist die Vision des multilokalen Unternehmens der ABB, die auf fünf Pfeilern ruht:

- Entwicklung unternehmensweiter Kernkompetenzen
- Realisierung von Economies of Scale
- Förderung von Unternehmergeist durch dezentrale Strukturen
- Entwicklung einer starken ABB-Kultur
- Wahrnehmung der sozialen Verantwortung

Wie ist nun das lokale Management mit diesen übergeordneten Zielsetzungen vernetzt? Beginnen wir bei den Kernkompetenzen. Wichtigste Voraussetzung für deren Entwicklung ist die Innovation in den lokalen Firmen und Profit-Centers. Diese hängt ab von den entsprechenden lokalen Investitionen. Diese bestimmen aber auch, wieviele freie Cash flows der «Mutter» zur Verfügung stehen. Je grösser deren freie Cash flows, desto besser werden ihre übergreifenden Forschungs- und Entwicklungsbemühungen und desto intensiver werden sich die Kernkompetenzen entwickeln. Freie Cash flows ermöglichen den Aufbau eines qualitativ hochstehenden Humanpotentials und damit wiederum eine Stärkung der Kernkompetenzen. Die Kernkompetenzen des Gesamtunternehmens tragen dazu bei, die Produkt-Markt-Leistung in den lokalen Märkten zu verbessern und damit den lokalen Wettbewerbsvorteil zu erhöhen.

Freie Cash flows können aber nicht nur in F+E sowie Humanpotential investiert werden, sondern über die Intensivierung des Global Sourcing und der Standardisierung weltweit Economies of Scale schaffen und damit wiederum den Cash flow der lokalen Unternehmen stärken. Diese Standardisierung hat aber auch Nebenwirkungen, indem die Flexibilität der lokalen Unternehmen geschwächt wird, was sich in Wettbewerbsnachteilen niederschlagen kann.

Die Vision des multilokalen Unternehmens beinhaltet auch die Förderung des Unternehmergeistes durch dezentrale Strukturen. Diese ziehen ein kompetentes lokales Management an, was sich als lokaler Wettbewerbsvorteil auswirken wird. Parallel dazu soll aber auch eine starke ABB-Kultur aufgebaut werden, um so weltweit ein Qualitätsimage zu entwickeln und die entsprechende Wettbewerbsposition zu stärken. Dezentrale Strukturen und eine starke Kultur lassen sich aber kaum harmonisieren. Die Flexibilität der lokalen Einheiten wird unter einer dominanten ABB-Kultur leiden, und ein Zentralisierungsdruck wird sich bemerkbar machen, unterstützt zudem durch den allfälligen Erfolg beim Aufbau von Kernkompetenzen. Es gilt also hier, im Sinne des obigen Managens von Dilemmata den optimalen Zustand fern eines Gleichgewichtes zu finden.

Freie Cash flows müssen schliesslich aber auch für Umwelt- und Sicherheitsinvestitionen zur Verfügung stehen, um die entsprechende Verträglichkeit zu verbessern und somit die soziale Verantwortung gegenüber der Gesellschaft wahrzunehmen. Gelingt dies, so wird die ABB attraktiver für neue Mitarbeiter, und das zur Entwicklung von Kernkompetenzen notwendige Humanpotential kann besser ausgeschöpft werden.

Bei der Interpretation des Netzwerkes ist die Beurteilung der zeitlichen Abhängigkeiten von entscheidender Bedeutung. In Abbildung 2.27 wurde als kurzfristiger Einfluss weniger als ein Jahr, als mittelfristiger Einfluss ein bis drei Jahre und als langfristiger Einfluss länger als drei Jahre angenommen. Kurzfristig wirken alle Beziehungen im direkten Umfeld der lokalen Cash flows. Diese bestimmen ohne grosse Verzögerung die Allokation der Mittel in lokale Investitionen oder zu den freien Cash flows. Die lokalen Cash flows selber werden kurzfristig beeinflusst durch die Erzielung von Wettbewerbsvorteilen sowie durch die Economies of Scale und das Global Sourcing. Mittelfristig, also mit einer Verzögerung von ein bis drei Jahren, wirken all jene Beziehungen, die die Voraussetzungen für den Erfolg im Wettbewerb schaffen sollen. Die Schaffung dezentraler Strukturen und die Bereitstellung eines kompetenten lokalen Managements, die lokale Innovation und damit die Verbesserung der Produkt-Marktleistung, die Standardisierung zur Erhöhung der Economies of Scale – die ABB hat bewiesen, dass sie hier in wenigen Jahren Grundlegendes bewirken kann. Bedeutend länger geht es aber, bis sich unternehmensweit Kernkompetenzen aufbauen lassen, die gewünschte starke ABB-Kultur Formen annimmt und die Umwelt- und Sicherheitsinvestitionen die entsprechende Verträglichkeit substantiell erhöhen.

Das Wissen um die verstärkenden und stabilisierenden Wirkungen sowie die zeitlichen Verzögerungen der Beziehungen im Netzwerk geben entscheidende Hinweise darauf, wo Eingriffe des Managements die grössten Erfolgschancen haben. Was hier noch fehlt, sind Anhaltspunkte über die Intensität der Beziehungen. Wie oben gezeigt, können diese über die Einflussmatrix ermittelt werden. Darauf soll hier jedoch verzichtet und ein abgekürztes Verfahren illustriert werden. Die grössten Hebelwirkungen bei Eingriffen können bei den aktiven Grössen erzielt werden. Diese zeichnen sich dadurch aus, dass sie die anderen Grössen stark beeinflussen, selber aber wenig beeinflusst werden. Aktive Grössen werden also jene sein, von denen viele Pfeile ausgehen und bei denen wenige ankommen. Eine solche Grösse ist sicher die Vision des multilokalen Unternehmens. Gelingt es, diese Vision im Unternehmen richtig zu kommunizieren, so wird ihr Einfluss und die Multiplikatorwirkung sehr gross sein. Weitere aktive Grössen sind die dezentralen Strukturen sowie die freien Cash flows – an sich keine überraschende Erkenntnis. Als kritische Grössen, bei denen viele Pfeile ein- und austreten, erweisen sich die Kernkompetenzen und die Wettbewerbsposition. Reaktive Grössen oder Gradmesser der Entwicklung mit in der Mehrzahl eingehenden Pfeilen sind das Humanpotential und die Umwelt- und Risikoverträglichkeit.

Wie wird nun das in der Organisation der ABB zum Ausdruck kommende vernetzte Denken in unternehmerisches Handeln umgesetzt? Das Denken in Prozessen und die Betonung des Zeitmanagements finden ihren Ausdruck im konsequent durchgesetzten «Customer Focus»-Programm der ABB. Dieses sei im folgenden kurz charakterisiert (BAUMGARTNER, 1994). Bei diesem Programm wird der Kunde zum Bezugspunkt aller Anstrengungen. Exzellente Kundenbeziehungen und betriebliche Spitzenleistungen sollen die Leitidee für alle Mitarbeiter der ABB sein. In einer Situation raschen Wandels ist es für das langfristige Prosperieren das beste, wenn die Kunden ABB weiterempfehlen. Als Wurzeln ihres «Customer Focus»-Programms nennt die ABB das Total-Quality-Management, das Zeitmanagement, das Benchmarking mit führenden anderen Unternehmen und das Prozessmanagement. Die ABB will aber nicht nur Strukturen ändern, sondern sie möchte parallel dazu eine ausgeprägte Verhaltensänderung der Mitarbeiter herbeiführen.

Das «Customer Focus»-Programm folgt fünf Leitsätzen (BAUMGARTNER, 1994):

- *Qualität ist das Ergebnis von beherrschten Prozessen.*
  Unsere Leistungsnorm ist Null-Fehler.
  Wurde früher hohe Qualität mit hohen Kosten gleichgesetzt, so ist es heute umgekehrt. Werden die Prozesse beherrscht, braucht es also keine Nachbesserung und entsteht kein Ausschuss, so sind auch die Kosten tief. Lag 1991 die Fehlerrate beim Lötprozess komplexer Leiterplatten bei 600 Fehlern pro Million Bauteile, so konnte diese sukzessive auf 20 Fehler pro Million Bauteile gesenkt werden.

- *Alle Geschäftsprozesse sind involviert.*
  Nicht nur die Produktionsprozesse, sondern auch Service, Administration, Engineering und Management werden kontinuierlich verbessert. Im Schaltanlagenbau konnte so die Durchlaufzeit zum Erstellen einer Offerte von 25 auf drei Tage reduziert werden.

- *Kontinuierliche Prozessverbesserung ist unsere Arbeitsweise.*
  Unsere Mitarbeiter sind der Schlüssel zum Erfolg.
  Komplementär zu den grösseren Rationalisierungsschritten wird auch eine kontinuierliche Verbesserung der Arbeitsabläufe durch Teams in wechselnder Zusammensetzung angestrebt. Beim Bau von Turbinenmotoren in der Schweiz haben 1993 die Mitarbeiter allein 171 Verbesserungsaktionen in Qualitätsteams umgesetzt und ihre Produktivität um 8% gesteigert.

- *Lieferanten sind unsere Partner.*
  Das Prozessdenken wird bis zum Lieferanten ausgedehnt, um über die gesamte Wertschöpfungskette Kosten einzusparen. Dabei werden die Lieferanten von Anfang an in die Entwicklung neuer Produkte miteinbezogen, und ihre Auswahl erfolgt im Hinblick auf ihre Prozessfähigkeit.

- *Jeder Augenblick zählt.*
  Der Druck zur massiven Reduktion der Durchlaufzeit hat viele positive Effekte. Die Mitarbeiter beginnen sich über alle Abläufe Gedanken zu machen. Die schrittweise zeitliche Reduktion bringt Barrieren und Qualitätsprobleme sukzessive zum Vorschein. So erhöht sich die Lerngeschwindigkeit, und die Flexibilität der Mitarbeiter wird grösser.

Unternehmerisch handeln bedeutet auch, die Geschäftslogik immer weiterzuentwickeln. Die ABB befindet sich in einem äusserst dynamischen Geschäft, in dem sich die Kundenansprüche und die Konkurrenz laufend ändern. Beim 1988 erfolgten Zusammenschluss von ASEA und BROWN BOVERI bestand noch die Chance des Unterschätztwerdens durch die anderen Giganten wie GENERAL ELECTRIC, SIEMENS oder die Japaner HITACHI, TOSHIBA und MITSUBISHI. In der Zwischenzeit ist die Konkurrenz gut gerüstet und hat einen extremen Preiskampf in Gang gesetzt. Davon betroffen ist vor allem eines der Hauptgebiete der ABB, der Kraftwerkmarkt. Aber auch im Verkehrsmarkt sind die Preise um 30% gesunken. Zudem kaufen die Nachfrager heute gezielt weltweit ein. So bestellt die Deutsche Bundesbahn ihre Lokomotiven auch in Japan. Um in diesem Wettbewerb bestehen zu können, muss die ABB ihre Geschäftslogik und ihre Strategien neu überdenken. Entscheidend sind dabei ihre Osteuropa- und Asienstrategien. Die ABB baut in diesen Gebieten bewusst Fabriken auf, sie begnügt sich als wirklich globales Unternehmen nicht mit Exporten. Dies birgt natürlich einige Risiken, stellt aber die einzige Möglichkeit dar, um «aus dem Mittelfeld» die oben genannten grossen Konkurrenten angreifen zu können.

Nach dem vernetzten Denken und unternehmerischen Handeln stellt sich schliesslich noch die Frage nach dem persönlichen Überzeugen in der ABB. Von der unternehmerischen Ausrichtung her werden in der ABB Intrapreneurship und Teamarbeit bedingungslos gefördert. Und von den Führungskräften der ABB – vor allem von denen, die an den Schnittstellen der Matrix operieren – wird ein virtuoser Umgang mit den unternehmerischen Dilemmata erwartet. Intrapreneurship soll in den weltweit über 5'000 Profit-Centers gelebt werden. In diesen Profit-Centers sind über 95% der gesamten Belegschaft von 220'000 Mitarbeitern angesiedelt. Sie operieren in den jeweiligen lokalen Märkten wie kleine Firmen, die nahe bei den Kunden sind. Der Bezug zur ABB findet sich höchstens in einem kleinen Vermerk auf dem Geschäftspapier. Mit dieser Struktur möchte die ABB unternehmerisch denken und die Innovation so fördern, dass die Vorteile der Kleinfirma mit den Chancen eines global tätigen Unternehmens verbunden werden.

Für die rund 5% aller Mitarbeiter der ABB, die an der Schnittstelle der Matrix operieren und sich in immer wieder neuen Projekten zurechtfinden müssen, ist das Management von Dilemmata fast zur täglichen Routine geworden. Sie müssen die Tatsache akzeptieren, dass sie mehreren Chefs unterstehen und in zeitlich begrenzten Projekten immer wieder neue Aufgaben und Kunden vorgesetzt bekommen. Hier nach einem Gleichgewicht zu suchen, wäre eine reine Illusion. Diese Art von Führungstätigkeit erfordert auch ganz bestimmte Menschen, die eine hohe Unsicherheitstoleranz haben. Sie werden dafür aber gut entschädigt – oder bei Nichtgenügen rasch ausgewechselt.

Was die Teamarbeit anbelangt, so wurde im Zusammenhang mit den Ausführungen zum «Customer Focus»-Programm bereits auf deren Verankerung im Unternehmen hingewiesen. Zum Abschluss dieser Ausführungen sei allerdings noch beigefügt, dass auch bei der ABB nicht alles Gold ist, was glänzt (HOFFMANN/LINDEN, 1994). Zwar verfolgt ABB weiterhin das Konzept des «Denke global, handle lokal». Aber ein zu straffes Regiment nimmt dem Unternehmen oft den Schwung. Komplexitätskosten, Reibungsverluste, Zielkonflikte und Doppelarbeiten wirken dem Modell entgegen, mit der Auswirkung, dass die Führungsspitze noch mehr Druck aufsetzt. Genau dies widerspricht aber der ABB-Philosophie, mit dem Resultat, dass viele Führungskräfte verunsichert sind. Die Zukunft wird zeigen, ob hier eine an sich ausgezeichnete Organisation an menschlichen Unzulänglichkeiten scheitert.

Schritt 3

Gestaltungs- und Lenkungsmöglichkeiten erarbeiten

IBM galt lange als die Erfolgsgeschichte schlechthin und war als Big Blue bekannt. Als man anfangs der 90er Jahre im Umfeld und auch intern von Krisenzeichen und gewaltigen Gefahren für dieses Grossunternehmen zu sprechen begann, konnte man es kaum begreifen. Es geschahen Dinge und es mussten Entscheide gefällt werden, die sich kaum je ein IBMer vorgestellt hatte. Als IBM begann, sich mit der Krise zu beschäftigen, stellte sich sehr schnell die Frage, wo sich überhaupt etwas bewegen lasse. Dies musste schnell geschehen können und in kürzester Zeit Auswirkungen zeigen. Das war nicht einfach, denn neben die marktbedingte Situation mit flauerem Geschäftsgang und dem allgemeinen Preiszerfall bei Hard- und Software gesellten sich der Verlust an Flexibilität und Beweglichkeit.

Hans Ulrich MÄRKI, Delegierter des Verwaltungsrates der IBM Schweiz, nennt wirtschaftliche, technologische und marktbedingte Gründe für die Krise (MÄRKI 1995, S. 35 f.):

- Wirtschaft: Anzeichen der Sättigung, weltweite Rezession, sinkende Wachstumsrate und Preise
- Technologische Entwicklung: Tempo der Innovationen (Verkürzung der Produktlebenszyklen), Miniaturisierung, hohe Forschungs- und Entwicklungskosten
- Markt: Veränderung der Kundenbedürfnisse, zunehmende Ansprüche bezüglich Dienstleistungen, sinkende Marge und Rendite, Überkapazitäten, neue Nischenanbieter

Dazu gesellten sich kulturelle Schwierigkeiten, die sich aus veränderten Werthaltungen und aus der Einsicht ergaben, dass viele der bisherigen Grundsätze nicht länger haltbar waren.

IBM konnte darauf nicht schnell genug reagieren. Die externen Ursachen für die Krise wurden damit noch durch interne Faktoren verstärkt: «Durch den beispiellosen Erfolg der vergangenen Jahrzehnte verwöhnt, setzte IBM Speck an. Wir verloren an Flexibilität und Agilität. Wir beschäftigten uns zu sehr mit uns selbst und zu wenig mit dem Markt, dem Kunden» (MÄRKI

Abbildung 3.1 Bruttogewinnmarge der IBM weltweit als Auslöser des Veränderungsprozesses (Märki 1995, S. 36f)

1995, S. 35). Die Umsätze stagnierten, die Bruttogewinn-Marge fiel zwischen 1991 und 1993 um 17% und in der Periode 1992-1994 um 14%, wie Abbildung 3.1 zeigt.

Die Restrukturierungskosten addierten sich in derselben Zeit auf über 24 Milliarden Dollar. Die Unternehmung war in den verschiedensten Dimensionen zu verändern: technologisch, im Auftreten am Markt, kulturell und strukturell. Hier werden wir nicht weiter auf die verschiedenen Optionen eingehen, die IBM hatte und auch nicht auf die Schlankheitskur, die mit der Restrukturierung verbunden war. Diese Veränderungen waren enorm: Strategische Neuorientierung und gleichzeitige Redimensionierung. «Weltweit hat sich der Personalbestand in sieben Jahren von über 400'000 Mitarbeitern auf weniger als 225'000 Beschäftigte reduziert. Gleichzeitig hat das Unternehmen die Anzahl an Produktionsstätten weltweit von 42 auf 30 reduziert» (MÄRKI 1995, S. 37). Der Markt wurde klar segmentiert. In der Schweiz konzentrierte sich IBM auf vier Segmente: Den Produktemarkt, den Lösungsmarkt, den Projektmarkt und das Outsourcing. IBM wollte also als umfassender Anbieter von Informatiklösungen verschiedenste Rollen im Markt spielen: «Vom reinen Hard- und Softwarelieferanten über den Lösungspartner bis hin zum Systemintegrator, Generalunternehmer und Verantwortlichen für ausgelagerte Informatikdienstleistungen».

Wir interessieren uns hier besonders für die Erarbeitung von Gestaltungs- und Lenkungsmöglichkeiten, auf der Ebene des Gesamtunternehmens und detaillierter auf der Ebene eines Geschäftsbereichs. Der Entschluss, eine neue strategische Geschäftseinheit aufzubauen, die Gesamt- oder Systemlösungen im Informatikbereich anbietet, soll besonders auch von der Seite der Machbarkeit her betrachtet und analysiert werden. IBM, die als Hard- und Softwareanbieter gross geworden ist, will sich nun auf Gesamtlösungen wie Personalinformationssysteme oder Produktionsplanungs- und Steuerungssysteme ausrichten, bei denen Beratung und Konzipierung gleichberechtigt neben das Angebot von Hard- und Software treten.

Wo und wie lässt sich in einem solch relativ trägen System überhaupt etwas bewegen? Wie schnell können Veränderungen ausgelöst und wirksam werden? Was können wir auf welcher Ebene verändern, und wo liegen nichtlenkbare Elemente? Als Grundsatzfrage lässt sich formulieren:

Wo sitzen die Hebel der Veränderung?

Häufig werden in der Praxis sehr schnell Lösungen entwickelt. Dabei wird kaum die Frage gestellt, wo mögliche Ansatzpunkte der Lenkung liegen. Unter Lenkung eines Systems verstehen wir die Fähigkeit, dieses unter Kontrolle zu halten. Dabei setzt sich Lenkung aus zwei Arten zusammen, der Steuerung und der Regelung. Mittels Steuerung nimmt man direkten Einfluss, um ein bestimmtes Verhalten auszulösen und ein Ziel zu erreichen. Dies setzt allerdings genaue Kenntnis der Systemzusammenhänge voraus. Bei der Regelung handelt es sich um einen Prozess der informationellen Rückkopplung einer Abweichung, die eine korrigierende Reaktion auslöst. Hier wird die Situation als «Black Box» betrachtet (vgl. ULRICH/PROBST 1988, S. 78ff).

Da wir meist einige Faktoren der Lenkung kennen und vielleicht schon Erfahrungen damit gesammelt haben, konzentrieren wir uns oft (zu) schnell auf diese. Vergessen wird dabei, dass es immer viele Ansatzpunkte für die Gestaltung und Lenkung, bzw. die Lösung eines Problems gibt und braucht. Wir konzentrieren uns auf einen oder einzelne Punkte, die durchaus richtig und wichtig sein können, vergessen jedoch, dass jede Veränderung Wirkungen in verschiedenen Teilen der Problemsituation haben, vielleicht sogar auf uns zurückwirken oder Wirkungen in Teilen hervorrufen kann, die wir uns gar nicht wünschen. Dazu kommt, dass es sich ja kaum je um ein Problem handelt, das sich mit einer oder einer einseitigen Massnahme lösen lässt. Manchmal sind wir uns auch nicht bewusst, wo wir überhaupt lenkend Einfluss nehmen können und gehen von einem Machbarkeitswahn aus, der sich als äusserst schädlich erweisen kann. Wir reden oft lange und intensiv über notwendige Veränderungen, obwohl wir bei manchen Grössen überhaupt nicht eingreifen können oder dürfen. Das heisst nicht, dass wir uns

Vernetzt denken	Unternehmerisch handeln	Persönlich überzeugen
■ Verhaltensmuster der nicht lenkbaren Teile ermitteln	■ Szenarien entwickeln und durchspielen	■ Zukunftsorientiert denken und handeln
■ Lenkungsoptionen identifizieren	■ Kreative Problemlösungen entwickeln	■ Machbarkeiten und Grenzen aufzeigen
■ Indikatoren der Zielerreichung festlegen	■ Fortschritte in der Problemlösung überwachen	■ Zielorientiert führen und Kreativität fördern

Abbildung 3.2
Prozesse der Erarbeitung von Gestaltungs- und Lenkungsmöglichkeiten

über jene Dinge, die wir nicht direkt selbst beeinflussen können, keine Gedanken machen sollen. Wir sollten sie jedoch nicht als Gestaltungselemente betrachten, sondern als Grundlagen, um über mögliche Entwicklungen nachzudenken und sich geistig und effektiv vorzubereiten.

Erst wenn wir genau wissen, wo wir etwas bewegen können, sollten wir uns um die möglichen Lösungen kümmern. Dann treten wir in die kreative Phase ein, in der es um die Entwicklung der Gestaltungs- und Lenkungsmöglichkeiten geht. Abbildung 3.2 fasst die zu durchlaufenden Prozesse dieses Problemlösungsprozesses zusammen. Beginnen wir mit dem vernetzten Denken.

Vernetzt denken

Das Netzwerk präsentiert sich nach dem 2. Problemlösungsschritt in Elementen und Beziehungen, ohne dass wir erkennen können, welche Rolle wir als Intervenierende spielen können. Von Interesse ist daher, welche Grössen für uns beeinflussbar sind und welche ausserhalb unseres Einflussbereiches liegen.

In diesem Schritt wollen wir deshalb im Netzwerk jene Elemente kennzeichnen, die für eine bestimmte Führungsebene lenkbar, respektive nicht lenkbar sind, und die uns als Indikatoren für die Zielerreichung dienen können. Lenkbare Grössen können unmittelbar beeinflusst werden. Sie dienen uns deshalb als Ausgangslage für Strategien, Managemententscheidungen oder Massnahmen. Die Identifikation der nicht lenkbaren Elemente erlaubt uns festzustellen, mit welchen Rahmenbedingungen wir rechnen und wo wir mit Szenarien arbeiten müssen. Aufgrund möglicher Veränderungen in die-

Vernetzt denken	Unternehmerisch handeln	Persönlich überzeugen
■ Verhaltensmuster der nicht lenkbaren Teile ermitteln	■ Szenarien entwickeln und durchspielen	■ Zukunftsorientiert denken und handeln
■ Lenkungsoptionen identifizieren	■ Kreative Problemlösungen entwickeln	■ Machbarkeiten und Grenzen aufzeigen
■ Indikatoren der Zielerreichung festlegen	■ Fortschritte in der Problemlösung überwachen	■ Zielorientiert führen und Kreativität fördern

sen Grössen müssen wir Eventualmassnahmen oder -strategien entwickeln. Die Erfassung der Indikatoren ermöglicht uns schliesslich klar festzuhalten, auf welche Grössen bei der Erfolgsmessung zu achten ist. Sie zeigen uns an, ob wir mit unseren Eingriffen auch gewünschte Wirkungen erzielen und sind deshalb Ziel- oder Überwachungsgrössen. Ausgangspunkt unserer weiteren Überlegungen sind nun die nicht lenkbaren Grössen.

Verhaltensmuster der nicht lenkbaren Bereiche ermitteln

Viele Aspekte einer Problemsituation erscheinen schlicht und einfach als «Rahmenbedingungen». Sie sind für den auf einer bestimmten Ebene agierenden Problemlöser nicht direkt beeinflussbar oder veränderbar. Trotzdem ist es wichtig zu wissen, wie sich diese in der Zukunft verhalten können, um den Rahmen besser zu verstehen, innerhalb dessen wir uns bewegen werden. Die Situation verändert sich also gewissermassen eigendynamisch, ohne unser Zutun, und ohne dass wir dazu direkt und gezielt beitragen können.

Im Netzwerk kennzeichnen wir jene Grössen, auf die wir als Problemlöser keinen oder nur einen äusserst geringen Einfluss haben, durch ein Symbol (dunkles Rechteck) oder durch eine bestimmte Farbe. Diese Grössen verändern sich von selbst und «passieren» uns einfach. Es sind die Umweltfaktoren im weitesten Sinne, Elemente übergeordneter Systeme wie die Gesamtwirtschaft, Natur, Gesellschaft, Technologieentwicklungen, Konkurrenzverhalten, Werteveränderungen u.a.m. (vgl. Ulrich/Probst 1988, S.160ff.). Dies sei an einem Beispiel illustriert.

Die «Schweizer Illustrierte» ist die führende Publikumszeitschrift unseres Landes. Publikumszeitschriften richten sich, wie der Name sagt, an eine breite Leserschaft mit einer Vielfalt von Interessen. Nachdem diese Illustrierten während Jahrzehnten unbestrittene Publikumslieblinge waren, zeichnet sich in den 80er Jahren ein zunehmender Rückgang der Auflagen und ein Trend zu Spezial- und Fachzeitschriften ab. Diese sind auf eine klar abgrenzbare Gruppe von an bestimmten Themen interessierten Lesern ausgerichtet, wie zum Beispiel Taucher, Bergsteiger oder Computer-Freaks. Noch mehr aber machen den Publikumszeitschriften die «Neuen Medien» zu schaffen, allen voran die Vielzahl neuer Fernsehprogramme. Aber auch die Textmedien – Stichwort Internet – sind im Vormarsch. Die Illustrierten sind deshalb gezwungen, neue Wege zu beschreiten, um einerseits die alte Leserschaft zu erhalten und andererseits neue Leser anziehen zu können.

Welches sind nun die künftigen Rahmenbedingungen der «Schweizer Illustrierten», die bei einer Neuausrichtung zu beachten sind? Oder anders ausgedrückt, welche externen nicht lenkbaren Grössen muss der Zeitschrif-

Abbildung 3.3
Nicht lenkbare Grössen der «Schweizer Illustrierten» als Ansatzpunkte für Szenarien

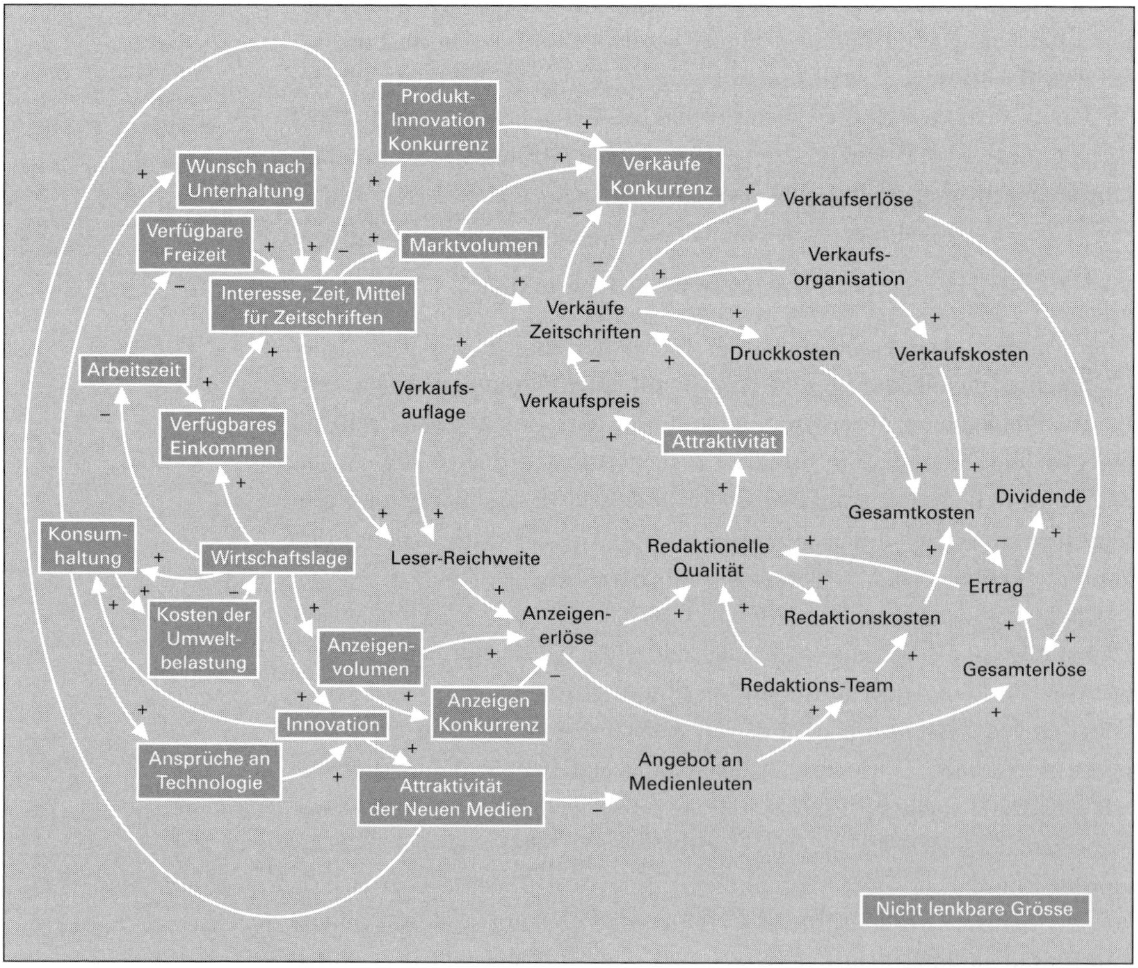

tenverlag im Auge behalten, will er auch in Zukunft erfolgreich sein? Abbildung 3.3 hält die entsprechenden Zusammenhänge fest. Natürlich sind auch verschiedene interne Grössen (Verkäufe, Erlöse, Reichweiten) nicht lenkbar. Diese werden uns aber als Indikatoren dienen, wie Abbildung 3.5 zeigen wird.

Externe nicht lenkbare Grössen finden sich zuerst im Konkurrenzumfeld der Publikumszeitschrift. Sie bewegt sich gleichzeitig in zwei Märkten, nämlich im Leser- und im Anzeigenmarkt. Im ersteren ist sie mit steten Produktinnovationen anderer Zeitschriften, vor allem aber der Neuen Medien konfrontiert. Im zweiten steht sie im harten Konkurrenzkampf um die Werbebudgets, die heute nicht nur selektiver, sondern mit einer stark gestiegenen Anspruchshaltung vergeben werden. Die überwiegende Zahl von nicht lenkbaren Grössen findet sich aber im weiteren Umfeld der Illustrierten, das immer bestimmender wird. Dominierende Bereiche sind hier die Gesellschaft, die Wirtschaft, die Umwelt und die Technologie. Für jeden dieser Bereiche geht es nun darum, mögliche Entwicklungspfade oder Verhaltensmuster aufzuzeigen. Das entsprechende Vorgehen ist für den Bereich der Gesellschaft in Abbildung 3.4 illustriert.

Der Bereich der Gesellschaft ist im Netzwerk durch die drei nicht lenkbaren Grössen «Verfügbare Freizeit», «Wunsch nach Unterhaltung» und «Interesse, Zeit, Mittel für Zeitschriften» charakterisiert. Diese Grössen wirken in vielfältiger Art und Weise aufeinander ein. Sie sind aber letztlich das Resultat der gesellschaftlichen Entwicklung der Schweizer Bevölkerung. Natürlich lässt sich nicht prognostizieren, welchen Pfad diese in Zukunft einschlagen wird. Mögliche Entwicklungsrichtungen lassen sich aber aufgrund einer sorgfältigen Analyse heutiger Konstellationen ermitteln.

Die Firma DEMOSCOPE (1987) erstellt seit Jahren eine sogenannte «Psychologische Karte der Schweiz», in der sie die gesellschaftlichen Trends vieldimensional festhält. Die Landkarte ist in Abbildung 3.4 in ihren Grundzügen festgehalten. Anstatt nun aber in diese Karte einzutragen, wo wir uns heute konkret befinden, wird in Form von drei Szenarien versucht darzustellen, welchen Weg die Gesellschaft nehmen könnte.

In Pfad 1 entwickelt sich diese von der Konsumhaltung über eine sinnbetonte oder hedonistische Ausrichtung hin zu einer rebellischen Haltung. Dieses Szenario könnte man mit dem Begriff «Abenteuergesellschaft» charakterisieren. Ein zweiter Entwicklungspfad ausgehend von der Konsumhaltung bewegt sich in Richtung Hedonismus, kehrt dann aber wieder in die reine Konsumhaltung zurück. Ein dritter Pfad schliesslich läuft von der Konsumhaltung in Richtung einer Einstellung, die mit «Neue Innerlichkeit» charakterisiert werden kann und Werte wie Romantik, Altruismus, Genügsamkeit und Familiensinn beinhaltet.

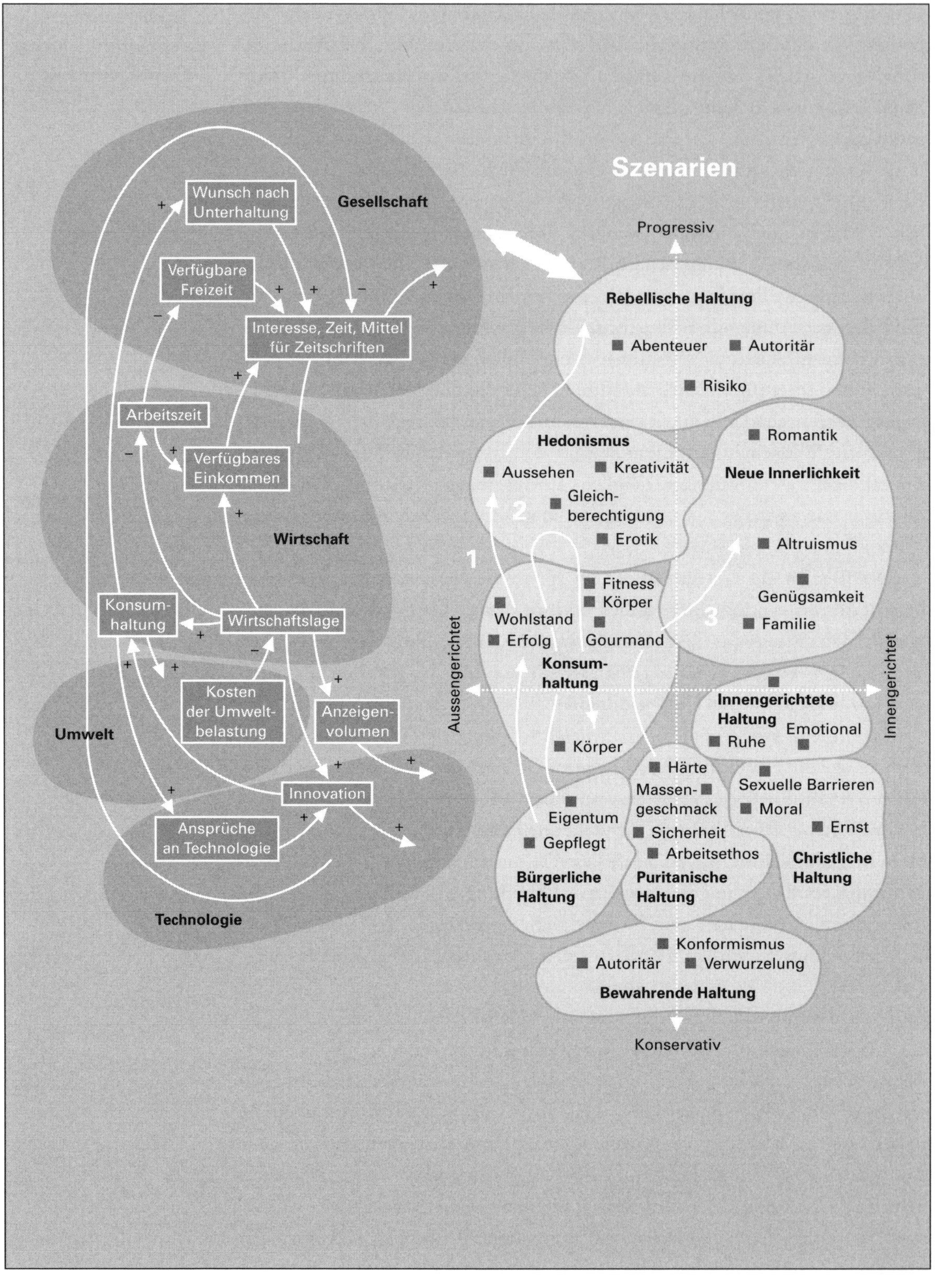

Szenarien
Wunsch nach Unterhaltung
Gesellschaft
Verfügbare Freizeit
Interesse, Zeit, Mittel für Zeitschriften
Arbeitszeit
Verfügbares Einkommen
Wirtschaft
Konsum-haltung
Wirtschaftslage
Kosten der Umwelt-belastung
Anzeigen-volumen
Umwelt
Innovation
Ansprüche an Technologie
Technologie
Progressiv
Rebellische Haltung
Abenteuer
Autoritär
Risiko
Hedonismus
Aussehen
Kreativität
Gleich-berechtigung
Erotik
Romantik
Neue Innerlichkeit
Altruismus
Genügsamkeit
Familie
1
2
3
Fitness
Körper
Wohlstand
Erfolg
Gourmand
Konsum-haltung
Aussengerichtet
Innengerichtet
Innengerichtete Haltung
Emotional
Ruhe
Körper
Härte
Massen-geschmack
Sexuelle Barrieren
Moral
Ernst
Eigentum
Gepflegt
Sicherheit
Arbeitsethos
Bürgerliche Haltung
Puritanische Haltung
Christliche Haltung
Konformismus
Autoritär
Verwurzelung
Bewahrende Haltung
Konservativ

Natürlich weiss heute niemand, welchen Pfad die Gesellschaft genau einschlagen wird. Auch wird kaum die Gesellschaft als Ganzes auf eine bestimmte Richtung einschwenken. Entscheidend ist aber, dass wir in Form von Gedankenspielen ermitteln können, welchen Einfluss es auf die Illustrierte haben würde, wenn beispielsweise die «Neue Innerlichkeit» zum Tragen kommen würde. Das bedeutet nun aber, dass die Inhalte des Szenarios 3 im Netzwerk durchgespielt werden. Was heisst es für die nicht lenkbare Grösse «Interesse, Zeit, Mittel für Zeitschriften», wenn das konsumorientierte Genussstreben und der Statusbezug abnimmt, das Familienleben wieder zentraler wird, die Einstellung gegenüber Luxusgütern und entsprechender Werbung kritischer wird, Umweltthemen und -organisationen an Anziehungskraft gewinnen oder das Sicherheits- und Gesundheitsdenken überhand nimmt? Analog dazu müssen auch die anderen Entwicklungspfade im Netzwerk gedanklich durchgespielt werden, um so bei den nicht lenkbaren Grössen Anhaltspunkte über die künftigen Rahmenbedingungen der Publikumszeitschrift gewinnen zu können.

Lenkungsoptionen identifizieren

Nach der Ermittlung der Rahmenbedingungen stellt sich als nächstes die Frage, welche Lenkungsmöglichkeiten im Hinblick auf die künftige Ausrichtung der Zeitschrift bestehen. Lenkbar ist eine Grösse dann, wenn dort unmittelbar etwas bewegt werden kann. In diesem Zusammenhang wird sehr oft unpräzis argumentiert. So wird beispielsweise die Motivation der Mitarbeiter als lenkbar angesehen. Ob die Mitarbeiter jedoch motiviert sind, entscheiden sie selber. Motivation lässt sich nicht «machen», nicht befehlen. Sie lässt sich aber erreichen durch Anreizsysteme, die Förderung der Mitarbeiter, einen guten Führungsstil. Dies sind die lenkbaren Grössen bezüglich der Zielgrösse «Motivation».

Im gleichen Sinne sind nun die lenkbaren Grössen mit den entsprechenden Verhaltensoptionen bezüglich der Publikumszeitschrift zu identifizieren. In Abbildung 3.5 sind diese zusammen mit den Indikatoren der Zielerreichung – auf die anschliessend einzugehen sein wird – festgehalten.

Abbildung 3.4
(gegenüberliegende Seite)
Vom Netzwerk zu den Szenarien: Der Einfluss von gesellschaftlichen Entwicklungen (Szenarien nach Demoscope, 1987)

Auf den ersten Blick fällt auf, dass es relativ wenige lenkbare Grössen in dem von uns betrachteten Kontext gibt. Lenkbar sind die redaktionelle Qualität oder Ausgestaltung, die Zusammensetzung des Redaktionsteams, der Verkaufspreis, die Verkaufsorganisation, die Druck-, Verkaufs- und Redaktionskosten sowie die ausbezahlte Dividende. Gestrichelt eingezeichnet ist eine weitere Grösse, die auf den ersten Blick vielleicht als nicht lenkbar angesehen wird, das Angebot an Medienleuten. Dieses ist nicht nur sehr beschränkt, es reissen sich auch eine Vielzahl von Unternehmen um die besten Journalisten und Verlagsfachleute. Unser Verlag hat es aber geschafft, durch einen geschickten Schachzug dieses Angebot für sich lenkbar zu machen, indem er eine hauseigene Journalistenschule gegründet hat, deren Abgänger zu einem grossen Teil im eigenen Haus Unterschlupf finden. Strategisch gesehen ist es natürlich von grosser Bedeutung, für andere Unternehmen nicht lenkbare Grössen für sich selber lenkbar zu machen, um so einen Wettbewerbsvorteil zu erzielen.

Abbildung 3.5
Lenkbare Grössen und Indikatoren der «Schweizer Illustrierten»

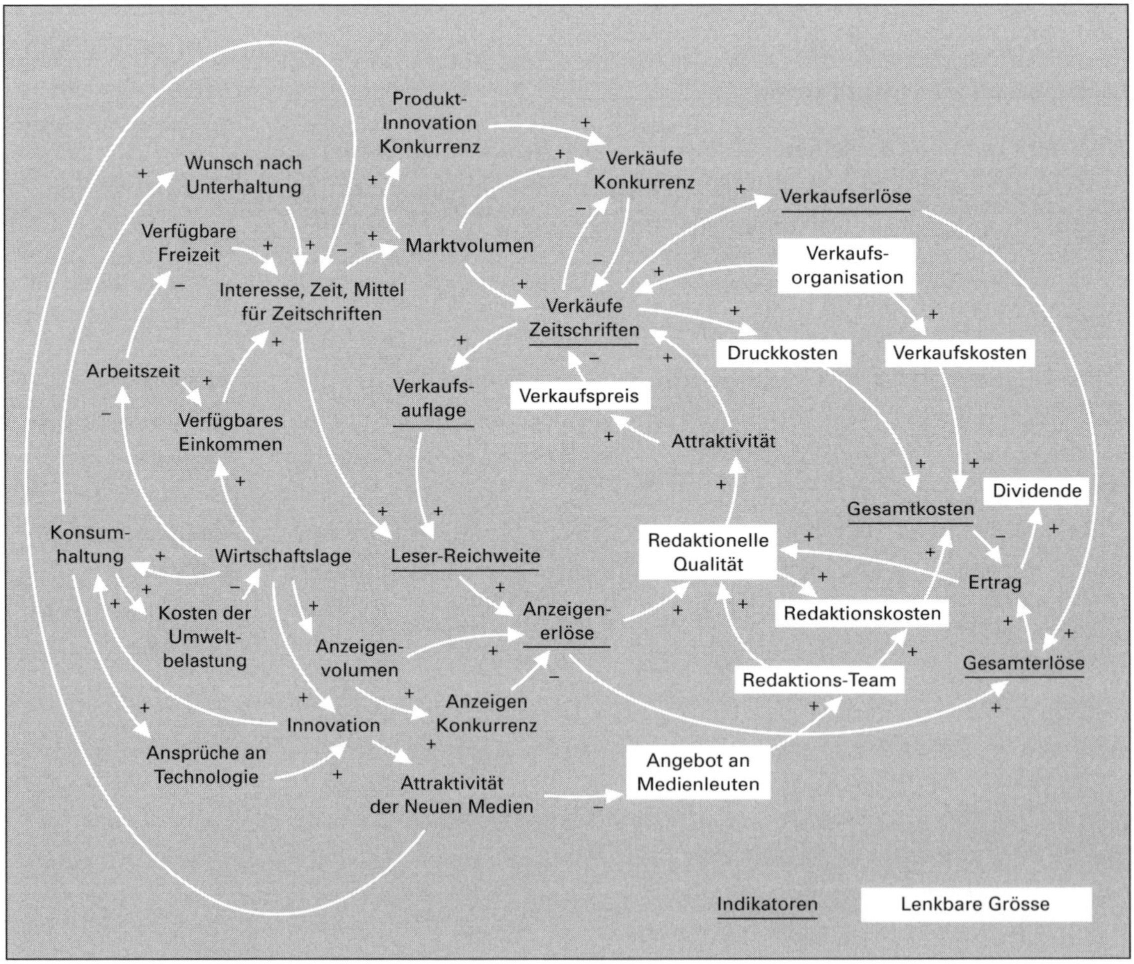

Dass nicht alle der lenkbaren Grössen im gleichen Ausmass beeinflussbar sind, versteht sich von selbst. Die Druckkosten lassen sich beispielsweise nur in sehr eingeschränktem Masse reduzieren, wenn eine bestimmte Auflage produziert werden muss. Und auch die Verkaufsorganisation muss eine kritische Masse an Vertretern aufrechterhalten, um ein Abbröckeln der Abonnemente verhindern zu können. Noch wichtiger in diesem Zusammenhang ist aber die Beantwortung der Frage, auf welcher Ebene überhaupt lenkend eingegriffen werden kann. Abbildung 3.6 hält die entsprechenden Zusammenhänge fest.

Beginnen wir mit der mittleren Lenkungsebene, der Unternehmensleitung. Diese kann die redaktionelle Qualität dadurch beeinflussen, dass sie ein Redaktionsstatut erlässt, das den Rahmen der journalistischen Freiheit absteckt. Weiter kann sie in Form einer geeigneten Unternehmensorganisation die Verkaufsorganisation so positionieren, dass die Voraussetzungen einer er-

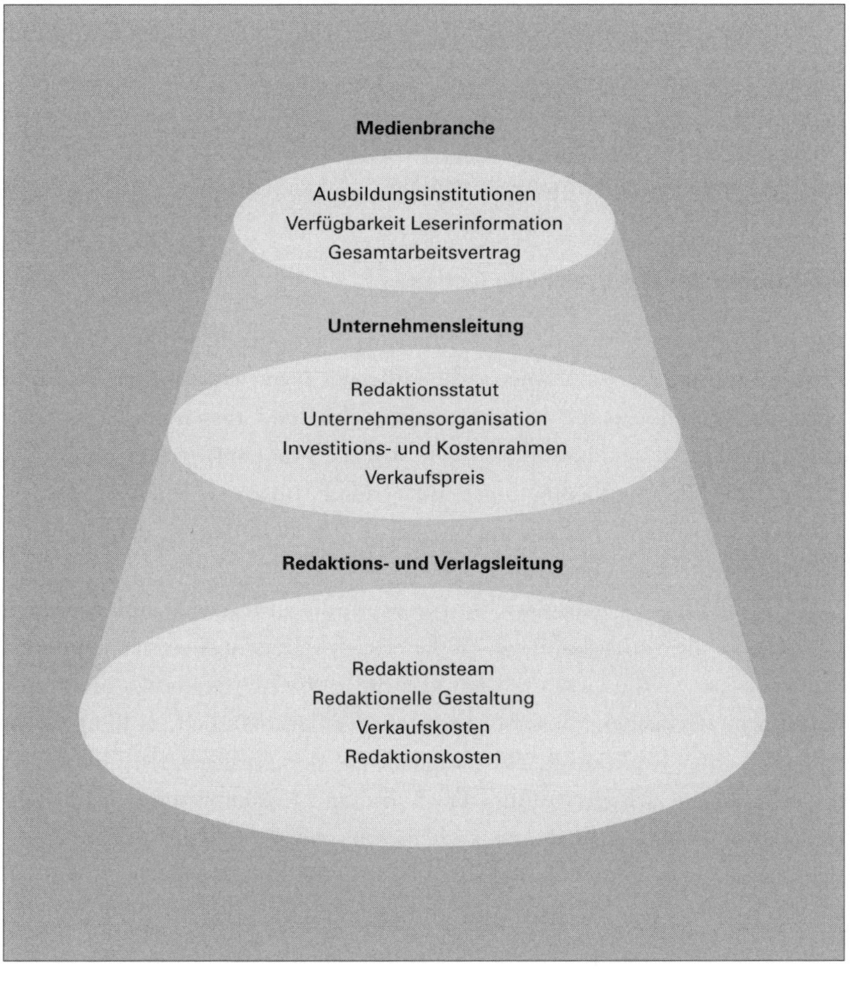

Abbildung 3.6
Lenkungsgrössen auf verschiedenen Ebenen des Medienunternehmens

folgreichen Arbeit gegeben sind. Sie wird ferner den Investitions- und Kostenrahmen für die Zeitschrift vorgeben und es sich auch nicht nehmen lassen, beim Verkaufspreis das letzte Wort zu sprechen. Auf der nächsttieferen Ebene der Redaktions- und Verlagsleitung kann die redaktionelle Qualität einerseits durch die Zusammensetzung des Redaktionsteams sowie durch die konkrete Ausgestaltung des Blattes beeinflusst werden. Weitere Ansatzpunkte für Lenkungsmassnahmen sind die Verkaufs- und Redaktionskosten. Nun gibt es aber noch eine weitere Ebene, nämlich die der Medienbranche. Durch Mitarbeit in den entsprechenden Verbänden kann der Verlag Lenkungsmöglichkeiten erschliessen, die ihm sonst verwehrt sind. So können gemeinsam mit anderen Verlagen Ausbildungsinstitutionen für künftige Redaktionsmitglieder und Verlagsfachleute aufgebaut werden. Die äusserst aufwendige Beschaffung von Leserinformationen zur Verbesserung der redaktionellen Qualität kann nur auf übergeordneter Ebene erfolgen. Und schliesslich können durch die Aushandlung geschickter Gesamtarbeitsverträge der Branche die Lohnkosten in einem angemessenen Rahmen gehalten werden.

Wie unser Beispiel zeigt, liegt der wesentliche Punkt bei der Ermittlung von Lenkungsoptionen darin, diese konsequent bestimmten Führungsebenen zuzuordnen. Damit werden lange Diskussionen und eine Delegation der Verantwortung nach oben mit der Argumentation «Wenn nur die endlich entscheiden und etwas unternehmen würden …» vermieden.

Indikatoren der Zielerreichung festlegen

Bereits im ersten Schritt der Problemlösungsmethodik haben wir eine erste Zielbestimmung vorgenommen. Mit Hilfe des Netzwerkes kann diese nun präzisiert werden. Die mit Indikatoren bezeichneten Grössen des Netzwerkes sollen uns Hinweise darauf geben, wie sich die Problemsituation unter dem Einfluss der Rahmenbedingungen oder durch unsere eigenen Lenkungsaktivitäten verändert. Beim letzteren geht es vor allem darum, den Problemlösungsfortschritt zu überwachen.

In Abbildung 3.5 haben wir im Netzwerk die Indikatoren unterstrichen. Es sind dies die Verkaufsauflage, die Leserreichweite, die Anzeigen- und Verkaufserlöse sowie die Gesamtkosten und die -erlöse. Diese Indikatoren müssen nun in zweifacher Hinsicht spezifiziert werden, nämlich als Kennzahlen und nach ihrer Reaktionsgeschwindigkeit. Bei den vorliegenden Grössen ist das erstere keine schwierige Aufgabe. Erlöse und Kosten lassen sich im Rahmen des betrieblichen Rechnungswesens erfassen, die Verkaufsauflage ergibt sich aus den abgesetzten Zeitschriften. Einzig die Leserreichweite – die sich aus der Anzahl Leser pro Blatt multipliziert mit der Auflage ergibt – wäre für einen einzelnen Verlag viel zu aufwendig zu erheben. Dies wird in der

Schweiz von einer verlagsunabhängigen Institution vorgenommen, die diese Daten jährlich zur Verfügung stellt. Damit sind wir aber auch bereits beim Thema Reaktionszeit angelangt. Ein Indikator ist umso besser, je früher er den Grad der Zielerreichung anzeigt. Die Zahlen des Rechnungswesens liegen meist reichlich spät vor, so dass allfällige negative Abweichungen erst mit Verzögerung erkannt werden. Wie wir gesehen haben, werden die Leserreichweiten nur jährlich erhoben, so dass auch hier verlässliche Daten kaum zeitgerecht vorliegen. Die Verkaufsauflage hingegen ist relativ früh bekannt, vor allem dank der guten Zusammenarbeit mit den Zeitschriftenkiosken. Der Verlag wird vor allem auf der Kostenseite nicht abwarten, bis am Jahresende gesicherte Zahlen vorliegen. Vielmehr wird er ein raffiniertes Kostenüberwachungssystem installieren, das ihm rasch anzeigt, ob seine lenkenden Massnahmen wirklich greifen. Es besteht aber kein Zweifel, dass diese Indikatoren stets recht spät ausschlagen. Deshalb wird es unumgänglich sein, auch sogenannte Frühwarnindikatoren zu bestimmen, die allerdings eher im Umfeld des Unternehmens angesiedelt sind und wichtige Entwicklungen so frühzeitig anzeigen, dass reagiert werden kann, bevor rote Zahlen geschrieben werden. Auf diese Frühwarnindikatoren wird im fünften Schritt der Problemlösungsmethodik in einzelnen einzugehen sein.

Die Prozesse des vernetzten Denkens im dritten Schritt der Problemlösungsmethodik haben uns die lenkbaren und die nicht lenkbaren Grössen sowie die Indikatoren der Zielerreichung erfassen lassen. Beim unternehmerischen Handeln wird es nun darum gehen, den lenkbaren Grössen Strategien und Massnahmen zuzuordnen. Bei den nicht lenkbaren Grössen muss mit Hilfe von Szenarien die Grundlage für die Entwicklung von Eventualstrategien oder -massnahmen geschaffen werden. Und die Indikatoren sind nun in konkrete Zielvorgaben überzuführen. Diese Prozesszusammenhänge sind in der folgenden Abbildung festgehalten.

Vernetzt denken	Unternehmerisch handeln	Persönlich überzeugen
■ Verhaltensmuster der nicht lenkbaren Teile ermitteln	■ Szenarien entwickeln und durchspielen	■ Zukunftsorientiert denken und handeln
■ Lenkungsoptionen identifizieren	■ Kreative Problemlösungen entwickeln	■ Machbarkeiten und Grenzen aufzeigen
■ Indikatoren der Zielerreichung festlegen	■ Fortschritte in der Problemlösung überwachen	■ Zielorientiert führen und Kreativität fördern

Unternehmerisch handeln

Wollten wir die Zukunft für eine komplexe Problemsituation voraussagen, würden wir sehr schnell unsere Grenzen erkennen. Planer müssen immer wieder feststellen, dass ihre Verlängerungen der Vergangenheit in die Zukunft nicht zutreffen. Zuviele Grössen und Beziehungen sind nicht bekannt gewesen oder ausser Acht gelassen worden, zu stark weichen die Ergebnisse aufgrund der vielfältigen Interaktionen und unvorhersehbaren Entwicklungen von den Erwartungen ab. Niemand kann die Entwicklungen in zukünftigen Märkten (bspw. Asien, Osteuropa), in der Gesellschaft (Veränderung der Werthaltungen), in den Technologien oder politischen Kontexten (EG-Zusammenarbeit) voraussagen. Anhand von Szenarien können wir uns jedoch mögliche Zukunftsbilder erarbeiten und Alternativen durchdenken.

Szenarien entwickeln und durchspielen

Im Gegensatz zu herkömmlichen Prognose-Methoden, die meist die Entwicklungen einzelner Grössen in Form von Extrapolationen zu ermitteln suchen, sollen Szenarien die Entwicklung von Umweltkonstellationen als vernetzte Gebilde aufzeigen. Einzelne Grössen werden also nicht isoliert betrachtet, sondern in ihren Interaktionen. Naturgemäss ist die Erfassung und das Verständnis der Vernetztheit bedeutend schwieriger als das Verfolgen einzelner Grössen. Szenarien sind deshalb keine Punktprognosen, sondern die Darstellung möglicher zukünftiger Konstellationen. Dazu dient uns nun die im Netzwerk vorgenommene Analyse mit der Identifikation der nicht lenkbaren Grössen. Für diese ist die Szenariotechnik unser wichtigstes Mittel.

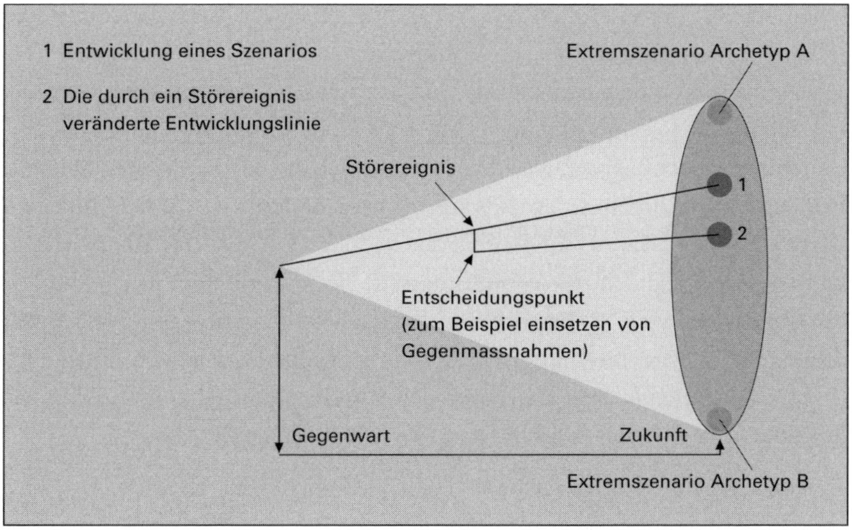

Abbildung 3.7
Denkmodell zur Darstellung von Szenarien (v. Reibnitz 1991)

Es hat sich als ein in der Praxis gangbarer Weg erwiesen, die nicht lenkbaren Grössen in sogenannten Szenariobereichen zusammenzufassen. Solche Bereiche umfassen etwa den technologischen, ökologischen oder gesellschaftlichen Bereich, Märkte, Wirtschaft und Wettbewerb, Politik und Gesetzgebung. Diese Bereiche haben jeweils starke Einflüsse auf unsere Problemsituation, bzw. auf die Ziele und Geschäftsaktivitäten, und sie sind stark mit unseren lenkbaren Grössen verknüpft. Wir plädieren in der Regel dafür, ein sogenanntes Grundszenario zu erstellen, das von den wahrscheinlichen Entwicklungen in den verschiedenen Bereichen ausgeht. So entsteht gewissermassen ein Bühnenbild, innerhalb dessen wir uns bewegen können. Die Bewegungsmöglichkeiten sind mehr oder weniger stark eingeengt und bergen Chancen oder Gefahren in sich. Innerhalb des Grundszenarios sind sodann die Lenkbarkeiten zu analysieren, Entscheide vorzunehmen und Eingriffe zu planen.

Um jedoch auch andere mögliche Entwicklungen einzufangen, werden zudem Alternativszenarien erstellt. Dabei kann so vorgegangen werden, dass ein optimistisches und ein pessimistisches Szenario entwickelt wird. Wir können auch von Extremsituationen ausgehen oder Szenarien für gewisse Störfälle erstellen (vgl. Abbildung 3.7). Für diese Alternativszenarien werden dann Eventualplanungen und -strategien erstellt, die aus der «Schublade gezogen» werden können. Ein solches Alternativszenario stellt etwa das folgende Beispiel dar.

Das führende Schweizer Reisebürounternehmen KUONI ist den Umgang mit Szenarien aus der strategischen Planung gewöhnt, wie im nächsten Schritt noch zu zeigen sein wird. Im Rahmen ihrer Kurz- und Mittelfristplanung wurden deshalb immer wieder Szenarien mit Störfaktoren oder besonderen Vorkommnissen erstellt und zur Grundlage für Managementententscheidungen genutzt. Als ein Beispiel sei hier ein Alternativszenario (aus dem Jahre 1990) mit dem Störfaktor «Golfkrieg eskaliert» und weiteren pessimistischen Annahmen bezüglich Politik und Wirtschaft genannt. Dieses Szenario hat sich für die Reisebranche in vehementer Weise bestätigt. Es ist für ein Unternehmen dieser Grösse besonders wichtig, sich auf solche Eventualfälle mit Präventivmassnahmen gut vorzubereiten, insbesondere wenn es sich um einen der wichtigsten Märkte für Badeferien handelt. Ein weiteres Alternativszenario wurde zuhanden des Verwaltungsrates für strategische Entscheidungen erstellt, das den EWR/EG-Beitritt zum Thema hatte (Szenario 1991, vgl. Abbildung 3.8). Es wird hier ein erster Abschnitt wiedergegeben, um einen Eindruck des Umfangs, der Tiefe und des Stils zu vermitteln. Als inhaltliche Struktur finden wir im vollständigen Szenario folgende Bereiche:

1) Wirtschaftliche Faktoren
   1.1 Annahmen
   1.2 Wirtschaftliche Entwicklungen
   1.3 Auswirkungen auf den Reisemarkt
   1.4 Auswirkungen für KUONI (Geschäftsbereiche)

2) Technologische Faktoren
   2.1 Annahmen
   ....
   ...

3) Soziale Faktoren

4) Ökologische Faktoren

Szenarien versuchen, die aus den Netzwerken erkannten Elemente und Bereiche zu zukünftigen, in sich stimmigen Mustern zusammenzufügen. Einzelne Störereignisse können dann ebenso im Netzwerk simuliert, analysiert und in Alternativszenarien festgehalten werden.

Für das Durchspielen verschiedener Szenarien stehen unterschiedliche Hilfsmittel zur Verfügung:

- *Gedankliche Simulation und Papierszenarien*
  Das gedankliche Durchspielen von zukünftigen Situationen und Verhaltensweisen ist am verbreitesten. In der Regel ist es auch genügend. Mögliche Veränderungen werden im Netzwerk auf dem Papier, einer Tafel oder auf einer Folie nachvollzogen. Dieses Verfolgen von Einflüssen erweist sich besonders in Gruppenprozessen als wirksam und erlaubt, Entwicklungen schrittweise mitzuerleben. Der Lerneffekt ist sehr hoch. Die Grenzen liegen in der Komplexität und der Vielzahl von gleichzeitigen Veränderungen.

Abbildung 3.8
(auch folgende Seiten)
Szenario 1991 «EWR/EG-Beitritt der Schweiz» der Reisebüro KUONI AG

1. Wirtschaftliche Faktoren

1.1 Annahmen

Dieses Szenario basiert auf folgenden Annahmen:
- weitreichender EWR-Vertrag, der einem EG-Beitritt nahekommt
- der EG-Binnenmarkt schottet sich nicht nach aussen ab
- positive Wachstumsimpulse aus deutschem Einigungsprozess
- langfristiger Aufschwung im Ostblock
- weiterhin teures CH-Kapital, allerdings unter EG-Durchschnitt
- Kapitalknappheit in den 90er Jahren
- anhaltender Konzentrationsprozess

1.2 Wirtschaftliche Entwicklungen

Mit der Vollendung des EG-Binnenmarktes entsteht in Europa der wohl grösste schrankenlose Markt der Welt. Die Schweiz als Teil des europäischen Marktes wird von den Integrationsprozessen im vollen Masse erfasst.
Gesamteuropäische Integrationseffekte resultieren sowohl aus den Möglichkeiten eines grösseren Marktes sowie aus den Wirkungen eines intensiveren Wettbewerbes.
Daraus ergeben sich grundsätzlich die drei Auswirkungen Internationale Arbeitsteilung, Produktivitätssteigerung und Strukturwandel, die in ihrer zeitlichen Abfolge zum Teil parallel laufen und sich gegenseitig beeinflussen:

- *Internationale Arbeitsteilung*

  Durch die Vergrösserung des Arbeitsmarktes – infolge Abbau aller Handelshemmnisse – kommt es unter Ausnutzung faktorbedingter Standort- und somit Kostenvorteile zu einer Zunahme der internationalen Arbeitsteilung. Dadurch eröffnen sich neue Möglichkeiten von Spezialisierungs- und Grössenvorteilen («economies of scale»).
  Die internationale Arbeitsteilung hat zur Konsequenz, dass die Unternehmungen im Rahmen einer gesamteuropäischen Marketingstrategie am billigsten Standort produzieren und im einträglichsten Markt verkaufen. Dennoch sind mittelfristig Wettbewerbsvorteile durch Standortvorteile noch möglich. Langfristig jedoch verlieren ausstattungsbedingte Standortvorteile zunehmends an Bedeutung gegenüber den (unternehmerischen) Fähigkeiten einerseits, neue Wettbewerbsvorteile zu schaffen, und der Fähigkeit von Ländern andererseits, durch entsprechende wirtschaftspolitische Massnahmen attraktive Rahmenbedingungen zu schaffen, um dadurch produktive mobile Produktionsverfahren anzuziehen.
  Der Standort Schweiz verliert aufgrund weiterhin hohen Faktorkosten (v. a. des Faktors Arbeit) sowohl im Produktions- als auch Dienstleistungssektor zunehmends an Bedeutung.

- *Produktivitätssteigerung*

  Die zunehmende Konkurrenz durch den Markteintritt neuer Anbieter (auch aus Nicht-EG-Ländern) verstärkt den Wettbewerbsdruck und zwingt die Unternehmungen zu einer effizienteren Produktion. Dadurch wird die volkswirtschaftliche Produktivität gestärkt. Die Konsumenten ihrerseits profitieren von einem tieferen Preisniveau.

– *Strukturwandel*

Produktdifferenzierung ist eine dominierende Strategie auf Wettbewerbsmärkten, was dazu führt, dass die meisten Unternehmungen nur mit einer relativ kleinen Zahl von Wettbewerbern um dieselben Kundengruppen konkurrieren. Für viele Märkte beschreiben etwa 10 bis 15 Unternehmungen das engere Wettbewerbsfeld, das nach aussen durch mehr oder weniger hohe Eintrittsschranken geschützt ist. Diese Unternehmungen bilden sog. strategische Gruppen. Die Integration bislang getrennter nationaler Märkte und die resultierenden Marktveränderungen infolge differenzierterer Kundenwünsche und mehr Marktnischen führen deshalb dazu, dass die strategischen Gruppen neu definiert werden müssen. Dieser Prozess der strategischen Neuformierung macht den Kern des heutigen Strukturwandels auf dem europäischen Markt aus. Während der Anpassungsphase erfolgt deshalb ein Investitionsschub seitens der Unternehmungen. Diejenigen Unternehmungen, die sich im neuen Markt nicht positionieren können, werden von der Bildfläche verschwinden.

Der Bereinigungsprozess wird von einem Konzentrationsprozess begleitet, indem die «Verlierer» aus dem Anpassungsprozess von denjenigen Unternehmungen, welche eine Expansionsstrategie verfolgen, übernommen werden.

Dieser Konzentrationsprozess wird jedoch durch die allgemeine Kapitalknappheit und das teure Schweizer Kapital im speziellen behindert, so dass die Bildung strategischer Allianzen und Koalitionen zur Festigung der europäischen Wettbewerbsposition die logische Konsequenz sein wird.

Innerhalb der Schweiz ist durch diesen Anpassungsprozess besonders der gewerblich und berufsständisch geprägte Binnensektor betroffen, der bislang sehr wenig der internationalen Konkurrenz ausgesetzt war. Praktisch keine Beeinträchtigungen wird der weltmarktorientierte Exportsektor erfahren, der relativ wenig staatliche Unterstützung geniesst, eine hohe internationale Wettbewerbsfähigkeit aufweist und die zu erwartenden Entwicklungen zum Teil bereits antizipiert hat.

Hinsichtlich dem Integrationsprozess kann zusammenfassend festgehalten werden:

Kurz- und mittelfristig dominieren die Anpassungseffekte und deren volkswirtschaftlichen Kosten – Wirtschafts- und Branchenstrukturen werden sich den veränderten Rahmenbedingungen anpassen müssen. Langfristig überwiegen jedoch die gesamtwirtschaftlichen Effizienz- und Wohlstandseffekte, welche die anfänglichen Kosten der Anpassung in den Hintergrund treten lassen.

Die Nettoeffekte aus dem Integrationsprozess lassen sich unter einem Zeithorizont von ca. zehn Jahren durch folgende Zahlen charakterisieren:

Die Wachstumsverstärkung gegenüber dem Status Quo beträgt zwischen 4-6 %, was einen jährlichen Mehrverdienst von 2000 bis 3000 Franken pro Kopf der Bevölkerung bedeutet.

Infolge verbesserter Produktivität profitiert der Konsument von ca. 8 % tieferen Verbraucherpreisen.

Die allgemeine Kapitalknappheit und eine weiterhin unsichere politische Lage in Osteuropa verzögern den wirtschaftlichen Aufschwung in diesen Ländern, so dass kein genereller Nachfrageschub aus diesen Ländern zu erwarten ist. Nur in einzelnen Ländern ist eine mittelfristige Erholung abzusehen.

[Abbildung 3.8]

Der vom deutschen Einigungsprozess ausgehende Wachstumsimpuls wirkt sich langfristig positiv auf die gesamteuropäische Wirtschaft aus.
Die Integration der nationalen Märkte zum EWR kann als Zwischenschritt hin zur Globalisierung der Märkte gesehen werden. Technologischer Fortschritt im Kommunikations- und Transportbereich lassen die Welt zu einem integrierten Wirtschaftsraum werden.
Die internationale Arbeitsteilung wird zur weltweiten Arbeitsteilung, und die Unternehmungen gehen zu einer globalen Marketingstrategie über.

1.3 Auswirkungen auf den Reisemarkt

a) Reisemarkt
Die allgemeinen wirtschaftlichen Entwicklungen wirken sich auf zwei Arten auf den Reisemarkt aus: Durch eher kurz- bis mittelfristige branchen- resp. angebotsstrukturelle Effekte einerseits, und eher langfristige nachfrageseitige Effekte andererseits.

Branchen- und angebotsstrukturelle Effekte:

Die branchen- resp. angebotsstrukturellen Effekte ergeben sich vor allem aus dem allgemein zunehmenden Konkurrenz- und Konzentrationsdruck im EWR, von dem ebenfalls die Unternehmungen der Reisebranche betroffen sein werden. Die durch Rationalisierung erreichte höhere Produktivität schlägt sich in tieferen Preisen und einem allgemeinen Preisdruck nach unten nieder, und Anbieter aus anderen Ländern dringen infolge dieser Kostenvorteile auf den Schweizer Markt ein.
Durch das Wegfallen der Grenzen wird die geographische Reichweite tendenziell ausgedehnt. Nicht mehr Nationalität, sondern Sprache und die kulturelle Verbundenheit wird zum zusätzlichen abgrenzenden Kriterium.
Die Bildung neuer strategischer Gruppen auf dem Euro-Markt verstärkt den Druck zur Kooperation sowohl im Vertriebs-, Produktions- als auch Einkaufsbereich. Einkaufsgemeinschaften drängen sich vor allem dort auf, wo das Volumengeschäft ausschlaggebend ist.
Während das Hochpreissegment aufgrund hoher Markteintritts- und -Einführungskosten sowie einem relativ kleinen Marktvolumen für ausländische Konkurrenten wenig attraktiv erscheint, ist vor allem im Tief- und Mittelpreissegment mit dem Eintritt ausländischer Anbieter zu rechnen. Um die hohen Kosten beim Aufbau eines eigenen Vertriebsnetzes zu umgehen, werden sie versuchen, mit einem schweizerischen Retailer eine Vertriebskooperation einzugehen. Die Produktion hingegen erfolgt im Ausland mit Standort- und somit Kostenvorteilen.
Den Schweizerischen Reiseveranstaltern bieten sich verschiedene Strategien an, um auf die ausländische Konkurrenz zu reagieren. Ein Teil wird versuchen, auf den zunehmenden Konkurrenzkampf mit Qualitätsverbesserungen bei den Marktleistungen zu reagieren und in das Hochpreissegment vorzudringen, das (wie oben bereits ausgeführt) weitgehend vor ausländischer Konkurrenz geschützt ist.
Vereinbarungen über Kommissionierungssätze auf dem Schweizer Markt sind infolge starker Konkurrenz nicht mehr haltbar. Die Sätze werden in der Folge weiter sinken, und die Retailer werden gezwungen sein, die sinkenden Margen im traditionellen Markt durch Produktivitätssteigerungen zu kompensieren oder sich durch eine konsequente Marktnischenstrategie Spezialisierungsvorteile zu verschaffen. Auf jeden Fall wird ein Bereinigungsprozess die Branchenstruktur nachhaltig verändern.

[Abbildung 3.8]

Nachfrageseitige Effekte:

Die nachfrageseitigen Effekte, bedingt durch die Integration zum EWR, äussern sich – unter Annahme gleichbleibender Konsumpräferenzen – in einer Zunahme des Marktvolumens an Reisen:

Die durch die Integration zum EWR resultierenden langfristigen Wohlstandseffekte bewirken, dass die privaten Haushalte über mehr freies Einkommen verfügen, was eine reale Erhöhung der Ausgaben für Reisen zur Folge hat. Durch eine Reduktion des allgemeinen Preisniveaus und dem zunehmenden Wert des Gutes «Freizeit» wird diese Tendenz noch verstärkt.

Die zunehmende internationale Verflechtung ist mit einer grösseren Mobilität und somit grösserem Verkehrs- und Reiseaufkommen verbunden.

b) Luftverkehr

Der Luftverkehr im EG-Raum ist durch eine weitgehende Liberalisierung gekennzeichnet. Den EG-Fluggesellschaften ist es gestattet, zwischen irgendwelchen Punkten in der EG, ohne Beschränkung der Kapazität und zu praktisch jedem Tarif zu fliegen. Von besonderem strategischen Wert wird die Sicherung der Start- und Landeseite (Slots).
Infolge hartem Verdrängungswettbewerbs nimmt die Loyalität der nationalen Fluggesellschaften gegenüber der einheimischen Reisebranche ab.
Die Fortschritte in der Informationstechnologie werden von den Fluggesellschaften konsequent in allen Gliedern der Wertschöpfungskette angewendet, um die Konkurrenzfähigkeit in einem immer härteren Umfeld nicht zu verlieren.
Durch eine zunehmende Vernetzung der Reservationssysteme resultiert eine höhere Informationsdichte, die jedoch infolge freier Tarifwahl und konsequentem «yield management» mittelfristig zu einem «Tarifchaos» führt und den Markt für den Kunden in höchstem Masse intransparent macht. Langfristig wird diese Entwicklung jedoch durch den Konzentrationsprozess innerhalb der Luftverkehrsbranche abgeschwächt.

Die wichtigsten Auswirkungen im Überblick:

- allgemeiner Preisdruck → sinkende Margen
- Sprache als zusätzliches abgrenzendes Kriterium
- Druck zu Kooperation im Einkaufs-, Produktions- und Vertriebsbereich auf dem Euro-Markt
- Eindringen ausländischer Anbieter im Tief- und Mittelpreissegment
- Zunahme des gesamteuropäischen Reisevolumens infolge langfristiger Wohlstandseffekte
- totale Liberalisierung im Luftverkehr
- Tarifchaos

[Abbildung 3.8]

- *Computerunterstützte Simulationsmodelle*
  In den letzten Jahren sind einige PC-taugliche Programmpakete auf den Markt gekommen, die es erlauben, auf dem vernetzten Denken basierende Systemmodelle abzubilden und zu simulieren. Die wichtigsten drei Pakete seien hier kurz vorgestellt.
  Das Programm *Gamma* (HUB, 1994) bietet mehrere Analysefunktionen an, die dem Bereich Simulation zugeordnet werden können. Hierzu gehören die Untersuchung der Wirkungsausbreitung (welche Elemente sind betroffen, wenn Eingriffe an einem bestimmten Element erfolgen?) und der Wirkungsaufnahme (von welchen Elementen wird ein bestimmtes Element beeinflusst?), die Rückkoppelungsanalyse (welche geschlossenen Wirkungsketten liegen im untersuchten System vor?) und vor allem die Zeitanalyse. Bei dieser wird nach einem Eingriff im System die Veränderung der einzelnen Elemente im Zeitablauf dargestellt. Da die Möglichkeiten der Quantifizierung der Wirkungsbeziehungen nicht sehr ausgefeilt sind, kann die Ausgabe der Simulationsergebnisse nur über grobe Balkendiagramme im Netzwerk erfolgen. Auch ist keine interaktive Simulation möglich, und die Ausgabemöglichkeiten sind sehr beschränkt. Hervorzuheben ist aber die einfache Bedienung des Programms sowie der recht günstige Preis. Es eignet sich vor allem für Problemlösende, die ihre Resultate des vernetzten Denkens dokumentieren und einfache Zusammenhänge durchspielen möchten.
  Als zweites sind die von VESTER (1992) entwickelten *sm-Tools* zu erwähnen. Diese sollen zur Rationalisierung der Arbeit mit Netzwerken beitragen und die Möglichkeit der Simulation eröffnen. Das Programmpaket dient zum einen als Protokollierungsinstrument und Arbeitshilfe während des Problemlösungsprozesses, anderseits werden einige Schritte auch automatisiert, und es existiert eine Simulationsfunktion. Es ist allerdings nicht zu verkennen, dass hier einer prinzipiell qualitativen Betrachtungsweise des vernetzten Denkens quantitative Elemente hinzugefügt werden, um eine Simulation zu ermöglichen. Die Benutzer haben die Möglichkeit, den Ablauf der Simulation zu steuern und auch während dieser in das Geschehen einzugreifen. Die Ausgabemöglichkeiten sind aber auch eher beschränkt. Während der Simulationen lassen sich die Werte der einzelnen Elemente anhand von Balkendiagrammen innerhalb des Netzwerkes darstellen, und der gesamte Simulationsverlauf kann mit Hilfe von Liniendiagrammen und Histogrammen visualisiert werden. Hieraus erhält man aber nur Aufschluss über relative Veränderungen der Systemelemente, nicht jedoch über deren absolute Werte. Die Simulationsfunktion kann für einfache Sensitivitätsanalysen eingesetzt werden, eine vollwertige Simulation im engeren quantitativen Sinne wird nicht geboten. Der sehr

hohe Lizenzpreis dürfte es den meisten Anwendern zum vornherein unmöglich machen, diese Software zu benutzen.
Eine letzte Gruppe von Programmen bilden die auf System *Dynamics* basierenden Softwarewerkzeuge *ithink!* oder *Powersim* (RICHMOND/PETERSON 1993). Sie sind vollständig quantitativ ausgerichtet, und die Simulation steht klar im Mittelpunkt. Die Verwendung dieses Instrumentariums erfordert die Quantifizierung und mathematische Darstellung aller Beziehungen des Netzwerkes untereinander. Der damit verbundene Arbeitsaufwand ist enorm. Die Möglichkeiten der Beschreibung der Wirkungsbeziehungen ist jedoch bedeutend ausgefeilter als bei den anderen Programmen. Die Simulation kann interaktiv erfolgen, Sensitivitätsanalysen lassen sich einfach durchführen und dokumentieren, graphische und tabellarische Darstellungen können problemlos erstellt werden. Diese Programme lassen sich im Sinne von «management flight simulators» oder «microworlds» (MORECROFT/SHERMAN 1994) einsetzen. Der Lerneffekt für die Problemlösenden ist unseres Erachtens sehr gross. Preislich liegen diese Softwarepakete im Rahmen, aber ihr Einsatz erfordert doch einen gewaltigen Aufwand der Quantifizierung.

Wir haben in der Praxis festgestellt, dass es in den weitaus meisten Fällen genügt, mit Papiermodellen und gedanklichen Simulationen zu arbeiten. Dabei dürfen der Gruppeneffekt und die schrittweise Erarbeitung der Szenarien nicht unterschätzt werden. Sie sind einer noch so detaillierten und komplizierten Computersimulation durch Experten und der Kenntnisnahme der Ergebnisse in Form von Endberichten vorzuziehen, da so kaum ein Gefühl und Verständnis für das Systemverhalten entwickelt werden kann. Eine Weiterentwicklung der heutigen Programmpakete kann aber auch diese zu einem wertvollen Instrument für Problemlöser werden lassen.

Ein Grundszenario erlaubt uns, Strategien und Massnahmen basierend auf diesem Muster möglicher Zukunftsentwicklungen zu konzipieren. Wir können aufgrund der Interpretation dieser Entwicklungen Chancen und Gefahren für das Unternehmen oder unsere Situation ableiten. Natürlich bietet ein Szenario häufig auch die Gelegenheit, Netzwerke zu komplettieren. Mit der Erstellung in sich konsistenter Muster können wir nämlich erkennen, ob wichtige Einflussgrössen und Zusammenhänge bei der Erstellung des Netzwerkes vergessen worden sind. Dies ist nicht nur zur Vervollständigung des Netzwerkes wichtig, sondern besonders sinnvoll, weil es sich anhand des Szenarios zeigt, dass zukünftige Entwicklungen von Grössen und Interaktionen abhängen können, die für uns offensichtlich kein Thema waren. Diese Zusammenhänge sind nun an einem weiteren Beispiel zu illustrieren.

In einer besonderen Situation befand sich anfangs der 90er Jahre die in der Maschinenindustrie tätige MIKRON AG. Der Geschäftsbereich Fräsmaschinen erarbeitete mit ca. 450 Mitarbeitern 1991 einen Umsatz von 120 Mio. Schweizer Franken, was etwa 25% des Gruppenumsatzes ausmachte. Zum Zeitpunkt der Erarbeitung einer neuen Unternehmensstrategie (1993) war in den vorangehenden 24 Monaten das Marktvolumen um über 50% geschrumpft. Gründe dafür lagen in der Rezession, die die Maschinenindustrie und die Baubranche besonders traf, dem Zerfall von Osteuropa, zunehmender Konkurrenz aus dem asiatischen Raum und einem unvorbereitetem Management. Die Kapazitäten wurden laufend der neuen Situation angepasst, wobei die Entlassung von über 150 Mitarbeitern unvermeidbar war. Die verbleibenden 300 Mitarbeiter sowie ein Anlagevermögen von 60 Mio. Sfr. bildeten eine Minimalstruktur, um in der existierenden Wettbewerbs- und Marktstruktur hochwertige Standardmaschinen (wenig kundenspezifische Anpassungen, Fertigung auf Lager) weiterentwickeln, herstellen und vertreiben zu können. Durch den schnellen Zusammenbruch der Nachfrage existierte ein massives Überangebot. Die Preise waren um 20-30% knapp auf das Niveau der Herstellkosten gesunken. Der Geschäftsbereich machte seit zwei Jahren grössere Verluste, was einen Cash-Drain von über 20% zur Folge hatte. Das Eigenkapital der Gruppe sank von 35% auf unter 20%.

Abbildung 3.9
Abgrenzung der strategischen Einheit «Fräsmaschinen»

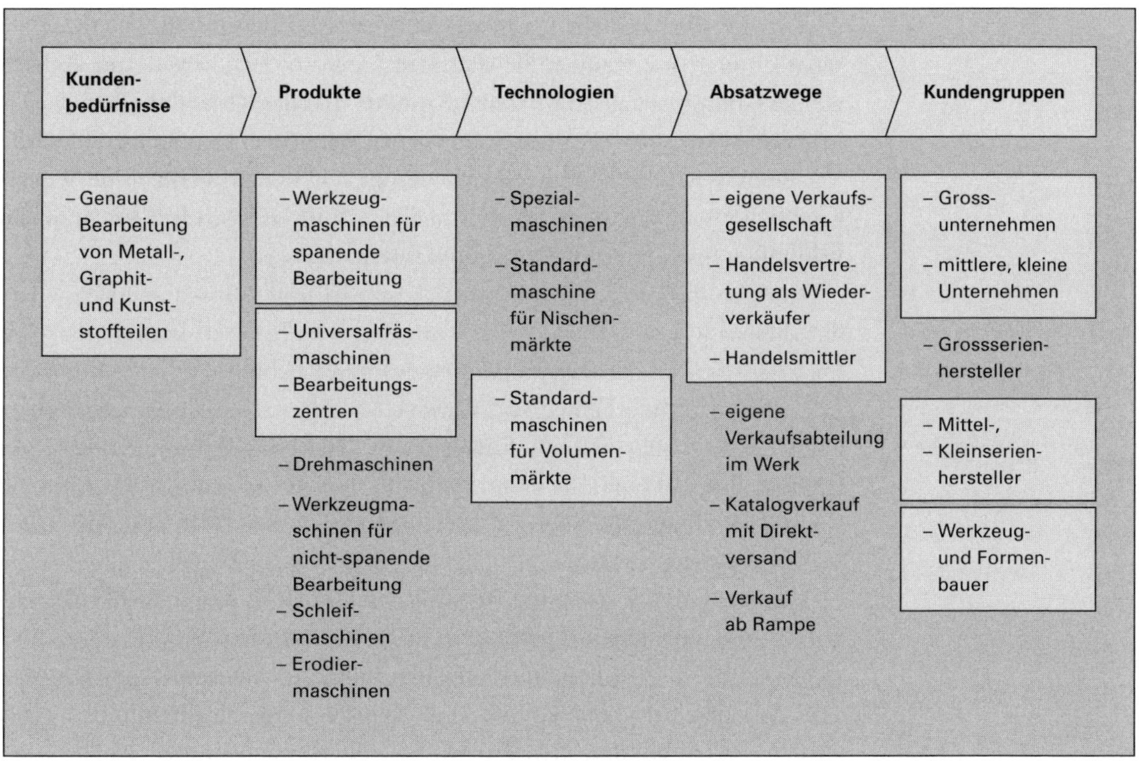

Ist in einer solchen Situation überhaupt noch mit Szenarien und anderen strategischen Hilfsmitteln zu arbeiten? Ist ein solches Vorgehen und der Einsatz von Ressourcen sinnvoll? Haben wir dafür die Zeit? Gerade in solchen Situationen lohnen sich gute Analysen, klare Szenarien und strategische Entscheide. Nicht dass damit ein Risiko ausgeschaltet werden könnte, aber wir gehen danach Risiken bewusst ein und haben zumindest die Gewissheit, uns seriös mit der Situation auseinandergesetzt zu haben. Ausserdem kann durch einen solchen Prozess der Analyse Unsicherheit vermindert werden, da die Zusammenhänge verständlicher, Entscheide besser begründbar, deren Kommunikation erleichtert und die Massnahmen zielorientiert in einen grösseren Zusammenhang gestellt werden.

MIKRON setzte sich folgendes Ziel: Ausarbeitung einer neuen Unternehmungsstrategie, welche den dramatischen Veränderungen in Markt- und Wettbewerbsstruktur gerecht wird, kurzfristig den Cash-Abfluss stoppt und mittelfristig wieder einen positiven Beitrag zum Gruppenergebnis generiert. Die Strategie soll sich auf den Geschäftsbereich Fräsmaschinen (vgl. Abbildung 3.9) konzentrieren und die trotz Rezession gutgehenden übrigen Geschäftsbereiche in den Standard-Werkzeugmaschinen der Gruppe nicht miteinbeziehen. Im Interesse aller Beteiligten sollte wenn möglich mit einer Vorwärtsstrategie der bewusste Geschäftsbereich aus der misslichen Situation herausgeführt werden.

Es ist in einer solchen Situation von besonderer Bedeutung, sich der Zeitverhältnisse von Zusammenhängen und Lenkbarkeiten bewusst zu werden und gleichzeitig die nicht lenkbaren Grössen festzuhalten und ihre möglichen Entwicklungen durchzudenken. So können wir unsere Chancen und Gefahren besser abschätzen und unsere Handlungen in den gegebenen Zeiträumen lokalisieren und beurteilen. Ebenso lassen sich die zukünftigen strategischen Erfolgspotentiale besser erkennen und diskutieren.

Abbildung 3.10
(gegenüberliegende Seite)
Die Herleitung von Szenariobereichen aus dem MIKRON-Netzwerk

Eine Gruppe von Mitgliedern der Geschäftsleitung der MIKRON unter dem Präsidium von Peter WIRTH hat aus dem Netzwerk heraus Bereiche festgehalten, die nicht lenkbare Grössen umfassen, und dazu entsprechende Teilszenarien erstellt (vgl. Abbildung 3.10). Als wesentlichste Teilbereiche wurden Technologiefaktoren, Angebot- und Nachfragefaktoren, Konkurrenzfaktoren und Faktoren im Zusammenhang mit der Leistungserstellung (wie Einkaufsbedingungen, Standortfragen und -kosten, Beschaffungsmacht, Qualität) zusammengefasst.

Daraus konnten dann die wesentlichen Entwicklungsmöglichkeiten abgeleitet und zu einem Grundszenario verbunden werden. Weitere Alternativszenarien mit spezifischen Störmomenten sollten ebenfalls durchgespielt werden. Aus den Szenarien konnte ein Chancen- und Gefahrenprofil erstellt werden (vgl. Abbildung 3.11). Wie wir schnell erkennen können, ergeben sich

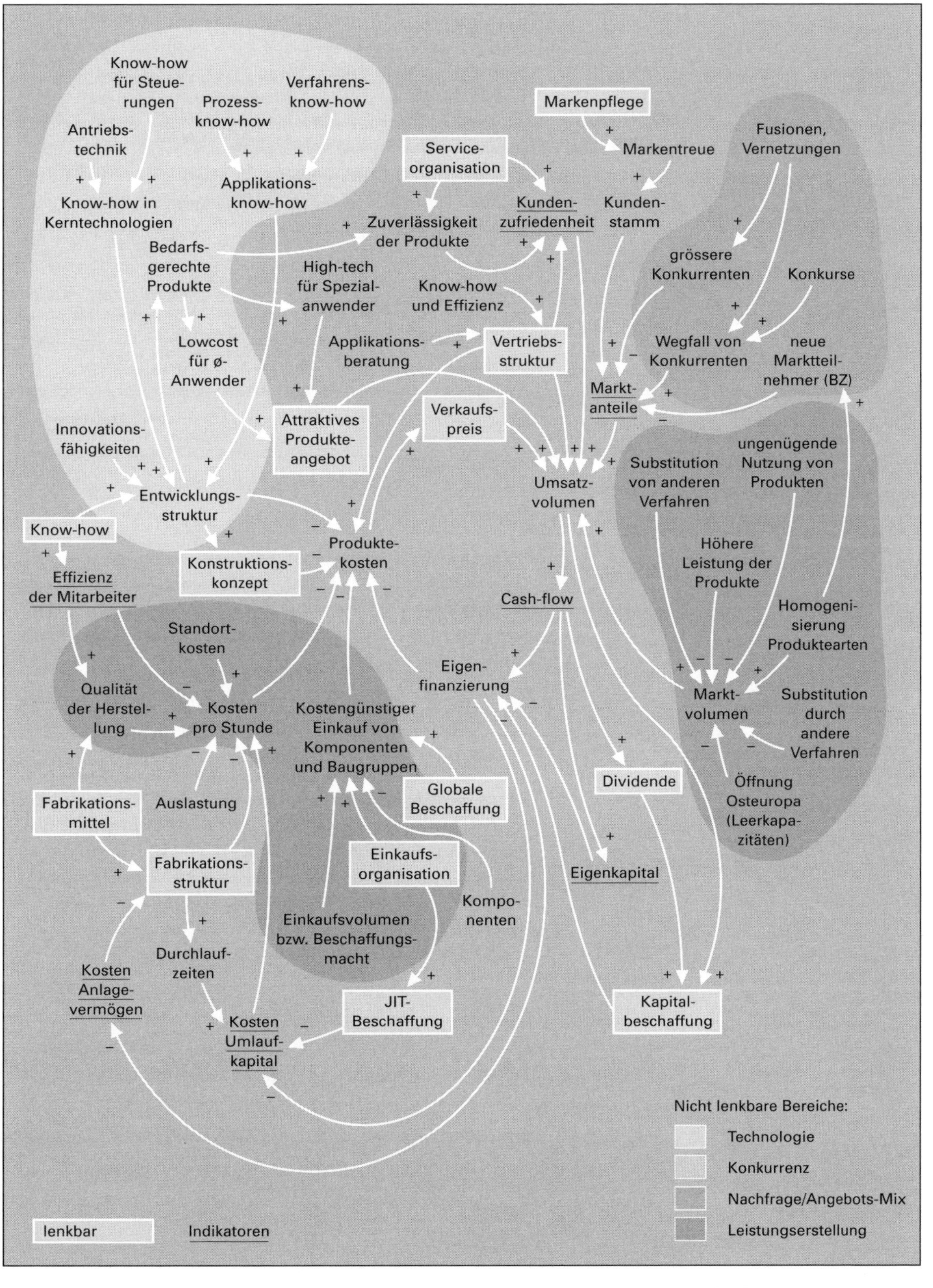
Know-how für Steuerungen
Verfahrens-know-how
Prozess-know-how
Antriebstechnik
Know-how in Kerntechnologien
Applikations-know-how
Markenpflege
Service-organisation
Markentreue
Fusionen, Vernetzungen
Kunden-zufriedenheit
Kunden-stamm
Zuverlässigkeit der Produkte
Bedarfs-gerechte Produkte
High-tech für Spezial-anwender
Know-how und Effizienz
grössere Konkurrenten
Konkurse
Lowcost für ø-Anwender
Applikations-beratung
Vertriebs-struktur
Wegfall von Konkurrenten
neue Marktteil-nehmer (BZ)
Markt-anteile
Attraktives Produkte-angebot
Verkaufs-preis
Innovations-fähigkeiten
ungenügende Nutzung von Produkten
Substitution von anderen Verfahren
Umsatz-volumen
Entwicklungs-struktur
Know-how
Produkte-kosten
Konstruktions-konzept
Effizienz der Mitarbeiter
Höhere Leistung der Produkte
Cash-flow
Homogeni-sierung Produktearten
Standort-kosten
Eigen-finanzierung
Qualität der Herstel-lung
Kosten pro Stunde
Kostengünstiger Einkauf von Komponenten und Baugruppen
Markt-volumen
Substitution durch andere Verfahren
Dividende
Öffnung Osteuropa (Leerkapa-zitäten)
Globale Beschaffung
Fabrikations-mittel
Auslastung
Einkaufs-organisation
Fabrikations-struktur
Eigenkapital
Kompo-nenten
Einkaufsvolumen bzw. Beschaffungs-macht
Durchlauf-zeiten
Kosten Anlage-vermögen
JIT-Beschaffung
Kapital-beschaffung
Kosten Umlauf-kapital
Nicht lenkbare Bereiche:
Technologie
Konkurrenz
Nachfrage/Angebots-Mix
Leistungserstellung
lenkbar
Indikatoren

Grundszenario	Entwicklungen
Nachfrage/Angebots-Mix	Werkzeugmaschinen werden eher reife Produkte, das heisst eine technologische Differenzierung wird zunehmend schwieriger. Die Kunden werden vermehrt Nutzen- und weniger Technik-orientiert einkaufen. Immer mehr Anbieter werden fähig, genügende Qualität zu einem sehr tiefen Preis anzubieten. Der Markt wird sich zweiteilen. Ein relativ kleiner Markt für High-Tech- und ein grosser für Low-cost-Maschinen wird entstehen.
Konkurrenz	Der Volumenzusammenbruch und die Veränderungen beim Nachfrageverhalten der Kunden wird im wesentlichen zu einem Massensterben von mittelgrossen Firmen im Standardmaschinenbau führen. Durch Fusionen werden neue grosse Anbieter entstehen. Kleinere versuchen sich in Nischen oder den Spezialmaschinenbau abzusetzen.
Technologie	Die technischen Differenzierungsmöglichkeiten verschieben sich tendenziell weg von der Mechanik der Grundmaschine hin zu der Steuerung inkl. eigener Softwarepakete sowie den Zubehörkomponenten. Raffinierte Applikationsmöglichkeiten bilden ein weiteres Differenzierungspotential.
Leistungserstellung	Bei der Herstellung spielen bei personalintensiven Tätigkeiten (zum Beispiel Montage) zunehmend die Standortkosten eine Rolle. Andererseits steigt der Anteil der Zukaufteile. Die kostengünstige Beschaffung insbesondere von Steuerungen, Antrieben und Messtechnik wird zu einem wichtigen Faktor. Die Entwicklung im Zukaufkomponentensektor vereinfacht die Herstelltechnik und erlaubt auch relativ unerfahrenen Herstellern, qualitativ gute Maschinen herzustellen.
Alternativszenario 1	Die Konjunktur entwickelt sich besser als erwartet. Die Nachfrage nimmt stärker zu als im Grundszenario. Alle obigen Entwicklungsprozesse laufen sanfter, über längere Zeit ab.

Gefahren	Chancen
– Stark technologieorientierte Unternehmen stehen nur noch sehr kleinem Marktvolumen gegenüber. Die Anpassung der Unternehmensstrukturen erfolgt zu langsam	– Da Standardwerkzeugmaschinen sich tendenziell zu «Commodities» entwickeln, werden neue Aspekte wie Verkauf, Service, Marke wichtig
– Neue Marktteilnehmer aus kostengünstigeren Ländern treten auf. Es entsteht ein grosser Preisdruck	– Grosse Fusionen brauchen Zeit, sind unbeweglich. Mittlere, kleine Unternehmen können schneller, flexibler agieren
– Traditionelle Entwicklungsabteilungen müssen rasch den neuen Anforderungen angepasst werden	– Neuentwicklungen können rascher realisiert werden – Langjährige Erfahrung kann in der Applikation genutzt werden
– Grossinvestitionen in Produktion an Orten mit hohen Kosten werden zum «Mühlstein» – Die Abhängigkeit von Steuerungs- und Antriebsherstellern kann gefährlich werden – Neue Marktteilnehmer mit Standortvorteilen (Osteuropa)	– Kostengünstige, flexible mit wenig Fertigungstiefe arbeitende Produktion – Einkaufsmacht über Kooperationen vergrössern – Qualitätsprozess von Entwicklung über Beschaffung bis Produktion beherrschen
– «Rückkehr zum Alltag», zu wenig energische Strategieänderungen	– Mehr Zeit für Anpassungsprozess an neue Entwicklungen

Abbildung 3.11
Chancen und Gefahren in Teilszenarien für MIKRON

Unternehmensanalyse	Stärken-Schwächen im Vergleich zur Konkurrenz			
Lenkbar (Auswahl)	sehr stark	stark	schwach	sehr schwach
Produkteangebot		– bereinigtes, schmales eigenhergestelltes Sortiment – Applikationsunterstützung im Aufbau	– Verbreitung über Handelsprodukte im Gange	
Vertriebsstruktur	– stabiles Beziehungsnetz	– Gewinn von Marktanteilen	– Aufbau eines eigenbestimmten Verkaufs- und Servicesnetzes im Gange	– USA wird nicht bearbeitet (Marktgrösse vergleichbar mit Italien)
Beschaffung		– Hauptabnehmer bei Steuerungslieferant – Lieferantenquellen in Osteuropa und Asien erschlossen	– wegen kleinerem Volumen geringere Einkaufsmacht	
Entwicklung/ Konstruktion		– gutes Know-how und starke Innovationskraft bei Kooperationspartnern	– fehlender Pragmatismus für Entwicklung wirtschaftlicher Produkte («Superqualität»)	– nicht genügend Finanzkraft, um relevant weiterzuentwickeln
Fabrikation	– vorläufig kostengünstigere Produktion als Konkurrenz	– relativ geringe Produktionskapazität in der Schweiz – Produktion in Billigländern im Aufbau (Osteuropa, Indien) – JIT und LEAN realisiert		– hohe Personalkosten in der Schweiz
Kapitalbeschaffung		– Gute Beziehungen zu Banken	– Kapitalerhöhung über heutiges Aktionariat unmöglich	– hohe Verluste, Eigenkapitalbasis schwindet
Organisation		– Strategie und Stossrichtung relativ klar	– wegen Kosten äusserst knappe Führungskapazität – mangelnde Flexibilität für hohes Umstrukturierungstempo	– Gefahr des Abgangs von guten Kadern bei längerer Erfolgslosigkeit

aus fast allen Entwicklungen immer sowohl Gefahren wie Chancen. Basierend auf den lenkbaren Grössen konnte gleichzeitig im Vergleich mit der Konkurrenzsituation ein Stärken- und Schwächenprofil erarbeitet werden (vgl. Abbildung 3.12). Für den Konkurrenzvergleich wurden die stärksten Konkurrenten beigezogen. Von besonderer Bedeutung war dabei ein aus einer Fusion entstandenes Gebilde von zwei grossen Konkurrenten. Auch hier kommt uns das Netzwerk zuhilfe, denn es erlaubt zu erkennen, welche Grössen für einen Konkurrenzvergleich relevant sind. Kombiniert mit den Analyserastern von Michael PORTER (1988) ergab sich ein detailliertes Bild zur Einschätzung der eigenen Stärken und Schwächen. Hier kann nicht das Bild einzelner Konkurrenten, jedoch das Endergebnis in Form der zusammenfassenden Beurteilung der SGE «Fräsmaschinen» wiedergegeben werden.

Abbildung 3.12
(gegenüberliegende Seite)
Stärken- und Schwächenbeurteilung für MIKRON

Kreative Problemlösungen entwickeln

Die Resultate der Simulationen und Reflexionen aus den Szenarien lassen uns im obigen Beipiel gut erkennen, dass damit eine Positionierung vorgenommen werden kann. Unter einer Positionierung versteht man eine Darstellung, die die Ergebnisse aus den Chancen und Gefahren und aus den Stärken und Schwächen zusammenfasst und auf den Punkt bringt. Es geht darum, die Situation visuell und in Form der wesentlichsten Daten zu präsentieren.

Je nach Problemsituation können etwa eine Matrix mit Dringlichkeiten und Bedeutungen, eine Stärken/Schwächen- und Chancen/Gefahren-Darstellung, ein Barometer mit der Aufzeichnung einer Veränderung, ein Benchmarking-Instrumentarium, ein Lernprofil oder ein indexiertes Steuerbordsystem nützlich sein, um die Situation zu positionieren (vgl. dazu PROBST 1993, GOMEZ/ZIMMERMANN 1993).

Damit haben wir die Ausgangslage der Situation erfasst. Die im ersten Schritt unserer Methodik vorgenommene Problemabgrenzung ist jetzt zu überprüfen und die Zielsetzung zu präzisieren. Anhand der lenkbaren Grössen lässt sich überlegen, welche möglichen Stossrichtungen für eine Problemlösung vorliegen. Damit treten wir aus der reinen Analysephase in die Kreativphase ein. Verschiedene Hilfsmittel stehen zur Verfügung, um in dieser Phase die Vielfalt des Denkens zu fördern und zu unterstützen. So wird vermieden, dass wir uns voreilig auf eine Lösungsrichtung beschränken und die Varietät der Ansätze gar nicht nutzen. Wir haben bereits im Netzwerk gesehen, dass es lenkbare Grössen in den verschiedensten Bereichen gibt. Hier sind jetzt geeignete Lösungsvorschläge zu erarbeiten und in ihren Wirkungszusammenhängen zu betrachten. Verschiedenste Hilfsmittel kommen hier zum Zug, seien es reine Kreativitätsmethoden wie Brainstorming, Delphi, Morphologischer Kasten (vgl. Abbildungen 3.13 und 3.14; siehe auch

A. **Kollektionsverfahren** (auch unter Anwendung bzw. Einsatz der Suchverfahren)	B. **Suchverfahren** (kreativ – methodisch – systematisch)	
	Kreativitätsverfahren	Systematische Ideensuchverfahren
1. Ideenkarten-System (Ad-hoc-Ideen)	1. Synektik	1. Morphologisches Verfahren
2. Kunden, Konsumenten, Besuche, Anfragen	2. Brainstorming (9 Varianten bekannt)	2. Fragenkatalog (nach Osborn)
3. Sitzungen, Tagungen, Schulungskurse	3. Methode 635 (= Brainwriting)	3. Relevanzbaum-Verfahren – Funktionsfelder – Produktfelder
4. Berater, Institute	4. Delphi-Methode	4. Arbeitsablaufstudien für Funktions- und Produktionsbereiche
5. Betriebliches Vorschlagswesen		5. Funktionsanalyse
6. Messen, Ausstellungen, Tagungen		6. Lebensbereichsanalyse
7. Schutzrechtliteratur		7. Analyse der Verbrauchergewohnheiten
8. Lizenzvermittler, fremde Erfinder		8. Investitionstrends der privaten Haushalte, des Staats, der Wirtschaft, …
9. Verbandsberichte, auch Banken, Industrie- und Handelskammern		9. Nachfrageauslösende Produkte
10. Konkurrenzkataloge-/Prospekte		10. Branchenentwicklungen
11. Lieferantengespräche		11. Substitutionsgefahren
12. Fachliteratur (Zeitungen, Zeitschriften)		12. Interne und externe Statistiken

Abbildung 3.13
Übersicht über die Kreativitätsmethoden (ergänzt nach Kramer 1977)

Kramer 1977, Probst 1993, S. 346 ff, Brauchlin/Heene 1995, S. 185 ff) oder spezifische Checklisten für organisatorische, strategische, personelle oder kulturelle Lösungsansätze.

Bei der strategischen Ausrichtung eines Unternehmens kann sich der kreative Prozess auf eine Vielzahl vorhandener Strategieansätze abstützen und einen passenden auswählen. Dieser Prozess ist in Abbildung 3.15 für das Beispiel mikron illustriert.

Brainstorming

Prinzip: Eine Gruppe von Mitarbeitern, die alle von den zu lösenden Problemen betroffen sind, kann durch Spontaneität und Synergieeffekte interessante Ideen hervorbringen. Jeder Vorschlag – sei er nun fundiert oder völlig abenteuerlich, vernünftig oder nicht – besitzt einen gewissen Wert, denn selbst wenn er letzten Endes doch nicht aufgegriffen wird, kann er dennoch zur endgültigen Lösungsfindung beitragen. Brainstorming ist ein nützliches Hilfsmittel bei der Lösungssuche oder Ideenfindung in allen Situationen, in denen Kreativität und Originalität gefragt sind. Es empfiehlt sich, diese Methode eher bei weniger komplexen Problemen anzuwenden.

Anwendung: Wenn Bedarf an neuen, spontanen Ideen besteht.

Vorgehensweise: Man stellt eine Gruppe aus 5 bis 15 Personen mit unterschiedlicher hierarchischer Stellung und verschiedenartiger Ausbildung zusammen. Einer übernimmt die Rolle des Moderators und schreibt alle Ideen an eine Tafel oder auf die Folie eines Overheadprojektors. Osborn schlägt eine Reihe von Anregungen vor, die man in Form einer Liste an die Teilnehmer verteilen kann. Sie enthält folgende Punkte:

- anpassen
- verändern
- maximieren
- minimieren
- ersetzen
- anders ordnen
- Problem von einer anderen Seite beleuchten
- Elemente miteinander kombinieren
- andere Verwendung

Danach werden die Ideen geordnet und auf ihre Machbarkeit hin überprüft.

Voraussetzungen:

- Positive Einstellung gegenüber eigenen und fremden Ideen; keine Kritik, nicht einmal an Lösungen, die sich nur entfernt auf das Problem beziehen.
- Anfangs sollte ausschliesslich die Quantität der Ideen zählen. Es sollten möglichst originelle und neue Vorschläge gemacht werden, eventuell auch ohne Rücksicht auf Vernunft oder Logik.
- Die Beiträge der anderen sollten unvoreingenommen beurteilt werden und zu Verbesserungsvorschlägen anregen.

Bemerkung: Neben den verschiedenen Spielarten dieser Methode gibt es auch die schriftliche Version: das Brainwriting. Jeder Teilnehmer schreibt eine oder mehrere Ideen auf ein Stück Papier. Nach einer Weile gibt jeder das Blatt an den Nachbarn zu seiner Rechten weiter, der die niedergeschriebenen Ideen noch weiter ausbaut oder weiterentwickelt. So geht es weiter, bis jedes Blatt einmal die Runde gemacht hat. Danach kann man die Vorschläge laut vorlesen, darüber diskutieren und auf dieser Grundlage weiterdenken.

Vorteile:

- Viele Ideen in relativ kurzer Zeit.
- Verschiedene Ideen mehrerer Personen werden zusammengetragen.
- Einfach zu organisieren.

Nachteile:

- Manche Ideen sind realitätsfremd, da die dafür kompetenten Mitarbeiter nicht immer anwesend sind.

Abbildung 3.14a
Wichtige Kreativitätsmethoden im Vergleich: Brainstorming
(Probst 1993, S. 346 ff.)

Abbildung 3.14b
Wichtige Kreativitätsmethoden im Vergleich: Synektik
(Probst 1993, S. 346 ff.)

Synektik

Prinzip: Bei der Synektik geht es darum, in der Gruppe Probleme anhand von Analogien und Vergleichen mit der Natur oder ähnlichen Situationen zu lösen.

Anwendung: Bei der Suche nach Lösungen für komplexe Probleme.

Vorgehensweise:

- Man bildet eine Gruppe aus maximal 10 Mitarbeitern verschiedener Fachbereiche und Hierarchieebenen.
- Zu Beginn der Sitzung schildern der Moderator und die betroffene Person kurz das Problem.
- Zum besseren Verständnis der Problemsituation folgt eine Diskussion, in der dann die ersten Lösungsvorschläge gemacht werden können.
- Das Problem wird anschliessend klar und für jeden verständlich formuliert.
- Die Teilnehmer suchen nach Analogien – im allgemeinen zur Natur oder zu anderen wissenschaftlichen Disziplinen.
- Die Analogien werden personifiziert, bzw. von den Teilnehmern «gespielt».
- Die Empfindungen der Teilnehmer werden in einem Buchtitel – der eine Paradoxie ausdrückt – zusammengefasst.
- Im Anschluss daran werden die Lösungsvorschläge im Hinblick auf das betriebliche Problem interpretiert.

Regeln für das Gruppenverhalten:

- Keine Kritik an den Lösungsvorschlägen, die in der Phase der Ideenfindung gemacht werden: keine Werturteile abgeben.
- Möglichst konkrete und präzise Vorschläge machen.
- Die anderen nicht unterbrechen.
- Finanzielle Probleme meiden.
- Die Teilnehmer je nach ihren persönlichen Eigenschaften in die Moderation einbinden.
- Den Ablauf der Sitzung zu Beginn klar schildern.
- Lösungsvorschläge für alle sichtbar schriftlich fixieren (Tafel, Overheadprojektor etc.).

Vorteile:

- Lösungsuche wird nicht durch die psychologischen Aspekte des Problems beeinträchtigt.
- Kreativitätsfördernd durch Übertragung des Problems auf auf einen anderen Bereich.
- Hierarchische Stellung und Funktion der Gruppenmitglieder verlieren an Bedeutung.

Nachteile:

- Analogiensuche ist oft schwierig; Gefahr von Desinteresse bei den Gruppenmitgliedern
- Problem wird eventuell nur oberflächlich behandelt
- Kompliziertes Umdenken von der Analogie auf die eigentliche Problemsituation

Morphologische Methode

Prinzip: Durch Zerlegen eines Problems in eine Reihe von Teilproblemen werden mit Hilfe dieser Methode Art und Struktur des Problems analysiert und dann systematisch und kreativ Lösungsmöglichkeiten gesucht. Das Kombinieren der Problemelemente mit den Elementarlösungen ermöglicht die Ausarbeitung, Auswahl und Bewertung einer «besten» Lösung.

Anwendung: Die Morphologie kann bei Problemen wie der Ausarbeitung eines Informationssystems, der Suche nach Lösungen für organisatorische Probleme, der Auswahl der Betriebsmittel oder beim Organisieren von Veranstaltungen eingesetzt werden. Wenn es sich um technische Probleme handelt, sollten Experten hinzugezogen werden.

Beispiel für ein mögliches Ergebnis: Entwicklung eines neuen Uhrmodells

1. Verwendung eines Gehäuses aus Stein, Perlmutt, Holz, Stahl etc.
2. Verwendung von Batterien, Wasser, Biogas, Sonnenstrahlen als Energiequellen
3. Fertigung manuell, halbautomatisiert, vollautomatisiert oder durch Einsatz von Robotern

Beim Kombinieren der 3 Problemelemente mit jeweils 4 möglichen Elementarlösungen ergeben sich 64 Lösungsvarianten, die mit dem aktuellen Zustand verglichen werden können.

Vorgehensweise:

1. Problem präzise definieren und beschreiben, gegebenenfalls verallgemeinern.
2. Problemelemente durch Zerlegen des Problems in Teilprobleme bestimmen.
3. Kreative Suche nach Lösungsmöglichkeiten für jedes einzelne Problemelement.
4. Lösungsmöglichkeiten untereinander kombinieren, bewerten und mehrere Varianten herausgreifen.
5. Bestmögliche Lösung auswählen und umsetzen.

Vorteile:

- Praktisch für alle Arten von Problemen geeignet.
- Fördert diszipliniertes Überlegen
- Verhindert voreilige Entscheidungen
- Verallgemeinerung des Problems und Kombination verschiedener Parameter führen zu innovativen Lösungsvorschlägen.
- Vorurteile werden überwunden.
- Indem man nochmal von vorn anfängt, lassen sich weitere Lösungen erarbeiten.
- viele verschiedene Lösungen
- Systematisches Vorgehen wirkt überzeugend
- Ermöglicht ein Ansetzen an den wesentlichen Problempunkten
- Leichte Anwendung
- Erleichtert fachübergreifende Arbeiten

Nachteile:

- Für komplizierte Bewertungen ist eventuell ein Computer erforderlich.
- Eine zu hohe Anzahl von Parametern kann die Beteiligten wegen der Vielzahl von Varianten die Übersicht verlieren lassen.
- Auswahl der optimalen Lösung ist schwierig.

Abbildung 3.14c
Wichtige Kreativitätsmethoden im Vergleich: Morphologische Methode
(Probst 1993, S. 346 ff.)

Strategieansätze		
Portfolio – Normstrategien	Desinvestitionsstrategie	Teile des Unternehmens veräussern, um Ressourcen für erfolgsversprechendere Teile freizumachen.
	Abschöpfungsstrategie	Position halten und so lange wie möglich hohe Cash flows generieren, ohne dabei zusätzliche Mittel zu binden.
	Investitionsstrategie	Ausbau der Marktposition durch eine gezielte Investitionspolitik
	Segmentationsstrategie	Konzentration der Kräfte und Investitionen auf attraktive Märkte, um eine Wettbewerbsposition aufzubauen
Wettbewerbs-strategien	Kostenführerschaft	Produktions- und Gemeinkostenvorteile gegenüber der Konkurrenz erzielen und durch tiefe Preise Marktanteile gewinnen.
	Differenzierung (Leistungsführerschaft)	Gezieltes Abheben der eigenen Produkte und Dienstleistungen gegenüber der Konkurrenz durch Innovation und Service.
	Konzentration auf Marktnischen	Konsequente Ausrichtung auf bestimmte (Teil-)Märkte, Kundengruppen, Technologien, Absatzmärkte, Regionen.
	Neue Regeln im Markt	Ein «neues Spiel» aufziehen, die Markt- und Branchenregeln bewusst verletzen und neu gestalten.
Produkt/ Marktstrategien	Marktdurchdringung	Intensivierung der Marktbearbeitung, Kosten/Preissenkung und ähnliche Massnahmen, um den Markt besser in den Griff zu bekommen.
	Marktentwicklung	Erschliessung neuer Abnehmerschichten, Bereitstellung neuer Verwendungszwecke, Dienstleistungen, Vertriebswege und Problem(System)lösungen.
	Produktentwicklung	Entwicklung neuer Produkte und Produktelinien
	Diversifikation	Mit neuen Produkten in neue Märkte eindringen, sei es durch gezielten Eigenaufbau oder Akquisitionen.
Synergie – Strategien	Technologieorientierung	Konzentration auf Produkte und Leistungen, die auf der gleichen Produkttechnologie basieren oder mit denselben Produktionsmitteln hergestellt werden.
	Abnehmerorientierung	Anbieten von allen Produkten, die eine bestimmte Bedürfnissituation eines Kundenkreises zu befriedigen vermögen (zum Beispiel alle Produkte für Skifahrer).
	Funktionsorientierung	Bereitstellung einer breiten Produktepalette zur Erfüllung einer bestimmten Funktion (zum Beispiel Beleuchtung)
Integrations-strategien	Vorwärtsintegration	Erschliessung eines direkten Zugangs zum Markt, bspw. durch Aufbau einer eigenen Absatzorganisation oder die Zusammenlegung von Handelsstufen.
	Rückwärtsstrategien	Stärkung der eigenen Position durch Sicherung der Beschaffungs-quellen und Realisation von Kostenvorteilen durch Integration vorgelagerter Stufen
Kooperative Strategien	Kapitalbesitzorientierte Strategie	Ressourcen und Know-How werden durch Übernahmen oder Fusionen erworben. Interne Ventures verhindern das Verlassen von Know-How und Ideen und kontrollieren das Wachstum.
	Teilkapitalorientiert	Joint Ventures und Investitionen in Fremdunternehmungen um Informationen zu gewinnen, Risiken zu teilen, Know-How zu gewinnen, Economies of scale zu verbessern oder Marktanteile aufzubauen.
	Vertragsorientiert	Forschungsgemeinschaften, Lizenzen, Joint-bidding und andere Kooperationsverträge um Vorteile zu verwirklichen.

Strategische Stossrichtungen für MIKRON	
Desinvestition	schrittweiser Ausstieg aus der Herstellung von Produkten mit wenig technischen Differenzierungspotentialen
Kostenführerschaft Differenzierung	für Low-cost-Segment durch Produktionsverlagerung und Handelsprodukte für High-Tech-Segment durch Zukauf, Neuentwicklung von Produkten
Marktdurchdringung	Intensivierung der Marktbearbeitung durch Kosten- und Preissenkung sowie Ausbau der Applikationsberatung
Funktionsorientierung	alle Produkte für Fräsen und Bohren mit Abnehmerorientierung für primär Formen- und Werkzeugbau
Vorwärtsintegration	Erschliessung des direkten Zuganges zum Markt durch Aufbau einer eigenen Absatzorganisation
Vertragsorientierte Kooperationen auf allen Wertschöpfungsstufen	

Abbildung 3.15
Strategiemodell-Checkliste (Gomez/Probst, 1994) und strategische Stossrichtungen für MIKRON

Aufgrund der vorgenommenen Positionierung konnte sich die Arbeitsgruppe der MIKRON in der kreativen Phase somit gezielt mit möglichen strategischen Ausprägungen beschäftigen. Als generelle Stossrichtung wurde eine partielle Desinvestitionsstrategie (schrittweiser Ausstieg aus heutigem Geschäft bzw. Umstrukturierung) gewählt.

Als nächster Schritt ist die Stossrichtung in strategische Massnahmen umzusetzen. Dabei erweist es sich häufig als sinnvoll, die Strategievarianten als Baum darzustellen, der die verschiedenen Möglichkeiten nebeneinander stellt. Die Erarbeitung von Lösungen für eine Stossrichtung bezieht sich auf das Grundszenario. Im Rahmen der bevorzugten Stossrichtung bei der MIKRON, einem schrittweisen Ausstieg aus dem heutigen Geschäft, bzw. einer Umstrukturierung, ergaben sich verschiedene Teilstrategien und Lösungen: Verstärkung einer eigenbestimmten Verkaufs- und Serviceorganisation, Erhöhung des Handelsvolumens, Auslagerung der Fabrikation von Low-cost-Produkten in Billiglohn-Länder, Übernahme von neuen High-Tech-Produkten (vgl. Abbildung 3.16).

Abbildung 3.16 (gegenüberliegende Seite) Die Wettbewerbstrategie im Detail und Eventualstrategien für MIKRON

Natürlich ist es auch hier von Vorteil, Alternativszenarien zu beachten und einzelne Störfaktoren durch kreative Lösungsmöglichkeiten abzudecken. Die Grundsatzfrage lautet: Was würden wir für eine Lösung anstreben, wenn ...? Wie würde unsere Strategie aussehen, wenn ...? Wie würden wir uns verhalten, wenn ...? Es handelt sich hier damit um sogenannte Eventuallösungen oder -strategien, wie in Abbildung 3.16 dargestellt.

Fortschritte in der Problemlösung überwachen

Das Netzwerk hat uns erlaubt, die Lenkbarkeiten zu bestimmen. Wenn wir darauf aufbauend die Stossrichtungen bestimmen und uns für eine oder mehrere Möglichkeiten entschliessen, so stellt sich die Frage, an welchen Grössen wir Fortschritte und Resultate überprüfen. Welche Indikatoren geben uns an, ob Ziele erreicht werden oder erreicht sind, oder mit welchen Risiken bezüglich der Erreichung wir zu rechnen haben? Wir haben im Netzwerk die Indikatoren festgehalten, jene Grössen, die den Grad der Zielerreichung anzeigen. Es ist jetzt eine unternehmerische Pflicht, die Indikatoren im Sinne eines Prüfsystems festzuhalten und für ein Risikomanagement aufzuarbeiten. Wir wollen wissen, an was wir überhaupt erkennen können, ob unsere Lösung Wirkungen zeigt und erfolgreich ist. Im Fall MIKRON handelt es sich vor allem um den Cash Flow, bzw. den Cash Drain, das Eigenkapital, die Marktanteile, die Kundenzufriedenheit, die Effizienz der Mitarbeiter oder die Kosten des Anlage- und Umlaufvermögens (vgl. Indikatoren in Abbildung 3.10).

Strategien

Strategische Stossrichtung

Schrittweiser Ausstieg aus heutigem Geschäft bzw. Umstrukturierung

Teilstrategie 1	Teilstrategie 2	Teilstrategie 3	Teilstrategie 4
Verstärkung der eigenbestimmten Verkaufs- und Serviceorganisation	Absicherung des Umsatzes zur Finanzierung der Verkaufsorganisation durch Handelsvolumen	Auslagerung und Fabrikation von Low-cost-Produkten an Billigstandorte	Übernahme bzw. Entwicklung von neuen High-Tech-Produkten
Spezifikation	**Spezifikation**	**Spezifikation**	**Spezifikation**
Aufbau von eigenen Tochtergesellschaften in wichtigen Märkten Auswahl von Vertretern, welche stark von uns abhängig sind Verstärkung direkter Kundenbeziehungen (User-Club) Verbesserte Applikationsausbildung/-beratung	Kooperation mit Partnern aus Fräs- und Bohrtechnik mit Übernahme der Verkaufs- und Serviceverantwortung – Low-tech-Produkte eines amerikanischen Herstellers für Europa und Südostasien – High-tech-Produkte eines italienischen Herstellers weltweit (ohne Italien)	Schrittweise Verlagerung der Fabrikation von Low-cost-Produkten nach Tschechien (Vertrieb und Entwicklung bleibt in der Schweiz) Lizenzen von Low-cost-Produkten für grosse Märkte – Indien – China	Übernahme von Verkauf, Fabrikation, teilweise Weiterentwicklung von High-Tech-Produkten Neuentwicklung von High-Tech-Produkten teilweise in Kooperation mit Partnern

Eventualstrategien

Szenarien	Eventualstrategien
Marktvolumen schrumpft weiter oder Konkurrenz fährt mit Tiefpreispolitik weiter oder Banken unterstützen Umstrukturierungsprozess nicht	Sofortige Desinvestition des Geschäftsbereichs; Wenn kein Käufer findbar, Liquidation
Preisdruck auf Low-cost-Produkte hält an; trotz Billigstandorten ungenügende Marge	Ausgliedern Low-cost-Produkte aus allen Wertschöpfungsstufen Konzentration auf High-Tech-Produkte und Fusion mit anderem Geschäftsbereich der Gruppe
Fusion der beiden grossen Konkurrenten fällt wieder auseinander	Wiederaufnahme der Fusionsgespräche mit dem einen Konkurrenten

Vernetzt denken	Unternehmerisch handeln	Persönlich überzeugen
Verhaltensmuster der nicht lenkbaren Teile ermitteln	Szenarien entwickeln und durchspielen	Zukunftsorientiert denken und handeln
Lenkungsoptionen identifizieren	Kreative Problem-lösungen entwickeln	Machbarkeiten und Grenzen aufzeigen
Indikatoren der Zielerreichung festlegen	Fortschritte in der Problemlösung überwachen	Zielorientiert führen und Kreativität fördern

Persönlich überzeugen

John Sculley, der CEO von Apple, sagte einmal: «Der beste Weg, die Zukunft vorauszusagen, besteht darin, sie zu erfinden.» Genau in der Unterstützung und dem Vorleben eines zukunftsorientierten Denkens und Handelns liegt eine wichtige Führungsaufgabe.

Zukunftsorientiert denken und handeln

Wie oft konzentrieren sich die Aktivitäten und das Denken der Vorgesetzten auf das Vergangene und sie vergessen, gefangen im operativen Geschäft und in den «Feuerwehraktionen», die Zukunft. Bei der Suche nach Lösungen ist es besonders wichtig, mit Zukunftsüberlegungen präsent zu sein. Die Menschen, die sich mit einer Problemsituation beschäftigen, müssen sich selbst mit den künftigen Verhaltensmöglichkeiten und mit Auswirkungen von Entscheidungen in der Zukunft auseinandersetzen. Ein visionäres Vor-Denken wird entscheidend, das herausfordert und anregt, neue «Realitäten» zu schaffen. Gleichzeitig werden damit die Beteiligten motiviert, gemeinsam Lösungen zu entwickeln, konstruktiv die Unsicherheit zu bewältigen, Bilder der Zukunft zu entwerfen und zu reflektieren. Das zukunftorientierte Denken und Handeln soll helfen, sich zurechtzufinden, gemeinsam ein Ziel zu verfolgen und Lösungen zu suchen, sich für die Realisierung zu verpflichten und einzusetzen. Dietrich Dörner (1989) hat sehr eindrücklich gezeigt, dass die Menschen gerade im Umgang mit Komplexität eher kurzfristig und vergangenheitsorientiert denken. Damit jedoch verlieren sie einen wesentlichen Ansatzpunkt, um Komplexität und Dynamik überhaupt bewältigen zu können. Im Umgang mit komplexen Problemsituationen, wie der Führung einer Stadt oder einer Unternehmung, machen wir uns fast automatisch daran, Probleme dort anzupacken und zu lösen, wo sie gerade akut auftreten. Dann gehen wir zum nächsten Problem. Probleme werden punktuell gelöst. Es wird reagiert auf konfliktbeladene und krisenhafte Situationen. Wir suchen naheliegende Lösungen, sowohl zeitlich wie auch inhaltlich. Wir setzen dort an, wo wir es schon vorher getan haben, und verändern dort, wo wir etwas verstehen, weil es unsere Spezialität ist, wir eine bestimmte Ausbildung genossen oder in diesem Bereich die längsten Erfahrungen haben. Und wie ein schlechter Schachspieler denken wir in solchen Momenten nur an die nächstfolgenden Einzelschritte und Massnahmen: «Mit dem nächsten Zug stelle ich den Bauer auf G7, dann hole ich mit dem Springer den Turm auf …»

Wir wissen aus der Hirnforschung, dass gute Schachspieler nicht so denken und spielen. Sie denken nicht in einzelnen Zügen, sondern in Mustern («Pattern Recognition»), die langfristiger Natur sind. Dieses Denken ist viel eher mit Visionen vergleichbar, einem Wahrnehmen von weit in der Zukunft liegenden, aber erreichbaren vernetzten Gedankenbildern.

Es ist leicht, im nachhinein die zukunftsorientierten, visionären Persönlichkeiten zu feiern. Es braucht aber sehr viel Vertrauen und Durchhaltewillen, eine solche Eigenschaft einzubringen. Lars KOLIND gehört ohne Zweifel zu jenen Personen, die diese Eigenschaften und Fähigkeiten mitbringen. OTICON ist ein führendes Unternehmen in der Herstellung qualitativ hochstehender Hörgeräte. Dieses in Hellerup, Dänemark, beheimatete Unternehmen gelangte in schwierige Zeiten, als der (reife) Markt stagnierte und wichtige technologische Entwicklungen verpasst worden waren. Seit der Gründung im Jahre 1904 war das Unternehmen in grossen Schritten gewachsen und blieb bis 1956 in Familienbesitz. Unter einem neuen fremden Management wuchs die Firma weiter und wurde führend in der Miniaturisierung von hinter dem Ohr getragenen Hörgeräten. In den 80er Jahren verzeichnete OTICON einen weltweiten Marktanteil von 15% und besass Verkaufsstellen in über 100 Ländern. Die 80er Jahre stellten jedoch für die Firma die Überlebensfrage, war doch der Anschluss an die Entwicklungen der im Ohr getragenen Hörgeräte verpasst worden und gleichzeitig eine «Kultur des Alles-Könners und Wir-sind-die-Besten» stark verwurzelt. Der neue CEO setzte auf die Strategie, die Mitarbeiter in die Veränderungsprozesse miteinzubinden und neue, kreative Strukturen zu schaffen. Er engagierte sich auch selbst, indem er persönlich massiv in das Unternehmen investierte. Noch stärker war jedoch seine klare Zukunftsorientierung, sowohl in den sachlichen strategischen Entscheiden und Massnahmen als auch in der Einbeziehung der Mitarbeiter. Er erkannte, dass man zwar Kosten sparen, unrentable Produktlinien herauslösen oder schliessen kann, aber damit langfristig noch nicht an Wettbewerbsfähigkeit gewonnen hat und bessere Leistungen erzielt. Lars Kolind schuf eine vollkommen neue Organisationsform, die er die Spaghetti-Organisation nannte, und eine zukunfts- und mitarbeiterorientierte Wertestruktur (vgl. Abbildung 3.17). Dieses zukunftsorientierte Denken und Handeln propagierte er durch immer wiederkehrende Aussagen in seinen Memos, durch die Unterstützung jeglicher neuer Ideen und Projekte, durch die Auflösung aller festgefahrenen Strukturen, Grenzen und Hindernisse und die ständige Schaffung und Akzeptanz der Kreation von neuen Aufgaben und Arbeitsgruppen durch die Mitarbeiter. Die Devise lautete: «Cogitate Incognita: Think the Unthinkable» (vgl. dazu PETERS 1994).

Weniger spektakulär, aber in gezielter und zukunftsorientierter Form, löste Dr. Hans-Jörg FREI bei der Schweizer WINTERTHUR VERSICHERUNG eine Neuorientierung und Reorganisation aus. Die im Nicht-Lebensversicherungs-Geschäft tätige WINTERTHUR beschäftigt rund 500 Mitarbeiter in der Zentrale (Generaldirektion und Stäbe), 1'600 Mitarbeiter in den Regionalorganisationen und 2'500 Mitarbeiter in den Generalagenturen. In dem gut laufenden Geschäft war kein Leidensdruck ersichtlich. Ein zukunftsorientiertes Denken allein konnte die Mitglieder verschiedener Führungsstufen zu neuen Strukturen und Ausrichtungen aufbrechen lassen. Der zukünftige Wettbewerbsdruck, die Folgen der Deregulierung und der Überkapazitäten, die Notwendigkeiten und die Konsequenzen einer Internationalisierung, die Entwicklungen zu einem Käufermarkt und der zunehmende Kostendruck waren bis dahin nur in wenigen Köpfen verankert und nicht in der Gegenwart bedrohend. Aber alle zwei Jahre wurde das Planungs- und Zielsetzungssystem im Departement Schweiz überprüft und die Ausrichtung der Massnahmenpläne zur Diskussion gestellt. In einem Workshop mit Führungskräften verschiedener Ebenen wurden kleinere Szenarien entwickelt und im Rahmen der Organisation überdacht. Als Zielfelder wurden Kunden, Markt, Gesellschaft, Staat, Technologien und EDV, Vertriebssysteme, Aktionärserwartungen und Produktentwicklungen speziell betrachtet. Besonders interessant war in den 90er Jahren hierbei die Erkenntnis, dass sich die schweizerische Assekuranz von einem Verkäufermarkt zu einem Käufermarkt entwickelte. Diesen Wandel galt es frühzeitig zu erfassen und Aktionen auszulösen, die erlaubten, zu agieren, und nicht (zu spät) reagieren zu müssen. In diesem Rahmen waren der Planungs- und Zielsetzungsprozess sowie die Strukturen neu zu gestalten. Sehr deutlich wurde aufgezeigt, dass es nicht mehr genügte, sich auf Wachstum und Kosten zu beschränken, sondern künftig eine Ertragsplanung notwendig sein würde, wobei der Ertrag Priorität vor Wachstum hat. Von der Generaldirektion wurden klare Zeichen gesetzt, indem Regionaldirektionen und Generaldirektionsbereiche mit eigener Portefeuille-Verantwortung konsequent als Profit-Center ausgestaltet wurden.

Leitsätze von OTICON

1 Alle Menschen lieben es, Verantwortung zu übernehmen, wenn man ihnen Verantwortung überträgt.

2 Die Menschen, denen wir vertrauen, werden auch Vertrauen zurückgeben.

3 Menschen haben ein angeborenes Bedürfnis, sich zu entwickeln und Fortschritte zu erzielen.
Sie bevorzugen in diesem Sinne, herausgefordert zu werden.
Obwohl sie vor Veränderungen Angst haben mögen, schätzen sie nicht, wenn die Dinge immer gleich bleiben.

4 Menschen wollen ein klares Verständnis der Strukturen und allgemeine Ziele in ihrer Arbeitswelt.
Sie wollen gleichzeitig Freiheit in der Erfüllung ihrer Ziele.
Menschen wünschen sich, Einfluss zu haben auf die Gestaltung der täglichen Arbeitssituation.

5 Menschen wünschen sich, nach Leistungen und ihren Ergebnissen bezahlt zu werden, in einer Art und Weise, die fair und gerechtfertigt ist.

6 Menschen wollen Partner in ihrer Unternehmung sein, in guten und in schlechten Zeiten.

7 Arbeitsplatzsicherheit wird am besten durch Entwicklung individueller Kompetenzen erreicht, so dass die Konkurrenten mit ihren Serviceleistungen in Wettbewerb treten müssen.

8 Jede Person soll als Individuum behandelt werden und in der Karriereentwicklung unterstützt werden.

9 Menschen interessieren sich dafür, wie ihre Arbeit in Verbindung mit Strategien und Unternehmenszielen steht.
Sie wollen die Unternehmenssituation und ihre Entwicklung umfassend verstehen.

Abbildung 3.17
Wertestruktur von OTICON

Machbarkeiten und Grenzen aufzeigen

Was wir als Situationen, als Lösungsergebnisse oder als unternehmerische Systeme kennen, entspricht selten dem genauen Abbild unserer Pläne oder dem Resultat unserer Absichten. Zwar geschieht alles in Unternehmungen aufgrund der Handlungen von Menschen, und die spezifischen Situationen, die wir antreffen, sind das Resultat menschlicher Handlungen. Jedoch entsprechen sie nur beschränkt den Absichten oder Zielen. Nicht selten müssen wir feststellen, dass weder ein Einzelner noch die Gesamtheit der beteiligten Menschen wollte, was wir vorfinden. Dabei haben alle absichtsvoll, vernünftig und zielorientiert gehandelt. Erstaunt sind wir über den Effekt besonders dann, wenn wir meinen, übergeordnete Ziele seien klar und von allen verstanden worden (vgl. MALIK/PROBST 1981). Woher kommt dieses Phänomen?

Das Geschehen in komplexen sozialen Systemen ist selbstorganisierender Natur. Die Beteiligten handeln im System mit ihren Zielen und Plänen, aber keiner hat das System als Ganzes unter Kontrolle. Durch die Interaktionen entstehen immer wieder neue Situationen, die nicht geplant und gesteuert werden können. Es spielen so viele Einflüsse eine Rolle, dass die Wirkungen von Aktionen durch die handelnden Personen nie vollständig vorausgesehen werden können und man daher in der Folge auch nicht in der Lage ist, alle möglichen Wirkungen in die Planung miteinzubeziehen. Es kommen also gewissermassen durch Systemzwang kreative Handlungen auf, durch spontanes Agieren und Reagieren, die die Beteiligten in Unvorhergesehenes und Unbestimmbares führen. Dazu kommt, dass aufgrund der Komplexität viele Faktoren gar nicht beeinflussbar sind, die der Beteiligte zu kontrollieren glaubt.

Im allgemeinen sind Führungskräfte mit dieser Situation und Aussage vertraut. Es ist geradezu ihre Aufgabe, fortlaufend die Situation neu zu erfassen, zu beurteilen und im Lichte der neuen Ereignisse zu entscheiden, zu handeln. Viel wichtiger als mit Hilfsmitteln wie Planung, Organisation, Entscheidungsmethodik usw. Ungewissheiten und Nebenwirkungen etwas einzudämmen, ist die Bewusstmachung dessen, dass nicht alles lenkbar ist. Es sind die Grenzen der Machbarkeit herauszuarbeiten, nicht um zu frustrieren und zu resignieren, sondern um das Geschehen besser verständlich zu machen, Nebenwirkungen als Chancen darzustellen. Es ist wichtig zu wissen, dass wir manchmal abwarten müssen, bis die Zeit reif für ein Geschehen ist, und vor allem dass wir etwas Demut und Geduld haben müssen mit einer Situation, die nie vollständig unter menschlicher Kontrolle sein kann. Es ist nicht nur eine Führungsaufgabe, Machbares in Gang zu setzen, sondern offensichtlich auch, die Grenzen aufzuzeigen, Einsicht zu fördern und Kontexte zu entwickeln. Nur das Verständnis der Bereitstellung solcher Kontexte und die Akzeptanz der Grenzen wird die Voraussetzung schaffen, um Eigenschaften wie Loyalität, Motivation, Identifikation mit dem Unternehmen und Einsatzbereitschaft entstehen zu lassen.

Zielorientiert führen und Kreativität fördern

Menschen brauchen Orientierungen. Sie geben ihnen die Möglichkeit, Sinn zu finden und motiviert zu handeln. Es ist eine der wesentlichsten Aufgaben der Führung, Ziele vorzugeben. Es geht dabei um anzustrebende und angestrebte Zustände in der Zukunft, die uns erlauben, die Aufgaben und Funktionen in der Gegenwart abzuleiten. Wir können dann gleichsam von einem «rückwärts verlaufenden Denken» reden, denn wir überlegen uns bei einer langfristigen Zielsetzung, was wir heute tun müssen, um in der Zukunft dahin zu gelangen. Es werden daraus also Entscheidungen und Handlungen für die Gegenwart abgeleitet. Dafür brauchen wir auch Kriterien, an denen wir (er-)messen können, ob wir auf dem richtigen Weg sind und ob die Ziele in weiterer Zukunft erreicht werden können. Ziele und Kriterien für die Zielerreichung haben damit Steuerungs-, Lenkungs- oder Korrekturfunktion. Der Mensch erhält feste Bezugspunkte und Leitplanken, die ihn motivieren und ihm helfen, sein Verhalten zu orientieren und zu überprüfen. Es ist von grösster Bedeutung zu wissen, an was wir gemessen werden oder an was wir uns selbst messen. Es gibt kaum frustrierendere Erlebnisse, als nach einem grossen Einsatz als Mitarbeiter am Ende des Jahres oder eines Projektes zu erfahren, dass man an anderen, vorher unbekannten Kriterien gemessen wurde.

Im Rahmen des Projektes der Reorganisation des Departementes Schweiz der WINTERTHUR VERSICHERUNG wurde nach den Szenarien und Analysen sehr deutlich, dass eine klare Zielorientierung und ein Massstab für eine Neuorganisation notwendig waren. In mehreren Workshops wurde daher ein Zielkatalog schrittweise erarbeitet, der in einer späteren Phase erlaubte, in angepasster und präzisierter Form eine Evaluation der verschiedenen möglichen Organisationsstrukturen in einer Art Nutzwertanalyse vorzunehmen (vgl. Abbildung 3.18). Die Nutzung eines solchen Zielkatalogs half nicht nur bei der Orientierung, sondern erlaubte und förderte auch die Versachlichung der Diskussionen.

Mit der Herleitung klarer, motivierender Ziele wird ein Grundstein dafür gelegt, dass Menschen kreativ werden. Aufgabe von Führungskräften ist es, Kreativität zuzulassen und zu fördern. Persönlich überzeugen erfordert daher ein Verhalten, das einen kreativitätsfördernden Kontext schafft und vorlebt. Kreativität heisst Abweichung von Bekanntem und Bestehendem. Es ist daher erst einmal eine persönliche Akzeptanz der Veränderung notwendig. Es bedeutet jenen Vertrauen zu schenken, die anders denken und handeln

Abbildung 3.18
Zielkatalog für die Organisation der WINTERTHUR VERSICHERUNG (Stand März 1993)

Kriterien	Var. 1	Var. 2	Var. 3	Var. 4
Flexibilisierung				
1 Flexibilisierung des Fach-Know-Hows im Sinne a der Erhaltung des Fach-Know-Hows in heutiger Qualität und b der Garantie eines direkten Zugriffs auf allen Ebenen 2 Optimale Nutzung der Vorteile des Grossunternehmens (keine unnötigen Duplizitäten) 3 Steigerung der marktlichen Flexibilität (Entscheidungsfreiheit an der Basis) 4 Ein Center of Competence pro Branche				
Autonomie				
5 Unterscheidung von Profit-, Service- und Cost-Center 6 Ausstattung der Regionaldirektionen mit den notwendigen Kompetenzen und Ressourcen (Autonomie der RD hoch – «Unternehmen in Unternehmen») 7 Eigene ertragsverantwortliche Einheit Spezialgeschäfte/Sonderprojekte				
Ertragsorientierung				
8 Klare Zuordnung von Verantwortung und Bearbeitung auf allen Stufen 9 Gewährleistung eines (fein)segmentsspezifischen Marktzugangs				
Segmentierung				
10 Ermöglichung des flexiblen Eingehens auf Kundenwünsche 11 Bündelung der kundenspezifischen Problemlösungskompetenz 12 Gewährleistung einer schnellen Bearbeitung von Kundenproblemen				
Kundenfokus				
13 Kosten des Betriebs tief (keine Überschreitung des heutigen Kostensatzes) 14 Erzielung einer deutlichen Wertsteigerung				
Kosten				
Summe				
Erfüllungsgrad (E): 0 nicht erfüllt, 1 schlecht erfüllt, 2 erfüllt, 3 gut bis sehr gut erfüllt				

(Querdenker). Es sind Freiräume bewusstzumachen, Anreize für Experimente zu schaffen und Garantien und Beispiele dafür zu geben, dass Neues belohnt und Fehler oder Misserfolge toleriert werden. Das ist sehr leicht gesagt, widerspricht jedoch vollkommen unserer Denkweise (zumindest im europäischen Raum). Es ist daher eine zentrale Aufgabe der Führung, im richtigen Moment ein Beispiel zu geben, dass auch Fehler um der Kreativität willen und im Rahmen der Suche nach alternativen Lösungen akzeptiert und bewusst positiv interpretiert werden. Natürlich sollen auch Instrumente und Methoden beigezogen werden, wie zum Beispiel Kreativitätstechniken, Teamarbeit, Experimentierlabor, Anreizsysteme, Freiräume durch weniger Vorschriften oder Organisationsregeln. Aber der wichtigste Punkt liegt im persönlichen Überzeugen, das heisst in der Glaubwürdigkeit und im Vertrauen, das in einer solchen Situation notwendig ist. Wir haben bereits im Rahmen der Reorganisation der OTICON gesehen, in welchem Ausmass hier Glaubwürdigkeit und Vertrauen erst geschaffen und gelebt werden müssen. Es genügt nicht, einfach Kreativitätsinstrumente einzuführen und Mitarbeiter hierin zu schulen. Kreativität lässt sich auch nicht einfach plötzlich in einer Sitzung oder einem Projekt abrufen oder gar befehlen. Dieses Umfeld wird nur durch einen langandauernden Prozess des persönlichen Vor-Lebens erzielt.

Als Beispiel sei hier SONY (Abbildung 3.19) angeführt, das bewusst kreative Synergien zu fördern sucht (aus MAGYAR/PRANGE 1993, S. 55ff).

Im Rahmen der Lösungssuche erfordert dies, im persönlichen Überzeugen Querdenker zu unterstützen, aussergewöhnliche Projekte zu fördern, neue Perspektiven bewusst einzubringen (selbst, durch das Spielen neuer Rollen, durch einen Advocatus Diaboli oder durch Einladung Andersdenkender) und Aussenstehende miteinzubeziehen.

Das Beispiel IBM

In der Einleitung zu diesem Kapitel wurde der fundamentale Wandel der IBM als Reaktion auf geänderte Marktverhältnisse und unternehmensinterne Schwächen vorgestellt. Ein wesentliches Element dieser Neuausrichtung ist der Übergang vom reinen Hardware- und Software-Anbieter zu einem Anbieter von Informatik-Gesamtlösungen. Der Prozess dieser Neuorientierung soll nun am Beispiel der IBM SCHWEIZ illustriert werden. Anfangs der 90er Jahre wurde eine interdisziplinär zusammengesetzte Projektgruppe beauftragt, die Vorbereitungsarbeiten zum Aufbau einer strategischen Geschäftseinheit «Informatik-Gesamtlösungen» an die Hand zu nehmen. Ziel dieser strategischen Geschäftseinheit sollte es sein, innerhalb von fünf Jahren auf dem Gebiet der Gesamtlösungen unbestrittener Marktleader zu sein. In einer Reihe von Workshops wurde die strategische Ausrichtung sukzessive vor-

Abbildung 3.19
Grundlagen der Kreativität bei SONY (nach Magyar/Prange 1993)

- **Organisationsprinzipien.** Dinosaurier sind nicht kreativ. Das Grossunternehmen Sony gliedert sich deshalb in kleine Unternehmen. Jedes Ressort – Fernsehen, Video, Audio usw. – hat seinen eigenen, voll verantwortlichen Führungsstab. Jeder Sektionschef kann neue Produktideen, Marketingstrategien oder Verfahrenstechniken direkt dem Topmanagement vorstellen. Sieht die Leitung im Augenblick keine Verwendung, verwirft sie den Vorschlag nicht, sondern behält sich eine spätere Neubewertung vor.
- **Familiensinn.** Nur der Mensch ist kreativ. Bei Sony steht er deshalb im Zentrum der Unternehmenspolitik. Doch der Mensch hat zwei Gesichter, ein individuelles und ein soziales: Er sucht gleichzeitig Freiheit und Geborgenheit. Beides findet er in der Familie. Das ist der Grund, warum die Familie Keimzelle einer jeden Gesellschaft war, ist und sein wird. Und aus demselben Grund besteht die wichtigste Aufgabe eines Sony-Managers darin, im Unternehmen das Gefühl von Familienzusammengehörigkeit herzustellen und zu pflegen.
- **Personalwesen.** Kreativität drückt sich nur selten in Schulnoten aus, Universitätsabschlüsse bleiben daher bei der Einstellung eines neuen Sony-Mitarbeiters unberücksichtigt. Wichtiger als Zeugnisse ist das individuelle Leistungspotential. Entsprechend wird ein Manager daran gemessen, ob er imstande ist, in neuen Mitarbeitern mehr zu sehen, als diese selbst in sich sehen, und sie an ihre Leistungsgrenzen zu führen. Der überzeugendste Beweis: Mit NORIO OHGA steht heute ein gelernter Opersänger an der Spitze des Unternehmens.
- **Unternehmensinterne Mobilität.** Nur der richtige Mann am richtigen Platz ist kreativ. Doch Menschen sind wie Bruchsteine: Jeder hat seine besonderen Ecken und Kanten. Diese dürfen nicht nach den Erfordernissen des Arbeitsplatzes passend gemacht werden; vielmehr ist es Sache der Unternehmensleitung, für jeden Mitarbeiter einen Aufgabenbereich zu finden, der seinen Neigungen und Fähigkeiten entspricht, seinem Format und seinem Gewicht.
- **Unternehmensinterne Kommunikation.** Kreativität ist heute Sache von Teams. Die Zeit der einsamen Genies ist vorbei. Hochtechnologischer Fortschritt setzt die Koordination von vielen Technologien voraus. Das Management muss deshalb grundverschiedene Spezialisten dazu bringen, über die Grenzen ihres Fachs hinaus miteinander zu kommunizieren und zu arbeiten.
- **Zielvorgaben.** Kreativität braucht Ziele. Wer ins Schwarze treffen will, darf nicht ins Blaue planen. Sony gibt darum seinen Ingenieuren Ziele vor. Als das Unternehmen an dem ersten echten Heimvideo-System arbeitete, zeigte IBUKA seinem Stab ein Buch und sagte: «Solch ein Format bekommt die neue Kassette. Damit haben Sie eine Zielvorgabe. Ich will eine Kassette dieser Grösse bei zwei Stunden Spieldauer sehen.»
- **Motivation.** Kreativität braucht Anreize. Ein Anreiz ist Geld. Doch Geld ist nicht alles. Wichtiger ist Freude während der Arbeit und Anerkennung durch die Arbeit. Beide beruhen auf der permanenten Herausforderung bei Sony: «So ein Produkt kann Hinz und Kunz entwickeln», heisst es während der Entwicklungsphase immer wieder, bis ein wirklich einzigartiges Produkt entstanden ist.

- **Vorschlagswesen.** Kreativität braucht ständige Befruchtung. Sony legt daher grössten Wert auf geistige Mitarbeit. Jeder Mitarbeiter, vom Montagearbeiter bis zum Spitzenmanager, macht im Jahr durchschnittlich acht Vorschläge. Das sind insgesamt fast eine Million Anregungen in Technologie, Produktplanung und Marketing, die ausnahmslos geprüft und in vielen Fällen umgesetzt werden.

- **Streitkultur.** Kreativität erfordert Widerspruch. Bei Sony ist jeder Mitarbeiter aufgefordert, seine Gedanken und Ansichten frei zu äussern – je konträrer, desto besser. In einer Familie darf und muss gestritten werden! Sind zwei Mitarbeiter hingegen jederzeit derselben Ansicht, ist einer von ihnen entbehrlich.

- **Vertrauen.** Kreativität setzt Vertrauen voraus. Sony gibt darum seinen Mitarbeitern möglichst freie Hand. IBUKA: «Wir müssen die Rahmenbedingungen für die Produktion und das Budget festlegen, aber innerhalb dieser Grenzen versuchen wir, den Angestellten bei Sony die Freiheit zu lassen, das zu tun, was sie möchten.»

- **Einstellung zu Fehlern.** Angst vor Fehlern ist der Hauptfeind jeder Kreativität. Wer sich verkrampft, kann sich nicht frei entfalten. Fehler macht jeder, auch die Konzernleitung. Wird aber ein Fehler gemacht, so ist die Suche nach der Ursache wichtiger, als die nach dem Schuldigen. Aus Fehlern kann man lernen, man sollte nur nicht denselben Fehler zweimal machen.

- **Flexibilität.** Kreativität erfordert Flexibilität. Fehler sind erlaubt, nicht aber das Festhalten an Fehlern. Sony hat deshalb schwache Produkte fallengelassen, auch wenn bereits Millionen von Dollar in deren Forschung und Entwicklung investiert worden waren. «Das ist das Risiko, wenn man an vorderster Front arbeitet.»

- **Zeithorizont.** Kreativität braucht Zeit. Sonys Pläne reichen weit in die Zukunft – auch wenn im Wettbewerb der Wandel die einzige Konstante ist. Nur wer langfristig denkt, kann blitzartig handeln. Grundlagenforschung umspannt darum einen Zeithorizont von zehn Jahren und mehr, die Unternehmensplanung selbst wird sogar auf einen Zeithorizont von mehreren Jahren projiziert.

- **Forschung und Entwicklung.** Kreativität kostet Geld. Geld, das vom Gewinn abgeht. Natürlich will Sony Gewinne machen, aber nicht kurzfristig, sondern langfristig. Wer nur auf die nächste Bilanz schielt, verliert die Zukunftschancen aus dem Blick. Sony hat deshalb seine Investitionen in Forschung und Entwicklung ständig gesteigert. Derzeit strebt man 10 Prozent vom Umsatz an: 2,4 Mrd. Mark – mehr als jeder andere Wettbewerber. Diese Quote soll – so die Konzernleitung – auch in schlechten Jahren nicht unterschritten werden.

genommen, ausgehend von der im ersten Schritt unserer Vorgehensweise in Abbildung 1.10 vorgestellten Zielbestimmung aus den Perspektiven verschiedener Anspruchsgruppen. Eine erste Etappe schloss mit der Entwicklung des Netzwerkes der Problemsituation «Informatik-Gesamtlösungen» ab. In diesem Netzwerk wurden die lenkbaren und die nicht lenkbaren Grössen sowie die Zielindikatoren festgehalten, die Abbildung 3.20 zeigt.

In einem nächsten Schritt nahm die Projektgruppe eine erste Interpretation der Lenkbarkeiten im Hinblick auf die Erarbeitung der strategischen Stossrichtung vor. Bezüglich der lenkbaren Grössen wurde die Frage gestellt, inwieweit die IBM hier aus einer Position der Stärke heraus agieren könnte, und wo sie eindeutige Schwächen zu beheben hätte, bevor überhaupt an einen wirtschaftlichen Erfolg zu denken wäre. Abbildung 3.21 hält das entsprechende Stärken/Schwächen-Profil für die bereits im ersten Schritt vorgestellten erforderlichen Kompetenzen fest.

Abbildung 3.20
Lenkbarkeiten im Netzwerk «Informatik-Gesamtlösungen» der IBM

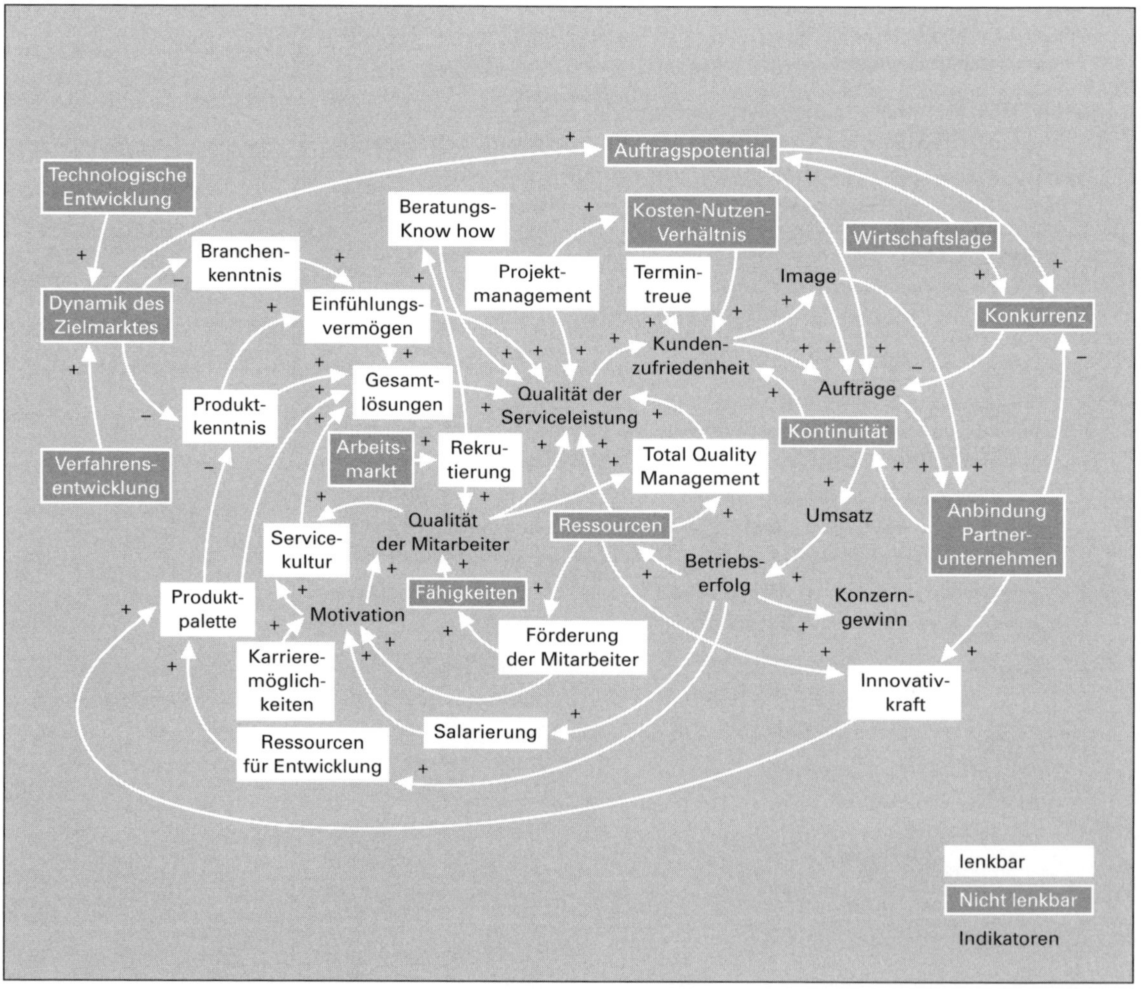

Erforderliche Kompetenzen	Interpretation	
	Stärke	Schwäche
Produktkenntnis	■	
Branchenkenntnis		■
Einfühlungsvermögen in Kunden(problem)		■
Projektmanagement	■	
Produktpalette	■	
Total Quality Control		■
Innovationskraft	■	
Beratungs-Know-how		■
Service-Kultur		■

Abbildung 3.21
Stärken/Schwächen-Profil der IBM bezüglich «Informatik-Gesamtlösungen»

Dieser Analyse-Schritt führte zu einer ersten Ernüchterung. Es zeigte sich, dass ein Hardware- und Software-Anbieter nicht automatisch auch auf dem Gebiete der Gesamtlösungen eine Führungsposition einnehmen muss. Dort stehen Kompetenzen wie Branchenkenntnis, Beratungs-Know how und eine ausgeprägte Service-Kultur im Vordergrund, alles Fähigkeiten, die bei IBM bisher weniger gepflegt wurden. Zwar hatte schon vor einigen Jahrzehnten Watson den Slogan «IBM means Service» geprägt. Service auf dem Gebiete der Gesamtlösungen bedeutet aber etwas anderes, nämlich umfassende Unterstützung der Anwender bis ins letzte operative Detail der entsprechenden Problemlösung. Hier galt es, das notwendige Know how aufzubauen, sei es durch Eigenentwicklung oder durch Zukauf. Dass das Letztere inzwischen erfolgreich vorangetrieben wurde, zeigt die kürzliche Akquisition der SULZER Informatik (der ausgegliederten früheren Informatikabteilung von SULZER), die über das beste Schweizer Know how auf dem Gebiete von SAP-Anwendungen verfügt.

In einem nächsten Schritt waren nun die nicht lenkbaren Grössen auf ihre möglichen Entwicklungen hin zu beurteilen und Szenarien im Sinne von «Bühnenbildern möglicher Zukünfte» zu erstellen, in denen sich IBM würde bewegen müssen. Abbildung 3.22 zeigt solche Kurzszenarien für die nicht lenkbare Grösse «Arbeitsmarkt». Ausgangspunkt ist das Grundszenario eines angespannten Arbeitsmarktes für Fachkräfte auf diesem Gebiet. Die sich daraus ergebenden Entwicklungen werden festgehalten, um anschliessend Chancen und Gefahren für das Unternehmen zu ermitteln. Analog sind nun Alternativ-Szenarien zu entwickeln, hier unter dem Titel «Völlig ausgetrockneter Arbeitsmarkt» und «Kein Fachkräftemangel». Für diese sollen sodann Eventualstrategien erstellt werden. Während das Grundszenario bei der strategi-

Szenario	Entwicklungen	Interpretation	
		Chancen	Gefahren
Grundszenario «Angespannter Arbeitsmarkt für Fachkräfte»	– Computerbranche erholt sich – viele Computerunternehmen treten in den Markt für «Gesamtlösungen» ein – Beratungsfirmen bauen teilweise Mitarbeiter ab	– Ressourcen für externe Rekrutierung vorhanden – Möglichkeiten des Einkaufs von Beratungs-Know-how	– Top-Systemberater sind äusserst selten rekrutierbar – Eher schlecht qualifizierte Leute auf dem Markt
Alternativszenario I «Völlig ausgetrockneter Arbeitsmarkt»	– Computerbranche weiterhin im Krebsgang – Alle Unternehmen stürzen sich auf den «Gesamtlösungsmarkt» – Auch Beratungsfirmen treten in diesen Markt ein	– Ausnutzung des internen Mitarbeiterpotentials	– Erforderliche Kompetenzen können nicht von aussen beschafft werden; Einstieg in Gesamtlösungsmarkt wird verunmöglicht
Alternativszenario II «Kein Fachkräftemangel»	– Computerbranche (Hard- und Softwareverkauf) erholt sich – Es finden Umschulungsprogramme für Informatiker statt – Die Beratungsfirmen wenden sich strategischen/organisatorischen Fragen zu	– Top-Systemberater können zu vernünftigen Konditionen eingestellt werden – Genügend Ressourcen vorhanden	– Interne Managemententwicklung kommt zu kurz

Abbildung 3.22
Kurzszenarien «Arbeitsmarkt» für «Informatik-Gesamtlösungen» der IBM

schen Ausrichtung der Geschäftseinheit und der Spezifikation von Massnahmen bei den lenkbaren Grössen als Rahmenbedingungen angenommen wird, ist bezüglich der Alternativ-Szenarien im Sinne des «was wäre, wenn ...» festzulegen, was das Unternehmen im Falle veränderter Bedingungen zu tun gedenkt. Hier geht es also darum, gut vorbereitet zu sein, wenn die Entwicklungen im Umfeld plötzlich ihre Richtung ändern. Unternehmerisch handeln bedeutet nämlich auch, auf Überraschungen vorbereitet sein, entsprechende Massnahmen «in der Schublade» zu haben.

Schliesslich sind noch die Indikatoren im Sinne von Messgrössen des Fortschritts der Zielerreichung zu spezifizieren. Es wäre zu einfach, hier nur die naheliegendsten Indikatoren wie den Auftragsbestand oder den Betriebserfolg zu nehmen. Diese Grössen zeigen auch mit all zu grosser Verspätung an, ob die eingeschlagene Strategie von Erfolg gekrönt ist. Vielmehr sollten solche Grössen wie die Qualität und die Motivation der Mitarbeiter, die Qualität der Service-Leistungen, die Kundenzufriedenheit und das sich daraus ergebende Image der Geschäftseinheit als Erfolgsmassstab genommen werden. Natürlich müssen diese Indikatoren laufend überwacht und dokumentiert werden, und das Feedback an die verantwortlichen Führungskräfte ist unbedingt sicherzustellen.

In einer nächsten Etappe waren nun die strategischen Stossrichtungen der Geschäftseinheit «Informatik-Gesamtlösungen» festzulegen. Dabei wurden die landläufigen Ansätze zur Entwicklung von Geschäftsstrategien herangezogen: Portfolio-Normstrategien, Wettbewerbsstrategien, Produkt/Markt-Strategien, Synergiestrategien und Integrationsstrategien, wie sie in Abbildung 3.15 dieses Kapitels vorgestellt worden sind. Abbildung 3.23 hält die gewählten Stossrichtungen, gegliedert nach Strategieansätzen, fest.

IBM verfolgte klar eine Investitionsstrategie: In der Schweiz soll *die* führende Marktposition aufgebaut werden. Gegenüber der Konkurrenz will man sich eindeutig differenzieren, indem nicht nur auf Seiten der Informatik, sondern auch bezüglich der Sachkompetenz im jeweiligen Anwendungsbereich eine umfassende Dienstleistung angeboten wird. Bei der Produkt/Marktstrategie zielt IBM eindeutig Richtung Marktentwicklung, indem sie vom Hard- und Software-Lieferanten zum Anbieter von Systemlösungen werden will. Was die Synergien anbetrifft, so steht die Abnehmerorientierung im Vordergrund. Es sollen massgeschneiderte, «schlüsselfertige» Problemlösungen angeboten werden. Und schliesslich soll eine Vorwärtsintegration im Sinne der Kooperation mit geeigneten Beratungsfirmen vorgenommen werden, um so die fehlenden Kompetenzen in relativ kurzer Zeit aufbauen zu können.

Bei der Umsetzung der durch die Projektgruppe entwickelten Strategie steht natürlich im Vordergrund, wie diese persönlich überzeugend den Mitarbeitern vermittelt werden kann. Wie MÄRKI (1995, S. 38f.) zeigt, stehen dabei drei Massnahmen im Vordergrund, nämlich die konsequente Profit-Center-Ausrichtung, die umfassende Kommunikation sowie ein neues Salärsystem. Für einzelne Branchen- und Produktsegmente wurden Profit-Centers gebildet, deren Hauptauftrag in der Entwicklung und Bereitstellung von Gesamt-

Abbildung 3.23
Strategische Stossrichtungen der Geschäftseinheit «Informatik-Gesamtlösungen» der IBM

Ansatz	Strategische Stossrichtung
Portfolio-Strategien	*Investitionsstrategie:* Aufbau einer führenden Marktposition
Wettbewerbsstrategien	*Differenzierung (Leistungsführerschaft):* Gezieltes Abheben gegenüber der Konkurrenz
Produkt-/Marktstrategien	*Marktentwicklung:* Vom Hard- und Software-Lieferanten zum Anbieter von Systemlösungen
Synergiestrategien	*Abnehmerorientierung:* Massgeschneiderte, «schlüsselfertige» Problemlösungen
Integrationsstrategien	*Vorwärtsintegration:* Kooperation mit geeigneten Beratungsfirmen

lösungen besteht. Diese Profitcenters werden mit Zielen geführt, die gemeinsam abgesprochen wurden. Die Zielerreichung wird vierteljährlich überprüft, und die Führungskräfte und Mitarbeiter des Profit-Centers werden neben ihrem Grundgehalt je nach Zielerreichung zusätzlich mit einem Bonus honoriert. Entscheidend für die Umsetzung des neuen Konzeptes war und ist aber eine umfassende Kommunikation der grundlegenden Ideen und Zielvorstellungen. Für das Funktionieren der gewählten Organisation ist es unabdingbar, dass grösstmögliche Transparenz herrscht. Auch müssen sich die betreffenden Führungskräfte und Mitarbeiter in regelmässigen Abständen zu Workshops treffen, um übergreifend Synergien zwischen den gefundenen Gesamtlösungsansätzen nutzen zu können. IBM SCHWEIZ führt deshalb jährlich dreimal zweitägige Meetings für alle Vorgesetzten durch, um diesen Informationsfluss zu gewährleisten. Natürlich ist das interne Informationssystem zwischen den Profit-Centers auch auf diese Synergienutzung ausgerichtet. Und schliesslich wird von den obersten Führungskräften verlangt, dass sie einen Tag pro Woche im Sinne des «Wandering around» im engen Kontakt mit den Mitarbeitern der Profit-Centers sind, um so die gewählte Stossrichtung persönlich zu unterstützen und die Mitarbeiter entsprechend zu motivieren.

Schritt 4

Mögliche Problemlösungen beurteilen

Im Jahre 1906 eröffneten die Gebrüder KUONI in Zürich ihr erstes Reisebüro. Heute ist KUONI mit einem Umsatz von Sfr. 2,5 Mrd. und 3'000 Mitarbeitern mit Abstand der grösste Schweizerische Reiseveranstalter. KUONI ist der breiten Öffentlichkeit vor allem durch qualitativ hochstehende Ferienarrangements bekannt. Als komplementäres Geschäft wurde zur weiteren Auslastung der Verkaufsbüros über Jahre hin das Segment der Geschäftsreisen bearbeitet. Auch auf diesem Gebiet erreichte KUONI die führende Stellung in der Schweiz. Die Geschäftsreisen blieben aber immer ein Stiefkind des Unternehmens. Die Öffentlichkeit assoziierte diese Aktivitäten kaum mit dem Namen KUONI, und auch intern fand keine klare Produktpositionierung statt und es wurden keine entsprechenden Strukturen geschaffen. Damit verbunden war auch eine mangelnde Aufmerksamkeit des Managements für dieses Geschäft, was letztlich zu einer ungenügenden Ressourcenzuteilung führte.

Im Jahre 1989 wurden die Geschäftsreisen erstmals einer auf Vollkostenbasis erstellten Analyse unterzogen. Dabei trat ein massiver Nettoverlust zutage, der einen tiefgreifenden Bewusstseinswandel auslöste. Es wurde klar, dass das Segment der Geschäftsreisen nicht mit den gleichen Vorgaben, Instrumenten und strategischen Grundsätzen geführt werden konnte wie das Tourismusgeschäft. Deshalb wurde beschlossen, dieses Segment der Geschäftsreisen als eigene strategische Geschäftseinheit abzugrenzen und entsprechend im Markt zu positionieren.

Zielsetzung dieser Neuausrichtung war der Wandel von KUONI vom reinen Reisemittler für Firmenkunden zu einer «Business Travel Information Management Company». Diese sollte ein auf die Kundenbedürfnisse abgestimmtes Geschäftsreisenprodukt kostengünstig anbieten und damit die Marktführerschaft in der Schweiz behaupten und ausbauen. Die Positionierung dieser strategischen Geschäftseinheit wurde von KUONI nach der Strategiemethodik des vernetzten Denkens vorgenommen (GOMEZ/PROBST 1994). Sie führte zu den in Abbildung 4.1 festgehaltenen Grundstrategien für das Segment der Geschäftsreisen.

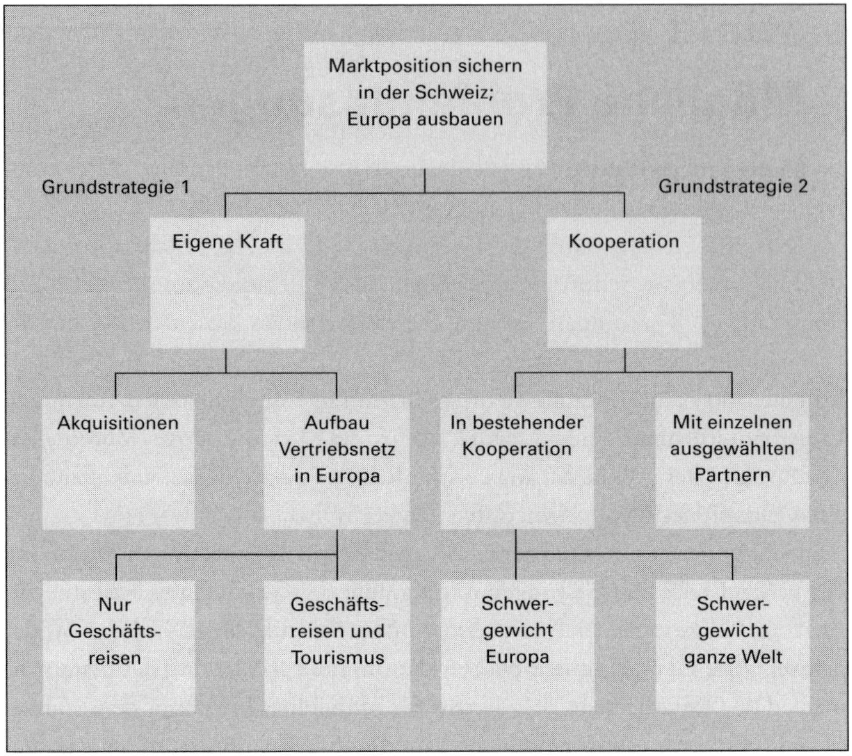

Abbildung 4.1
Grundstrategien von KUONI für das Segment Geschäftsreisen

Die beiden Grundstrategien lauteten ausformuliert wie folgt:

1. Wir bauen ein eigenes europäisches Retailnetz im Bereich Geschäftsreisen auf oder akquirieren in mehreren europäischen Ländern Geschäftsreisenveranstalter.
2. Wir schliessen uns einer bestehenden Kooperation im Bereich Geschäftsreisen an, welche die Anforderungen der Vernetzung erfüllt. So werden wir auch der Anforderung der Internationalität gerecht.

Diese beiden Strategien sind nun miteinander zu vergleichen. Dabei geht es darum, in qualitativer Hinsicht Vor- und Nachteile gegeneinander abzuwägen und quantitative Wirtschaftlichkeitsüberlegungen anzustellen. Darüber hinaus ist aber auch zu bestimmen, inwieweit die Interessen der verschiedenen Anspruchsgruppen von KUONI bei diesen Strategien berücksichtigt sind, und ob sie überhaupt in das unternehmerische Umfeld von KUONI «passen». Bevor die Resultate der Überlegungen von KUONI vorgestellt werden, ist aber das grundsätzliche Vorgehen in diesem Schritt im einzelnen zu behandeln und zu illustrieren.

Die Beurteilung der in den bisherigen Vorgehensschritten entwickelten Problemlösungsansätze muss im Sinne einer «Triangulation» erfolgen. Genauso wie die präzise Bestimmung der Koordinaten eines geographischen Punktes die Einmessung aus drei verschiedenen Richtungen erfordert, sind alternative Problemlösungen unter drei Gesichtspunkten zu evaluieren, um zu einer umfassend begründeten Auswahl zu kommen.

Der erste Gesichtspunkt der Beurteilung sind die Anspruchsgruppen-Interessen. Im ersten Schritt unseres Vorgehens wurden diese Interessen explizit festgehalten. Würde man es nun dabei bewenden lassen, wäre für die «Stakeholder» wenig gewonnen. Vielmehr müssen die gefundenen Problemlösungen vor dem Hintergrund dieser Interessen evaluiert werden, um ausgewogen unternehmerisch handeln zu können. Dies nicht nur zur Wahrung der Glaubwürdigkeit, sondern auch im Interesse einer langfristigen gesunden Entwicklung des Unternehmens in seinem Umfeld.

Der zweite Gesichtspunkt der Beurteilung betrifft die Übereinstimmung der möglichen Problemlösungen mit den Eigengesetzlichkeiten der Problemsituation. In komplexen Situationen wird es nie möglich sein, die «richtige» Lösung zu finden. Vielmehr geht es darum, eine «passende» Lösung auszuwählen (Glasersfeld 1991). Genauso wie ein Schlüssel in das Schloss «passt», müssen Problemlösungen in die Problemsituation mit ihren Eigengesetzlichkeiten hinein-«passen». Der Unterschied zum Schloss besteht aber darin, dass dieses immer gleich bleibt, komplexe Problemsituationen sich aber ändern. Das Prinzip bleibt aber das gleiche: Man soll nicht mit der Brechstange versuchen, auf dem Papier gefundene Lösungen umzusetzen. Vielmehr ist nach dem Prinzip des Jiu-Jitsu eine Anpassung an die Situation anzustreben und ihre Eigendynamik zu nutzen.

Der dritte Gesichtspunkt der Beurteilung sind situationsspezifische Kriterien. Werden beispielsweise mögliche Alternativen einer neuen Unternehmensorganisation beurteilt, so stellen Theorie und Praxis eine Vielzahl von Kriterien bereit, nach denen die Tauglichkeit der Lösungsvorschläge beurteilt werden soll. Die Beurteilung muss dabei qualitativer und quantitativer Natur sein. Das erstere kann ein Benchmarking mit Lösungen vergleichbarer Unternehmen, das zweite die Beurteilung im Hinblick auf die künftige wirtschaftliche Entwicklung des Unternehmens sein.

Die leitende Fragestellung für diesen Vorgehensschritt des Problemlösungsprozesses lautet also:

Welcher Lösungsansatz «passt»?

Im Mittelpunkt des Vorgehen dieses Schrittes stehen die in Abbildung 4.2 festgehaltenen Prozesse. Auch in diesem Schritt ist zuerst auf die Konzeptionen des vernetzten Denkens einzugehen.

Vernetzt denken	Unternehmerisch handeln	Persönlich überzeugen
■ Die Einhaltung der systemischen Lenkungsregeln sicherstellen	■ Die Eigengesetzlichkeiten des Unternehmens nutzen	■ Die Mitarbeiterinitiative fördern
■ Alternativen qualitativ beurteilen	■ Benchmarking praktizieren	■ Den Risikodialog suchen
■ Mögliche Problemlösungen quantitativ bewerten	■ Wertsteigerungen realisieren	■ Die Interessen der Anspruchsgruppen sichern

Abbildung 4.2
Prozesse der Beurteilung möglicher Problemlösungen

Vernetzt denken

Problemlösen bedeutet letztlich immer, in eine Problemsituation gestaltend einzugreifen. Das bisherige Vorgehen hat uns gezeigt, wo wir in diese Situation eingreifen sollten, um die bestmögliche Wirkung zu erzielen. Bisher nicht berührt wurde aber die Frage, wie diese Eingriffe am wirkungsvollsten vorgenommen werden können.

Die Einhaltung der systemischen Lenkungsregeln sicherstellen

Natürlich kann ein Problemlöser versuchen, die ihm optimal erscheinende Problemlösung mit allen Mitteln, oder gar mit brachialer Gewalt, durchzusetzen. Dies wird aber normalerweise nicht nur einen beträchtlichen Aufwand erfordern, sondern auch in vielen Fällen einen guten Lösungsansatz in der praktischen Umsetzung wirkungslos oder gar kontraproduktiv machen. Im Gegensatz dazu wird der Problemlöser mit gutem Fingerspitzengefühl die sich ihm bietenden Hebelwirkungen nutzen. Er wird sich überlegen, wie er die Eigendynamik der Problemsituation für seine Ziele am bestmöglichsten einsetzen kann.

Der erste Schritt der Beurteilung möglicher Problemlösungen muss deshalb darin bestehen, die vorliegenden Alternativen auf ihre Übereinstimmung mit den Eigengesetzlichkeiten der Situation zu beurteilen. Woran kann sich aber der Problemlöser bei seinem diesbezüglichen Vorgehen orientieren? Unser bestes Vorbild ist hier die lebende Natur mit ihren Strukturen, Funktionen und Organisationsformen. Frederic Vester (1983) hat die Erfolgsprinzipien der Natur untersucht und acht biokybernetische Grundregeln ent-

Vernetzt denken	Unternehmerisch handeln	Persönlich überzeugen
■ Die Einhaltung der systemischen Lenkungsregeln sicherstellen	■ Die Eigengesetzlichkeiten des Unternehmens nutzen	■ Die Mitarbeiterinitiative fördern
■ Alternativen qualitativ beurteilen	■ Benchmarking praktizieren	■ Den Risikodialog suchen
■ Mögliche Problemlösungen quantitativ bewerten	■ Wertsteigerungen realisieren	■ Die Interessen der Anspruchsgruppen sichern

deckt, die das Überleben garantieren. Diese Regeln seien im folgenden kurz charakterisiert und an Beispielen illustriert. Diese Beispiele sollen sich aber nicht auf die Natur beziehen, sondern bereits die sinngemässe Übertragung auf das Wirtschaftsleben illustrieren.

1 *Das Prinzip der negativen Rückkoppelung*
Negative Rückkoppelung bedeutet Selbststeuerung des Systems. Im Unternehmenszusammenhang wird heute noch allzuoft versucht, mit Hilfe von detaillierten Vorschriften und Verhaltensrichtlinien zu steuern. Dabei wird übersehen, dass Steuerung nur dann möglich ist, wenn vollständige Information über die Funktionsweise des betreffenden Unternehmensbereiches vorliegt. Dies ist aber in den wenigsten Fällen – und bei komplexen Situationen nie – gegeben. Eingriffe in komplexe Systeme sind nur zielführend im Sinne einer Kontextsteuerung. Vorgegeben werden Ziele und Leitplanken, wie beispielsweise bei der Konzeption der Führung mit Zielen. Negative Rückkoppelung bedeutet selbsttätige Auslösung von korrigierenden Massnahmen, wenn eine Zielabweichung eingetreten ist. Der jeweilige Unternehmensbereich wird also selber aktiv werden müssen, bis er wieder auf Zielkurs liegt. Dies aber führt zu völlig anderen Verhaltensmustern, als wenn auch die letzte Feinkorrektur von oben vorgegeben wird.

2 *Das Prinzip der Unabhängigkeit vom Wachstum*
Permanentes Wachstum ist sowohl in der Natur wie im Wirtschaftsleben eine Illusion. Im Lebenszyklus eines Organismus oder eines Produktes gibt es zwar Wachstumsphasen, die aber früher oder später wieder in eine Gleichgewichtsphase übergehen werden. Viele Unternehmen sind aber auf diesen Übergang nicht vorbereitet. Sind sie einmal im Aufwind, so

verhalten sie sich so, als ob das Wachstum Selbstzweck wäre. Kommt der Lebenszyklus in die Sättigungsphase, so sind die Führungskräfte oft ratlos. Deshalb müssen Problemlösungen so ausgestaltet sein, dass sie einen harmonischen Übergang dieser Phasen gewährleisten.

3 *Das Prinzip der Unabhängigkeit vom Produkt*
Jedes Produkt und jede Dienstleistung erfüllt eine Funktion. Dies wird im Unternehmenszusammenhang allzuoft vergessen, mit dem Resultat einer Fixierung auf das jeweilige Erfolgsprodukt. Produkte kommen und gehen, Funktionen aber bleiben. Wenn ein Automobilproduzent nur sein Produkt vor Augen hat, wird er es verpassen, seine Funktion in der Bereitstellung von Verkehrsmitteln zu sehen und die entsprechenden Möglichkeiten in der Luft, auf dem Wasser und auf der Schiene nicht einmal in Erwägung ziehen. Oder wenn ein Elektrizitätswerk seine Aufgabe in der Bereitstellung von Strom sieht, wird es sich mit den vielfältigen Möglichkeiten des Energiebereiches kaum auseinandersetzen.

4 *Das Jiu-Jitsu-Prinzip*
Diese alte asiatische Kampfsportart basiert darauf, dass der Schwung des Gegners ausgenutzt wird, um diesen zu besiegen. Dies im Gegensatz zum westlichen Boxen, das mit grosser eigener Kraftanstrengung zum gleichen Ziel kommen will. Die Bürokratie grosser Unternehmen verbraucht mit ihren vielen formalen Regelungen und Handlungsvorschriften eine enorme Energie. Wird aber den Mitarbeitern Freiraum gegeben und werden ihre Interessen gefördert, so wird mit weniger Energie viel mehr erreicht. Unter dem Stichwort des Empowerment oder der Ermächtigung soll weiter unten darauf näher eingegangen werden.

5 *Das Prinzip der Mehrfachnutzung*
Mehrfachnutzung heisst, mehrere Fliegen mit einem Streich schlagen. So kann die ökologische Ausrichtung eines Unternehmens dazu dienen, Haftungsfälle zu vermeiden, das Image beim Kunden und bei potentiellen neuen Mitarbeitern zu verbessern oder gesetzliche Regelungen obsolet zu machen. Dass dabei der Umwelt selber auch ein Dienst erwiesen wird, krönt diese Mehrfachnutzung.

6 *Das Prinzip des Recycling*
Bei diesem Prinzip werden Kreisprozesse genutzt, um so Knappheiten und Überschüsse zu vermeiden. Viele Industrien arbeiten bereits nach diesem Prinzip, angeführt sei hier die Glas- und Papierwiederverwertung. Recycling lässt sich aber auch auf Führungskräfte anwenden. So stellt die ABB es ihren über 60-jährigen Managern frei, sich entweder frühzeitig pensionieren zu lassen oder in eine unternehmenseigene Beratungsfirma einzutreten.

Dort stellen sie ihr Wissen jüngeren Führungskräften zur Verfügung und tragen so zur gesunden Weiterentwicklung des Unternehmens bei.

7 *Das Prinzip der Symbiose*
Bei der Symbiose wird die Verschiedenartigkeit von Partnern durch Koppelung und gegenseitigen Austausch genutzt. Monostrukturen sollen also bewusst vermieden werden. Ein Beispiel dafür wäre ein Unternehmen, das trotz Standortnachteilen seine Produktion nicht ins Ausland verlegt und somit Arbeitsplätze sichert, dafür aber im Gegenzug vom Staat Steuererleichterungen und Investitionsbeihilfen erhält.

8 *Das Prinzip des biologischen Designs*
Obwohl dieser Grundsatz weit weg vom Unternehmensgeschehen zu sein scheint, finden sich auch hier gute Beispiele. Wir haben oben die fraktale Fabrik vorgestellt, die in Anlehnung an das in der Natur anzutreffende Selbstähnlichkeitsprinzip gestaltet wird.

Angeregt durch die biokybernetischen Regeln von Frederic Vester haben die Autoren für den Unternehmenszusammenhang massgeschneiderte Lenkungsregeln entwickelt (GOMEZ/PROBST 1987), die im folgenden vorgestellt werden sollen. Als Beispiel zur Illustration dieser Regeln soll die bereits im dritten Kapitel vorgestellte «Schweizer Illustrierte» des RINGIER-Verlages genommen werden. Seit den 80er Jahren sah sich diese Zeitschrift einem starken Wandel ihres Umfelds gegenüber. Mit der Anzahl verfügbarer Sender gewinnt das Fernsehen zunehmend an Boden, neue Konkurrenzprodukte etablieren sich im Markt, die Leserinteressen verändern sich in Richtung Spezial- und Fachzeitschriften und am Horizont zeichnen sich Erfolge der elektronischen Textmedien ab. In diesem Umfeld muss sich die Zeitschrift neu positionieren, und zwar im Anzeigen- wie im Lesermarkt. Wie könnten die Lenkungsregeln zu einer erfolgreichen Neupositionierung beitragen?

1 *Passe deine Lenkungseingriffe der Komplexität der Problemsituation an*
Die Versuchung ist oft gross, mit einer einzigen Massnahme und einem massiven Einsatz von Ressourcen ein Problem zu lösen. Dabei wird oft vergessen, dass der Komplexität der Problemsituation eine Lösung entgegengesetzt werden muss, die diese Komplexität absorbieren kann. Wie die Erfahrung von Zeitschriftenverlagen schmerzlich gezeigt hat, kann der Abonnementsbestand langfristig nicht allein mit dem massiven Einsatz von Direct Mail-Aktionen gehalten werden. Vielmehr ist eine «konzertierte» Aktion von Vertretereinsatz, Direct Mail-Aktionen, Werbung, Pflege der bisherigen Abonnenten, usw. notwendig. Das Geheimnis eines erfolgreichen Verlages besteht darin, keinen Teil dieses Mix zu vernachlässigen, da sonst unwiderruflich Auflage verloren geht.

2 *Berücksichtige die unterschiedlichen Rollen der Bestimmungsfaktoren der Problemsituation*

Im zweiten Schritt des Problemlösungsprozesses haben wir mit Hilfe der Einflussmatrix aktive, kritische, reaktive und träge Grössen der Problemsituation unterschieden. Um die grösstmögliche Multiplikatorwirkung zu erzielen, sollten Eingriffe in die Problemsituation bei den aktiven und – mit Abstrichen – bei den kritischen Grössen ansetzen. Beim Zeitschriftenverlag schälen sich als aktive Grössen das redaktionelle Angebot und die eigenen Verkaufsanstrengungen im Anzeigen- und Lesermarkt heraus. Bei Gestaltungsmassnahmen in diesen Bereichen ist unbedingt auch das zeitliche Verhalten zu berücksichtigen. Bei den eigenen Verkaufsanstrengungen ist die Multiplikatorwirkung viel schneller gegeben als bei redaktionellen Änderungen, die vom Markt doch eher langsam «verdaut» werden. Zu diesen Zusammenhängen sollte jeweils das Netzwerk in Abbildung 3.5 konsultiert werden.

3 *Vermeide unkontrolliertes Wachstum*

Wachstum darf nicht Selbstzweck sein – diese Erkenntnis hatten wir bereits oben kennengelernt. Wachstums- und Stabilisierungsphasen müssen harmonisch ineinandergreifen. Wenn ein Zeitschriftenverlag zu sehr auf Wachstum setzt und die Entwicklung von Auflagenhöhe und Anzeigenvolumen als obersten Massstab nimmt, so sind unliebsame Überraschungen vorprogrammiert. Die sprungfixen Kosten, die sich bei der Bereitstellung neuer Druckkapazität und dem Ausbau des Verteilsystems ergeben, können die erwirtschafteten Erträge rasch wieder wegfressen. Klassisches Beispiel dafür sind die grossen amerikanischen Publikumszeitschriften LIFE, LOOK und SATURDAY EVENING POST, die trotz grossartiger Erfolge an der Verkaufsfront Ende der 60er-Jahre Konkurs gegangen sind.

4 *Nutze die Eigendynamik des Systems zur Erzielung von Synergieeffekten*

Jede Situation hat ihre eigenen Gesetzmässigkeiten, die bei der Verfolgung eines Zieles genutzt werden müssen. Wenn Zeitschriftenverlage über aufwendige Direct-Mail-Aktionen einen oft kurzlebigen Ersatz für abgesprungene Abonnenten suchen, so handeln sie nach dem Boxer-Prinzip. Nach dem Prinzip des Jiu-Jitsu erzielt die Pflege der langjährigen, treuen Abonnenten bedeutend mehr Wirkung. Leserbindung durch Treueprämien, Rabatte oder Reiseangebote sind erfolgsversprechender als die teuere Rückgewinnung verlorener Abonnenten. Zudem pflegen Neuabonnenten oft ihr Eintrittsgeschenk in Form eines Weckerradios abzuholen und sich nach einem Jahr wieder zu verabschieden. Vorbeugen ist besser als heilen – also Leserbindung statt aggressives Marketing.

5 *Finde ein harmonisches Gleichgewicht zwischen Bewahrung und Wandel*
Problemlösungen sollten darauf hin untersucht werden, ob sie eine gesunde Mischung zwischen Sicherheit und Herausforderung, Stabilität und Veränderung, Flexibilität und Spezialisierung darstellen. Wenn sich eine Publikumszeitschrift redaktionell neu ausrichtet, so darf sie dies nicht zu abrupt tun, um nicht bedeutende Teile der Leserschaft zu verlieren. Anderseits werden rein kosmetische Korrekturen das Publikum längerfristig auch nicht zufriedenstellen. Die «Schweizer Illustrierte» hat diesbezüglich teilweise schmerzliche Erfahrungen machen müssen, bis sie den richtigen Mix gefunden hat. Ihre heutige Werbekampagne drückt das gefundene Konzept aus: «Illustrierte Schweizer». Die Titelstory rankt sich immer um eine Schweizer Persönlichkeit, aber in den anderen Teilen finden sich Geschichten aus der weiten Welt. Mit diesem redaktionellen Angebot konnte die Zeitschrift in den letzten Jahren wieder bedeutend Boden gutmachen.

6 *Fördere die Autonomie der kleinsten Einheit*
Dieser Grundsatz reflektiert das moderne Organisationsverständnis, wie es heute bei allen führenden Unternehmen verankert ist. Ein Beispiel dafür ist das «Denke global, handle lokal» der ABB, das oben vorgestellt wurde. Auch bei den grossen Publikumszeitschriften-Verlagen zeigt es sich, dass diese mit Vorteil die einzelnen Blätter gegen aussen relativ autonom auftreten lassen. Dies erfordert jedoch für die einzelnen Zeitschriften eine Infrastruktur, wie sie auch ein kleines Unternehmen hätte. Die damit verbundenen Kosten werden aber durch die entsprechende Kundennähe und die Motivation der Verantwortlichen bei weitem kompensiert.

7 *Erhöhe mit jeder Problemlösung Lern- und Entwicklungsfähigkeiten*
Problemlösungen dürfen nicht nur auf die heutige Situation massgeschneidert zugeschnitten werden, so dass sie schon bei der ersten Turbulenz wieder in Frage gestellt werden müssen. Vielmehr sollen sie anpassungsfähig sein, und zwar im Sinne einer eigenen Evolution. Dies wird auch das Thema des nächsten Problemlösungsschrittes sein. Was den hier behandelten Zeitschriftenverlag anbetrifft, so hat er anfangs der 80er-Jahre in den USA einen Brückenkopf im Bereich der Druckerei-Vorstufe aufgebaut. Was als kleine Operation mit einem hohen Qualitätsstandard begann, entwickelte sich im Laufe der Zeit zu einem ausgewachsenen Unternehmen. Heute werden über 50% des Umsatzes dieses Verlages in den USA erzielt. Auch konnte aufgrund des Know hows auf diesem Gebiet in Ost-Europa und in Ost-Asien mit dem Aufbau eigener Zeitschriftenverlage begonnen werden.

Die Anwendung der obigen Lenkungsregeln zur Beurteilung möglicher Problemlösungen wird durch zwei Fragen gesteuert:

- Verletzen die Problemlösungen diese Lenkungsregeln, und wenn ja, ist eine Anpassung möglich?
- Wie können die Problemlösungen durch die bewusste Anwendung der Lenkungsregeln noch besser ausgestaltet werden?

Die Anwendung der obigen Lenkungsregeln setzt natürlich ein gutes Verständnis der Zusammenhänge der Problemsituation sowie eine hohe Kreativität voraus. Gelingt es aber, die beabsichtigte Hebelwirkung zu erzielen, so wird die Umsetzung der Problemlösung zweifellos leichter fallen.

Alternativen qualitativ beurteilen

Bei der Evaluation möglicher Problemlösungen wird es nur in den seltensten Fällen möglich sein, deren Auswirkungen eindeutig zu messen und in Geldeinheiten oder Produktivitätskennziffern festzuhalten. Man könnte sich mit dieser Tatsache abfinden und sich auf jene Aspekte konzentrieren, die quantifizierbar sind. Damit würden aber unzulässige Verzerrungen in Kauf genommen. Qualitative Ausprägungen von Problemlösungen sollten deshalb genauso erfasst werden wie quantitative. Kriterium ist dabei die Beurteilbarkeit – als Gegenstück der Messbarkeit – der Auswirkung einer Problemlösung. Wenn ein Mensch glücklich ist, so äussert sich dies u. a. in seinem Gesichtsausdruck. Ohne dass wir messen müssen, ob sich jetzt die Mundwinkel um einen halben Zentimeter nach oben verschoben oder die Pupillen sich um einige Millimeter erweitert haben, können wir den Ausdruck als glücklich, traurig, zufrieden oder gelangweilt einstufen. Wir erkennen ein Muster, das sich nicht auf die Ausprägung einzelner Teile zurückführen lässt. Auf die gleiche Art und Weise sind die Auswirkungen von Problemlösungen zu erfassen. Dies ist kein Votum gegen die Quantifizierung; diese muss wo immer möglich vorgenommen werden und wird Inhalt späterer Ausführungen sein. Qualitative und quantitative Beurteilung sind aber komplementär einzusetzen.

Eine erste Möglichkeit der qualitativen Beurteilung bietet sich in Form der Auflistung möglicher Vor- und Nachteile an. Das entsprechende Vorgehen soll am Beispiel des Werkzeugmaschinenherstellers MIKRON illustriert werden, der bereits im vorangegangenen Schritt zur Illustration der Zusammenhänge herangezogen wurde. MIKRON sah verschiedene strategische Möglichkeiten, um aus ihrer misslichen Situation herauszukommen. Vier davon sind in Abbildung 4.3 mit ihren Vor- und Nachteilen festgehalten. MIKRON fasste die vier Strategien der Umstrukturierung, der Liquidation, der Konzen-

Grund-/Eventualstrategien	Vorteile	Nachteile	Schlussfolgerung
1. Umstrukturierung	Überlebenschance für Mitarbeiter und vorhandene Infrastruktur Kostengünstige Lösung (sofern gemachte Annahmen eintreffen)	risikoreiche Lösung komplex in Umsetzung starke Abhängigkeit von Kooperationspartnern	Beste Realisierungs-chancen, wobei Umstieg zu Strategie 2 oder 3 jederzeit möglichst ohne kumulierte Mehrkosten möglich sein soll
2. Liquidation	sichere Prognose der Verlustentwicklung möglich absehbares Ende des «Leidensweges»	hohe Kosten, Überschuldungsgefahr für Gruppe Wegfall Arbeitsplätze Image	kann nur Notlösung sein
3. Konzentration auf High-Tech-Produkte	bessere technische Differenzierung möglich relativ einfach realisierbar	zu kleines Volumen Auslastung vorhandener Struktur ungenügend kein eigener Verkauf finanzierbar	Rückfallstrategie von 1
4. Fusion	genügend Volumen grosse Synergien	2 «Kranke» geben nur schwierig einen «Gesunden» komplex in Durchführung	abhängig von Konkurrenz

Abbildung 4.3
Qualitative Beurteilung der Strategiealternativen der MIKRON

tration auf High-Tech-Produkte sowie der Fusion mit einem anderen Unternehmen als Möglichkeiten ins Auge. Für jede einzelne Strategie wurden die entsprechenden Vor- und Nachteile ermittelt und anschliessend zu Schlussfolgerungen verdichtet. Damit ergibt sich ein erster Überblick der erfolgsversprechendsten Stossrichtung. Diese reicht aber noch nicht aus, um eine Entscheidung zu treffen. Vielmehr muss im nächsten Schritt eine vertiefte Beurteilung im Sinne einer Nutzwertanalyse erfolgen.

Bei der Nutzwertanalyse werden Alternativen einer Problemlösung einander so gegenübergestellt, dass sie nach der Erfüllung bestimmter Kriterien benotet werden können. Die einzelnen Kriterien werden zudem nach ihrer Bedeutung gewichtet, so dass ein differenziertes Beurteilungsbild entstehen kann. Die Problematik der herkömmlichen Anwendung der Nutzwertanalyse liegt darin, dass als Kriterien die naheliegendsten Aspekte genommen werden, bei der Beurteilung von Strategien beispielsweise die Marktanteils- und Gewinnentwicklung, die Investitionsintensität oder das eingegangene Risiko. In Übereinstimmung mit der hier vertretenen Denkweise müssen aber genauso die Rahmenbedingungen der Anspruchsgruppen und die Vereinbarkeit mit den oben vorgestellten Lenkungsregeln berücksichtigt werden. Ein bewusst allgemein gehaltenes Beispiel für ein solches Vorgehen ist in Abbildung 4.4 festgehalten.

Kriterien / **Strategiealternativen**		Marktdurchdringung		Abschöpfung	
		Note N	G x N	Note	G x N
Geschäftsbedingungen	Gewicht G				
Marktanteilsentwicklung	5	4	20	–	0
Investitionen	4	2	8	5	20
Gewinnentwicklung	4	3	12	3	12
Risiko	3	2	6	4	12
Image	3	4	12	2	6
Beurteilung			**58**		**50**
Rahmenbedingungen für Anspruchsgruppen					
Sicherheit Arbeitsplatz	4	4	16	–	0
«Saubere» Werbung	4	2	8	5	20
Aktionärsnutzen	5	2	10	5	25
Beurteilung			**34**		**45**
Vereinbarkeit gemäss Lenkungsregeln		Erfüllt	Nicht erfüllt	Erfüllt	Nicht erfüllt
Wachstum ≠ Selbstzweck			■	■	
Nutzung von Synergien		■			■
Autonomieprinzip		■			■
Entwicklungsfähigkeit		■			■

Abbildung 4.4
Umfassende qualitative Beurteilung von Strategien

Bei den Strategiealternativen handelt es sich um eine Offensivstrategie der Marktdurchdringung und eine Defensivstrategie der Abschöpfung bzw. des Marktausstiegs. Gemäss der herkömmlichen Nutzwertanalyse erzielt die Marktdurchdringungsstrategie mit 58 Punkten die beste Beurteilung. Bezieht man jedoch die Rahmenbedingungen der Anspruchsgruppen sowie die Vereinbarkeit mit den Lenkungsregeln bei der Beurteilung ebenfalls mit ein, so ergibt sich ein verändertes Bild. Vor allem die bei der Marktdurchdringungsstrategie notwendige aggressive Werbung sowie der deutlich geringere Aktionärsnutzen dieser Strategie lassen die Abschöpfungsstrategie in einem anderen Licht erscheinen. Durch die Brille der Lenkungsregeln ist auch die Frage zu stellen, ob die Marktdurchdringungsstrategie letztlich nur Wachstum um des Wachstums willen bringt.

Die Nutzwertanalyse hat uns in der Beurteilung der Problemlösungsalternativen einen bedeutenden Schritt vorwärtsgebracht. Was aber noch fehlt, ist eine quantitative Evaluation. Diese ist gerade für das obige Beispiel des Strategievergleichs unerlässlich, denn kein Unternehmen wird heutzutage sich für eine Strategie entscheiden, wenn sie nicht mit Zahlen weiter untermauert werden kann. Dabei geht es nicht nur um die Quantifizierung von Grössen wie der Markt- oder Gewinnentwicklung, sondern auch um die Eruierung des erzielbaren Aktionärsnutzens.

Mögliche Problemlösungen quantitativ bewerten

Die herkömmliche Art der Quantifizierung möglicher Problemlösungen besteht in der Ermittlung des jeweiligen Gewinnpotentials, sei es als absolute Grösse oder in Form einer erwarteten Rendite auf dem eingesetzten Kapital. Dieses allgemein verbreitete Vorgehen weist aber einige bedeutende Schwächen auf. Zum einen weisen der Gewinn und die gewinnverwandten Grössen grosse Unzulänglichkeiten bei der Beurteilung des unternehmerischen Erfolges auf. Zum anderen ist der finanzielle Erfolg nur ein Messkriterium, wie die bisherigen Ausführungen zum Anspruchsgruppendenken deutlich gemacht haben. Was also hier bereitgestellt werden muss, ist ein Instrumentarium, das einerseits das wirtschaftliche Potential zuverlässig erfasst und anderseits den Anspruchsgruppennutzen festhält. Dieses Instrumentarium wird von dem Konzept des Wertmanagements bereitgestellt (Gomez 1993).

Der Gewinn und die Rentabilität nehmen in der Wirtschaftswelt eine solch dominierende Stellung ein, dass diese Grössen meist kritiklos als Beurteilungsmassstab bei der Potentialermittlung herangezogen werden. Nun ist aber allgemein bekannt, dass sich Gewinne relativ leicht «bewirtschaften» lassen, beispielsweise durch Bildung und Auflösung von Reserven, das «Strekken» von Investitionen oder den Verzicht auf Ausschüttungen. Weitere beliebte Mittel sind die Änderung der Periodizität von Aufwand und Ertrag. Die Gefahr der Verzerrung der Realität ist also gross – und in vielen Fällen auch durchaus gewollt, um eine Entscheidung in eine bestimmte Richtung beeinflussen zu können. Entsprechende Quantifizierungen sind also immer mit grosser Vorsicht zu geniessen. Gehen wir aber einmal davon aus, dass keine solchen Verzerrungen vorliegen. Sind dann diese Vorbehalte gegenüber dem Gewinn als Erfolgsmassstab immer noch aufrechtzuerhalten? Die folgende Argumentation führt zu einer Bejahung dieser Frage. Wenn wir Problemlösungen miteinander vergleichen, so beurteilen wir sie im Hinblick auf ihr künftiges Potential zur Gewinnerzielung. Dabei ist zu berücksichtigen, dass ein heutiger Franken mehr Wert ist, als ein morgiger, weil er bis dahin Erträge erwirtschaften kann. Künftige Gewinne sind nur dann aussagekräftig, wenn sie auf die Gegenwart abgezinst werden, was bei der herkömmlichen Betrachtungsweise meist unterlassen wird. Ein weiterer Punkt ist das Risiko. Ein Gewinn hat eine völlig unterschiedliche Qualität, je nachdem, ob er in einem grundsoliden Geschäft oder mit einer Tätigkeit unter hohen Risiken erzielt wird. Ein erwarteter Betrag von Sfr. 1'000.– aus einer Bundesanleihe ist nicht dasselbe, wie ein solcher aus einem Junkbond. Der Letztere hat ein bedeutend grösseres Risiko, was bei der Abzinsung auf die Gegenwart berücksichtigt werden muss, da sonst Äpfel mit Birnen verglichen werden. Als nächstes sind die Investitionen in Rechnung zu stellen. Gewinne sind in der Regel nicht in dem Umfang verfügbar, wie sie ausgewiesen werden. Investitionen sind unumgänglich, werden aber oft bei den Projektionen vergessen. Hervorzuheben sind hier ganz besonders die Investitionen ins Umlaufvermögen, die immer wieder unter das Eis geraten.

Gibt es nun einen Erfolgsmassstab, der diese Schwächen des Gewinns und der gewinnverwandten Grössen beheben könnten? Es sind dies die künftigen freien Cash flows, welche Problemlösungen zu generieren im Stande sind. «Frei» sind jene betrieblichen Cash flows, die übrigbleiben, wenn von dem erzielten Betriebsgewinn und den Abschreibungen die getätigten Investitionen sowie die zu bezahlenden Steuern abgezogen werden. Die über die Lebensdauer einer Investition, eines Projektes oder einer Strategie erzielbaren freien Cash flows werden auf die Gegenwart abgezinst, wobei ein dem Risiko entsprechender Kapitalisierungssatz gewählt wird (vgl. dazu Gomez, 1993, S. 90 ff.). Ergibt sich nach dieser Abzinsung ein positiver Wert, so wird die betreffende Problemlösung Wert erzeugen. Ergibt sich ein negatives Resultat, so wird Wert vernichtet. Unter diesen Voraussetzungen ist diejenige Problemlösung die beste, die den höchsten Wert erzeugt. Diese Zusammenhänge sind in Abbildung 4.5 bildlich dargestellt.

Würde man die drei Alternativen nach der herkömmlichen Gewinnbetrachtung beurteilen, so würde Alternative 3 vor Alternative 1 und Alternative 2 rangieren. Die oben beschriebene Betrachtung nach freien Cash flows hingegen führt zum Schluss,

- dass nur die Alternative 3 die Kapitalkosten verdient
und damit Wert schafft,
- Alternative 1 negative freie Cash flows aufweist und trotz höherem Gewinn als Alternative 2 bedeutend mehr Wert vernichtet als die letztere.
- Alternative 2 zwar besser abschneidet als Alternative 1, jedoch die Kapitalkosten nicht erwirtschaftet und damit Wert vernichtet,

Wenn in obigem Zusammenhang von Wertsteigerung und Wertvernichtung gesprochen wird, so wird dabei die Sicht einer bestimmten Anspruchsgruppe vertreten, nämlich die der Kapitalgeber. Für die Kapitalgeber sind letztlich nicht die Gewinne des Unternehmens relevant, sondern was an sie zurückfliesst. Und dieser Rückfluss muss mindestens einer Verzinsung entsprechen, die sie bei einer Investition mit gleichem Risikoprofil im Markt erzielen können. Diese Betrachtungsweise entspricht übrigens dem Grundprinzip der dynamischen Investitionsrechnung, wie sie in der Wirtschaft bei unterschiedlichsten Projekten üblicherweise durchgeführt wird.

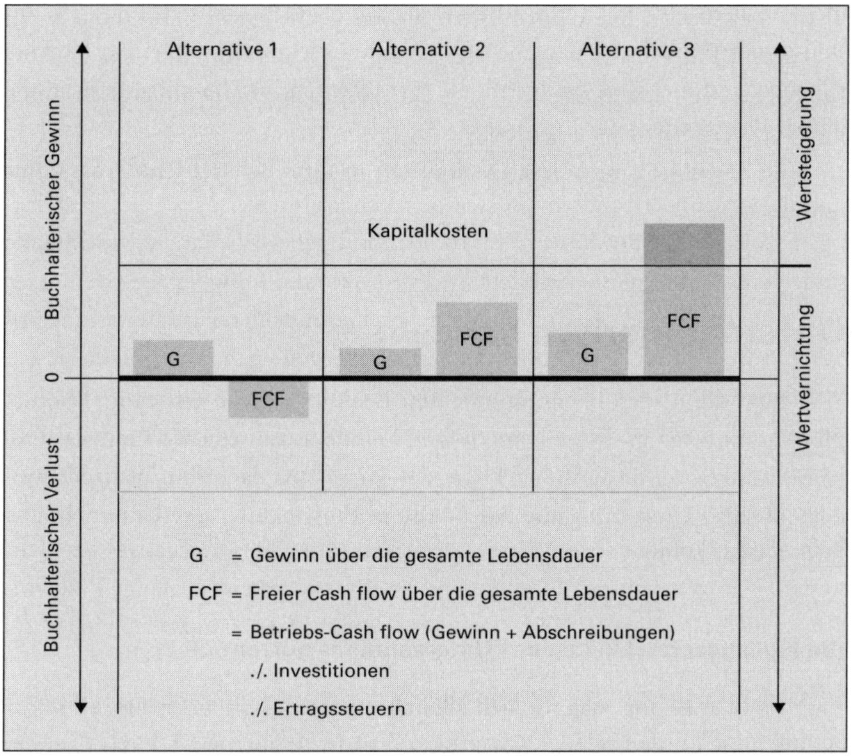

Abbildung 4.5
Quantitative Beurteilung von Problemlösungsalternativen

Die quantitative Beurteilung von Problemlösungsmöglichkeiten darf aber nicht bei der Ermittlung des Aktionärsnutzens stehenbleiben. Vielmehr müssen die Interessen der anderen Anspruchsgruppen auch berücksichtigt werden. Die entsprechende Quantifizierung bietet allerdings erhebliche Schwierigkeiten, und es gibt noch keine so ausgefeilten Konzepte wie den Aktionärsnutzenansatz. Die entsprechende Problematik sei an einem Beispiel kurz illustriert. Wenn die Frage gestellt wird, ob eine Problemlösung den Führungskräften des Unternehmens eine Wertsteigerung bringt, so ergibt sich bereits ein Problem bei der Bestimmung jener Grösse, die die Wertsteigerung messen soll. Für die eine Führungskraft bedeutet Wertsteigerung Erhöhung ihres Einkommens, für die andere eine Bereicherung ihres Arbeitsumfeldes und die Möglichkeit der besseren Selbstentfaltung. Eine dritte Führungskraft wiederum versteht unter Wertsteigerung die Verbreiterung ihrer Machtbasis und die Zunahme ihres Einflusses innerhalb des Unternehmens. Ganz abgesehen davon, dass es (ausser beim Einkommen) äusserst schwer fallen dürfte, Messgrössen der Zielerreichung zu finden, besteht allein bezüglich dieser Anspruchsgruppe eine ausgeprägte Zielantinomie. Wie JANISCH (1992) zeigt, trifft dies auch auf alle anderen Anspruchsgruppen zu. Diese Messproblematik ist unter anderem ein Grund dafür, dass es bezüglich eines richtig verstandenen Anspruchsgruppenmanagements in Unternehmen bisher weitgehend bei Lippenbekenntnissen geblieben ist. Hier besteht für Praxis und Theorie also noch grosser Handlungsbedarf, um die bloss annäherungsweise Bewertung der Erfüllung der Anspruchsgruppeninteressen durch die Nutzwertanalyse zu ergänzen.

Wie lassen sich nun diese Denkweisen in unternehmerische Programme umsetzen?

Unternehmerisch handeln

Will man die in den oben vorgestellten Lenkungsregeln vertretene Philosophie im Sinne eines unternehmerischen Handelns umsetzen, so müssen Problemlösungen schon in dieser Phase des Vorgehens daraufhin beurteilt werden, ob ihre Umsetzung die harmonische Entwicklung des Unternehmens fördert oder hemmt.

Die Eigengesetzlichkeiten des Unternehmens nutzen

Eine Problemlösung mag für sich allein betrachtet völlig überzeugend sein – als Teil einer umfassenderen Konstruktion kann sie aber Sand in das Getriebe bringen. Dies haben schon viele renommierte Fussballvereine schmerzlich erlebt, als sie mit dem Einkauf eines Weltklassestürmers die gegnerischen Clubs zu überraschen versuchten. Viele dieser Stars konnten sich nicht integrieren, da sie ein anderes Spielsystem gewohnt waren, sich als Primadonnen aufführten, sich nicht in andere Länder und Kulturen integrieren konnten. Oft erreicht ein Team mit nur durchschnittlichen Spielern, die sich aber gegenseitig gut verstehen und sich auch unterzuordnen wissen, bedeutend mehr. Dies gilt im gleichen Masse auch für Unternehmen.

Oft wird ein hochgelobter Finanz- oder Forschungschef eines erfolgreichen Unternehmens abgeworben in der Hoffnung, dem neuen Unternehmen auf diesen Gebieten den lange erhofften Durchbruch zu bringen. Statt dessen resultiert oft ein Kompetenzgerangel und schliesslich eine vergiftete Atmosphäre, was der gesunden Entwicklung des Unternehmens äusserst abträglich ist. In solchen Fällen wäre es angezeigt gewesen, bereits in der Evaluationsphase darauf zu achten, ob die betreffende Führungskraft auch in die bestehende Konstellation hinein «passt».

Ein gutes Beispiel für ein in dieser Hinsicht gelungenes unternehmerisches Handeln stellt die Service-Einheit der BRITISH PETROLEUM BP dar, die sich Ende der 80er-Jahre neu organisierte (MILLS 1991). Dieser Einheit mit über tausend Mitarbeitern standen verschiedene Reorganisationsalternativen zur Disposition. Ihr Aktivitätsgebiet war gekennzeichnet durch eine Vielzahl

Vernetzt denken	Unternehmerisch handeln	Persönlich überzeugen
Die Einhaltung der systemischen Lenkungsregeln sicherstellen	Die Eigengesetzlichkeiten des Unternehmens nutzen	Die Mitarbeiterinitiative fördern
Alternativen qualitativ beurteilen	Benchmarking praktizieren	Den Risikodialog suchen
Mögliche Problemlösungen quantitativ bewerten	Wertsteigerungen realisieren	Die Interessen der Anspruchsgruppen sichern

von Dienstleistungsaktivitäten für die «Mutter» BP. Die Mitarbeiter selber zeichneten sich durch grosse Flexibilität und Kreativität aus, mussten sie doch in ständig wechselnden Konstellationen eingesetzt werden und sich entsprechend laufend anpassen. In dieser Konstellation wäre eine hierarchisch strukturierte Organisation kaum von grossem Erfolg gekrönt gewesen. Vielmehr mussten neue Wege gefunden werden, um den besonderen Fähigkeiten und Neigungen der Mitarbeiter Rechnung zu tragen. Unter dem Begriff der «Cluster-Organisation» wurde ein geeigneter Ansatz evaluiert und schliesslich umgesetzt. Cluster sind Gruppierungen von Mitarbeitern, die gemeinsam eine Dienstleistung erbringen. Das Interessante bei dieser Organisationsform ist die Bildung dieser Cluster. Die tausend Mitarbeiter der BP-Service Einheit wurden ermuntert, sich auf völlig freiwilliger Basis zu Gruppen zusammenzufinden, die sodann eine bestimmte Dienstleistung in institutionalisierter Form anbieten sollten. Als typische Cluster bildeten sich Taucherteams zum Unterhalt von Hochseeplattformen oder Informatikteams zur Unterstützung spezifischer Applikationen. Den Clusters wurde eine unterstützende Infrastruktur in Form von administrativen oder Engineering-Dienstleistungen zur Seite gestellt, so dass sie diese Routineaufgaben delegieren konnten. Auch gab es ein verantwortliches Management für den gesamten Servicebereich, allerdings nicht im Sinne einer hierarchisch übergeordneten Stelle, sondern eines mit Zielen führenden Coaches. Diese Organisation erweist sich bis heute als sehr sinnvoll, trägt sie doch den besonderen Fähigkeiten der Mitarbeiter Rechnung und gibt ihnen genügend Freiraum zur Selbstentfaltung.

Nutzung der Eigengesetzlichkeiten des Unternehmens bedeutet aber auch, sich über dessen Befindlichkeit ein genaues Bild zu machen. Allzu oft wird es als selbstverständlich angenommen, dass das Unternehmen eine Problemlösung schon deshalb «schluckt», weil sie sachlogisch überzeugt. Jedes Unternehmen besteht aber aus Mitarbeitern, die ihre eigenen Interessen und Bedürfnisse haben, und für die die Sachlogik allein noch kein überzeugendes Argument ist. Um hier mit den Problemlösungen nicht ins Leere zu laufen, muss eine Diagnose der mental-kulturellen Identität des Unternehmens vorgenommen werden. Einen Weg dazu weist GRÄSSLE (1993), der fünf verschiedene Gestaltungsebenen bei einem Veränderungsprozess unterscheidet. Genauso wie die Eigengesetzlichkeiten der Sachebene zu nutzen sind, muss auf die Befindlichkeit des Unternehmens auf der Verhaltensebene Rücksicht genommen werden. Abbildung 4.6 fasst die auf den verschiedenen Verhaltensebenen zu stellenden Fragen zusammen, dies in geschickter Kombination von Sach- und Verhaltenslogik.

Viele der in Abbildung 4.6 gestellten Fragen sollten im bisherigen Problemlösungsprozess beantwortet worden sein. Im Zusammenhang dieses Schrittes muss das Augenmerk auf die Fragenkomplexe der Unternehmenstradition, der Führungskultur, der Selbstreflexion, der Lernfähigkeit und des Führungsverhaltens gerichtet werden. Unternehmerisch handeln unter Berücksichtigung der Eigengesetzlichkeit des Unternehmens heisst in diesem Zusammenhang, diese Fragen sorgfältig zu beantworten und sich zu überlegen, wie die Nutzung der entsprechenden Konstellationen die Umsetzung der Problemlösung unterstützen kann. Im gleichen Masse ist aber auch zu prüfen, ob Antworten auf die obigen Fragen zu einer Konstellation führen, die für die Problemlösung ungünstig ist und ihre Erfolgschancen mindert.

Benchmarking praktizieren

Bei den bisherigen Ausführungen zur Beurteilung von Problemlösungen standen der Vergleich der einzelnen Alternativen miteinander sowie die Abstimmung mit den Anspruchsgruppeninteressen und der Eigengesetzlichkeit des Unternehmens im Vordergrund. In der Unternehmenspraxis zeichnet sich aber in den letzten Jahren der rasante Aufstieg einer neuen Art von Vergleich ab, nämlich des «Benchmarking». Beim Benchmarking geht es darum, seine eigene Problemlösung mit der besten Lösung des eigenen Unternehmens, der Wettbewerber oder funktional ähnlicher Unternehmen zu vergleichen. Im englischsprachigen Raum spricht man dabei von «Best Practice» oder «Best in Class». Es werden nicht nur Produkte und Dienstleistungen verglichen, sondern auch Methoden und Prozesse.

Benchmarking hat in den USA einen grossen Aufschwung genommen, und die meisten Unternehmen bezeichnen es als erklärtes Ziel der nächsten fünf Jahre, dieses umfassend einzuführen (LEIBFRIED/MCNAIR 1992). Aber auch in Europa gewinnt Benchmarking zunehmend an Bedeutung. Ein ak-

Ebene 1: **Identität**	■ **Unternehmensmission:** Wie vollständig ist sie? Wie bekannt ist sie den Mitarbeitern? Wie attraktiv ist die Mission? ■ **Tradition:** Ist das Unternehmen eher konservativ oder progressiv? Ist man stolz auf die Vergangenheit? Wie flexibel ist das Unternehmen? ■ **Reifegrad:** Auf welcher Stufe des Reifungsprozesses befindet sich das Unternehmen? Welches sind die grössten Krisen gewesen, was hat sich daraus entwickelt? ■ **Branchenzugehörigkeit:** Wie wichtig ist die fachspezifische Orientierung des Unternehmens für die Flexibilität?
Ebene 2: **Glaubenssätze**	■ **Führungskultur:** Wie ist das Menschenbild im Unternehmen? Was bedeutet Leistung? Was bedeutet soziale Verantwortung? Welche Fehlerkultur gibt es? Welche Bedeutung hat Führung? ■ **Auffassung über den Wettbewerb:** Sportliches Spiel oder Krieg? ■ **Selbstreflexion:** Was denken die Mitarbeiter über das Unternehmen, was über die Produkte/Dienstleistungen, was über sich selbst?
Ebene 3: **Fähigkeiten**	■ **Kernkompetenzen:** Welche Kernkompetenzen sind bewusst, welche nicht? Wie werden sie bewertet? Welche Suchfeldstrukturen gibt es? ■ **Lernfähigkeit:** Wie selbstkritisch sind die Führungskräfte/Mitarbeiter? Wie sensibel und aufnahmebereit sind sie für die Wahrnehmung und Reflexion von Umfeldveränderungen? Gibt es eine ausgeprägte und respektvolle Feedback-Kultur? ■ **Antizipationsfähigkeit:** Wie stark ist das strategische Denken entwickelt? Werden Entwicklungen im Unternehmensumfeld gedanklich vorweggenommen und auf Konsequenzen hin abgeprüft?
Ebene 4: **Verhalten**	■ **Führungsverhalten:** Abwertungen, Vertrauen, Mikropolitik, Informationspolitik, Kontrolle? ■ **Struktur:** Welche Organisationsstruktur hat das Unternehmen? Wie gross ist es? Welche Bedeutung haben Hierarchie und Titel? ■ **Erfolgskennzahlen:** Betriebserträge, Kapitalkraft, Wachstumsgeschwindigkeit?
Ebene 5: **Umfeld**	■ **Image:** Welches Image hat das Unternehmen bei den Kunden, Mitarbeitern, Lieferanten, in der Presse, der Öffentlichkeit? Wie sensibel reagiert die Umwelt auf Imagekorrekturen? ■ **Kunden:** Welchen Kundennutzen bieten wir, sollten wir bieten? Welche Zielgruppen gibt es, welche Segmentierungskriterien sind dafür massgeblich? ■ **Wettbewerbsposition:** In welcher Branche wird welche Position eingenommen? Welche Wettbewerbsbedingungen herrschen?

Abbildung 4.6
Gestaltungsebenen bei Veränderungsprozessen
(Grässle, 1993, S. 117f)

tuelles Beispiel dafür ist die CIBA, die als Gastreferenten für ihr 1995er Seminar der weltweit obersten 500 Führungskräfte zwei Vertreter von HEWLETT PACKARD eingeladen hat, die die «Best Practice» auf dem Gebiete der Logistik vorstellen sollen. Benchmarking kann also durchaus zwischen Unternehmen unterschiedlicher Branchen erfolgen, wenn Prozesse oder Strukturen ähnlich sind. So macht es beispielsweise auf dem Gebiete des Franchising Sinn, MCDONALDS, MISTER MINIT und PIZZA HUT miteinander zu vergleichen. Ein noch eindrücklicheres Beispiel ist allerdings HEWLETT PACKARD, die ihre Serviceorganisation an der Leistung amerikanischer Unfallkliniken benchmarken. Üblicherweise vergleicht sich aber ein Unternehmen mit seinem besten Konkurrenten derselben Branche. Ein solcher Vergleich findet beispielsweise in der Schweiz zwischen den grössten Einzelhändlern MIGROS und COOP statt (BINDER 1993). Als Indikatoren werden der Umsatz pro Quadratmeter Ladenfläche, der Umsatz pro Verkaufsstelle sowie die durchschnittliche Verkaufsfläche pro Verkaufsstelle genommen. Nimmt man beispielsweise den Umsatz pro Quadratmeter, so stellt man einen Benchmarking-Abstand von Fr. 2840.– zugunsten der Migros fest. Wichtig ist allerdings nicht nur die absolute Zahl, sondern auch die Entwicklung des Abstands. So hat zwischen 1991 und 1992 der Abstand abgenommen, indem sich COOP bei diesem Indikator um 2,3% verbessert hat, MIGROS jedoch nur um 1,3%. Aber auch innerhalb des Unternehmens läst sich Benchmarking sinnvoll einsetzen. Dies beweist die SCHINDLER-Gruppe, weltweit die Nummer 2 im Bereich Waren- und Personenaufzüge sowie Rolltreppen. Auf dem Gebiete des Total Quality Management wird zwischen den einzelnen Ländergesellschaften verglichen, wie sich die Bearbeitungszeit von Kundenanfragen, die Montagezeiten, die arbeitsunfallbedingten Absenzen, die Zuverlässigkeit von Aufzügen sowie die Interventionszeit bei Betriebsunterbrüchen entwickeln. Dadurch lassen sich besonders erfolgreiche Regionen feststellen, deren Methoden und Resultate innerhalb des Konzerns weitervermittelt werden.

Das Vorgehen beim Benchmarking lässt sich in verschiedene Schritte gliedern (PIESKE 1994):

- *Bestimmung des Benchmarking-Objekts*
- *Interne Analyse zur Bestimmung der eigenen Praxis*
- *Bestimmung von Benchmarking-Partnern*
- *Analyse der Benchmarking-Partner*
- *Bewertung der Ergebnisse*
- *Aktionsplanung, Realisierung und Perfektionierung*

Benchmarking hat allerdings auch seine Grenzen. So dient es nicht der Innovation, sondern vor allem der Bestätigung eigener Ideen. Es sollen Ideallösungen aufgespürt werden, die ausserhalb des eigenen Bereiches bereits bekannt sind und angewandt werden. Weiter ist die Güte des Benchmarking-Partners nicht bekannt. Hier besteht die Gefahr der Legendenbildung, indem ein Unternehmen von anderen zu Unrecht hochstilisiert wird. Ferner stellt sich die Frage, wie man es schafft, dass beide Firmen profitieren. Wieso sollte sich ein Unternehmen als Benchmarking-Partner zur Verfügung stellen, wenn es selber nichts davon hat? Schliesslich gibt der Benchmarking-Vergleich noch keinen Hinweis auf allfällige Ursachen von Unterschieden. Hier ist eine bedeutende Eigenleistung des Unternehmens vonnöten.

Im Sinne der eingangs dieses Schrittes geforderten Triangulation bei der Beurteilung von Problemlösungen ist aber Benchmarking ein äusserst nützliches Instrument, dessen Einsatz unbedingt in Erwägung gezogen werden sollte.

Wertsteigerungen realisieren

Oberstes Ziel jeder Problemlösung muss die Wertschöpfung sein. Aus der Sicht des unternehmerischen Handelns steht dabei die Steigerung des Unternehmenswertes, ausgedrückt in künftig erzielbaren freien Cash flows, im Vordergrund. Im Unternehmenskontext können wertsteigernde Problemlösungen drei strategischen Bereichen zugeordnet werden, wie Abbildung 4.7 illustriert (nach GOMEZ, 1993).

Mögliche Problemlösungen können ein einzelnes Geschäft, das Unternehmen als Ganzes oder den weiteren Einflussbereich des oder der Unternehmenseigner betreffen. Sie sind deshalb Teil der Geschäfts-, Unternehmens- oder Eignerstrategie. Geschäftsstrategien zielen darauf ab, den entsprechenden Teilbereich des Unternehmens im Wettbewerb möglichst vorteilhaft zu positionieren. Stichworte hierzu sind Kundenorientierung, Gewinnung von Marktanteilen, Konkurrenzvorteile. Ein grosser Teil unternehmerischer Problemlösungen lassen sich diesem Bereich zuordnen, von der Produktinnovation über die kundenorientierte Prozessorganisation bis hin zum Marketing. Diese Problemlösungen sind daran zu messen, welchen Beitrag sie zur Wertsteigerung des Unternehmens leisten. Die Wettbewerbsvorteile müssen sich in freien Cash flows niederschlagen, die grösser sind als die Kapitalkosten des jeweiligen Geschäftes. Wenn beispielsweise Unternehmen wie CIBA in ihrer Pharmadivision ein «Faster Time to Market»-Programm und ASEA BROWN BOVERI ein «Customer Focus»-Programm realisieren, so tun sie dies einerseits im Hinblick auf eine noch bessere Erfüllung der Kundenwünsche und anderseits zur Erringung eines Zeitvorteils gegenüber der Konkurrenz. Gelingt es der CIBA, die Forschungs- und Entwicklungszeiten zu halbieren, und kommt ABB

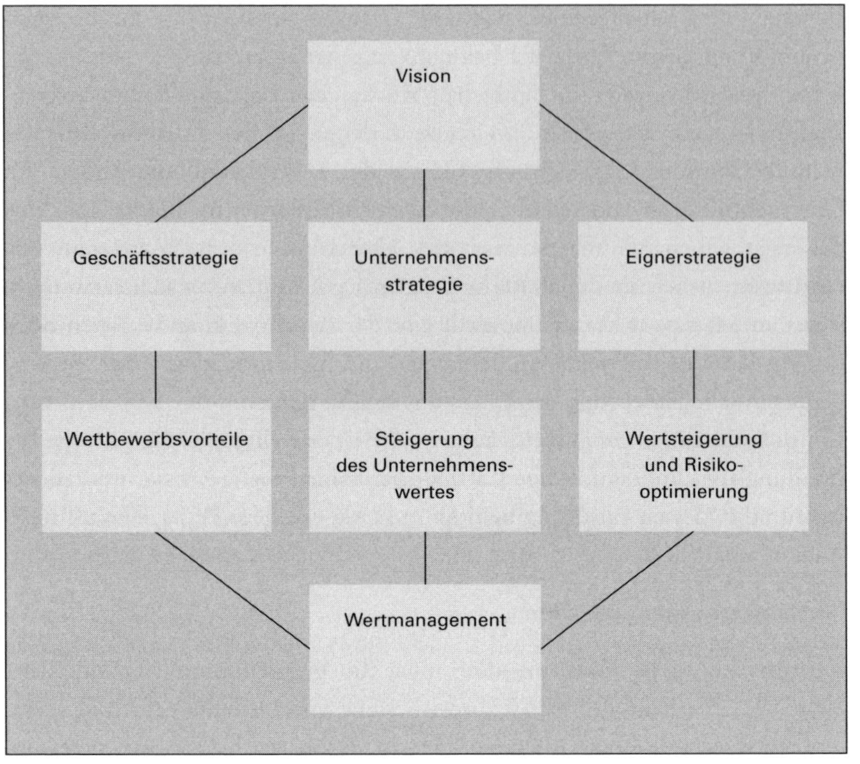

Abbildung 4.7
Strategische Ansatzpunkte für Wertsteigerung im Unternehmen

in ihrem Null-Fehler-Ziel näher, so sichert dies ihnen höhere Umsätze und bessere Gewinnmargen, was sich zwangsläufig in positiven freien Cash flows niederschlägt. Hier wird deutlich, dass das bisher verschiedentlich angesprochene Zeitmanagement eben nicht nur konzeptionell betrachtet, sondern auch in seinen wertsteigernden Auswirkungen in diesem Schritt des Problemlösungsvorgehens evaluiert werden muss.

Ist bei der Geschäftsstrategie der klare Fokus der Marktbezug («Market-based View») so besinnt sich die Unternehmensstrategie zusätzlich auf die eigenen internen Fähigkeiten («Resource-based View»). Die Unternehmensstrategie ist also nicht einfach die Summe aller Geschäftsstrategien. Vielmehr hat ein Unternehmen eine Vielzahl von Nutzenpotentialen auf den Gebieten der Beschaffung, der Informatik, der Organisation, der Kooperationen, der Humanressourcen, usw., die gezielt zur Wertsteigerung eingesetzt werden müssen. Bei der heutigen strategischen Ausrichtung von Unternehmen fallen immer mehr Problemlösungen in diesen Bereich, so auch die Gestaltung einer neuen Firmenarchitektur. Als Beispiel sei hier die SCHWEIZERISCHE RÜCKVERSICHERUNGSGESELLSCHAFT angeführt, die zu den Weltmarktführern auf ihrem Gebiet gehört. Die SCHWEIZER RÜCK hatte in den 80er-Jahren neben ihrem angestammten Rückversicherungsgeschäft konsequent auch das Erstversicherungsgeschäft weiter ausgebaut, bis dieses 48% des Gesamtunternehmens ausmachte. Allerdings gelang es nie, dieses Geschäft wirtschaftlich profitabel zu gestalten, da die beiden Versicherungsarten ein völlig anderes Know-how verlangen. Im Jahre 1994 wurde der bisherige Direktionsvorsitzende durch einen neuen Mann abgelöst, der sich sofort zu einem radikalen Schnitt entschloss. Er verkaufte die gesamte Erstversicherungssparte für SFr. 5,5 Milliarden und setzte damit bedeutende Mittel für die Entwicklung des eigentlichen Stammgeschäftes frei. Der Umsatz der SCHWEIZER RÜCK schrumpfte daher um die Hälfte von 24 auf 12 Mrd. Franken, der Personalbestand um über 70% von 18'800 auf 8'000 Mitarbeiter. Für an Umsatzdenken und an Unternehmensgrösse orientierte Aussenstehende mag dieser Aderlass als eigentliche Katastrophe erschienen sein. Aus der Sicht der Wertsteigerung war dies allerdings ein äusserst kluger Schritt. Auf einen Schlag verbesserten sich die Aussichten auf hohe künftige freie Cash flows gewaltig, und zudem konnte die Eigenkapitalbasis markant gestärkt werden. Es ist deshalb nicht erstaunlich, dass die Aktienkurse der SCHWEIZER RÜCK am Tage der Bekanntgabe des Verkaufs um rund 10% zulegten.

Es gibt unternehmerische Problemlösungen, die sich noch einer dritten Kategorie zuordnen lassen. Bei der Eignerstrategie geht es um all jene Aktivitäten, die ausserhalb des Einflussbereiches des Managements sind und exklusiv dem Eigner zustehen. Auch hier besteht ein bedeutendes Wertsteigerungspotential, das heute in vielen Unternehmen noch wenig ausgeschöpft wird. Ein Eigner kann beispielsweise zur Wertsteigerung Teile seines Unternehmens veräussern. Zur Illustration sei hier die Strategie des Schweizer Industriellen Stefan SCHMIDHEINY bei der Veräusserung des Einzelhandelsbereiches seines Firmenimperiums vorgestellt. Sein führendes Schweizer Kioskunternehmen mit über 1'000 Verkaufsstellen und einem Umsatz von 800 Mio. SFr., erzielt mit Zeitungen und Zeitschriften, Tabak und Süsswaren, befand sich Ende der 80er-Jahre in einem gesättigten Markt. Wertsteigerungen waren nur noch in geringem Ausmasse möglich. Schmidheiny verkaufte sein Unternehmen an die MERKUR-Gruppe, die gleichzeitig die Nummer 2 im Schweizer Kiosk-Markt käuflich erwerben konnte. Zusammen mit ihren angestammten Aktivitäten im Einzelhandel sowie unter Nutzung der vielfältigen Synergien der beiden zugekauften Unternehmen kann MERKUR in Zukunft zusätzliche freie Cash flows erzielen, die weit ausserhalb der Reichweite des bisherigen Eigners waren. Dass sich im Verkaufspreis des Unternehmens diese Aussichten positiv niedergeschlagen haben, versteht sich von selbst. Schmidheiny konnte so Mittel generieren, die er für seine Aktivitäten in noch nicht gesättigten Märkten wertsteigernd einsetzen kann.

Nach dieser Illustration des unternehmerischen Handelns ist nun noch auf das persönliche Überzeugen bei der Beurteilung von Problemlösungen einzugehen.

Vernetzt denken	Unternehmerisch handeln	Persönlich überzeugen
Die Einhaltung der systemischen Lenkungsregeln sicherstellen	Die Eigengesetzlichkeiten des Unternehmens nutzen	Die Mitarbeiterinitiative fördern
Alternativen qualitativ beurteilen	Benchmarking praktizieren	Den Risikodialog suchen
Mögliche Problemlösungen quantitativ bewerten	Wertsteigerungen realisieren	Die Interessen der Anspruchsgruppen sichern

Persönlich überzeugen

Empowerment – so lautet in vielen internationalen Unternehmen die Devise, die in der Mitarbeiterführung das Gegenstück zur Nutzung der Eigendynamik des Unternehmens bildet. Empowerment bedeutet Ermächtigung des Mitarbeiters, heisst Förderung der Eigeninitiative für eine gesunde Entwicklung des Unternehmens.

Die Mitarbeiterinitiative fördern

Die Nutzung der Eigendynamik des Unternehmens kann technokratisch erfolgen, indem auf der Sachebene die richtigen Hebel identifiziert und gezielt eingesetzt werden. Eine bedeutend grössere Wirkung wird jedoch erzielt, wenn auf der Verhaltensebene diese Mittel gefunden werden. Und in der heutigen Zeit kann dies nur dadurch erreicht werden, dass die Mitarbeiter kompromisslos miteinbezogen werden. Dies nicht nur im Sinne einer «Motivationsspritze», sondern im Interesse einer optimalen Unternehmensentwicklung.

Das Vorgehen des Empowerment soll an zwei Beispielen illustriert werden, CIBA und GENERAL ELECTRIC. Die Ende der 80er-Jahre eingeführte neue Vision der CIBA wurde oben bereits ausführlich dargestellt. Bei der Einführung dieser Vision war eine tragende Säule das Konzept des Empowerment (LIPPUNER 1993). Die Mitarbeiter sollten von nun an grössere Handlungsspielräume haben, um ihre Fähigkeiten gezielt einsetzen und sich selbst entfalten zu können. Führungskräfte waren nicht mehr Befehlsgeber, sondern Coaches und Moderatoren. CIBA hielt es mit der bekannten Aussage von

Peter KOESTENBAUM: «Wenn die Leute wachsen, wachsen auch die Gewinne». Die Umsetzung des Konzeptes erfolgte kaskadenförmig über das ganze Unternehmen. Mitarbeiter aller Stufen wurden in «Führung und Zusammenarbeit»-Teams gruppiert und aufgefordert, Gestaltungsvorschläge für die CIBA der Zukunft einzubringen. Dadurch sollte einerseits der reiche Erfahrungsschatz der Mitarbeiter genutzt werden. Anderseits sollte das sogenannte «Not invented here»-Syndrom vermieden werden, das sehr oft die Umsetzung auch guter Lösungen verhindert. In den fünf Jahren seit Einführung des Empowerment-Konzeptes hat die CIBA im Sinne der Nutzung des Eigendynamikpotentials grosse Fortschritte in Richtung eines kooperativen Führungsstils gemacht.

Ein ähnliches Konzept wurde bei GENERAL ELECTRIC von Jack WELCH unter dem Namen «Work out» eingeführt (TICHY/SHERMAN 1993). Auch für Welch war Empowerment eine Frage der Glaubwürdigkeit seiner Reorganisation von GENERAL ELECTRIC. Er bildete ebenfalls kaskadenförmig Projektgruppen über das gesamte Unternehmen, die innovative Verbesserungsvorschläge entwickeln sollten. Das Besondere am Vorgehen war aber der jeweilige Abschluss der Projektarbeiten. Zur Präsentation möglicher Lösungen wurden die jeweiligen Vorgesetzten der Projektgruppen-Mitglieder eingeladen. Diese mussten vor Ort direkt Stellung nehmen zu den Vorschlägen, wobei sie drei Möglichkeiten der Reaktion hatten: Wird umgesetzt; Bedenkzeit von zehn Tagen zur Beurteilung; wird nicht umgesetzt – mit Begründung! Das Interessante an diesem Vorgehen war, dass 80 % aller Vorschläge akzeptiert wurden und das Management sich verpflichtete, diese auch sofort umzusetzen. Dadurch war die Gefahr gebannt, dass Projekte verschleppt oder zu Makulatur wurden.

Den Risikodialog suchen

Die heutige Wirtschaftswelt mit ihrer zunehmenden Komplexität ist Quelle einer Vielzahl von Störereignissen, die nicht nur für das Unternehmen, sondern für die Gesellschaft als Ganzes bedrohliche Ausmasse annehmen können. Dies betrifft nicht allein solche Katastrophen wie Schweizerhalle, Bhopal, Seveso oder das EXXON VALDEZ-Unglück von 1989. Bereits kleinere Störfälle können sich über Kettenreaktionen zu Grossrisiken auswachsen, sei dies auf dem Gebiete der Umweltverschmutzung oder beispielsweise bei der weltweiten Einführung eines fehlerhaften Medikamentes. Gerade bei international tätigen Unternehmen aber steigt das Risiko exponentiell an, wie Abbildung 4.8 eindrücklich zeigt.

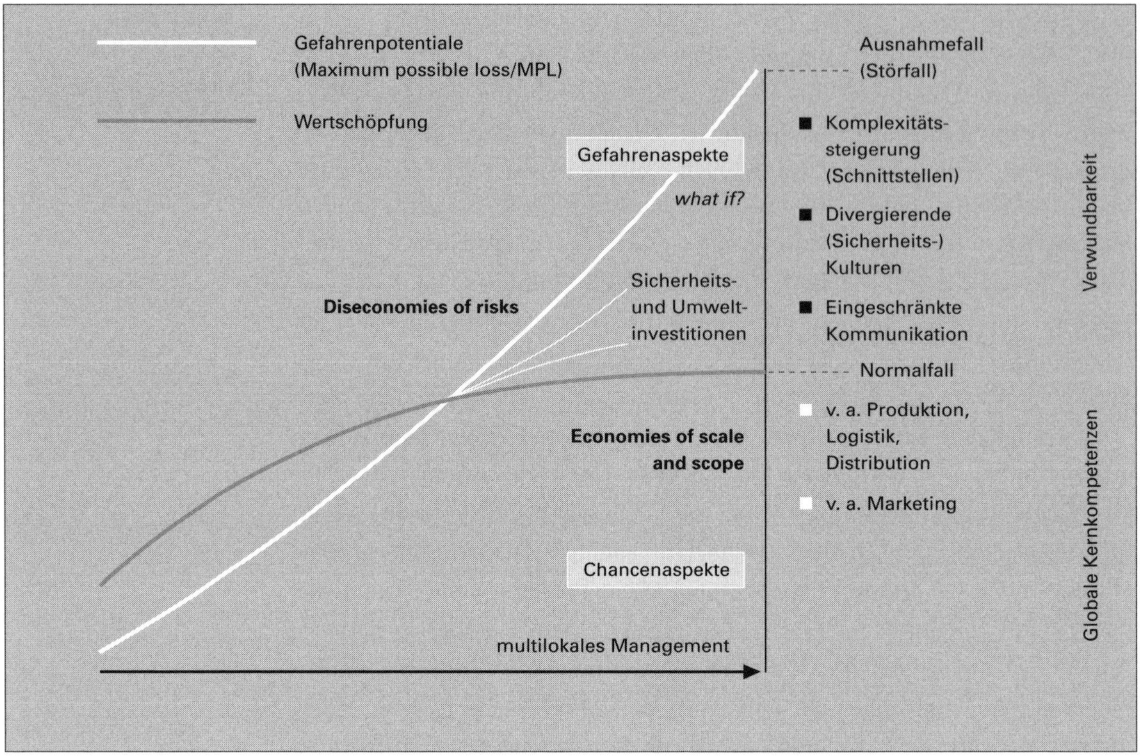

Abbildung 4.8 Risikofaktoren im Zusammenhang mit dem multilokalen Management (Gomez/Bleicher/Brauchlin/Haller, 1993).

International tätige Unternehmen können zwar Chancen in Form von Economies of Scale and Scope realisieren. Es zeigt sich hier allerdings ein abnehmender Grenznutzen. Gleichzeitig nimmt allerdings die Verwundbarkeit durch Komplexitätssteigerung, divergierende Kulturen und eingeschränkte Kommunikation exponentiell zu. Diese «Diseconomies of Risks» lassen sich durch Sicherheits- und Umweltinvestitionen zum Teil reduzieren, nicht aber völlig beseitigen. Wenn dann der berühmte Störfall eintritt, werden die Folgen aufgrund der internationalen Vernetzung besonders gross sein.

Um hier eine möglichst weitgehende Vorsorge treffen zu können, schlägt Haller (1990) den Risikodialog vor. In den vergangenen Jahren und Jahrzehnten wurde die Risikothematik ganz unterschiedlich angegangen. Als der Machbarkeitsglaube noch dominierte, stand Risikobeherrschung im Vordergrund. Die richtige Risikopolitik war also eine Frage der Logik der Entscheidung. Mit zunehmender Bewusstwerdung der unternehmerischen Komplexität trat die Risikobewältigung als Managementproblem in den Vordergrund. Heute ist man sich im klaren, dass nur eine umfassende Kommunikation im Sinne eines Risikodialogs helfen kann, Risiken einzugrenzen. Als Beispiel für diesen Risikodialog sei wiederum die CIBA genannt, die die Kommunikation mit allen Anspruchsgruppen aufgenommen hat. Nicht nur hat sich der Verwaltungsratspräsident in öffentlichen Interviews stark exponiert, sondern es wurde auch beispielsweise bei der Besetzung eines Hochkamins in Basel durch GREENPEACE nicht die Polizei geholt, sondern den Beteiligten das Gespräch angeboten (und ihnen sogar Nahrung auf den Hochsitz gebracht). Wenn also Problemlösungen beurteilt werden sollen, so ist dies auch im Sinne eines Risikodialogs vorzunehmen, indem alle Betroffenen zu Wort kommen können. Dies nicht nur im Sinne der Glaubwürdigkeit, sondern auch zum Schutze des Unternehmens vor gravierenden Störfällen.

Die Interessen der Anspruchsgruppen

Persönlich überzeugen in der Phase der Beurteilung möglicher Problemlösungen bedeutet, die Interessen der Anspruchsgruppen auch hier bewusst miteinzubeziehen. Wie wir oben gesehen haben, stösst dies aus verschiedenen Gründen auf grosse Schwierigkeiten. Zum einen gibt es eine Vielzahl von Anspruchsgruppen, die durchaus legitime Interessen anmelden können. Zum anderen gehen die Zielvorstellungen innerhalb der einzelnen Anspruchsgruppen oft weit auseinander. Schliesslich ist die Erfolgsmessung der Wertsteigerung noch nicht gelöst. Diese Fragen sollen uns hier aber weniger beschäftigen als das praktische Vorgehen, wie überhaupt die Interessen der Anspruchsgruppen bei der Beurteilung möglicher Problemlösungen zum Zuge kommen.

Die am wenigsten verbindliche – für die Anspruchsgruppen aber auch unbefriedigendste – Variante wäre eine lose Verpflichtung des Managements, deren Ansprüche als Rahmenbedingungen bei der Optimierung des wirtschaftlichen Unternehmenswertes zu berücksichtigen. In diesem Fall wären die Anspruchsgruppen völlig vom guten Willen der Unternehmensleitung abhängig und müssten zu Recht befürchten, je nach Situation im Nachteil zu sein. Ein anderes Extrem bestünde in einer Institutionalisierung des Aushandlungsprozesses im Sinne einer Mitbestimmung der Anspruchsgruppen. Ein solches Modell ist aber unseres Erachtens marktwirtschaftlich gesehen nicht sinnvoll. Bleibt eigentlich als ernsthafte Alternative zur Verwirklichung eines Anspruchsgruppen-Managements nur die Möglichkeit, einerseits in Unternehmensverfassung und Unternehmenspolitik bestimmte Grundsätze festzuschreiben und anderseits eine Art Forum zu gründen, in dem Vertreter der Anspruchsgruppen zusammen mit dem Management regelmässig Fragen der Ausrichtung des Unternehmens diskutieren. In der Unternehmensverfassung und der Unternehmenspolitik soll beispielsweise festgehalten werden, welche Rechte den Mitarbeitern zugestanden und welcher Stellenwert dem Staat und der Gesellschaft eingeräumt wird. So war es während Jahrzehnten einer der obersten Grundsätze der IBM, dass keine Mitarbeiter entlassen werden sollten. Die wirtschaftlichen Notwendigkeiten haben aber dann anfangs der 90er-Jahre zur Aufgabe dieses Grundsatzes geführt. Bezogen auf

Staat und Gesellschaft könnte ein Grundsatz lauten, dass dem Staat zu geben ist, was des Staates ist, das heisst, dass nicht die Steueroptimierung oberster Leitsatz der Unternehmensführung sein soll. Auch kann sich ein Unternehmen verpflichten, trotz Standortnachteilen in einem Land zu bleiben, um damit seine staatsbürgerlichen Pflichten einzulösen. Diese festgeschriebenen Rechte und Pflichten bilden die Leitplanken, innerhalb derer der Unternehmenswert und die künftigen freien Cash flows optimiert werden.

Die Einberufung von Anspruchsgruppen-Foren wird bereits von verschiedenen Unternehmen praktiziert, allen voran durch die hier immer wieder als Vorreiterin auftretende CIBA. In solchen Foren exponiert sich ein Unternehmen, was einerseits die Glaubwürdigkeit erhöht und anderseits einen allfälligen Rückzug erschwert. Entscheidend ist aber auch hier, dass Problemlösungen ausdiskutiert werden, bevor zur Entscheidung über eine bestimmte Variante geschritten wird.

Das Beispiel KUONI

Nach der einleitend zu diesem Schritt vorgestellten Erkenntnis, dass KUONI intern wie extern von einer überwältigenden Mehrheit als Ferienveranstalter gesehen wurde und dem wichtigen Geschäftsbereich der Geschäftsreisen weder die notwendige Aufmerksamkeit des Managements, noch die Ressourcen, Strukturen und Positionierungsmechanismen zur Verfügung standen, war schnell ein Leidensdruck aufgebaut. Dieser wurde noch dadurch verstärkt, dass man erstmals deutlich erkannte, dass in diesem wichtigen Bereich sogar Verluste resultierten. Dabei war KUONI auch hier klarer Marktleader, mit einem Umsatz von über 300 Mio Schweizer Franken und fast 22% Marktanteil. Die nächstfolgenden Anbieter brachten es lediglich auf 15% respektive 9%. Wie aber waren in diesem schnellebigen und harten Markt, in dem die Kosten und die Transparenz eine immer wichtigere Rolle spielen, die Marktführerschaft zu halten oder gar auszubauen? Die Szenarien mit Schwerpunkt Liberalisierung und EG-Entwicklung (vgl. Abbildung 3.8) zeigten deutlich, dass sich die staatspolitischen Grenzen immer mehr verwischen werden, Marketing und Marktbearbeitung grenzüberschreitend auszurichten sind, eine Internationalisierung in den Unternehmen schnell fortschreiten wird. Die Kosten werden sich durch höhere Konkurrenz, den Preiszerfall bei Flügen, Redimensionierungsprogramme bei den Kunden usw. auf die Konkurrenzfähigkeit im Geschäftsreisengeschäft durchschlagen und die zukünftigen strategischen Erfolgspositionen neu definieren.

Die in Schritt 1 herausgearbeiteten heutigen und zukünftigen strategischen Erfolgspositionen mit den entsprechenden Schlüsselfaktoren mussten nun auch in den Kriterienkatalog für die Evaluation der strategischen Lösungen eingehen. Die Analysen der Umwelt und der Stärken und Schwächen von KUONI im Vergleich zu den jeweils stärksten Konkurrenten in spezifischen Fähigkeiten und Technologieanwendungen (Benchmarking) ergaben nicht nur eine klare Positionierung, sondern auch die Ausgangslage für die Beurteilung der möglichen Strategien, die oben bereits dargestellt worden sind.

In einem ersten Schritt ging es jetzt darum, die strategischen Varianten «aus eigener Kraft» oder «durch Kooperation», auf ihre Übereinstimmung mit den Lenkungsregeln zu überprüfen. Die Darstellung in Abbildung 4.9 gibt die Interpretation für die strategische Variante «Kooperation» wieder.

Ein weiterer wichtiger Schritt war die Gegenüberstellung der einzelnen Vor- und Nachteile der Strategien, verglichen in ihrer Umsetzbarkeit und qualitativen Einschätzung der Ergebnisse und Strukturen (vgl. Abbildung 4.10).

In einem letzten entscheidenden Schritt wurde eine quantitative Evaluation der Varianten erstellt, die einerseits zukünftige Renditeberechnungen und andererseits einen Vergleich der Investitionen und zukünftigen freien Cash Flows umfasste. Abbildung 4.11 gibt einen Einblick in den Aufbau dieser Evaluation.

Die Eigengesetzlichkeiten der Unternehmenstätigkeiten und ein Vergleich der Strategien mit verschiedenen Konkurrenten (Benchmarking der strategischen Ausrichtung) konnten weitere Entscheidungshilfen bringen. Es ging dabei nicht einfach darum, Erkenntnisse aus der Markt-, Konkurrenz- und Unternehmensanalyse zu repetieren, sondern die Strategien mit den aktuellen und zukünftigen Strategien der Konkurrenten im weitesten Sinne zu vergleichen und zu messen. Eigengesetzlichkeiten konnten in diesem Falle aufgelistet und in ihren Konsequenzen für die Strategieunterstützung überprüft werden. Es zeigte sich beispielsweise, dass die über die Umsatzgrössen zu erzielenden Synergien zwischen den Geschäftsreisen und dem Touristik-Bereich die Stellung eines Unternehmens gegenüber den Leistungsträgern entscheidend stärken können (Erkenntnisse aus dem Netzwerk). Es lassen sich so bessere Konditionen erarbeiten, die wiederum den Kunden weitergegeben werden können. Die Technologien im Back-Office-Bereich können synergetisch stärker genutzt und als Wettbewerbsvorteil ausgestaltet werden. Ebenso wird ersichtlich, dass sich eine Bündelung der reiserelevanten Leistungen anbietet und so die Chance entsteht, gegen die Tendenz der Kunden anzugehen, direkt mit den Leistungsträgern abzuschliessen. Ein weiterer Kreislauf, der die genannte Gefahr abschwächen kann, liegt im innovativen Verhalten durch die Erstellung neuer Produkte und die Abdeckung des Informationsbedarfs.

Die Spezialisierung und Ausgliederung der Geschäftsreisen kommt nicht nur dem Bedürfnis des unternehmerischen Denkens und Handelns entgegen, sondern fördert auch die im Touristikgeschäft häufig anzutreffende und ge-

Abbildung 4.9
Interpretation der Lenkungsregeln für die Strategie «Kooperation»

Interpretation der Lenkungsregeln

1. Regel	**Passe deine Lenkungseingriffe der Komplexität der Problemsituation an** Wir setzen gleichzeitig beim eigenen Detailnetz und durch Kooperation in mehreren europäischen Ländern an. Die verschiedenen Kreisläufe zeigen, dass damit über die internationale Abdeckung, die Attraktivität des Angebots, den neuen Kundenstamm u. a. auf die Strategischen Erfolgspositionen stark Einfluss genommen wird.
2. Regel	**Berücksichtige die unterschiedlichen Rollen der Elemente im System** Als aktive Grössen nutzen wir besonders das Produkteangebot, die internationale Abdeckung und technologische Möglichkeiten.
3. Regel	**Vermeide unkontrolliertes Wachstum** Gefahr beachten, dass durch zu schnelles Wachstum durch Kooperationen und Akquisitionen keine tragfähigen Strukuren entstehen.
4. Regel	**Nutze die Eigendynamik zur Erzielung von Synergieeffekten** Positive Kräfte und Stärken werden klar genutzt. Der Zeitbedarf bei Technologien/EDV-Realisierung ist sehr gross.
5. Regel	**Finde ein harmonisches Gleichgewicht zwischen Bewahrung und Wandel** Starke Veränderung der strukturellen Zusammenhänge wird durch klare Bewahrung der Kultur (Werte) begleitet.
6. Regel	**Fördere die Autonomie der kleinsten Einheit** Durch klare Regionalisierung und Implants, jedoch Zusammenarbeit mit Business Travel International auf globaler Ebene, nutzen wir das Verantwortungsbewusstsein und die Flexibilität autonomer Einheiten. Kundennähe ist damit zentral. Die Schaffung von «Geschäftsreisen-Teams» und einer entsprechenden Zentrale erhöht das unternehmerische Verständnis und «Bottom-up-Ideen».
7. Regel	**Erhöhe mit jeder Problemlösung die Lern- und Entwicklungsfähigkeit** Durch die strategischen Workshops und vielfältige, breit gestreute Analysen (Chancen/Gefahren; Stärken/Schwächen) wurden viele Mitarbeiter sensibilisiert und in strategischer Führung geschult. Dies ist durch weitere Evaluationsteams auszubauen. Der durchlaufene Problemlösungsprozess soll in einem KUONI-internen Handbuch festgehalten und kommentiert werden. Das Vorgehen kann so für weitere Problemsituationen dokumentiert und Schwierigkeiten können ausgeräumt werden.

pflegte Autonomie. Durch die Grundstrategien wird eine Konzentration der Geschäftsreisenaktivitäten erzielt und in der Struktur verwirklicht. Damit wird nicht nur dem Autonomieprinzip Rechnung getragen, wie wir es bereits im Rahmen der Lenkungsregeln kennengelernt haben, sondern auch gleichzeitig Eigenverantwortung und eine klare Linienzuständigkeit geschaffen. Das zu erwartende höhere Engagement der Mitarbeiter sollte sich auch in der Entwicklung neuer Produkte und Problemlösungen zeigen. Aber auch das Markenbewusstsein wird verstärkt: «KUONI als kompetenter Problemlöser in allen Belangen des Reisens».

Das Benchmarking der beiden Grundstrategien «eigene Kraft» und «Kooperation» zeigte ebenfalls in verschiedenen Ausprägungen eine Präferenz für die letztere Strategie. Verschiedene, meist bilaterale und mehr oder weniger lose Kooperationen über Netzwerke wurden von den Konkurrenten gesucht und eingegangen. ROSENBLUTH, ein amerikanisches Unternehmen, hat begonnen, ein Netzwerk aufzubauen, das mit starker US-Dominanz geführt werden sollte, CARLSSON/WAGONS LITS und AMEXCO zeichneten sich durch die Suche nach starken Verflechtungen aus. Eine Internationalisierung war gemeinhin anzustreben, wollte man im Geschäftsreisensegment langfristig noch mitspielen. Jedoch zeigte das Benchmarking auch, dass es nicht einfach sein wird, eine Kooperation aufzubauen, die der Globalisierung Rechnung trägt, eine grosse Einkaufsmacht darzustellen vermag und gleichzeitig an die nationalen Eigenheiten der Unternehmen (Kunden) gebunden ist. Eine Dominanz war somit nicht anzustreben, sondern neben der globalen «Buying-Power» brauchte es eine «menschliche Komponente», die die Eigenheiten, die Mentalität und das spezifische regionale Geschäftsgebaren berücksichtigte. Eine Kooperation im Rahmen des «Business Travel International» (BTI) schien daher besonders gut im Vergleich der strategischen Lösungen.

In der Risikodiskussion zeichnete sich aber auch ab, dass ein Zusammenschluss in einer losen Form auch Gefahren beinhaltet, so vor allem leichtere Abspaltung, weniger Druck und Verantwortung als bei einer kapitalmässigen Verflechtung.

Im Rahmen der vorliegenden strategischen Planung wurden bestimmte Anspruchsgruppeninteressen besonders beachtet und in die Evaluation der Lösungen miteinbezogen. Die Rolle der Finanzchefs von grossen Unternehmen als Ansprechpersonen bekam beispielsweise ein zentrales Gewicht. Die absehbare Welle der Kostenkontrolle und -optimierung im Unternehmen wird zu einem zunehmenden Druck auf die Leistungsträger und entsprechenden Rabattforderungen führen. Die Finanzchefs verfolgen klar die Suche nach dem besten Preis-Leistungsverhältnis. Eine Lösung musste daher gefunden werden, die echte Kostenoptimierungen erlaubte, indem sie die notwendigen Informationen zur Verfügung stellte. Ein solches Management-Infor-

Abbildung 4.10
Qualitative Evaluation der Strategievarianten «eigene Kraft» und «Kooperation»

Grundstrategien	Vorteile	Nachteile
Eigene Kraft	■ Unabhängigkeit in der Entscheidung ■ KUONI würde durch den massiven Ausbau des Namens auch im Tourismus Bekanntheitsgrad in Europa dazugewinnen	■ Bindet enormes Kapital ■ Bei einem Eigenaufbau dauert die Umsetzung sehr lange ■ Markteintrittspreise sind hoch, zum Teil sehr hoch
Kooperation	■ Bestehendes Know-how von Kooperations-Partner kann genutzt werden ■ Teure EDV-Entwicklungen werden gemeinsam gemacht ■ Es kann auf bestehendem Geschäft aufgebaut werden ■ Kapitalbindung ist weit tiefer als bei «eigener Kraft» ■ Eigene Produkte können zusätzlich aufgebaut werden ■ Buying-Power wird aufgebaut	■ Unabhängigkeit geht z. T. verloren ■ Entscheidungswege werden länger ■ Gefahr des «schwächsten» Gliedes in der Kooperation (Ausstieg von Partnern, Verkauf eines Partners, usw.) ■ Die Konkurrenz imitiert durch andere Kooperationen (mittel- bis langfristig)

mationssystem konnte über eine sogenannte Reisekostenstatistik dazu führen (vgl. Abbildung 4.12), dass Reiserichtlinien in Unternehmungen überhaupt erst sinnvoll entwickelt und durchgesetzt werden können.

Eine Wertsteigerungsanalyse im eigentlichen Sinne wurde nicht vorgenommen. Die Möglichkeiten, die diese Methode im Rahmen der Strategieentwicklung bietet, wurde somit nur partiell ausgeschöpft. Im Rahmen der vorliegenden Strategie ging es ja bewusst darum, sich vom reinen Ticketverkäufer weg zu einem Beratergeschäft hin zu entwickeln. Als Wertsteigerungsmassnahmen wurden dabei besonders die Möglichkeiten der Andersartigkeit der Verrechnung herausgearbeitet. Die Verrechnung gewann deshalb an Attraktivität, weil über das MIS, das Pooling, die Reisekostenstatistiken und das Kostenmanagement neue Möglichkeiten entstanden, den Preis vermehrt zu steuern.

Die Wahl und Umsetzung der Strategie «Kooperation» hat sich für KUONI gelohnt und eindeutig eine grössere Wertsteigerung gebracht. Die Partnersuche, die Entwicklung eines zusätzlichen Produktenetzes im Bereich Management-Informationssystem und der Aufbau einer internationalen Struktur konnten in den folgenden zwei Jahren erfolgreich abgeschlossen werden. Im August 1992 gab KUONI offiziell bekannt, dass «Geschäftsreisen» eine zentrale strategische Einheit darstellen und ausgebaut werden. Mit 8% beteiligte sich KUONI an der weltweit tätigen Kooperation «Business Travel International (BTI)». Diese Gesellschaft bietet vor allem global tätigen Kundenfirmen qualitativ hochstehende Dienstleistungen im Geschäftsrcisenbereich an. Sie passte damit genau in die Strategie von KUONI, die mit dieser Partnerschaft die exklusive Vertretung von BTI für die Schweiz, Österreich, Italien und Lichtenstein übernahm. Die weltweiten Partner wurden unter anderem HAPAG LLOYD

Strategie	1990	1991	1992	…
Umsatz	300	320	350	
Betriebs-Cash flow	3	7,5	10,5	
Investitionen/Steuern	1	0,5	0,5	
Freier Cash flow	2	7	10	

Abbildung 4.11
Freie Cash Flows für die Strategie «Kooperation»

in Deutschland, HAVAS VOYAGES in Frankreich, HOGG ROBINSON in England, die BENNET TRAVEL GROUP in Skandinavien, NIPPON TRAVEL in Japan, IVI TRAVEL INC. in den USA. Der Umsatz von über 12 Milliarden US-Dollar stellte von Anfang an ein gewaltiges Einkaufsvolumen dar, von dem die Mitglieder und die Kunden profitieren können. Der Zugang zum internationalen Markt in einem strategisch für wichtig erachteten Bereich wurde damit gesichert.

Mit diesem Vorgehen wurden nicht nur die Strukturen innerhalb der Unternehmung verbessert und die Strategien geklärt. Die Wahrnehmung der Geschäftsreisen als strategische Ausrichtung des Konzerns wurde in ihrer Bedeutung erkannt und bekam den entsprechenden Stellenwert. Die Spezialisierung machte schnelle Fortschritte, und das Bewusstsein und die Nutzung der Instrumente im technischen Bereich und der Internationalisierung wurden klar verstärkt und gefördert.

Abbildung 4.12
KUONI-Reisekostenstatistik für Unternehmen (Ausschnitt)

Endlich werden jetzt auch die Geschäftsreisekosten transparent.
Mit aller Klarheit zeigt sich beispielsweise:

Welche gesamten Reisekosten fielen während der Periode an?
Wie setzt sich das Spesentotal zusammen – z. B. Airline Tickets, Hotelunterkunft, Mietwagen, Bahn, Schiff, Pauschalreisen, Verschiedenes.
Wie verteilen sich Ihre Flugkosten auf den meistfrequentierten Strecken unter den Airlines? Und wieviele Hotelübernachtungen entfielen in den zehn meistbesuchten Städten auf die verschiedenen Hotelketten? **Interessante Ansatzpunkte für Tarifverhandlungen auf der Basis von Volumeneinkauf!**

Dann ein Blick auf die Wirtschaftsgeographie Ihrer Unternehmen: Welche Geschäftsreisekosten entstanden bei der Bearbeitung welcher Marktgebiete?

Und viele Antworten mehr auf andere Fragen im Brennpunkt Ihrer Wissbegierde: Zusammen jene **umfassende, anschaulich gegliederte Management-Information,** die auch Sie zur planmässigen Steuerung und Optimierung Ihrer weltweiten Geschäftsreisespesen unbedingt benötigen.

Mit der **neuen Reisekostenanalyse «KNOWS» (Software-Bezeichnung für «Kuoni's Nationally Offered Worldwide Statistics»)** legt Ihnen Kuoni dieses Führungsinstrument gebrauchsfertig auf den Tisch.

Schritt 5
Problemlösungen umsetzen und verankern

HEWLETT PACKARD war bereits in den 80er Jahren so erfolgreich wie heute – und setzte sich trotz fehlenden Leidensdruckes einem Prozess des Hinterfragens aus. Auf verschiedenen Hierarchieebenen suchte man Risikoquellen und geeignete Frühwarnindikatoren, um durch ein System des Risk Management auf Umfeldänderungen rasch und richtig reagieren zu können. In der HEWLETT PACKARD GMBH DEUTSCHLAND wurde auf der obersten Führungsebene ein Team zusammengestellt, das sich mit diesen Fragen beschäftigte und uns sehr früh in diesen Prozess integrierte. Im Jahre 1988 beschäftigte HP Deutschland als grösste Auslandstochter über 6'000 Mitarbeiter und trug wesentlich zum jährlichen Wachstum (über 20 % p. a.) der gesamten HP-Gruppe bei. Das Projekt lief unter dem Titel «Risk Management» und war durch die folgende Grundüberzeugung geprägt: «Selbst wenn wir davon ausgehen, dass die Welt von morgen weder schlechter noch besser sein wird, es wird mit Sicherheit eine andere sein als die von heute» (DEISS/DIEROLF 1991). Im Unternehmen sollte klargemacht werden, dass selbst in Zeiten des «offensichtlichen» grenzenlosen Wachstums mit Risiken gerechnet werden muss, unerwartete Entwicklungen auftauchen können und ein trügerisches Sicherheitsgefühl verheerende Auswirkungen haben kann. Die logische Konsequenz war die Entscheidung für den Aufbau eines Risk Management-Systems, das kritische Informationen und geeignete Kommunikationswege zur Verfügung stellen sollte. In diesem Rahmen wurde daher zuerst eine Bestandesaufnahme aller eingesetzten Planungs-, Kontroll- und Informationssysteme durchgeführt. Diese wurden auf kritische und notwendige Instrumente überprüft. Dabei gelangten wir zur Einsicht, dass viele interne Grössen zweifach und dreifach erhoben wurden, den Betroffenen unklar blieben und sich zudem häufig widersprachen. Noch bedeutender war aber die Erkenntnis, dass sich der überwiegende Teil der genannten Informationen mit der Vergangenheit beschäftigte. Das bisher als hervorragend betrachtete Informationssystem (vgl. Abbildung 5.1) lieferte kaum zukunftsorientierte Indikatoren. Ihm fehlten zudem steuerungsrelevante Kernindikatoren. Dies hatte zur Folge, dass wichtige Zusammenhänge nicht hinreichend abgebildet werden konnten.

Ausgangslage bei HP 1987	
Weltweites Kommunikationssystem mit ca. 65 000 Teilnehmern	■ Interne Kommunikation, Telex ■ Täglicher Auftragseingang ■ Täglicher Umsatz ■ Aktienkurs/Dollarkurs ■ Presseübersicht ■ Kundenbeschwerden ■ Termine ■ Finanzdaten
Monatliche Gewinn- und Verlustrechnung, Bilanz, Kostenrechnung	■ Nach Produktgruppen ■ Nach Werken/Kostenstellen ■ Verfügbarkeit am 8. Arbeitstag des neuen Monats ■ Weltweit konsolidierter, geprüfter Abschluss in 2-3 Wochen
Graphische Darstellung	■ Auftrags-, Kunden-, Finanz-, Qualitätsdaten
Forschung und Entwicklung	■ Projektkosten
Fertigung	■ Qualitätsstatistik
Personal	■ Personenbestand, Fluktuation, Krankheitsrate

Abbildung 5.1
Informationssysteme bei HEWLETT PACKARD Mitte 80er Jahre

In Folge dieser Erkenntnisse erhielt ein Projektteam den Auftrag, ein Frühwarnsystem mit Hilfe der Methodik des vernetzten Denkens zu entwickeln.Wir wollen uns vorwiegend mit der Umsetzung einzelner Lösungen aus diesem Projekt auseinandersetzen (vgl. DEISS/DIEROLF 1991, PROBST/BÜCHEL 1994).

Dieser Schritt behandelt den unserer Meinung nach schwierigsten Teil des Problemlösungsprozesses. Eine alte Praktikerweisheit lehrt, dass neunzig Prozent aller Schwierigkeiten bei der Umsetzung sichtbar werden. Implementierungskonzepte sind kaum generalisierbar. In jeder Problemsituation, in jedem Unternehmen, in jedem Markt, in jeder Kooperation ist die Umsetzung neu zu betrachten und trifft auf völlig andere Voraussetzungen. Daher fällt es besonders schwer, generelle Vorgehens- und Anwendungsregeln für Instrumente vorzuschlagen. Unsere Leitfrage lautet daher sehr allgemein, wie man in komplexen Situationen Wandel auslösen, kanalisieren und institutionalisieren kann, oder kürzer formuliert:

Wie bringt man die Problemlösung zum Laufen?

Diese Frage ist im Umgang mit komplexen Problemlösungen besonders schwierig zu beantworten. Der Umgang mit Komplexität und das Entscheiden und Handeln in vernetzten, paradoxen Situationen fällt dem Menschen oft schwer. Die Verabschiedung vom linearen Ursache-Wirkungs-Denken und die Einbeziehung systemischer Lenkungmechanismen in den täglichen Umsetzungsprozess erfordern einen Lernprozess, der vernetztes Denken, unternehmerisches Handeln und persönliches Überzeugen umfasst. Dabei stehen die in Abbildung 5.2 aufgeführten Prozesse im Vordergrund.

Die Herausforderung des Umsetzungsprozesses hat Percy BARNEVIK von ABB wie folgt auf den Punkt gebracht: «Wir wollen gleichzeitig global und lokal, gross und klein, radikal dezentralisiert mit einem zentralisierten Reporting und Controlling sein.» (Interview mit TAYLOR, 1991).

Paradoxe Situationen begegnen uns bei der Umsetzung von Problemlösungen im unternehmerischen Umfeld fast täglich. So muss ABB simultan die Kosten reduzieren, die Qualität verbessern, schneller werden und die Kundenorientierung fördern, wie Abbildung 5.3 zeigt. Solche Zielbündel erzeugen Konflikte auf unterschiedlichen Systemebenen und erfordern Aushandlungsprozesse zwischen den Betroffenen.

Abbildung 5.2
Prozesse der Umsetzung und Verankerung von Problemlösungen

Vernetzt denken	Unternehmerisch handeln	Persönlich überzeugen
■ Stufengerecht und multidimensional verankern	■ Umsetzung planen und kommunizieren	■ Dialog praktizieren
■ Früherkennung und Fortschrittskontrolle sicherstellen	■ Ziel- und anreizorientiert realisieren	■ Vertrauens- und sinnorientiert führen
■ Entwicklungsprozesse und -fähigkeiten erfassen	■ Lernorientiertes Controlling einführen	■ Lernprozesse auslösen und unterstützen

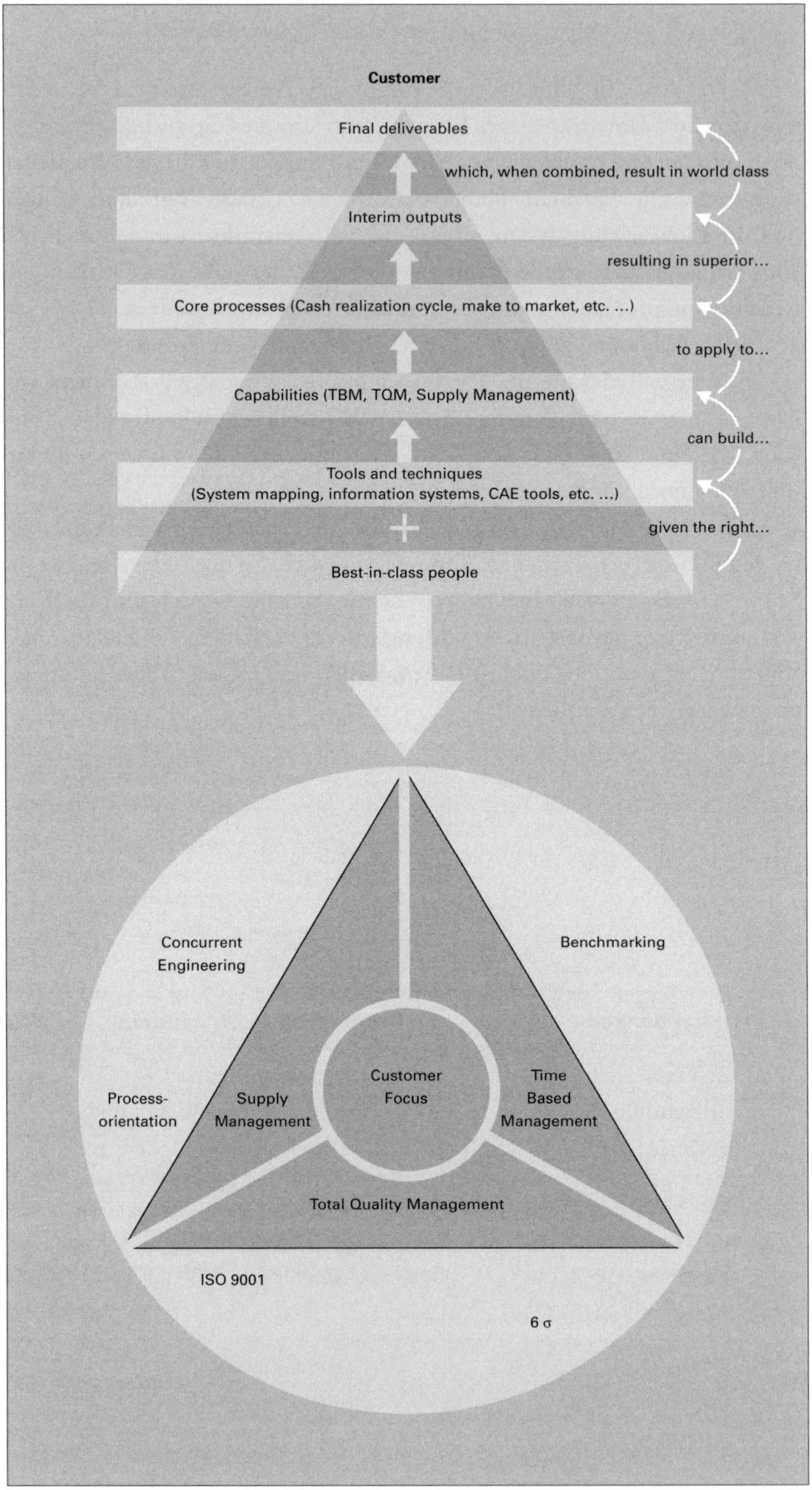

Abbildung 5.3
Das Zusammenspiel von Führungsinstrumenten bei ABB zur operationellen Exzellenz

Paradox ist jeweils auch, dass bei jeder Problemlösung nicht nur an das Management des Wandels gedacht werden muss, sondern gleichzeitig auch an das Bleibende, an die Ordnungsprozesse, welche die lebensnotwendige Stabilität absichern. Die Implementierung der abgeleiteten Problemlösungen erzeugt Veränderungen für die betroffenen Menschen und bringt Verunsicherung in ihren geordneten Alltag. Das Aufbrechen «bewährter» Beziehungen und Routinen schafft für den Einzelnen Verhaltensrisiken und weckt Ängste vor einer unbestimmten Zukunft. Besonders schwer fällt das Auslösen von Veränderungsprozessen, wenn der unmittelbare Leidensdruck fehlt.

Welchen Beitrag kann nun das vernetzte Denken zur Bewältigung dieser Schwierigkeiten leisten? Aus den bisherigen Schritten des Problemlösungsprozesses können wir bereits einige Anhaltspunkte und Hilfen für die Umsetzung und Verankerung der Problemlösung erhalten. Die kritischen Grössen sind von uns im Netzwerk festgehalten worden. Meist erfassen wir bei der Erstellung des Netzwerkes und bei dessen Interpretation gleichzeitig die zentralen Grössen für die Steuerung und Lenkung des Systems. Dies sind, wie in Schritt 2 gezeigt, die aktiven und eventuell auch die kritischen Grössen im Verbundsystem, das heisst jene Grössen, die einen starken Einfluss auf viele andere Elemente und Kreisläufe haben. Bei diesen Grössen sollten die Veränderungsprozesse ansetzen, da hier die grössten Wirkungen zu erwarten sind.

Im folgenden werden kritische Prozesse in der Gestaltungs- und Verankerungsphase vorgestellt. Hierbei interessieren wir uns für die Informations- und Kommunikationsprozesse, die strukturelle und kulturelle Verankerung von Problemlösungen sowie die Operationalisierung und Übersetzung der Problemlösung auf verschiedenen Ebenen. Im weiteren beschäftigen wir uns mit den Möglichkeiten zur Schaffung eines kollektiven Bewusstseins, das die Notwendigkeit und die Ziele organisatorischen Wandels transportiert. Die aus dem Netzwerk zu identifizierenden Früherkennungsindikatoren erlauben es, in der Umsetzungsphase Veränderungen positiver oder negativer Art früh zu erfassen und entsprechende Korrekturmassnahmen in die Wege zu leiten. Diese Indikatoren brauchen wir für die Feedbacksicherung und das Controlling, aber auch für die Reparatur- und Entwicklungsfähigkeit und damit für das gesamtsystemisch orientierte Lernen («organisationales Lernen», vgl. PROBST/BÜCHEL 1994).

Vernetzt denken	Unternehmerisch handeln	Persönlich überzeugen
■ Stufengerecht und multidimensional verankern	■ Umsetzung planen und kommunizieren	■ Dialog praktizieren
■ Früherkennung und Fortschrittskontrolle sicherstellen	■ Ziel- und anreizorientiert realisieren	■ Vertrauens- und sinnorientiert führen
■ Entwicklungsprozesse und -fähigkeiten erfassen	■ Lernorientiertes Controlling einführen	■ Lernprozesse auslösen und unterstützen

Vernetzt denken

Meist ist eine Lösung von einer Projektgruppe auf einer bestimmten Führungsebene oder in einem bestimmten Zusammenhang entwickelt worden. Ihre Umsetzung erfolgt allerdings auf verschiedenen Ebenen und in unterschiedlichen Bereichen. Diese unterscheiden sich in ihrer Kultur, ihren Aufgaben und ihrer Sprache. Die Reaktionen und Verhaltensweisen verschiedener Akteure, die mit der gleichen Problemlösung konfrontiert sind, werden daher stark abweichen.

Stufengerecht und multidimensional verankern

Bereits die Anwendung des Auflösungskegels in Schritt 3 (Abbildung 3.6) hat uns gezeigt, dass Problemsituationen auf verschiedenen Ebenen betrachtet und gelöst werden müssen. In diesem Sinne müssen wir uns auch bei der Operationalisierung bewusst sein, auf welcher Ebene wir eingreifen und Veränderungen einleiten. So kann man besonders deutlich zeigen, dass allgemeingültige Vorgehensweisen, Instrumente und Rezepte nicht existieren. Vielmehr ist eine Lösungsverwirklichung jeweils für jede Ebene und jeden Bereich gesondert zu gestalten. Nicht alle Individuen oder Kollektive sind auf demselben Wissenstand. So haben einzelne Abteilungen vielleicht bereits ähnliche Erfahrungen mit dem Objekt des Wandels gemacht, weil sie kürzlich einen Reorganisationprozess durchlaufen haben oder über Jahre von einem Chef geführt wurden, der ihnen Kundenorientierung gepredigt hat und entsprechendes Verhalten belohnte. Andere haben sich kaum je mit Fragen der Kundenzufriedenheit beschäftigt. Jedes System ist daher dort abzuholen,

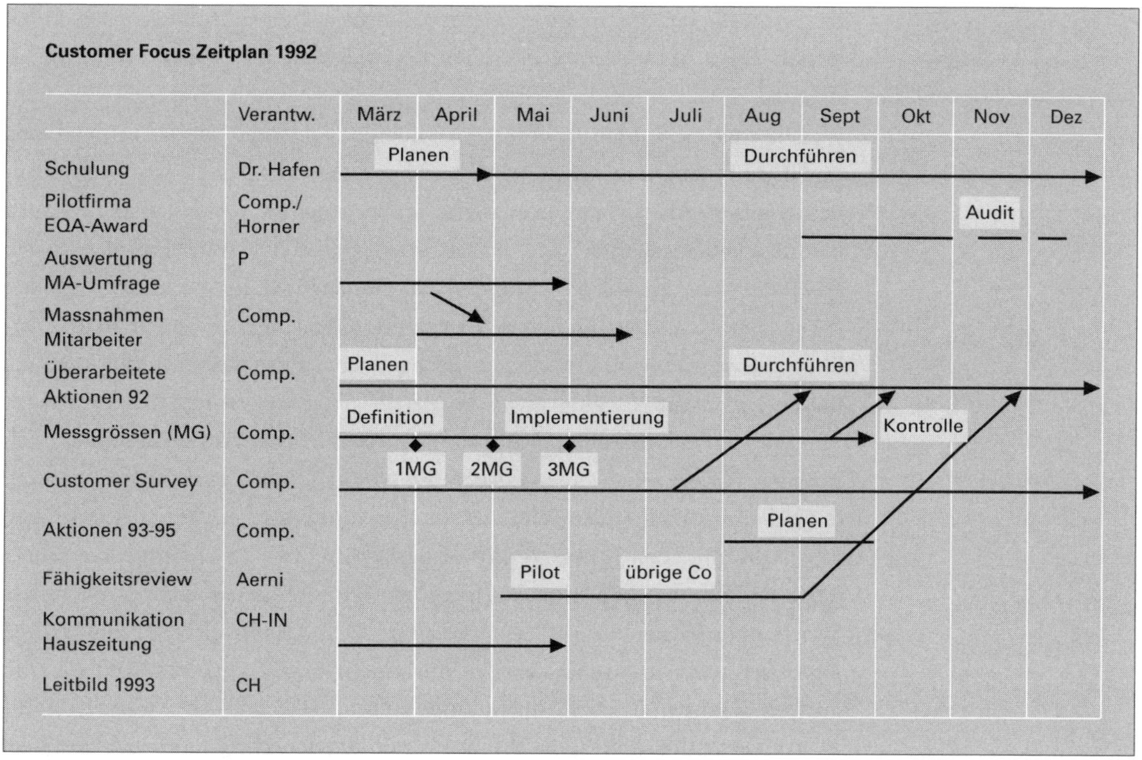

Abbildung 5.4
Eingriffe auf verschiedenen Ebenen (Operationalisierung bei ABB)

wo es gerade ist (vgl. PROBST/BÜCHEL 1994). Überforderung oder Unterforderung, Abwehrmechanismen und Verunsicherung, Unverständnis, usw. können so verhindert werden. Abbildung 5.4 zeigt den Operationalisierungsprozess des Customer Focus-Programms bei ABB.

Probleme und ihre Lösungen betreffen jedoch nicht nur verschiedene Stufen, sondern auch Dimensionen.

Probleme machen nicht vor den Grenzen von Lehrstühlen, Berufskategorien oder Stellen halt. Mit ihren Lösungen oder allgemeinen Wandelprozessen verhält es sich ebenso. Abteilungsgrenzen oder Fakultätsabgrenzungen bleiben daher im Prozess des Problemlösens immer künstliche, von Menschen geschaffene Konstrukte und wirken häufig als Barrieren. *Die* optimale strukturelle Lösung, *die* kulturelle Änderung oder *der* Ersatz einer bestimmten Person existiert daher nicht. Fast immer sind Lösungen mehrdimensional und reich vernetzt. Sie betreffen häufig gleichzeitig strategische, strukturelle, kulturelle und personale Veränderungen. Daher ist darauf zu achten, dass solche Veränderungen koordiniert ausgelöst und «zeitgerecht» realisiert werden. Jede Änderung in einem Teil des Netzwerkes hat Änderungen in vielen andern Teilen zur Folge und erfordert meist auch Eingriffe an entfernteren Orten im System. So führt eine Änderung des Arbeitszeitmodells bei HEWLETT PACKARD DEUTSCHLAND gleichzeitig zu Änderungen im Entlöhnungssystem, zu Schulungsmassnahmen, zur Entwicklung neuer technologischer Hilfsmittel, einer Veränderung der Kultur sowie neuen Kontroll- und Machtstrukturen.

Die weitreichenden Änderungen sollen im folgenden an der Entwicklung und Einführung des Arbeitszeitsystems von HEWLETT PACKARD veranschaulicht werden. Als sich in Deutschland im Sommer 1984 nach langem Arbeitskampf Gewerkschaften und Arbeitgeber auf die Verkürzung der Regelarbeitszeit von 40 auf 38.5 Stunden einigten, wurde bei HEWLETT PACKARD GMBH DEUTSCHLAND niemand überrascht. Seit langem hatte man intensiv über die betriebliche Arbeitszeit nachgedacht. Früherkennungsindikatoren hatten nicht nur Veränderungen in den Werthaltungen der Mitarbeiter gemessen, sondern man war gleichzeitig auf Bedürfnisse zur flexibleren Gestaltung der Arbeitszeit gestossen. Auch die Notwendigkeit zusätzlicher Lernzeit, das heisst das Bedürfnis nach einer Verschiebung des Verhältnisses von Kernarbeitszeit und Zeit für persönliche Entwicklung und Aneignung von neuem Wissen, und das Bedürfnis nach neuen Karrierepfaden wurde ersichtlich. Weitere Forderungen der Gewerkschaften nach Arbeitszeitverkürzungen waren absehbar. Gleichzeitig war HP mit einem hochkompetitiven Markt mit grossen Wachstumsraten konfrontiert.

HP entschloss sich, diese Probleme in einer Projektgruppe zu behandeln, in der die Mitarbeiter selber ein Modell erarbeiten sollten, das ihre veränderten Bedürfnisse berücksichtigte (vgl. Abbildung 5.5). Das Ergebnis war eine umfassende Änderung des bestehenden Systems, das über die weitestgehend freiwillige Einrichtung von Freizeitkonten, die Flexibilisierung von Arbeitszeiten sowie die zeitliche Unterstützung von Weiterbildungsmassnahmen operierte (FISCHER 1986). Die zentrale Idee dieses Konzepts war, kommende

Abbildung 5.5
Das Arbeitszeitmodell von HEWLETT PACKARD

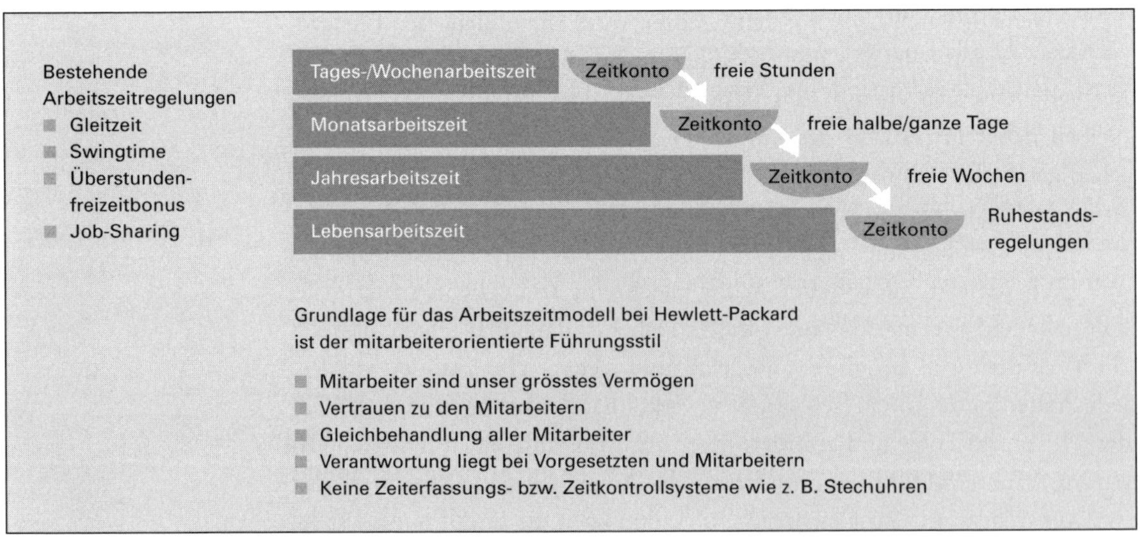

Arbeitszeitverkürzungen nicht zur «Frei»zeit, sondern zur Lernzeit zu verwenden. Interessant ist nicht nur, dass aus dieser Projektgruppe ein HP-spezifisches Modell entstand, sondern dass es von den Betroffenen, Mitgliedern der Personalabteilung und dem Arbeitsdirektor selbst entworfen und eingeführt worden ist.

Die Entscheidung für ein derartiges Modell betrifft verschiedene Aspekte gleichzeitig und beeinflusst vielfältige Grössen, die mit unterschiedlichen Time-lags reagieren. So ist es ersichtlich, dass Markt- und Mitarbeiterorientierung nach Flexibilität rufen; dass die verschiedenen alten und neuen Systeme aufeinander abgestimmt werden müssen (Gleitzeit, Überstundenfreizeitbonus, Job-Sharing, Teilzeitarbeit, usw.); dass das gesamte System ohne gegenseitiges Vertrauen und Selbstkontrolle der Mitarbeiter bezüglich ihrer eigenen Arbeitszeit nicht funktionieren kann; dass das zurückbehaltene Kapital so gut angelegt sein muss, dass die Löhne in der Zukunft bezahlt werden können, nämlich dann, wenn der Mitarbeiter auf sein Zeitkonto zurückgreift. Die Vorgesetzten benötigen eine hohe soziale und kommunikative Kompetenz, um mit flexiblen Arbeitszeitsystemen dieser Art umzugehen. Ebenso müssen die Mitarbeiter Mitverantwortung durch gemeinsame Rechte und Pflichten zu tragen wissen. Es handelt sich bei der Qualifikation der Mitarbeiter also gleichzeitig um eine Bring- und eine Holschuld. Strukturen und Führungsinstrumente müssen eine solche Flexibilität unterstützen. Die Mitarbeiter werden jedoch auch verpflichtet, sich selbst zu qualifizieren und ihre Lernzeit zu nutzen. In einem Umfeld der nicht-tarifären Regelung von Arbeitszeiten ändert sich zwangsläufig auch die Rolle der Gewerkschaften bzw. der Arbeitnehmervertretung. Sie werden bei der Entwicklung und den Entscheidungsprozessen über die Regelungen von Anfang an miteinbezogen werden müssen und sollen in einem Prozess der offenen Kommunikation ihre Positionen problemorientiert vertreten. Dies zeigt, dass auch hier nicht einfach aus der Sicht der Arbeitszeitspezialisten eine Lösung zu finden ist, sondern die Problemsituation aus verschiedenen Gesichtspunkten abzugrenzen und zu bewältigen ist.

Bei der Umsetzung geht es einmal mehr darum, die Erkenntnisse aus der Analyse der Vernetzung einer komplexen Problemsituation anzuwenden. Wir haben uns bereits bei der Evaluation der Lösungsmöglichkeiten gefragt, ob wir am geeigneten Ort ansetzen und ausreichend Wirkung erzielen können. Dabei gilt es grundsätzlich, die systemischen Eigenschaften zu nutzen. Es macht keinen Sinn, bei jenen Grössen anzusetzen, die im Netzwerk kaum etwas bewegen, seien es nun Menschen, Sachmittel oder Informationen. Diese Erkenntnis hat uns in der Projektgruppe auf dem Weg zur Lösungsfindung geleitet und muss nun in der Umsetzung auch angewendet und kommuniziert werden. Mit einfachen Hilfsmitteln kann den Betroffenen die Lösung dargelegt werden, Wirkungszusammenhänge können bildlich veranschaulicht werden und motivieren so die Betroffenen. Kleinere Simulationen – sei es über die im dritten Schritt der Problemlösungsmethodik vorgestellte Software oder auch ohne Computerunterstützung – sind ein weiteres Veranschaulichungsmittel. Gedankensimulationen zu Eingriffen und ihre Wirkungserwartungen können auch auf dem Flip Chart, auf dem White Board oder schlicht auf einer Tafel durchgespielt werden. Indirekte Zusammenhänge zwischen wichtigen Netzwerkgrössen können besser verstanden und die Sensibilisierung für interdependente Grössen verstärkt werden. So kann die Notwendigkeit des Wandels auch in entfernteren Organisationseinheiten oder Funktionalbereichen vermittelt werden, und die gegenseitige Bedingung widersprüchlicher Prozesse wird den Organisationsmitgliedern klarer. Dies ist auch ein Weg, um den Mitarbeitern kontraproduktive Verhaltensweisen aufzuzeigen. Simulationen sind somit ein geeignetes Instrument, um Lernprozesse auszulösen (SENGE 1991, PROBST/BÜCHEL 1994).

Neben den Eingriffsorten und -mitteln muss immer die zeitliche Dimension von Interventionen im Auge behalten werden. Im Netzwerk wurden zu diesem Zweck langfristige, mittelfristige und kurzfristige Wirkungszusammenhänge differenziert.

Abbildung 5.6
(gegenüberliegende Seite)
Von den aktiven und kritischen Grössen für das Personalmanagement zu der Gestaltung der Sozialleistungen bei HEWLETT PACKARD DEUTSCHLAND

Im Rahmen der Analysen bei HEWLETT PACKARD DEUTSCHLAND für das strategische Personalmanagement und die entsprechende Früherkennung waren interessante Erkenntnisse bezüglich der aktiven und kritischen Grössen zu verzeichnen. Sozialleistungen beeinflussen nicht nur die Motivation und Qualität der Mitarbeiter, die Fluktuation, die Personalkosten, das Image, das Klima und die Zufriedenheit, sondern sie werden selbst beeinflusst durch die Arbeitsmarktsituation, die Einstellungen, die Fluktuation, das Klima, die Beschaffungsaktivitäten, usw. Diese Kreisläufe sind wichtig und bei Veränderungen zu beachten, um unerwartete Rückwirkungen zu vermeiden. Der Einbezug der Mitarbeiter in den Veränderungsprozess war deshalb natürlich. Ein Hilfsmittel der Erklärung der Situation, der Bedeutung und Konsequenzen von Veränderungen bestand darin, die Ergebnisse einer Umfrage über die Wertschätzung der Sozialleistungen in einer Matrix aufzuzeichnen und mit den Kosten für HEWLETT PACKARD zu vergleichen. Damit kann nun eine Neuverteilung der Ausgaben in die Diskussion gebracht werden. Das Instrument erlaubt, die Position der verschiedenen Sozialleistungen graphisch festzuhalten: Wie wird die Leistung von den Mitarbeitern geschätzt (Bedeutung, Wichtigkeit, Nutzen), und welches sind die prozentualen Kosten? Wenn nun in der Zukunft gleich viel Geld ausgegeben werden soll, aber die Verteilung geändert werden kann und soll, so erlaubt das Instrument, uns auf die Position zu berufen und entsprechende Verständnis- und Entscheidungsprozesse auszulösen (vgl. Abbildung 5.6).

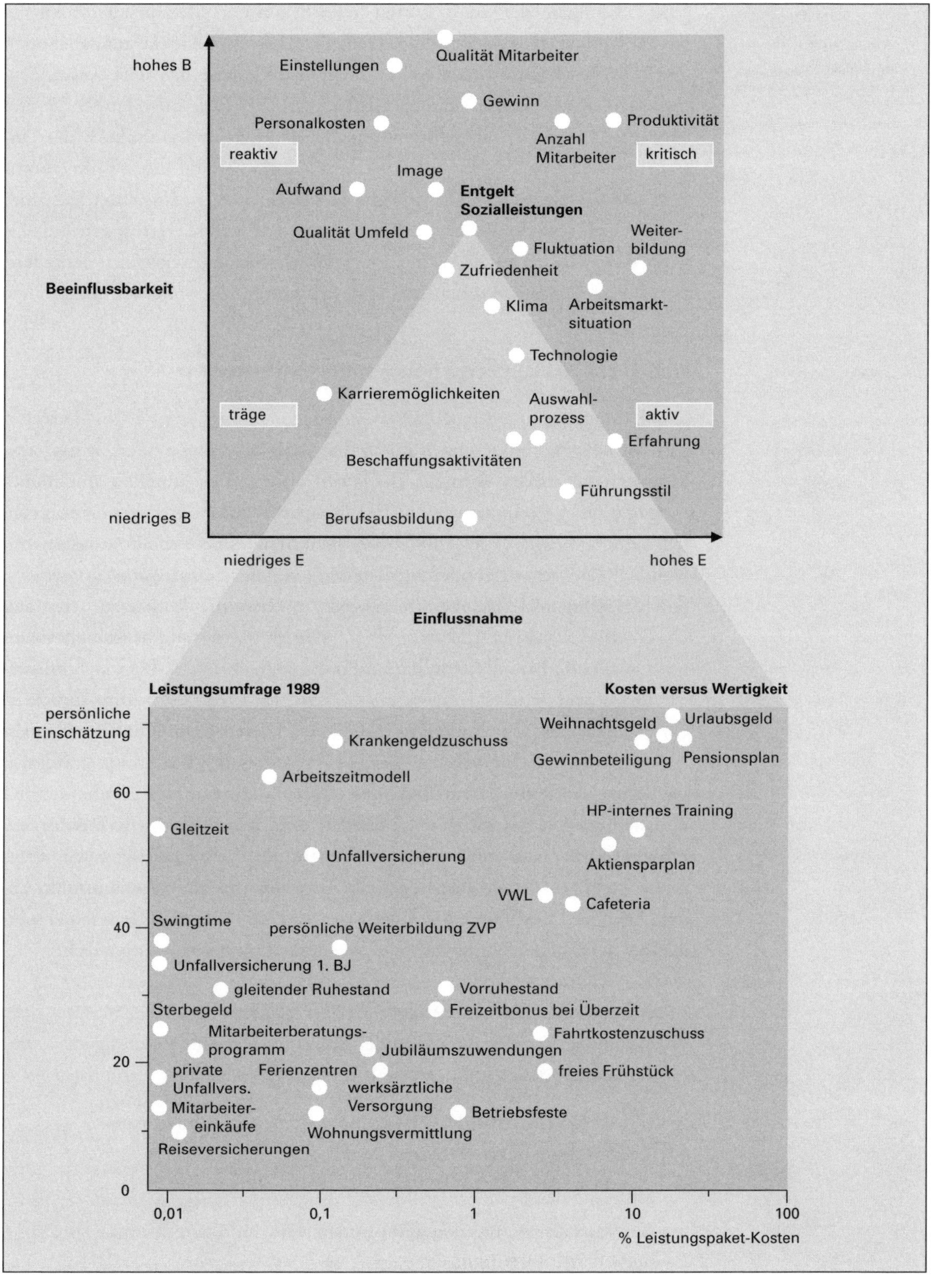
hohes B
Qualität Mitarbeiter
Einstellungen
Gewinn
Personalkosten
Produktivität
Anzahl Mitarbeiter
reaktiv
kritisch
Image
Aufwand
Entgelt
Sozialleistungen
Qualität Umfeld
Weiter-bildung
Fluktuation
Zufriedenheit
Beeinflussbarkeit
Klima
Arbeitsmarkt-situation
Technologie
Karrieremöglichkeiten
Auswahl-prozess
träge
aktiv
Erfahrung
Beschaffungsaktivitäten
Führungsstil
niedriges B
Berufsausbildung
niedriges E
hohes E
Einflussnahme
Leistungsumfrage 1989
Kosten versus Wertigkeit
persönliche Einschätzung
Weihnachtsgeld
Urlaubsgeld
Krankengeldzuschuss
Gewinnbeteiligung
Pensionsplan
Arbeitszeitmodell
60
HP-internes Training
Gleitzeit
Unfallversicherung
Aktiensparplan
VWL
Cafeteria
Swingtime
40
persönliche Weiterbildung ZVP
Unfallversicherung 1. BJ
gleitender Ruhestand
Vorruhestand
Sterbegeld
Freizeitbonus bei Überzeit
Mitarbeiterberatungs-programm
Fahrtkostenzuschuss
Jubiläumszuwendungen
20
private Unfallvers.
Ferienzentren
freies Frühstück
werksärztliche Versorgung
Mitarbeiter-einkäufe
Betriebsfeste
Wohnungsvermittlung
Reiseversicherungen
0
0,01
0,1
1
10
100
% Leistungspaket-Kosten

Jene Leistungen, die wenig kosten, jedoch von den Mitarbeitern hoch geschätzt werden, sind der Idealfall. Diejenigen, die zwar viel kosten, aber auch sehr hoch geschätzt werden, sollten nicht verändert werden. Die Leistungen, die kaum etwas kosten und auch nicht viel zur Befriedigung oder Motivation beitragen, kümmern uns selbst wenig. Bei den Leistungen aber, die das Unternehmen teuer zu stehen kommen, und die gleichzeitig kaum wahrgenommen oder geschätzt werden, sind die Hebel anzusetzen. Entweder kann das Geld besser verteilt werden, indem es für geschätztere Leistungen benutzt wird, oder wir tun etwas dafür, dass die Wertschätzung selbst sich verändert, zum Beispiel über Bewusstmachung der Kosten für die Unternehmung.

Früherkennung und Fortschrittskontrolle sicherstellen

Jede Umsetzung beruht auf Prozessen. Auch wenn wir noch so viel analysieren, wir werden Umsetzungen nie in den Griff bekommen oder bis ins letzte Detail vorausdenken können. Quellen der Unvorhersehbarkeit sind unberücksichtigte Interaktionen, die Eigendynamik autonomer Unternehmensteile oder Kollektive, unvorhersehbare Reaktionen und Verhaltensweisen von Kunden, Konkurrenten oder eigenen Mitarbeitern, Selbstverstärkungseffekte und Selbstorganisationsphänomene. Sie machen die Vorhersage zentraler Unternehmensgrössen unbestimmbar. Wir müssen ständig Kalkulierbares mit Unkalkulierbarem verbinden und in Einklang bringen. Dennoch müssen wir uns bemühen, den Umsetzungsprozess zu planen. Zu diesem Zweck ist ein ganzheitliches Controlling zu installieren. Dieses erfasst Fortschritte, misst Abweichungen und leitet über gezielte Hinterfragung konstruierter Zusammenhänge Korrekturmassnahmen ein. Nur so können wir Lernfortschritte messen und den zukünftigen Lernbedarf ermitteln. Dies ist bei komplexen Problemsituationen von besonderer Bedeutung. Vernachlässigen wir systemisch bedingte Zeitverzögerungen, so erwarten wir zum Messzeitpunkt bereits Erfolge, die noch gar nicht vorliegen können. Folgende Denkfehler werden bei der Überwachung von Systemverhalten immer wieder gemacht:

1. Wir erkennen Signale nicht rechtzeitig, die eine zukünftige Verschlechterung oder Abwehr im System ankündigen (fehlende Frühwarnindikatoren).

2. Wir sehen schleichende Entwicklungen einer Destabilisierung nicht, wie sie im ersten Schritt durch das «Syndrom des gesottenen Frosches» vorgestellt werden.

3. Wir beschäftigen uns mit Symptomen statt mit den eigentlichen Hebeln der Veränderung

Ein ganzheitlich angelegtes Controlling hilft uns, Lernprozesse auszulösen und aufrechtzuerhalten, Lenkungsbedarf festzustellen und abzuleiten. Wir benötigen dazu Zielgrössen und Früherkennungsgrössen, wie Abbildung 5.7 zeigt (vgl. auch KRYSTEK/MÜLLER-STEWENS 1993).

Im Rahmen des vernetzten Denkens haben wir ein Instrument zur Verfügung, das uns die Erfassung von Früherkennungsgrössen erleichtert. Wenn wir uns in der Literatur umsehen, so werden wir entdecken müssen, dass nur die wenigsten der angepriesenen Modelle und Instrumente wirklich Frühwarner sind. Meist erfassen diese Vergangenheitsdaten und sind damit eigentlich höchstens als Spätwarner zu bezeichnen. In vielen Fällen nimmt man Jahresvergleiche von Deckungsbeitragsrechnungen, Soll-Ist-Vergleiche, Checklisten für Umweltentwicklungen wie Inflation, Währungskurse, Wachstum, Konsum usw. als Früherkennungssysteme.

Noch imposanter sind kompliziert aufgebaute Kennziffersysteme über Eigenkapitalrentabilität, Kapitalnutzungsgrad, Auftragseingangsquote, Marktanteile, Kalkulationsabweichungen, Arbeitsproduktivität usw. Diese Systeme beschäftigen sich meist mit Ereignissen, die bereits geschehen sind und damit eigentlich keine Vorausaktionen mehr erlauben. Sie enthalten aber oft auch Kennziffern, die in sich zwar sinnvoll sind, jedoch nicht unbedingt auf die Situation zugeschnitten. Wir schlagen deshalb vor, das vernetzte Denken wiederum zu nutzen und von den Zielgrössen ausgehend so weit wie möglich die Kreisläufe zurückzuverfolgen und Bereiche zu definieren, in denen Früherkennungsindikatoren zu suchen sind. Der Vorteil liegt darin, dass wir bewusst von unseren Zielgrössen ausgehen und die verschiedensten Einflüsse und Stationen eines Kreislaufes in unsere Analyse miteinbeziehen. Wir gründen unsere Überlegungen auch nicht einfach auf Checklisten und Grössen, wie es Lehrbücher oder andere Unternehmen vorschlagen, sondern entwickeln unsere eigenen Grössen, die es unter Kontrolle zu halten gilt. Der Lerneffekt und die Aha-Erlebnisse sollten dabei nicht unterschätzt werden.

Im Rahmen des strategischen Managements bei der MAAG TECHNIC stellte sich die Frage des Controllings, insbesondere der Möglichkeiten der frühen Erkennung von veränderten Prämissen. MAAG TECHNIC ist ein mittelgrosses Schweizer Unternehmen, das als technisches Handelshaus für Industriekomponenten in der Kunststofftechnik, Dichtungstechnik, Hydraulik und Pneumatik führend ist. Was sich heute in Formularen und Controllinginstrumenten sehr einfach und klar darstellt, ist das Resultat eines Prozesses der Entdeckung und Bewusstmachung dieser Grössen (vgl. PROBST/BÜCHEL 1994, S. 115ff). Als Beispiel sei hier angeführt, dass ausgehend vom Kundennutzen im Netzwerk rückwärtsschreitend verschiedene Kreisläufe zur Qualität und Leistung der Mitarbeiter und auch zur fachlichen Kundenberatung führen. Es wurde dann überlegt, was eigentlich gemessen wird, welche Schwellen-

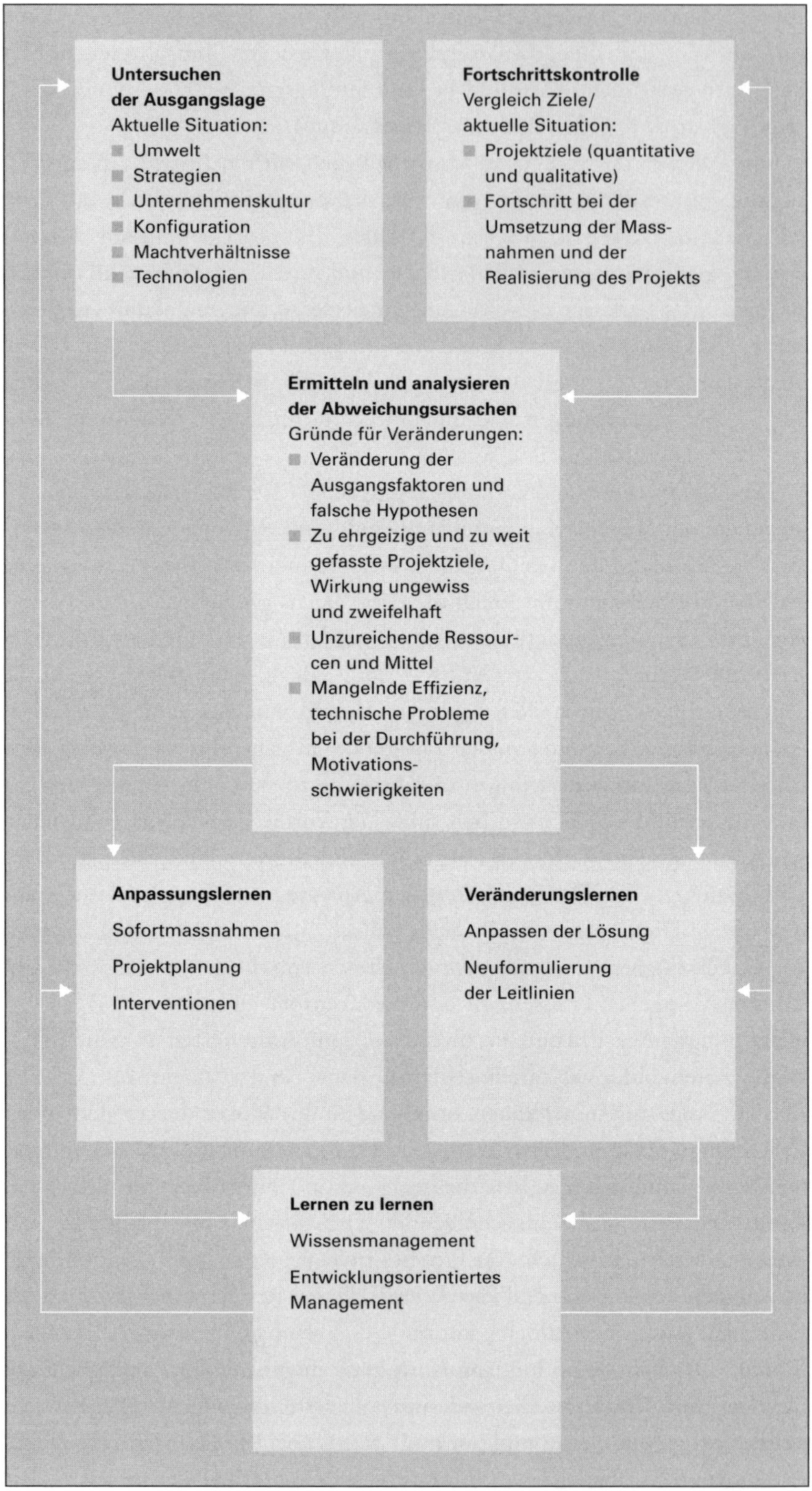

Abbildung 5.7
Controlling-Elemente
(nach Probst 1993, S. 384)

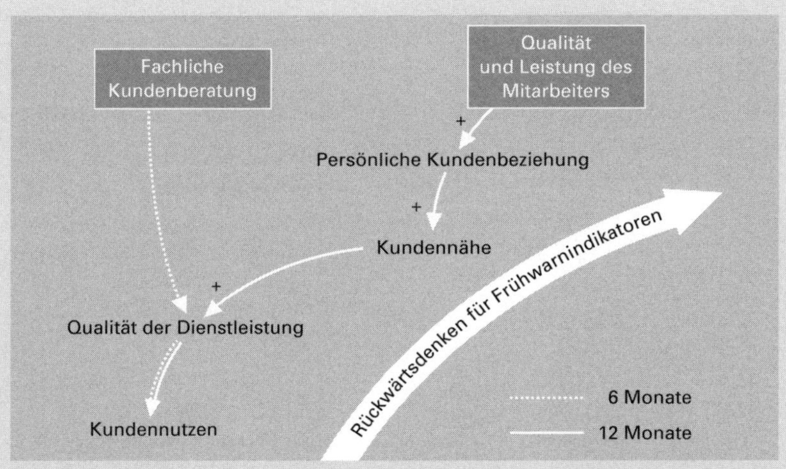

Indikatoren-Bereich	Fachliche Kundenberatung	Qualität und Leistung des Mitarbeiters
Was wird gemessen:	Anzahl Reklamationen	Qualifikation
Wie wird gemessen:	Internes Meldesystem der Qualitätssicherung	Auswertung der Qualifikationsblätter
Schwellenwert:	1% Fehlerquote pro Anzahl Auslieferungen/Monat	eine Qualifikationsbeurteilung «schwach»
Frühwarnzeit bis Auswirkung auf Kundennutzen:	6 Monate	12 Monate
Denkbare Antwort-Strategie:	– Schulung – vermehrte Kontrollen	– Zielvorgaben – Schulung
Zeit, bis Korrektur wirksam:	2 Monate	6 Monate

Abbildung 5.8
Früherkennungsindikatoren aus dem Netzwerk der MAAG TECHNIC

werte zu beachten sind und wie lange die Früherkennungszeiten und die «Reaktionszeiten» sind (vgl. Abbildung 5.8).

Die Bedeutung einer guten Früherkennung hat mit der zunehmenden Dynamik und dem Zeitwettbewerb stark zugenommen. Die Zukunft erfordert von immer mehr Unternehmen, den höchsten Wert zu niedrigsten Kosten in kürzester Zeit zu schaffen. Wir haben bereits am Beispiel der ABB gesehen, dass es darum geht, die Prozesse zu analysieren und zu verkürzen, sie neu zu gestalten und mit den Partnern zusammen zu optimieren. Dieses Zeitmanagement erfordert jedoch nicht nur Geschwindigkeit in der Entwicklung, Produktion und Distribution, sondern auch im frühzeitigen Erkennen von Chancen und Gefahren. Dies wird umso bedeutungsvoller und schwieriger, als die Systeme immer komplexer und undurchsichtiger werden (vgl. Abbildung 5.9; vgl. dazu auch STALK/HOUT 1990, BLEICHER 1989).

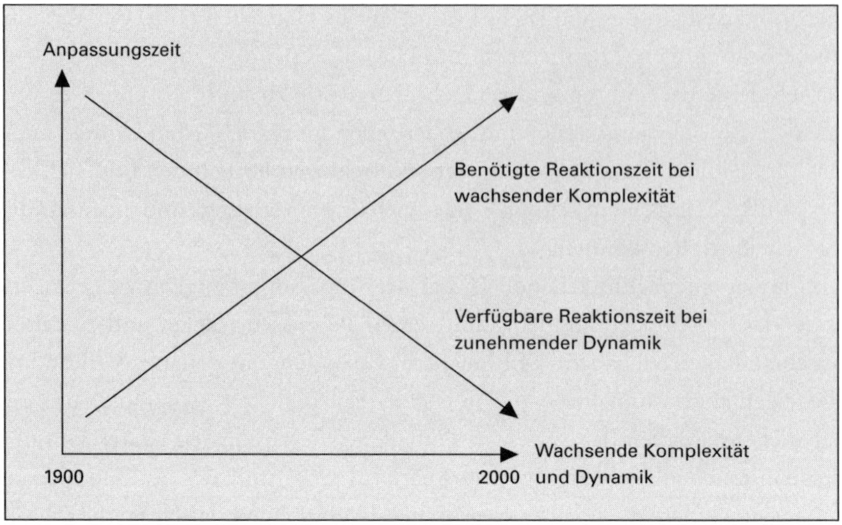

Abbildung 5.9
Die Bedeutung der Zeitschere

Neben den einzelnen Früherkennungsgrössen sollten wir auch die Systemverhaltensweisen mit anderen Unternehmen und Projekten vergleichen, um ähnliche Muster zu identifizieren und von ihnen zu lernen. Aber nicht alles, was an der Oberfläche gleich agiert, funktioniert nach den gleichen internen, verborgenen Spielregeln. Vielmehr können die Erfahrungen anderer als Training im Umgang mit individuellen und institutionellen Feedbacks genutzt werden. Zirkuläre Prozesse verlaufen häufig kontraintuitiv, und daher ist die Beachtung bestimmter Regeln bei ihrer Analyse und Steuerung von grosser Bedeutung (vgl. PROBST 1993). Das Controlling muss uns die notwendigen Informationen liefern, ob und wie bei der Umsetzung gegen interne Mechanismen verstossen wird.

Entwicklungsprozesse und -fähigkeiten erfassen

Die Verwirklichung der Problemlösung kann nicht von heute auf morgen verordnet werden, sondern sie sollte weitgehend evolutionär erfolgen. Es ist eine schrittweise Umsetzung anzustreben, in der Eigensteuerungspotentiale eingebaut sind, das heisst Mechanismen, welche die Verhaltensweisen des Systems selbst korrigieren und es so an die innere und äussere Dynamik anpassen. In diesem Prozess müssen bestehende Ziele und «Routinen» hinterfragbar und veränderbar bleiben. Problemlösungen dürfen nicht verabsolutiert oder zum Dogma gemacht werden. Aus dieser Perspektive sollten Lösungen mit einer hohen Anpassungsfähigkeit ausgestattet sein. Natürlich ist es nicht möglich, alle Dimensionen des unternehmerischen Handelns variabel zu halten. Vielmehr ist bei der Bewertung von Problemlösungsvarianten neben dem Hauptziel (z. B. Minimierung der Fremdkapitalzinsen) auch immer der

Flexibilitätserhaltungsgrad (z. B. Leasing versus Herstellerkredit) der Variante zu berücksichtigen. Die Investition in Flexibilität wird so zur bewussten Unternehmensentscheidung und versucht, langfristig zu starre Lösungen zu vermeiden. Bei Schwierigkeiten und Änderungen im betrieblichen Umfeld muss das problemlösende System reagieren, Korrekturen vornehmen und sich der Dynamik entsprechend schneller oder vielfältiger verhalten und eigenständig Entscheide treffen können.

Um zu einem hinreichenden Grad der Anpassungsfähigkeit zu gelangen, muss das System sich ausgiebig mit seinen Prämissen, Zielen und Kriterien auseinandergesetzt haben. Es braucht insbesondere ein genaues Verständnis der eigenen «bottom-line», die in jedem Fall gesichert sein muss, um die Überlebensfähigkeit des Systems zu erhalten. Hierzu müssen relativ zum unternehmerischen Kontext der Informationsbedarf und der Autonomiegrad festgelegt werden, die in einer spezifischen Unternehmenssituation die Bewältigung von Änderungen ermöglichen. Die Verwirklichung einer Problemlösung und die Überwachung ihrer Umsetzung liefert so die notwendigen Feedbacks für organisationale Lernprozesse.

So entwickelt sich das System über den Problemlösungs- und Umsetzungsprozess weiter und erreicht ein erhöhtes Handlungs- und Problemlösungspotential (vgl. KLIMECKI/PROBST/EBERL 1994). «Systemische Entwicklung bedeutet in diesem Sinne eine tiefgreifende und evolutive Veränderung, die das System in starkem Masse prägt und in einen Prozess einbezieht, der sein Potential an Reflexion, Selbstthematisierung, Flexibilität, Hinterfragung und Einordnung der eigenen Handlungen erweitert. Sie ermöglicht damit dem System, neue Probleme zu lösen und unbekannte und komplexe Situationen zu lenken» (PROBST 1993, S. 456). Abbildung 5.10 fasst die entsprechenden Zusammenhänge mit den relevanten Fragestellungen zusammen.

Bei HEWLETT PACKARD werden regelmässig Evaluationen der Projekte durchgeführt, diese an die Mitarbeiter in einer sogenannten Open Line als Feedback zurückgespielt und dann die Ergebnisse und Problembereiche in Analysegruppen näher ausgewertet und bearbeitet. Nach der Darstellung der Ergebnisse einer Umfrage bezüglich des «Selbstbildes» bei HP wurden nicht einfach nur die Resultate der Beurteilung der Arbeitsorganisation, der Arbeitseffizienz oder der Leistungsentwicklung in einer Sonderausgabe der Hauszeitung dargestellt, sondern auch in jedem Unternehmensbereich mit den Mitarbeitern Analysegruppen gebildet, die jeweils zwei Aufgaben hatten: Zum einen Probleme analysieren und zum anderen Lösungsvorschläge ausarbeiten. Diese Lösungsvorschläge werden anschliessend der Geschäftsleitung vorgestellt und ihre Umsetzung diskutiert. So hat beispielsweise auch das bereits vorgestellte Arbeitszeitmodell in den 90er-Jahren eine Anpassung erfahren, die das Resultat solcher Arbeitsgruppen darstellt (vgl. Abbildung 5.11).

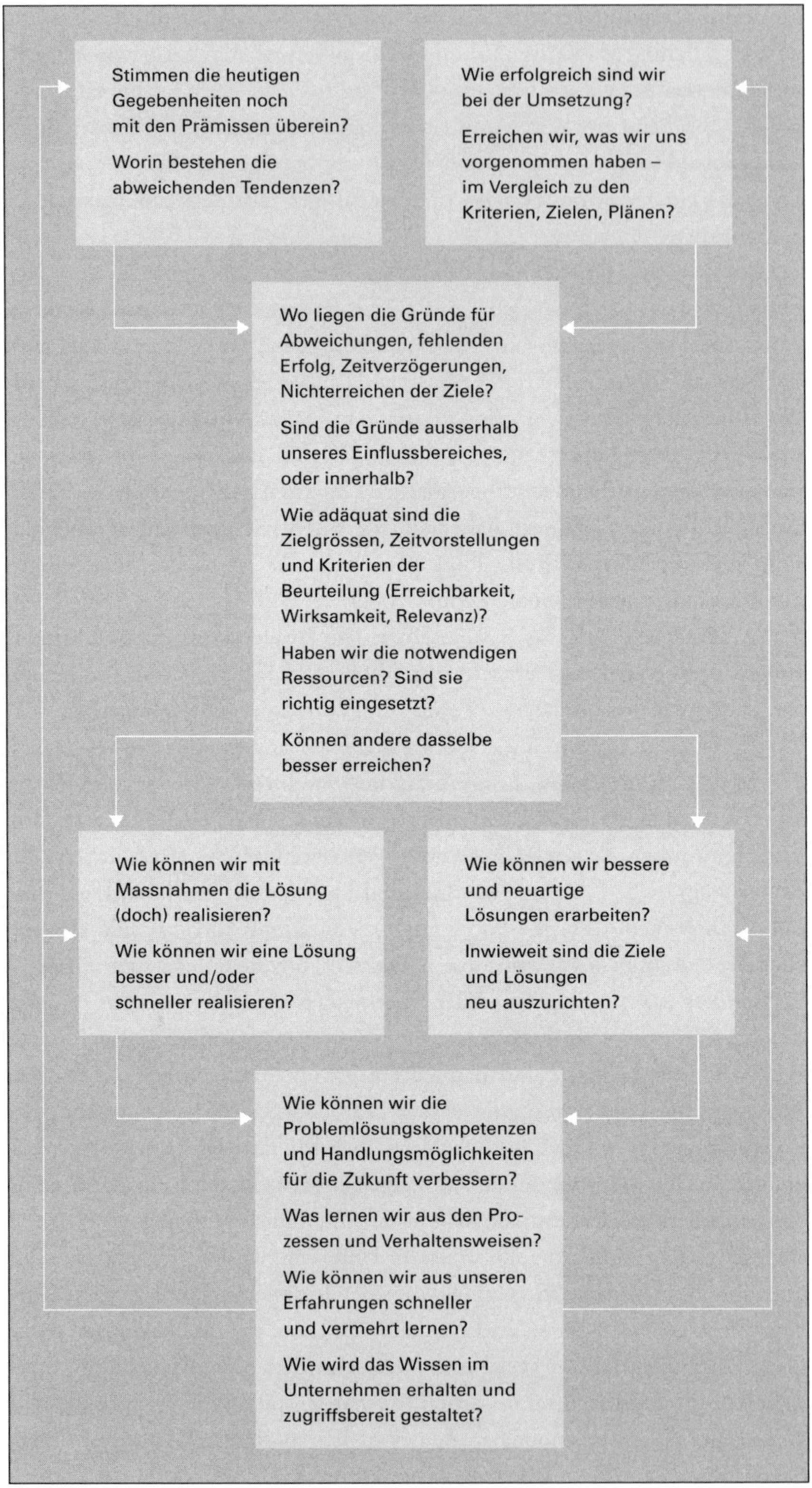

Abbildung 5.10
Controlling und Lernprozesse (vgl. dazu auch Abbildung 5.7)

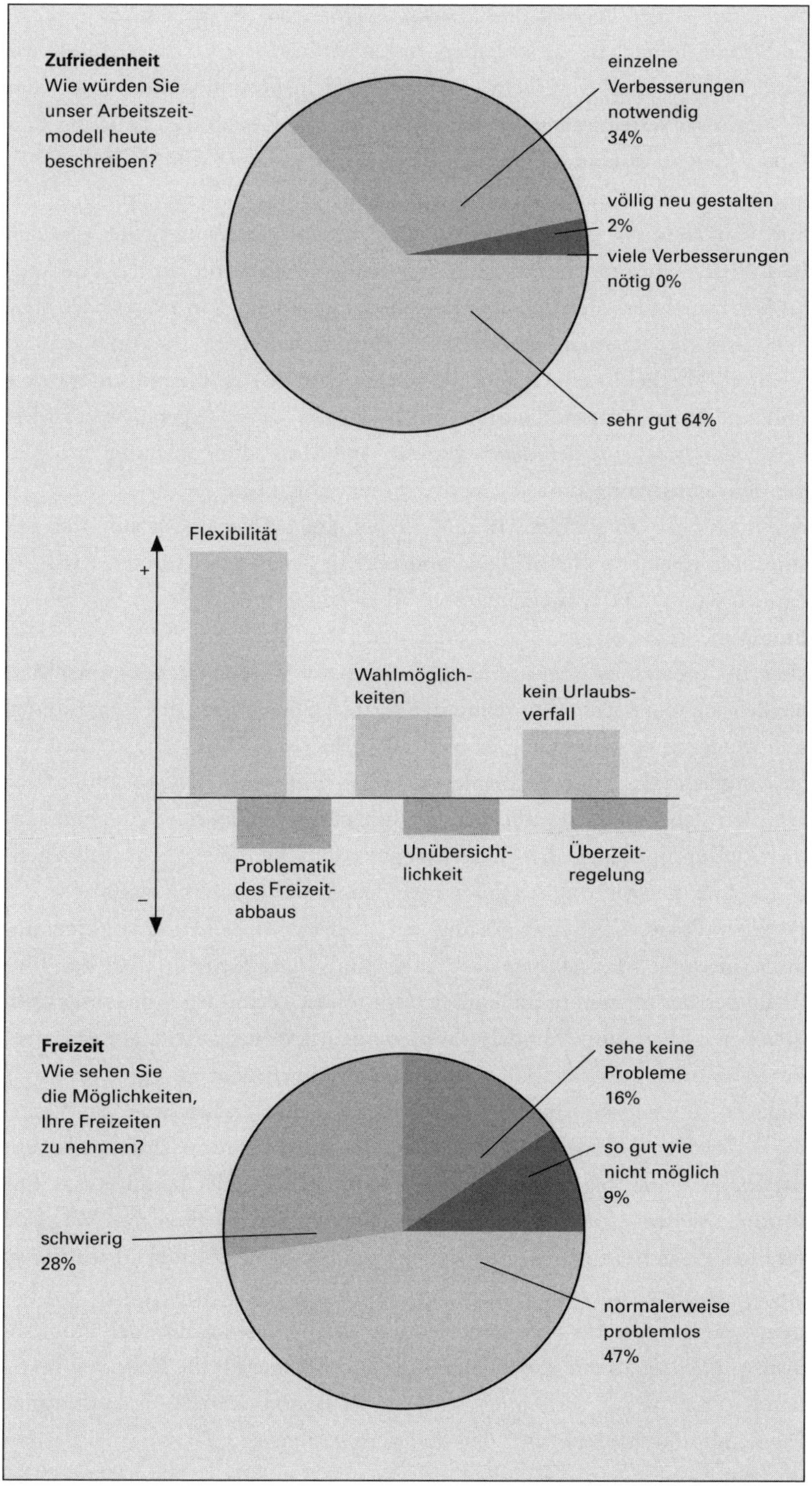

Abbildung 5.11
Ergebnisse einer Umfrage zum Arbeitszeitmodell (Personalcontrolling) bei Hewlett Packard

Wenn wir uns bisher mit den kritischen Prozessen bei der Umsetzung von Problemlösungen beschäftigt haben, fragen wir nun, mit welchen Mitteln wir diese Prozesse über unternehmerisches Handeln beeinflussen können. Wir suchen nach systemischen Instrumenten, die zur Gestaltung, Lenkung und Entwicklung von Unternehmen in dieser Phase geeignet sind. Nachdem wir in den Schritten eins bis vier Lösungsmöglichkeiten erarbeitet haben, gilt es nun zu klären, wie unser Entscheid und dessen Umsetzungspläne von den Betroffenen empfunden und akzeptiert werden. Nur wenn wir das Verständnis bisher nicht Involvierter, aber Betroffener gewinnen, kann vermieden werden, dass die Realisierung unserer Lösungen schon in der Anfangsphase scheitert. Hierbei ist eine klare Information über den Problemlösungsprozess und eine offene Kommunikation und Diskussion seiner Ergebnisse erforderlich. Dann muss eine detaillierte Projekt- und Massnahmenplanung erfolgen, die dem Umsetzungsprozess einen Rahmen gibt. Diese Feedbackschleife ist notwendig, da ein Problem in den Phasen eins bis vier meist auf einer bestimmten (hierarchischen) Ebene und/oder in einem auserwählten Kreis behandelt wurde. Die Umsetzung (be)trifft allerdings in komplexen Situationen immer mehrere Bereiche und Ebenen und zahlreiche Menschen. Es ist daher allen Betroffenen zu vermitteln, was beschlossen worden ist, wie es realisiert werden soll und welche Konsequenzen oder Veränderungen damit verbunden sein werden. Die Umsetzung ist nicht die Arbeit von Einzelnen, sondern vieler Mitglieder des Systems. Erfolgreiches Zusammenarbeiten von Individuen erfordert dabei eine Koordination der Einzelhandlungen über ein gemeinsames Zielverständnis. Daher müssen organisatorische Ziele geklärt und Anreize zu ihrer Realisierung geschaffen werden. Das Verständnis dafür, wie das Problem, Prozesse zu seiner Lösung, organisatorische Ziele und konkrete unternehmerische Massnahmen verbunden sind, ist zu fördern. Über den Einbezug der Betroffenen in die Umsetzungs- und Durchführungsplanung kann ihre Bereitschaft zum Wandel erhöht werden. Der Fortschritt des gesamten Prozesses muss durch ein Controlling-System überwacht und gesteuert werden. Die Definition und Führung über zentrale Indikatoren ist hierbei wesentlich für unternehmerisches Handeln. Ein weiteres wichtiges Element der Implementierung ist die Verankerung organisationaler Lernprozesse. Die Automatisierung von Umsetzungsanpassungen, der regelmässige Vergleich interner Prozesse und Leistungsindikatoren mit vergleichbaren Institutionen (Benchmarking) oder die Abgrenzung und Bearbeitung von Lernarenen bilden Ansatzpunkte für eine lernorientierte Weiterentwicklung der Problemlösung. Dies setzt voraus, dass man Zeit und Energie für die Reflexion bestehender Prozesse zur Verfügung stellt, um zu «lessons learned» für zukünftige Problemlösungsprozesse und -methoden zu gelangen.

Vernetzt denken	Unternehmerisch handeln	Persönlich überzeugen
■ Stufengerecht und multidimensional verankern	■ Umsetzung planen und kommunizieren	■ Dialog praktizieren
■ Früherkennung und Fortschritts-kontrolle sicherstellen	■ Ziel- und anreizorientiert realisieren	■ Vertrauens- und sinnorientiert führen
■ Entwicklungsprozesse und -fähigkeiten erfassen	■ Lernorientiertes Controlling einführen	■ Lernprozesse auslösen und unterstützen

Unternehmerisch handeln

Unternehmerisch ist es nicht damit getan, Ideen und Lösungen zu generieren. Es ist gleichzeitig ein Rahmen zur Umsetzung derselben zu schaffen. Die Realisierung und Verankerung sind detailliert zu planen und zeitgemässe Kontexte für den Wandel vorzusehen.

Es wurde bereits darauf hingewiesen, dass die «Empfänger des Wandels» dort abzuholen sind, wo sie sich gerade befinden. In der Umsetzungsphase ist diese Grundregel von besonderer Wichtigkeit. Die Mitglieder des «Problemlösungsteams» und das involvierte Kader haben einen riesigen Informationsvorsprung. Häufig ist dies den Problemlösern gar nicht bewusst. Was ihnen einfach und logisch erscheint, hat viel Zeit, Interaktion und Diskussion gebraucht. Diese Zeit steht den übrigen Betroffenen nicht zur Verfügung. Sie sind es aber, die mit den entwickelten Lösungen leben müssen und mithelfen, sie im Unternehmensalltag umzusetzen.

Umsetzung planen und kommunizieren

Die Planung legt die unternehmerische Grundlage für die Erreichung unserer Ziele. Sie soll die Bereitstellung von Ressourcen im richtigen Zeitpunkt garantieren. Die Mitarbeiter sind mit den notwendigen Kompetenzen auszustatten, sollen die notwendigen Ressourcen und Managementsysteme (vgl. Schwaninger, 1994) erhalten, müssen psychologisch unterstützt werden und sollen aus den Gesamtzielen ihre Teilziele ableiten und über konkrete Massnahmen erreichen (vgl. Projektmanagement bei Probst 1993).

Zielvereinbarung:
Da sich viele Mitarbeiter in der Zukunft mit Sonderaufgaben im Rahmen der Umsetzung beschäftigen müssen, ist anhand von Zielen klar zu delegieren, wer was bis wann in welcher Qualität zu erledigen hat. Die Aufgaben sind möglichst präzise zu definieren und stufengerecht festzulegen (vgl. zur Delegation und Organisation der Aufgaben: PROBST 1993). Mitarbeiter sind für besondere Aufgaben zu schulen, um die notwendigen Fähigkeiten zu erhalten.

Zeit und Mittel:
Für die Erledigung der Aufgaben sind die besten Bedingungen zu schaffen. Dazu gehört besonders, dass den Vorgesetzten Zeit zur Verfügung gestellt wird, um Erklärungen abzugeben, zu motivieren, zu coachen, auszubilden. Ausserdem benötigt jede Realisierung einer Lösung neue Mittel, ob finanzieller, materieller und geistiger Art.

Psychologische Voraussetzungen für Änderungen:
Psychologisch gute Voraussetzungen liegen vor, wenn die Mitarbeiter möglichst früh in die Problemlösungsprozesse miteinbezogen werden und weitgehendst informiert werden. Dazu ist je nach Bedeutung, Umfang und Dringlichkeit zu entscheiden, wer in der Beratungs-, Planungs-, Analyse-, Kreations-, Evaluations- oder Durchführungsphase einzubeziehen ist. Dazu gehören auch ständiges und gutes Feedback, Unterstützung durch die Vorgesetzten, Geduld und Toleranz und realistische Forderungen.

Massnahmenpläne:
Die einzelnen Umsetzungsschritte sind im Detail zu planen und in ihrem Ablauf, den Terminen und Verantwortlichkeiten festzuhalten. Hier geht es gewissermassen um die Kurzfristplanung im traditionellen Sinne. Anhand einfacher Instrumente werden die Massnahmen in der Form der jeweiligen Aktivitäten und der Formulierung als Teilziele festgehalten, kommentiert und präzisiert und mit den Zeitrahmen bzw. Abschlussdaten und den verantwortlichen Stellen versehen. Als Beispiel sei hier ein Ausschnitt aus einem Projekt der strategischen Planung bei dem Reiseveranstalter KUONI angeführt (vgl. Abbildung 5.12).

Abbildung 5.12
(gegenüberliegende Seite)
Beispiel eines Massnahmenplans aus der Strategieumsetzung bei KUONI

Ende der 80er Jahre stand SWISSCONTROL vor einer völlig neuen Situation. Nicht wandelnde Märkte oder neue Aktivitäten bereiteten Sorge, sondern ein Mangel unternehmerischen Handelns innerhalb der Organisation. Dieses Problem war in folgenden Kontext gebettet. Aus der Auflösung der RADIO SCHWEIZ AG wurden per 1. Januar 1988 drei neue Gesellschaften gegründet. Eine davon, die heutige SWISSCONTROL, ist die Aktiengesellschaft für Flugsicherung. Sie ist verantwortlich für die sichere und wirtschaftliche Abwick-

Projekt	Status	Ziel	Verant- wortlich	Termin
Definition Standortpolitik Kuoni-Filialen	Grobraster liegt vor im Marketingraster Vertrieb	Bestimmung der eigenen Marktabdeckung	fp	30.06.96
Definition Grund- und Zusatzpaket	Ideen liegen vor, Massnahmen definiert	Leistungspalette definieren, um Verkaufshilfsmittel aufbauen zu können	fp	30.06.96
Ausarbeitung der Franchiseverträge mit Rechten und Pflichten beider Partner	Suche nach geeignetem Berater	Rechtliche Absicherung beider Partner einwandfrei geregelt, inklusive rechtliche Absicherung der Kunden	externer Berater/fp	15.08.96
Werbe-, PR- und Akquisitionskampagne (extern und intern)	Ideen liegen vor, Massnahmen definiert	Sehr professionell aufgemachte Akquisitionshilfsmittel zur Verfügung haben und Druck erzeugen mit Auftritt, Schulung der RL	fp/SML	30.08.96
Produktionseinbindung	Ideen liegen vor	– Auf Produktionsseite klare Anreize für Franchising schaffen (separates Incentivesystem) – Abstimmung mit Agentenpolitik – Produktionsrechnung aufstellen	fp/st	15.08.96
Umsetzung Projekt Filiale 2000	Projekt läuft (siehe Projektauftrag)	Umsetzung der im Projekt Filiale 2000 definierten Standards bei zwei Pilotfilialen	fp	30.09.96 bis 31.12.96

lung des Zivilflugverkehrs auf den Flughäfen Zürich-Kloten, Genf-Cointrin, Bern-Belp und Lugano sowie im Schweizer Luftraum. Die Fluglotsen bewältigen jährlich über 1,2 Millionen Bewegungen im kontrollierten Luftraum, wobei Tagesspitzen, bspw. zwischen 11 und 13 Uhr, aus bis zu 1'300 Flugbewegungen nicht unüblich sind. Die Firma beschäftigt über 800 Mitarbeiter. Die wichtigsten Aktionäre der SWISSCONTROL sind die Flughafenkantone, die Stadt Lugano, SWISSAIR, CROSSAIR, ALPAR AG. Durch die Verselbständigung in eine Aktiengesellschaft hat die Flugsicherung der Schweiz in der SWISSCONTROL nicht nur eine neue Struktur erhalten, sondern sie ist auch kulturell und psychologisch stark unter Druck geraten. Dieser Druck war aufgrund der Teilprivatisierung sowohl interner als auch externer Natur. Auf Umweltveränderungen wie erhöhte Mobilität, flexiblere Planungsverfahren von Unternehmen, veränderte Reisegewohnheiten sowie die Deregulierung des europäischen Luftraumes war die SWISSCONTROL schlecht vorbereitet. Die Leistungsfähigkeit, die Qualität, die Sicherheit und die Wirtschaftlichkeit des operativen Geschäftes wurden durch Bewegungswachstum, Aggressivität in der Flugplangestaltung, internationalen politischen Druck und Konkurrenzdenken im Grenzbereich in Frage gestellt. In der SWISSCONTROL wurde beschlossen, zur Verstärkung des unternehmerischen Denkens und Handelns

1. die Unternehmensstruktur zu überprüfen und anzupassen
   sowie
2. ein Leitbild zu entwickeln, das sich an den neuen Herausforderungen orientiert und die notwendige Veränderung bestehender Werthaltungen klar zum Ausdruck bringt.

Mit diesen Schritten sollte die Basis für eine zukunftsorientierte, relativ autonom agierende SWISSCONTROL geschaffen werden, die als quasi-privates Unternehmen in einem zunehmend kompetitiveren Umfeld handlungsfähig sein sollte. Parallel zur sukzessiven Leitbildentwicklung wurden Prozesse des Führens mit Zielen sowie ein neues Evaluationssystem im Personalbereich entwickelt und eingeführt.

Bei der SWISSCONTROL wurde vor allem mit Workshops gearbeitet, die es erlaubten, das Leitbild möglichst interaktiv zu entwickeln. Führungskräfte müssen sich bei der Entwicklung der Leitplanken engagieren. Diese allgemeine strategische und normative Ausrichtung kann nur mit Hilfe der obersten Unternehmensleitung geschehen. Das mittlere und untere Kader sowie weitere Schlüsselpersonen (hier die Flugverkehrsleiter, Techniker) müssen mitdenken, Vorschläge einbringen und immer gut informiert sein. Die bei der SWISSCONTROL gewählte Vorgehensweise kann wie in Abbildung 5.13 graphisch dargestellt werden:

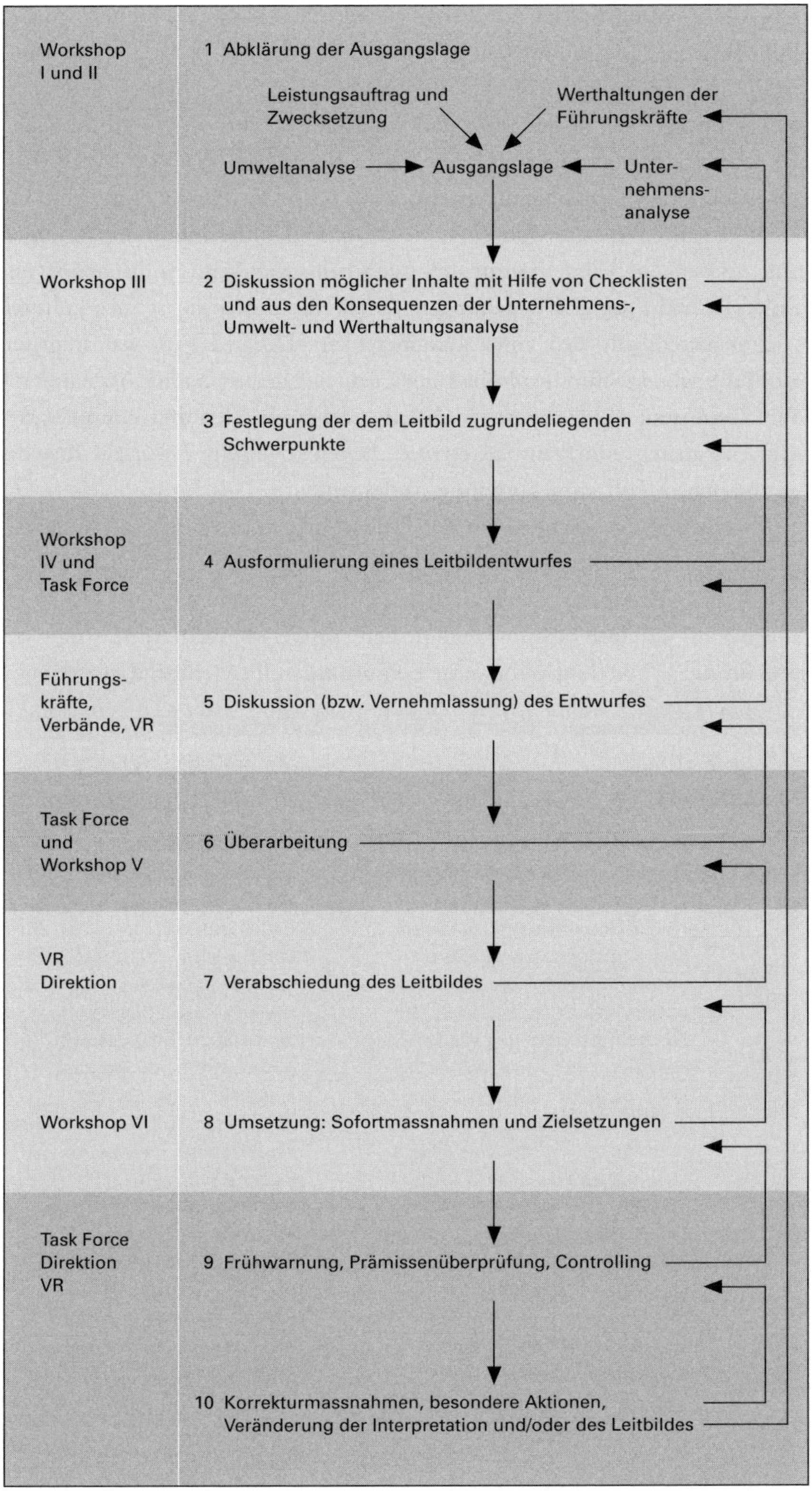

Abbildung 5.13

Vorgehen bei der Leitbild-Entwicklung (Probst 1989)

Stand das Leitbild einmal in seinen grundlegenden Dimensionen fest, ging es anschliessend um die Umsetzungsplanung. Zunächst mussten die Voraussetzungen für das kollektive Verständnis und Verhalten geschaffen werden. Es war zu überprüfen, ob man mit den bestehenden Strukturen und Prozessen der Führung das Leitbild im Unternehmen verwirklichen und aufrechterhalten kann. Die Massnahmenpläne enthielten folgende Punkte: Stufengerechte Leitbilder für funktionsspezifische Aufgaben; Überprüfung der heutigen Organisation im Vergleich mit den Leitbildaussagen und im Vergleich mit ausländischen Flugverkehrsleitungen (heute Benchmarking genannt), bzw. Quervergleich mit der von einer Beratungsgesellschaft vorgenommenen Strukturanalyse; Schulungspläne für die stufengerechte Leitbild-Interpretation, Einführung des Führens mit Zielen auf den obersten drei Führungsebenen, Anpassung von Planungsystemen, Budgetierung, persönlicher Arbeitstechnik und Mitarbeiterbeurteilungsverfahren.

Es erschien uns wichtig, mit der Entwicklung und Entscheidung für ein Leitbild auch Sofortmassnahmen zu beschliessen (vgl. Abbildung 5.14). Diese sollten den Mitarbeitern helfen, sehr schnell zu erkennen, dass etwas geschieht und dass sich etwas verändert. Diese «psychologischen» Massnahmen sind für die Umsetzung von grosser Bedeutung, weil so (frühe) Frustrationen verhindert werden können. Der Veränderungsprozess wirkt sich bereits kurz-

Abbildung 5.14
Ausschnitt der Ableitung von Sofortmassnahmen aus dem Leitbild SWISSCONTROL

Leistungswirtschaftliches Leitbild

Leitbild	Kommentar	Sofortmassnahmen
Im Rahmen der verfügbaren Mittel und unter Beachtung wirtschaftlicher Gesichtspunkte sind wir bestrebt, die Kapazität unserer Dienste auf die Verkehrsnachfrage auszurichten.	Um die Kapazität unserer Dienste auf die Verkehrsnachfrage ausrichten zu können, sind möglichst gute und auf europäischer Basis abgestimmte Prognosen sowie ein ausgebautes Frühwarnsystem zur rechtzeitigen Einleitung von entsprechenden Massnahmen notwendig. Unter Berücksichtigung aller wirtschaftlichen Aspekte, legen wir die Kapazität unserer Systeme möglichst nahe an die zu erwartende Verkehrsnachfrage. Sollte bei absoluten Verkehrsspitzen die Nachfrage für eine längere Zeitperiode die vorhandene Kapazität übersteigen, sind massvolle und europäisch koordinierte Verkehrsflussregulierungsmassnahmen zu treffen.	a Auswerten der laufenden Studien/Experimente (ODID+ TACO) und entsprechende Berücksichtigung bei der weiteren Entwicklung von Systemen bzw. Arbeitsplätzen b Vernetzen der internen und externen Verbindungen (automatischer Austausch von ATC-Meldungen): Realisierung beschleunigen und Potential maximal nutzen. c Task-Force ADAPT (Dokumentation über Nachbarsysteme) prioritär behandeln (Auftrag bereits erteilt) und allenfalls Konzept ADAPT revidieren und/oder andere Prioritäten setzen.

fristig auf den betrieblichen Alltag aus. Hofft man allein auf langfristige Erfolge, tauchen häufig folgende Aussagen im Mitarbeiterkreis auf: «Es bleibt sowieso alles beim Alten», «Die Broschüren sind zwar neu und schön, aber die Köpfe bleiben dieselben und die Verhaltensweisen auch», «Das sind doch nur schöne Worte».

Die Sofortmassnahmen befinden sich bewusst in Kreisläufen, die sehr kurzfristig wirksam sind. Hier kommt uns das vernetzte Denken zu Hilfe, das uns ein Bewusstsein für die Wirksamkeit und Wirkungszeiten solcher Massnahmen verschafft. Es ist für die Mitarbeiter äusserst schwierig, Massnahmen zu verstehen und motiviert zu unterstützen, die sich erst in weiter Zukunft auswirken werden. Meist geht dann auch der Blick für das Ganze und der Zusammenhang mit dem Leitbild verloren.

Prozesse des Problemlösens sind kaum wiederholbar. Wie man am Ende zu einem Ergebnis gekommen ist, kann man Dritten meist nur sehr verzerrt vermitteln. Dennoch sollten wir uns dieser Mühe unterziehen, und dem Vermittlungsprozess Zeit und Ressourcen widmen. Wir müssen uns bemühen, Prozesse und Entscheide nacherlebbar zu machen, bereit sein, Erklärungen abzugeben und den Betroffenen Rede und Antwort zu stehen. Wenn unsere Erkenntnisse in dieser Phase auch nicht mehr neu erarbeitet werden können, so ist doch zu beachten, dass auf die Adressaten gehört wird und die Ziele und Massnahmen nicht undiskutierbar bleiben.

Hier besteht ein Spannungsfeld, mit dem bewusst umzugehen ist: Wie weit sind Ziele und Massnahmen aufzuerlegen und durchzusetzen, und wie weit sind sie noch diskutierbar? Wenn wir dieses Spannungsfeld nicht subtil bewältigen können, legen wir der Umsetzung viele (zusätzliche) Hindernisse in den Weg. Schlechte Information und Unverständnis führen automatisch zu Ängsten und Widerständen. Ehrliche, vollständige und schnelle Information fördert hingegen Verständnis, Akzeptanz und Kreativität bei der Umsetzung. Wenn wir schlecht informieren, produzieren wir Gerüchte. Diese sind kollektive Wirklichkeitskonstruktionen, die unsere Motive und Ziele verzerren und deren Auswirkungen alle unsere Bemühungen zunichte machen können. Wir halten nur jene Informationen unter Kontrolle, die wir selber abgeben. Wir benötigen den intensiven Dialog mit den Empfängern, um ihren Interpretationsspielraum zu verengen, denn letztendlich ist es die Entscheidung des Empfängers, was er aus unseren mehr oder weniger konsistenten Informationen für seine Person als relevant und bindend herausfiltert. Dies ist um so kritischer, als es sich meist um Informationen handelt, die sich auf zukünftige Entwicklungen und Ergebnisse beziehen und von daher einen hohen Unsicherheitsgrad beinhalten.

Information und Kommunikation sind innerhalb des Umsetzungsprozesses keine einmalige Veranstaltung. Die Betroffenen sind über die Veränderun-

Mündlich

- Informales Gespräch bei einem Treffen
- Persönliches Gespräch
- Telefonanruf
- Konferenz
  - zu Informationszwecken
  - zu Schulungszwecken
  - zur Entscheidungsfindung
  - zur Ideenfindung
  - zur Beschaffung von Informationen
- Vortrag
- Pressekonferenz
- Firmenbesichtigung (Tag der offenen Tür)
- Planungsgruppen
- Geschäftsessen zwecks Informationsaustausch
- Kaffeepause

Schriftlich

- Sitzungsprotokoll
- Kurzmitteilung
- Informationsbroschüre
- Rundschreiben
- Persönlich adressiertes Schreiben
- Management-Informations-System
- Statistiken
- Betriebszeitschriften
- Fachblätter und -zeitschriften
- Diskussionsberichte
- Meinungsumfragen
- Fragen an die Unternehmensleitung
- Ideenbox
- Pressespiegel
- Telex
- Telefax
- Listing

Audiovisuelle Information, EDV

- Visuelle Hilfsmittel
- Anschläge an zentralen Orten
- Kurzmitteilungen
- Grafiken
- Schemata und Pläne
- Tafel (elektronisch, ...)
- Telekonferenz
- audiovisuelle Präsentationstechniken
- Film
- Bildschirmnachrichten
- Telefonnachrichten
- Durchsagen über Lautsprecher
- Datenbanken
- Electronic Mail

Kombinierte Methoden

- Informationsraum
- Empfangsveranstaltungen für neue Mitarbeiter
- Workshop

Abbildung 5.15
Informationsmittel
(Probst 1993, S. 373)

gen laufend zu informieren. Auftretende Kommunikationsstörungen, zum Beispiel ein unterschiedliches Verständnis des Begriffes «Qualität» in verschiedenen Abteilungen, sind aufzudecken und über adäquate Kommunikationsstrategien zu beseitigen. Dies reduziert Unsicherheit und verdeutlicht den Betroffenen, welche Ziele Geltung haben und was an Verhaltensänderungen von ihnen erwartet wird. Der ständige Dialog soll helfen, Anpassungsschwierigkeiten frühzeitig zu erfassen und abzuklären, ob ihre Ursachen in den Haltungen und Verhaltensweisen der Betroffenen oder den Unzulänglichkeiten des Lösungskonzepts begründet liegen.

Die Informationsmittel sind an die Problemlösungsphase und die Kommunikationssituation anzupassen (vgl. Abbildung 5.15). Die richtige Wahl des Informationsinstrumentes ist von weit grösserer Bedeutung, als zumeist angenommen. Immer häufiger spielen dabei auch Zeitfragen eine Rolle. Wenn wir verhindern wollen, dass ein Mitarbeiter Entscheidungen aus der Presse oder über die interne oder externe Gerüchteküche erfährt, so sollten wir uns gut überlegen, mit welchen Instrumenten wir wie schnell und zielgruppenorientiert informieren können.

Die Information und Kommunikation erwiesen sich im oben beschriebenen Beispiel der SWISSCONTROL in der Umsetzung als besonders schwierige Prozesse und bestimmten den Erfolg der Umsetzung unternehmerischen Denkens und Handelns massgeblich. Dabei konnten gleichzeitig unterschiedliche Umsetzungsprozesse in der deutschsprachigen und der französischsprachigen Schweiz festgestellt werden. In der deutschsprachigen Schweiz wurden viele Kader-Mitarbeiter bereits im Entwicklungsprozess in die Leitbild-Entwicklung einbezogen. Sie erhielten in interaktiv gestalteten Workshops Informationen aus erster Hand, nahmen an Leitbildpräsentationen teil und hatten die Möglichkeit in Diskussionsveranstaltungen ihre Vorschläge und Einwände zu artikulieren. In der französischsprachigen Schweiz wurde hingegen von der lokalen SWISSCONTROL-Leitung beschlossen, das Leitbild mit einem Begleitbrief an die Mitarbeiter per Post zuzustellen. Dies geschah an einem Freitag, was dazu führte, dass ein Teil der Mitarbeiter das Leitbild schon am Samstag erhielt, während die übrigen Mitarbeiter erst nach dem Wochenende informiert wurden. Es blieb keine Gelegenheit, das neue Leitbild mit der Geschäftsleitung zu diskutieren oder Hintergrundinformationen zu erhalten. Entsprechend fielen die Reaktionen aus: Böse Kommentare am Anschlagbrett, heftige Diskussionen innerhalb bestimmter Gruppen in der Kantine (besonders der Flugverkehrsleiter), Schwierigkeiten bei der Einführung und Umsetzung des Führens mit Zielen, wenig Verständnis für den Zusammenhang des Leitbildes und des neuen Systems mit anderen Führungsinstrumenten.

Das Leitbild war ein in sich geschlossenes, kohärentes Führungsinstrument und in einer kaskadenartigen Weise entwickelt worden. Eine weitgefasste Gruppe von Direktionsmitgliedern, Technikern, Flugverkehrsleitern und Administratoren analysierte die Situation und entwickelte Vorschläge, die nach unter- und übergeordneten Ebenen zur Vernehmlassung geleitet wurden. Der Misserfolg in der Einführung in einem Teil des Unternehmens, bzw. der französischsprachigen Schweiz, ist nicht auf die Güte des entwickelten Instrumentes an sich zurückzuführen, und auch nicht auf den Entwicklungsprozess. Es fehlte dort schlicht an der Bereitschaft zur Sensibilisierung und der notwendigen Energie und Zeit für die Einführung. Es fehlte die Einsicht, dass die bisher Unbeteiligten erhebliche Informationslücken und einen hohen Kommunikationsbedarf hatten, und dass die Missachtung dieser Bedürfnisse zu organisatorischen Abwehrmechanismen gegen den Wandel führen könnte. Gleichzeitig zeichnete der andere Teil ein bedeutend positiveres Bild, geprägt durch einen kommunikationsfreudigeren, offeneren Umsetzungsprozess mit Informationsveranstaltungen, Rede- und Antwortstehen durch den Vorgesetzten, Politik der offenen Türe, Interpretationshilfen in der Schulung.

Die Bekanntmachung eines Leitbildes ist kein einmaliges Projekt und somit nicht auf eine Informationsveranstaltung oder einen Kommunikationskanal beschränkbar. Das Leitbild muss über ausgewählte Kanäle gleichzeitig und immer wieder kommuniziert werden. Es soll hier nicht einfach postuliert werden, dass mehr Information a priori gut ist. Nicht alle Kanäle sind gleich gut, und es kann durchaus zu einem Informations-Overkill kommen, wenn ungezielt Informationen verbreitet werden. Im Spannungsfeld zwischen Isolierung oder Desorientierung und einer Überflutung und Desinteresse an Informationen ist sehr genau zu erfassen, über welche Kanäle zu informieren ist. Um ein Leitbild mit Leben zu füllen, muss es periodisch thematisiert und dabei fortlaufend in neuen Sinnzusammenhängen interpretiert werden. Die schriftliche Form des Leitbildes bringt dieses noch nicht zum Leben. Die Schriftlichkeit bietet nur eine erste verbindliche Form, welche die Grundideen visualisiert und überhaupt erst diskutierbar macht. Die wahre Steuerungsfunktion entfaltet das Leitbild natürlich erst nach entsprechender Internalisierung in den Köpfen der Mitarbeiter. So ist es etwa in die periodischen Zielsetzungsprozesse auf verschiedenen Stufen, in Planungs- und Projektierungsprozesse, in Investitionsentscheide, in die Sitzungsgestaltung und -organisation, in Mitarbeitergespräche, in die internen Schulungsveranstaltungen oder die Information neuer Mitarbeiter zu integrieren.

Die Information und Kommunikation des Leitbildes hatte daher bei SWISSCONTROL nicht nur in Briefen und Informationsforen zu erfolgen, sondern Hintergrund, Entstehung, Inhalte, Konsequenzen und (Sofort-) Massnahmen waren den Führungskräften, Mitarbeitern und der Öffentlichkeit plausibel zu vermitteln. Neben der schriftlichen Kommunikation und den bestehenden Informationstagungen mussten auch Workshops eingerichtet werden, die sich mit der Realisierung auf den verschiedenen Ebenen beschäftigen. Interne Mitteilungen über die Fortschritte und Hindernisse der Realisierung des Leitbildes, die Nutzung von Mitarbeitergesprächen für Feedback sowie eine konsequente Messung des Fortschrittes können den Veränderungsprozess beschleunigen. Dann werden auch die PR-Massnahmen, welche einer breiteren Öffentlichkeit die neue SWISSCONTROL präsentieren, intern glaubwürdig.

Ziel- und anreizorientiert realisieren

Eine Lösung ist schrittweise in die Praxis umzusetzen. Die Aufteilung in kleinere Einzelteile erfordert einerseits eine permanente und klare Einordnung in ein grösseres Ganzes, eine Gesamtorientierung, und andererseits eine Anleitung und Anreize für die Ausführenden. Ziele und Teilziele sollen helfen, sowohl den Beitrag der Einzelnen oder einer Gruppe zur Realisierung einer Lösung zu bestimmen, als auch im Rahmen eines Dialogs über Teilziele und deren Erreichung die Wünsche, Erwartungen und notwendigen Mittel zur Erreichung zu erörtern. Im unternehmerischen Sinne konzentrieren wir uns so auf die Hauptaktivitäten und suchen, möglichst effizient zu den erforderlichen Ergebnissen zu kommen. Es handelt sich um das wirksamste und konkreteste Instrument der Verbindung zwischen Planung und Realisierung. Da Ziele präzise und klar formuliert werden müssen, weiss jeder Beteiligter, welche Leistung von ihm erwartet wird. Gleichzeitig erhält er die Gewissheit, dass er nicht nach willkürlichen, sondern eben nach jenen präzisen Kriterien beurteilt wird, und er kann zudem seine Kreativität in der Ableitung der Ziele einsetzen. Führung durch Zielsetzung kann in einem richtig angewendeten Sinne also durchaus die Selbstorganisation in einem System nutzen und fördern. Die Lenkung der Zielbestimmungsprozesse zur Umsetzung von Problemlösungen ist die Hauptaufgabe der Führungskräfte. Die Ziele müssen von einer allgemeinen, die Gesamtlösung betreffenden Ebene in einzelne Managementhandlungen heruntergebrochen werden. Die Zielbestimmung ist die wichtigste Phase des Umsetzungsprozesses. Die Endergebnisse lassen sich durch eine sorgfältige Definition beträchtlich verbessern, wenn die Ziele zeitgerecht und umfangmässig angepasst sind und die entsprechenden Massnahmen in möglichst kurzer Zeit an der richtigen (sprich wirksamsten) Stelle ergriffen werden. Zu diesem Zweck müssen die Ziele möglichst klar, konkret und kurz formuliert sein. Sie sollten das erwartete Ergebnis und die Termine der Realisierung beinhalten, verifizierbar sein und im Einklang mit den anderen Zielen stehen. Ausserdem müssen sie realisierbar, anpassungsfähig, stimulierend und anspruchsvoll zugleich sein (vgl. Abbildung 5.16, PROBST 1993, S. 546).

Abbildung 5.16

Vorgehensweise der Zielbestimmung (vgl. Probst 1993)

Checkliste zur Zielbestimmung:

- Handelt es sich bei dem Ziel wirklich um einen endgültig angestrebten Zustand, eine zu erreichende Schwelle, ein Endprodukt, ein bestimmtes Know-how?
- Welcher Art ist das Ziel, und wie wichtig ist dessen Realisierung?
  - «unabdingbar»: Das Ziel muss unbedingt erreicht werden, weil es gesetzlich vorgeschrieben oder der Fortbestand der Unternehmung davon abhängig ist.
  - «bedingt erforderlich»: Das Ziel muss unter der Bedingung erreicht werden, dass bestimmte Grenzen und Vorgaben eingehalten werden.
  - «wünschenswert»: das Ziel ist eine Wunschvorstellung, die man gerne verwirklichen würde, bringt auf jeden Fall konkreten Nutzen, ist jedoch für den Fortbestand des Unternehmens nicht unbedingt erforderlich.
- Wurden bei der Zielformulierung alle Aspekte berücksichtigt?
- Ist das Ziel mit der Unternehmenspolitik und der Corporate Identity vereinbar?
- Steht es im Widerspruch zu anderen Zielsetzungen?
- Gibt es ein Instrument zur Erfassung der Zielerreichnung und des Zielerreichungsgrads?
- Ist das Ziel realisierbar?
- Wurde für die Zielerreichung eine bestimmte Frist festgesetzt?
- Fällt das Ziel in den Aufgabenbereich der betroffenen Stelle oder Abteilung?
- Wer ist davon betroffen?
- Wurden die zur Zielerreichnung nötigen Mittel bewilligt?
- Wurden alle Betroffenen ausreichend informiert?
- Welches sind die Teilziele?

Beispiel: Aufnahme der Produktion im Werk Ende des Monats

- finanzielle Ziele
  - Kosten <1'000'000 DM
  - Investitionsrentabilität: 5% jährlich nach 2 Jahren
  - Finanzierung innerhalb von 6 Monaten
  - Jährlicher Reingewinn >3'000'000 DM nach 2 Jahren
  - Etc.
- funktionale und technische Ziele
  - technische Leistung gemessen an der Norm
  - weniger als 1% Ausschuss
  - Energieverbrauch 10% unter der Branchennorm
  - über 50% weniger Abfall
  - Abfallprodukte zu mehr als 95% wiederverwertbar
  - Etc.
- organisatorische Ziele
  - Grossraumbüros in jeder Einheit
  - repetitiv anfallende Arbeiten zu 90% auf EDV umgestellt
  - Etc.

Vorteile

- Klare Ziele
- Erleichtert die Aufgabenkoordinierung und -verteilung

Nachteile

- Reduktionistisch und meist rein quantitativ
- Erschwert Initiativen

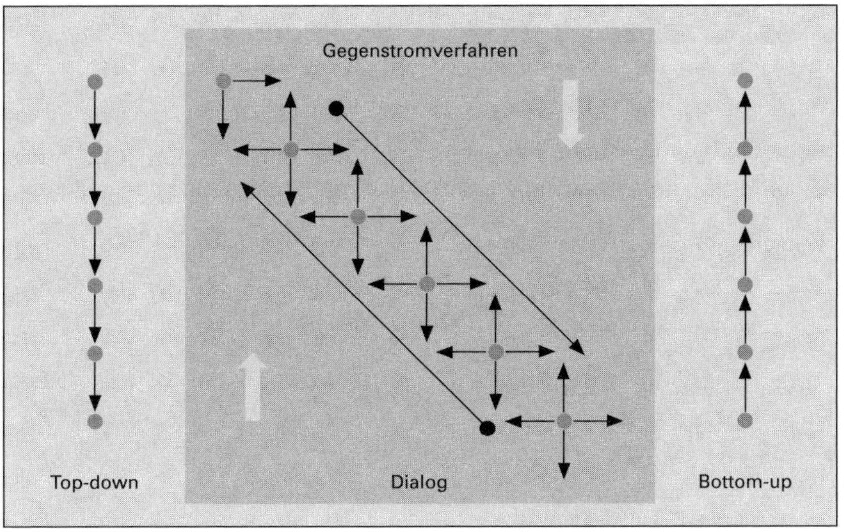

Abbildung 5.17
Gegenstromverfahren beim Führen durch Zielsetzung

Die Festlegung der zur Umsetzung notwendigen Teilziele ist nicht immer einfach. Die Gesamtziele müssen richtig kommuniziert werden, dann auch verstanden und akzeptiert sein. Ferner sollen sie wünschenswert und reizvoll sein. Mit den Zielen und dem Zielsetzungsprozess sind auch die Anreize für die Realisierung zu schaffen. Dazu gibt es kein allgemeingültiges Modell oder Instrumentarium. Vielmehr ist dies jeweils neu zu überdenken und zu entwickeln. Es geht hier auch nicht einfach um eine Schaffung individueller Anreize. Ziele wirken nur dann mobilisierend, wenn die Mehrheit der Mitarbeiter hinter ihnen steht und von den Schlüsselstellen unterstützt wird. Gleichzeitig müssen die Ziele aufeinander abgestimmt und die Mitarbeiter ständig über das Gesamtziel und die Aktivitäten in diesem Rahmen informiert sein.

Aber auch dann wehrt sich der Mensch häufig gegen eine zu genaue Formulierung, um sich nicht zu stark einschränken zu lassen, Flexibilität zu bewahren, um Verantwortung eventuell abschieben oder wegerklären zu können, oder einfach um sich im Falle eines Misserfolgs eine Tür offen zu halten. Er ist verunsichert, erkennt Risiken, will wenig Verantwortung oder weiss nicht genau, welches seine Fähigkeiten und seine Wünsche sind. Es ist deshalb meist sinnvoll, diesen Prozess methodisch gut zu begleiten und die Betroffenen zu schulen.

Bei der SWISSCONTROL wurde Führung durch Zielsetzung als Mittel für die Umsetzung des Leitbildes erkannt und eingeführt. In Workshops wurde dieses geschult, und es wurden jeweils stufengerecht die Ziele erarbeitet. Dies geschah in einer Art Gegenstromverfahren gemäss Abbildung 5.17.

Aus den Workshops der ersten Jahre sei in Abbildung 5.18 ein Beispiel aufgezeichnet, das die Ableitung aus dem Leitbild zeigt und demonstriert,

Leitbild

Wir wollen die Sicherheit und den bestmöglichen Fluss in der Abwicklung des Luftverkehrs gewährleisten und setzen zu diesem Zweck ein umfassendes System der Qualitätssicherung ein.

Unternehmensziele 1989

1. DAS IFR-Verkehrsaufkommen in der bisherigen Qualität ohne systematische Verkehrseinschränkungen durch CH ATC bewältigt.

2. Die GAV partnerschaftlich und unter Aufrechterhaltung einer part… …iebsabwicklung erneuert

Zielsetzungen 1989 (Abteilung FO)

Abt.	Tätigkeitsbereich	Massnahme	Termin	UL Nr.	UZ Nr.
FO (BEKO)	Qualitätssicherungs-System	Konzept erarbeitet und von D genehmigt	06/89	1.1	6
FO (BEKO)	Pflichtenhefte MA Quality Control	Erarbeitet und von D genehmigt	07/89		
FO (BEKO)	Kapazität	Ist-Zustand ACC, APP/DEP und TWR inkl. Bern-Belp und Lugano-Agno festgelegt	08/89	1.2	1
		Verkehrsprognosen 1990-1993 von D (und evtl. VR) genehmigt	08/89		
		Soll-Kapazität ACC, APP/DEP und TWR 1990 bis 1993 festgelegt und von D genehmigt	08/89		
		…ines Frühwarnsystems betr. …bis zu 90' im voraus)	03/89	1.2	1

Zielvereinbarung Z-ZT 1989 (individuell)

1. Realisierung der U-Ziele

11. *U-Ziel 1 – Technik*

- Modif SYCO II/Zürich
  - – Wichtige Modifikationen technischer Art festgelegt 10.2.89
  - – Realisierungsplan aller wichtigen Modifikationen erstellt 3.3.89
  - – Kreditantrag an FT 21.2.89
- Anschluss Gosheim
  - – Kreditantrag an FT 1/89
  - Antrag z.H. der aG «ALL01» betr. Wahl d. Zwischenmoduls 17.2.89
  - …splan (inkl. Detailabsprachen mit BFS) 17.2.89
  - …l festgelegt

wie Leitbildgedanken umgesetzt werden können. Dieser Umsetzungsprozess ist über Jahre weiterentwickelt worden und in derselben Weise bis auf unterste Führungsstufen realisiert worden.

Mit der zielorientierten Führung ist in enger Weise auch die Anreizgestaltung verbunden. Es sind Anreize zu schaffen, die materiell wie auch immateriell die Menschen stimulieren und belohnen für die Umsetzung der Lösungen. Sehr häufig geht die Umsetzung nicht voran oder wird überhaupt boykottiert, weil die Anreize nicht geschaffen wurden oder falsch ausgerichtet und konzipiert sind. Wenn es um langfristige Realisierungen geht, die etwa strategischer, normativer oder kultureller Natur sind, so können wir kaum mit kurzfristig orientierten, meist monetären Anreizsystemen arbeiten. Dann laufen wir Gefahr, dass kurzfristige Ziele vorgehen, um die persönlichen monetären Interessen zu maximieren. Entsprechend werden langfristig notwendige Investitionen zurückgestellt oder verhindert, einseitig gewisse Bereiche ausgebeutet oder soziale Aspekte vernachlässigt. Als monetäre Anreizsysteme sind in den letzten Jahren vor allem aktienkursorientierte Anreize, Systeme auf der Grundlage des ökonomischen Wertes der Unternehmung und neuere, Rechnungswesen-basierte Anreizsysteme bekannt geworden. Neben die wichtigen monetären Interessen müssen gleichzeitig leistungsbezogene Systeme, Karriereanreize, Anreize des (zukünftigen) Handlungsspielraumes, Anreize des Arbeitsinhaltes und Statussymbole treten. Weitergefasste Anreize finden wir auch in der Partizipation oder neuen Führungssituationen (vgl. WÄLCHLI 1995).

Abbildung 5.18
(gegenüberliegende Seite)
Zielsetzungen auf den verschiedenen Ebenen der SWISSCONTROL

Lernorientiertes Controlling einführen

Die Fortschritte der Umsetzung sind unter Kontrolle zu halten, Veränderungen sind zu erfassen, um Massnahmen einzuleiten oder Ziele anzupassen und nicht überrascht zu werden. Die Aktion ist der Reaktion vorzuziehen, denn oft ist der Interventionsaufwand bei erzwungenen, verspäteten Reaktionen um ein Vielfaches höher als bei proaktivem Handeln. Die sukzessive Erarbeitung der Ziele und Massnahmen zu ihrer Realisierung erfordern permanentes Feedback. Nur so kann die Lösung mit geringstem Aufwand erreicht werden; nur so kann man den Bedarf an Fähigkeiten und Ressourcen den sich ständig wandelnden Rahmenbedingungen anpassen. Das Gegenstromverfahren beim Führen mit Zielen ist ein mächtiges Instrument, das uns dabei helfen kann, in der alltäglichen Zusammenarbeit verschiedener Ebenen das Feedback zu institutionalisieren und damit die vereinbarten Ziele laufend zu korrigieren. Während des Umsetzungsprozesses sind regelmässige Selbstkontrollen im Hinblick auf die erzielten Fortschritte erforderlich und sinnvoll. Es soll nicht einfach die Leistung der Mitarbeiter ermittelt oder kontrolliert, sondern es soll eine gewisse Flexibilität im Falle einer Änderung der Situation gewährlei-

Abbildung 5.19
Ausschnitt aus dem Leitfaden zum Planungs-, Informations- und Beratungsgepräch bei SWISSCONTROL (vgl. Probst 1993, S. 550ff.)

6.3 Zielvereinbarung für die neue Periode

Der Zweck der Zielvereinbarung besteht darin, dass der Vorgesetzte und der Mitarbeiter gemeinsam die wesentlichen vorgesehenen Veränderungen in konkrete und überprüfbare Ziele fassen. Nur so kann sichergestellt werden, dass sich beide engagiert für die Zielerreichung einsetzen und Missverständnisse vermieden werden. Die vereinbarten Ziele zeigen, auf welche Schwerpunkte sich der Mitarbeiter nebst den ständigen Aufgaben im kommenden Jahr konzentrieren soll. Bei der Zielformulierung ist die «Checkliste für das Festlegen von Zielen» zu beachten. Die Ziele sollen ins Formular «Zielvereinbarung» eingetragen werden.

- Ziele, abgeleitet aus übergeordneten Belangen, wie Unternehmenszielen, Abteilungszielen, Betriebszielen etc.
- Ziele aus der Zielüberprüfung und der Standortbestimmung (Punkte 6.1/6.2)
- Ziele zur Förderung und Entwicklung des Mitarbeiters (Punkt 6.4), um persönliche Mängel zu beheben oder Stärken zu vertiefen.

6.4 Förderung des Mitarbeiters

In der heutigen Tätigkeit

Unter Berücksichtigung von Zielüberprüfung, Standortbestimmung und Zielvereinbarung klären Vorgesetzter und Mitarbeiter gemeinsam ab, welche Förderungsmassnahmen für die Entwicklung des Mitarbeiters nötig sind. Die Ergebnisse sind in der Gesprächsnotiz unter Punkt 4 festzuhalten.

- Können bei der jetzigen Tätigkeit alle Kenntnisse und Fähigkeiten des Mitarbeiters voll eingesetzt werden? Wo liegen ungenutzte Fähigkeiten?
- Wo liegen die Schwächen? Welche Weiterbildungsmassnahmen sind nötig, damit der Mitarbeiter erkannte Schwächen bei der Erfüllung der Aufgaben abbauen oder die Aufgabe effizienter erfüllen kann?
- Welche Möglichkeiten der freiwilligen Weiterbildung könnten genutzt werden?
- Wo ist es sinnvoll, dass sich der Mitarbeiter als Mensch und Persönlichkeit weiterentwickelt ?

Beim Wunsch nach beruflicher Veränderung

In diesem Fall sind die Ergebnisse im speziellen Formular «Individuelle Entwicklungsplanung für Kadermitarbeiter» festzuhalten und als Grundlagen für die Personalplanung dem zuständigen Personaldienst einzusenden. (Ab dem 2. Gespräch nur noch bei Veränderungen.)

- Welche beruflichen Ziele und Laufbahnerwartungen hat der Mitarbeiter kurz- und längerfristig?
- Welche Entwicklungsmassnahmen zur Übernahme anderer Aufgaben könnten in Frage kommen ?

6.5 Zusammenfassung des Gesprächs und Würdigung der gesamten Arbeit durch den Vorgesetzten

- Zur Abrundung des Gesprächs sollten die wichtigsten Erkenntnisse und Ergebnisse mündlich nochmals kurz zusammengefasst werden. Es soll nochmals klar festgehalten werden, wer, was, bis wann, zu erledigen hat.

- Der Vorgesetzte würdigt die gesamte Arbeit des Mitarbeiters im vergangenen Jahr und hält diese Würdigung in der Gesprächsnotiz unter Punkt 5 schriftlich fest. Dabei sollen auch die ständigen und unproblematischen Arbeiten miteinbezogen werden. Diese Würdigung soll schwerpunktmässig die guten Leistungen festhalten, auf Mängel hinweisen und die Erwartungen für das kommende Jahr aufzeigen.
- Abschliessend sollen Termine für die vorgesehene Zwischenkontrolle während des Jahres festgelegt werden.

7. Gesprächsunterlagen

- Die Gesprächsergebnisse sind schriftlich in den folgenden Gesprächsunterlagen festzuhalten: Gesprächsnotiz, Zielvereinbarung, individueller Entwicklungsplan für Kadermitarbeiter.
- Die Gesprächsunterlagen werden vom Vorgesetzten erstellt. Sie können von Hand geschrieben werden.
- Der «individuelle Entwicklungsplan» ist in 1 Kopie dem zuständigen Personaldienst zuzustellen.

8. Vertraulichkeit

- Der Mitarbeiter erhält die Originale der Gesprächsunterlagen, der Vorgesetzte eine Kopie. Eine Kopie des «individuellen Entwicklungsplanes» geht an den zuständigen Personaldienst. Weitere Kopien dürften nicht angefertigt werden.
- Der nächsthöhere Vorgesetzte informiert sich über das Gespräch durch Einsichtnahme in die Gesprächsnotiz.
- Nach Ablauf von 5 Jahren muss der Vorgesetzte die Gesprächsnotiz vernichten. Bis dahin hat er sie unter Verschluss aufzubewahren.
- Höhere Linien-Vorgesetzte sowie Personalchefs (P, GA, ZA) können Einsicht nehmen.
- Bei Wechsel des Vorgesetzten werden dem neuen Vorgesetzten die Gesprächsnotizen übergeben.

9. Sicherstellen der vereinbarten Massnahmen/Zielsetzungen

- Durch beidseitige Unterschrift bezeugen Vorgesetzter und Mitarbeiter ihr Einverständnis mit dem Inhalt der Gesprächsunterlagen.
- Mitarbeiter und Vorgesetzter können sich vor dem Unterschreiben eine Bedenkzeit von max. 1 Woche ausbedingen.
- Vorgesetzter und Mitarbeiter tragen gleichermassen die Verantwortung für die Einhaltung der vereinbarten Massnahmen und Ziele.
- Wenn nötig, sollen Zwischengespräche und-kontrollen während des Jahres vereinbart werden.

10. Überwachung der PIB-Gespräche

- Je die höheren Vorgesetzten veranlassen und überwachen die regelmässige Durchführung der Gespräche.
- Die zuständigen Personaldienste (P für die zentralen Dienste in Bern, GA und ZA für die Regionen Genf und Zürich) kontrollieren den Eingang der «individuellen Entwicklungspläne» und veranlassen säumige Vorgesetzte zur Durchführung der PIB-Gespräche.

stet werden. Die regelmässigen Rückmeldungen verantwortlicher Stellen können die persönliche Entwicklung eines Mitarbeiters oder die Zusammenarbeit von Gruppen fördern. Dies kann das Problemlösungspotential des Gesamtsystems verbessern oder stabilisieren.

Controllingverfahren können einerseits rein technischer Natur sein, um vor allem die Fortschritte im sachlichen Bereich zu erfassen (zum Beispiel die Entwicklung des durchschnittlichen Lagerbestandes). Schwieriger ist das Controlling im rein menschlichen Bereich, nämlich dann, wenn es um die Messung und Steuerung des Verhaltens von Individuen oder Gruppen geht oder wenn die Qualität von Entscheidungen zur Diskussion steht (vgl. WUNDERER 1989). Auf dieser Ebene kommen wir nicht um gruppenorientierte und individuelle Auswertungsgespräche und Feedbacks herum. Solche qualitativen Controlling-Instrumente liegen heute in sophistizierten Modellen vor und haben bereits in zahlreichen Praxisfällen ihre Nützlichkeit unter Beweis gestellt (vgl. SCHEER 1990). Es bleibt aber festzuhalten, dass das moderne Controlling im qualitativen Bereich noch lange nicht alle Möglichkeiten ausgeschöpft hat.

Bei der SWISSCONTROL standen gerade das menschliche Fähigkeitspotential und vor allem der kulturelle Wandel im Vordergrund. Es boten sich attraktive Aufgaben, die aber auch mit hoher Belastung und Verantwortung verbunden waren. Die bisherige totale Abhängigkeit vom Staat prägte die Organisation. Sie verfügte in der Folge über ein geringes Kostenbewusstsein, wenig unternehmerisches Handeln und eine geringe Transparenz in den Bereichen von Kosten, Gewinnverwendung, Berichtswesen und verwandten Bereichen. In der relativ autonomen Aktiengesellschaft SWISSCONTROL sollten diese Dysfunktionalitäten verändert werden. Zielorientiertes Führen und Zusammenarbeiten reichten nicht aus, um diesen Sprung nach vorn zu meistern, sondern sie mussten mit einer persönlichen Entwicklung der «Swisscontroller» einhergehen. Es musste sich für den Einzelnen lohnen, sein Verhalten zu ändern, wobei Quellen der Belohnung nicht zwingend monetärer Natur sein mussten. Über das Instrument des PIB – Planungs-, Informations- und Beratungs-Gespräch – sollte eine Grundlage für solche Entwicklungsprozesse geschaffen werden. Dieses stellte das Mittel zur Vereinbarung und Modifizierung von Zielen aus dem MbO dar, institutionalisierte Feedbackprozesse und lieferte ein Umsetzungscontrolling, das die Realisierung vereinbarter Ziele überprüfte. Die Darstellung in Abbildung 5.19 demonstriert den Leitfaden zur Durchführung eines PIB.

Aus jedem Problemlösungsprozess und vor allem mit jeder Problemumsetzung kann man organisationale Lernprozesse verbinden, die es zu nutzen gilt, wenn man langfristig eine erfolgreiche Unternehmung bleiben will. Es geht darum, sich bewusst mit den eigenen Fähigkeiten auseinanderzusetzen und somit den Wandel innerhalb und ausserhalb der Organisation besser zu bewältigen. Potentiale sind zu nutzen und zu entwickeln, um nicht zweimal denselben Fehler zu machen. Fehler sollten aufgrund frühzeitiger Anhaltspunkte und Erfahrungen identifiziert werden. Probleme derselben Kategorie sollten schneller und effizienter gelöst werden können. Die Umsetzungsprozesse sind deshalb bewusst für ein Lernen zu nutzen, was zu einem besseren Verständnis bestehender organisationaler Lernprozesse führt. Ein lernendes Unternehmen entwickelt und unterhält daher eine Lerninfrastruktur und identifiziert lernfördernde und lernhemmende Kräfte. Sie vergleicht sich und ihre Handlungen ständig mit geeigneten Referenzinstitutionen, gibt Feedback für Verbesserungen und garantiert den Wissenstransfer. So hat XEROX beispielsweise eine Problemlösungsmethodik entwickelt, kontinuierlich verbessert und intern institutionalisiert (GARVIN 1993). Ebenso hat MOTOROLA seine Erkenntnisse im Rahmen des Business Process Reengineering aufgearbeitet und in einem weiteren Schritt über eine interne Schule in die gesamte Organisation weitergetragen.

Im Rahmen der strategischen Führung der GEBERIT AG, eines mittelgrossen, führenden Schweizer Unternehmens in der Herstellung von Hygieneanlagen, hat sich die Direktion entschlossen, einen gemeinsamen Rahmen für die strategische Planung im Unternehmen festzulegen. GEBERIT stützt sich

Auf Basis der 1993 erarbeiteten Hausentwässerungsstrategie des SGF 5 wurde im März 1994 im Rahmen eines Workshops von Geberit-Führungkräften dieser Strategieleitfaden konzipiert.
Das nachfolgend erläuterte, methodische Vorgehen zum Geberit-Strategieentwicklungsprozess orientiert sich an dem aus der Literatur (Gomez/Probst/Ulrich) und dem SKU bekannten Vorgehen für eine ganzheitliche Strategieentwicklung. Die eingebrachten Modifikationen erlaubten eine Anpassung an Gerberit-Spezifika.
Das Gesamtvorgehen gliedert sich grob in 4 Phasen. Im Detail erfolgt die Erarbeitung in Geberit spezifischen – teilweise optionalen – Einzelschritten.
Dabei ist wesentlich, dass der Prozess nicht als reine sequenzielle Aufgabe, sondern sowohl insgesamt als auch in seinen Einzelphasen **je nach Bedarf iterativ** abgehandelt wird.
Als umfassendes Anschauungsbeispiel und jeweiliger Bezugspunkt zu den nachfolgenden Anmerkungen dient das Pilotprojekt «Strategie Hausentwässerung» (SGF 5).
Die in diesem **Leitfaden** zusammengefassten Workshoperkenntnisse sind Verbesserungsmassnahmen zum Pilotprojekt. Sie betreffen sowohl den Gesamtprozess als auch bestimmte Einzelschritte.
Der Leitfaden dient in Verbindung mit dem SKU-Handbuch bzw. dem Hausentwässerungs-Strategiedossier den künftigen Strategieteams als Grundlage für die Strategieentwicklung. Ergänzend können die im Rahmen des Workshops ebenfalls erarbeiteten Checklisten als Orientierungshilfe am Ende jeder Phase genutzt werden.

Abbildung 5.20
Reflektionen zur Methodik der strategischen Führung bei der GEBERIT AG

dabei auf die von uns in den schweizerischen Kursen für Unternehmungsführung (SKU) vermittelte Methodik der strategischen Führung (vgl. GOMEZ/PROBST 1994). Die Führungskräfte wurden nicht nur geschult, um unsere Methodik an einem praktischen Beispiel ihrer Erfahrungswelt zu üben, sondern um im nachhinein eine gemeinsame Sprache zu sprechen. Es wurden im nächsten Schritt intern die verschiedenen strategischen Geschäftseinheiten bestimmt und analysiert. Dabei wurde auch die Methodik selbst reflektiert, und es wurden lernend Anpassungen vorgenommen und kommuniziert. Beiliegend findet der Leser Resultate der Lernprozesse (vgl. Abbildung 5.20), die in der Einführung zum internen Handbuch der strategischen Führung festgehalten sind.

Was aber zeichnet eine Unternehmung aus, die organisationales Lernen praktiziert? Unter organisationalem Lernen verstehen wir nach PROBST und BÜCHEL (1994) den Prozess der Erhöhung und Veränderung der organisationalen Wert- und Wissensbasis, die Verbesserung der Problemlösungs- und Handlungskompetenz sowie die Veränderung des gemeinsamen Bezugsrahmens von und für die Mitglieder in der Organisation. Wir sorgen also dafür, dass nicht nur einzelne Menschen isoliert lernen, sondern ein grösseres Ganzes, eine Abteilung, eine Gruppe oder schlicht die gesamte Unternehmung. Man kann also sagen, dass sich das Denken und Handeln des Ganzen verändert. Wie oft finden wir Situationen, in denen wir meinen, die einzelnen Menschen, die wir befragt oder mit denen wir zu tun hatten, hätten die notwendigen Veränderungen begriffen. Aber dann bleiben die Veränderungen aus, nichts passiert, die Institution ändert ihr dysfunktionales Verhalten nicht, und alle Beteiligten sind frustriert. Im Veränderungsprozess wurde offensichtlich vorhandenes Wissen nicht weitergegeben. Es wurde nicht in ein kollektives «Gedächtnis» aufgenommen, aus dem es jederzeit wieder abgerufen werden könnte, falls dies notwendig erscheint. Es ist auch möglich, dass die Problemlösungskompetenzen nicht wirklich erfasst und bewusst gemacht werden konnten. Obwohl etwas funktioniert hat, fand keine Reflexion darüber statt, warum es funktioniert hat. Implizites Wissen der Organisation konnte nicht kollektiviert werden und ging so der Organisation verloren. So konnte man zu einem späteren Zeitpunkt nicht von bereits gemachten Erfahrungen profitieren oder gar einen Wissenstransfer innerhalb des Unternehmens vornehmen. Es ist daher wichtig, dass wir uns in einem lernenden Unternehmen immer wieder fragen, ob alle Teile unserer obengenannten Definition erfüllt sind, nämlich:

1. Setzen wir uns bewusst mit unserer Umwelt auseinander, um neues Wissen aufzunehmen? Werden Erfahrungen und Überlegungen für die Erhöhung und Verbesserung der organisationalen Wert- und Wissensbasis genutzt? Gehen die Erkenntnisse in ein kollektives Gedächtnis ein, aus dem sie für alle bei gegebener Zeit wieder abgerufen werden können? Dabei kann es sich um technische wie um menschliche Speichersysteme handeln. Es ist wichtig, dass sich die Lernträger einer Organisation mit der Lernsituation auseinandersetzen, das heisst Informationen, Daten, Anregungen, Zusammenhänge usw. aufnehmen und verarbeiten. Diese werden kollektiv strukturiert, eingeordnet und so verfügbar oder abrufbar gemacht.

2. Werden die Möglichkeiten für das Handeln in bestimmten Situationen und das Lösen von Problemen verbessert? Haben wir unsere Kompetenzen damit erhöht? Wird die Fähigkeit der Gesamtorganisation verbessert, um gewisse Probleme zu lösen? Können sich die übrigen Mitglieder in den Handlungen und Vorgehensweisen Einzelner wiederfinden? Welche Lernprozesse sind in Bezug auf unsere Unternehmensziele von besonderer Bedeutung? Haben wir zentrale Lernarenen unserer Organisation identifiziert?

3. Wird ein gemeinsamer Bezugsrahmen aufgebaut, ein gemeinsames Verständnis, eine gegenseitig akzeptierte Wertestruktur? Wie können wir diesen kollektiven Bezugsrahmen sichtbar machen, um bisher verborgene heimliche Spielregeln oder strategische Spiele sichtbar und damit gestaltbarer zu machen?

Wir können nur ein kollektives Handlungs- und Problemlösungspotential erhalten, wenn es interaktiv erstellt, kommuniziert und akzeptiert wird. Die geteilten kognitiven Konstrukte einer Organisation sind der Bezugsrahmen, durch den die Mitglieder eines Unternehmens sich selbst und die Umwelt wahrnehmen. Die Art und Weise des hier angelegten Selbst- und Fremdverständnisses ist entscheidend für den Umgang mit Daten aus der Umwelt der Organisation, den Aufbau und die Struktur der organisationalen Wissensbasis, die Wahrnehmung und gemeinsame Definition von Problemen sowie die Auswahl von Problemlösungsverfahren und -strategien. Der geteilte Bezugsrahmen der Organisation ist zugleich der systemische Ort organisationaler Wertvorstellungen, das heisst jener Werte und grundlegenden Annahmen, die als explizit oder implizit anerkannte, verbindliche «Leitideen» die Wahrnehmung und das Handeln von Mitgliedern der Organisation bestimmen. Man kann daher sagen, mit einem «äusseren» Wandel in den Handlungen, Entscheidungen, Eingriffen usw. muss ein «innerer» Wandel der Werte und Einstellungen einhergehen.

Bei der SWISSCONTROL hat man daher den Prozess der Umwelt- und Unternehmensanalyse institutionalisiert, indem man ihn in den Prozess des Führens mit Zielen aufgenommen hat. So wird jährlich bewusst auf allen Führungsstufen die aktuelle Lernsituation erfasst und kollektiv zugänglich gemacht. Die Vernetzung der verschiedenen Instrumente wie Evaluation der Ziele, Personalentwicklung, Schulung und Planung helfen mit, eine organisationale Wert- und Wissenbasis zu erhalten und auszubauen. In der Form einer Übersicht lassen sich dann aufgrund der obengenannten Analysen oder in speziellen Workshops auch die fördernden und hemmenden Kräfte des organisationalen Lernens festhalten. Die in Abbildung 5.21 festgehaltene Methode ist anderswo detailliert beschrieben worden und hat in der Praxis bereits viele Anwendungen erfahren (vgl. PROBST/BÜCHEL 1994).

REVISUISSE PRICE WATERHOUSE SCHWEIZ ist einen Schritt weiter gegangen. Systematisch wurde untersucht, in welchem Grade sie ein lernendes Unternehmen darstellt. Der Präsident Peter F. WEIBEL hat durch eine Umfrage und eine Reflexion der Ergebnisse in Workshops versucht, eine systematische Auseinandersetzung mit dem Konzept des organisationalen Lernens und den Prozessen zum Ergreifen zielgerichteter Massnahmen zu initiieren. Der Fragebogen zwang die Befragten zu acht Bereichen Stellung zu nehmen:

- Kommunikation
- Lernen und Innovation
- Strategisches und visionäres Denken
- Entscheidungsfindung
- Managing Change
- Measurement
- Entlöhnung und Anerkennung
- Information

Damit das Unternehmen erfolgreich agiert, müssen nach Peter F. WEIBEL alle Aspekte miteinander verbunden sein und sich gegenseitig unterstützen. Das in Abbildung 5.22 vorgestellte Rad des Lernens soll darstellen, wo sich das Unternehmen gerade befindet, und helfen, zu erkennen, wo das erstere vergrössert werden soll. In den Workshops wurden für die verschiedenen Bereiche Analysen der Ergebnisse vorgenommen und Lösungen erarbeitet. Der Auftrag der Arbeitsgruppen lautete jeweils:

- Wie kann die Lücke zwischen Zielzustand und IST-Zustand erklärt werden?

Roter Faden zur Kräftefeldanalyse

1. Beschreiben Sie die problematische Situation:
   a Wie ist die Situation jetzt?
   b Wie sollte sie aussehen?

2. Viele Probleme können gelöst werden, wenn man jene Kräfte aktiviert, die zu einer Verbesserung drängen und/oder jene Kräfte reduziert, die einer Verbesserung im Wege stehen. Welche Kräfte sind hemmend, welche fördernd ?

   Gegenwärtige Problemsituation

fördernde Kräfte:	hemmende Kräfte:

3. Überprüfen Sie die Liste der fördernden und hemmenden Kräfte und unterstreichen Sie jene, die Ihnen zur Zeit am wichtigsten erscheinen.

4. Stellen Sie sich nun bei jeder negativen Tendenz (hemmende Kräfte), die Sie unterstrichen haben, folgende Fragen:
   a Wodurch ist sie entstanden (was steckt dahinter)?
   b Zu welchem Zeitpunkt wurde sie ausgelöst (wann, wie)?
   c Durch wen wurde sie ausgelöst ?
   d Was begünstigt ihre negative Wirksamkeit ?

5. Überlegen Sie, wie Sie die Ihnen besonders bedeutsam erscheinenden (unterstrichenen) negativen Tendenzen in ihrer Wirksamkeit schwächen oder ganz aufheben können. Was müssen Sie diesbezüglich unternehmen ?

■ **«Brainstorming»**
Hemmende Tendenz 1:

Möglichkeiten der Reduktion oder Aufhebung:

Hemmende Tendenz 2:

Möglichkeiten der Reduktion oder Aufhebung:

6. Gehen Sie jetzt genauso bei den fördernden Tendenzen vor, die Sie unterstrichen haben.
   Fördernde Tendenz 1:

   Möglichkeiten der Erhaltung oder Verstärkung:

   Fördernde Tendenz 2:

   Möglichkeiten der Erhaltung oder Verstärkung:

7. Unterstreichen Sie jene Massnahmen, die Aussicht auf Erfolg haben.

8. Fügen Sie hinzu, welche Mittel Sie benötigen, um die Massnahmen durchzuführen, und wer Ihnen diese Mittel zur Verfügung stellen könnte.

9. Formulieren Sie dann eine Strategie, wie Sie Ihr Problem vernünftig angehen wollen.

10. Entwickeln Sie Massnahmen für die Kontrolle Ihres Erfolges: Wann muss die Wirksamkeit überprüft werden? Wodurch zeigt sich der Erfolg? Wie lang hält er an? Welche Massnahmen könnten die Dauer des Erfolges günstig beeinflussen ?

Abbildung 5.21
Analyseinstrument für hemmende und fördernde Lernkräfte (Probst/Büchel, 1994)

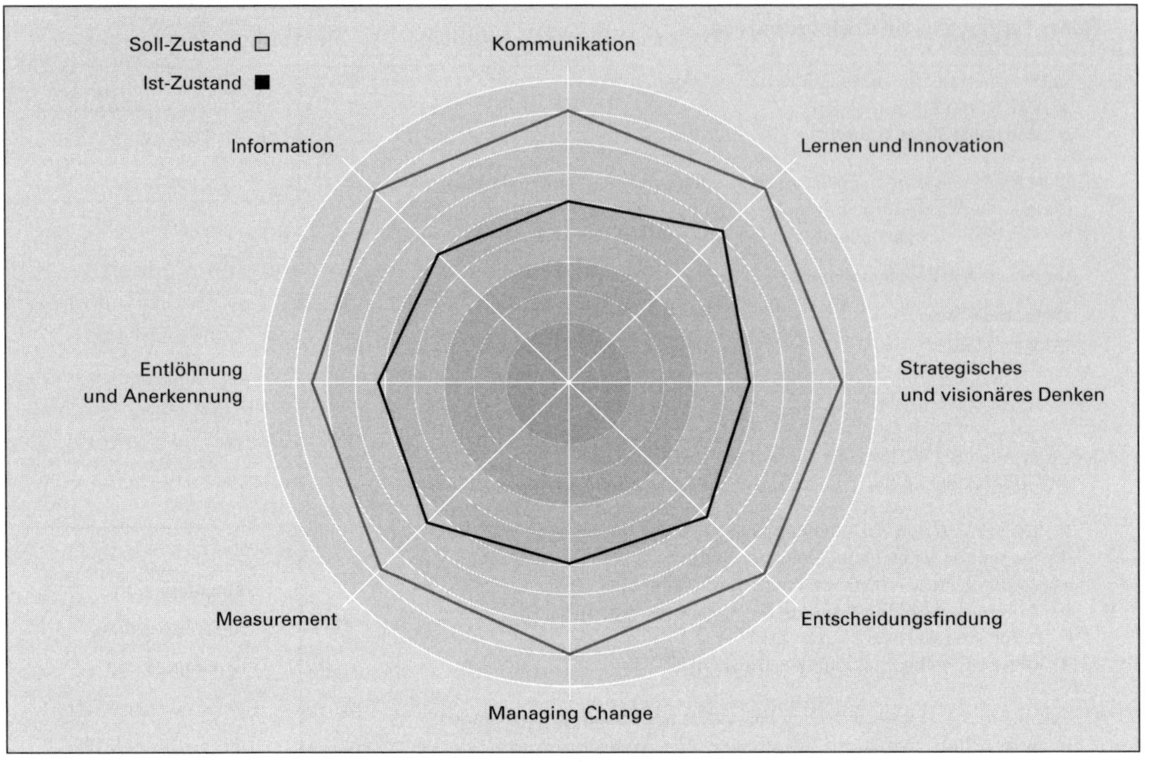

Abbildung 5.22
Rad des Lernens mit IST und SOLL-Zustand bei REVISUISSE PRICE WATERHOUSE

- Wo und in welcher Hinsicht besteht ein Lernbedarf?
- Was behindert die Schliessung der Lücke zwischen Zielzustand und IST-Zustand (personell, strukturell intern und extern).
- Entwickeln Sie drei konkrete Aktionsvorschläge unter Angabe der Zuständigkeit.

Im nächsten Abschnitt wollen wir uns nun mit persönlichen Eigenschaften beschäftigen, welche die Problemlösungsumsetzung unterstützen. Im Vordergrund stehen Gestaltungs- und Lenkungsaufgaben, denn es sind nun jene Betroffene anzuleiten und zu führen, die nicht direkt in den Problemlösungsprozess eingebunden waren. Die Lösungsvorschläge sind konkret mit den Menschen umzusetzen. Welche Verhaltensweisen der Führungskräfte sind in dieser Phase besonders relevant? Die nachfolgende Darstellung gibt eine erste Übersicht.

Vernetzt denken	Unternehmerisch handeln	Persönlich überzeugen
■ Stufengerecht und multidimensional verankern	■ Umsetzung planen und kommunizieren	■ Dialog praktizieren
■ Früherkennung und Fortschritts-kontrolle sicherstellen	■ Ziel- und anreizorientiert realisieren	■ Vertrauens- und sinnorientiert führen
■ Entwicklungsprozesse und -fähigkeiten erfassen	■ Lernorientiertes Controlling einführen	■ Lernprozesse auslösen und unterstützen

Persönlich überzeugen

Bevor wir in die operationale Umsetzung der Wandelprozesse einsteigen, müssen wir ein Bewusstsein für die Notwendigkeit der entwickelten Lösung und des generellen Wandels schaffen und eine Akzeptanz unserer Verbesserungspläne erreichen. Dies setzt aber persönliche Überzeugungskraft voraus. Bisher haben sich meist nur einzelne Mitglieder oder Gruppen der Organisation mit dem Problem und seinen Lösungsmöglichkeiten auseinandergesetzt. In die Umsetzung und die Verankerung ist ein weit grösserer Kreis miteinzubeziehen. Je nachdem, wie tief das Veränderungsgeschehen greifen muss, je nachdem wie sensibilisiert die Betroffenen bereits sind, und je nach der Vielfältigkeit und Anzahl der Änderungen (Komplexität) fällt die Umsetzung mehr oder weniger schwer. Um systemische Änderungen zu realisieren, muss ein gemeinsames Verständnis geschaffen werden. Das Verständnis einzelner Mitarbeiter reicht nicht aus. Aus Netzwerk und Problemabgrenzung können wir die Betroffenen und/oder Schlüsselpersonen und -gruppen ableiten. Wir müssen uns genauso wie bei der Abgrenzung und Behandlung des Problems die Frage stellen, wer, bzw. welche Gruppe, bei der Umsetzung betroffen ist und beteiligt werden muss. Falls diese Zuordnung noch nicht in den vorangehenden Schritten vorgenommen wurde, was häufig aus Zeit- und Ressourcengründen nicht möglich ist, muss sie an dieser Stelle nachgeholt werden. Darauf aufbauend erfolgt die Information, Sensibilisierung und Anhörung der Betroffenen. Diese sind häufig in den ersten Phasen eines Problemlösungsprozesses noch gar nicht bekannt. Jetzt können sie jedoch aufgrund des Verständnisses der Zusammenhänge und der Lösungen umfassend einbezogen werden.

Ausgangspunkt jeder persönlichen Überzeugungsarbeit ist vor allem im Umsetzungsprozess die Sensibilisierung der Mitarbeiter, die Etablierung eines umfassenden Dialogs zur Vertrauensbildung und die Förderung von Lernprozessen.

Dialog praktizieren

Natürlich wird von Führungskräften in einem Problemlösungsprozess erwartet, dass sie informieren – besonders, nachdem Entscheide bezüglich einer Lösung gefallen sind. Zu diesem späten Zeitpunkt des Problemlösungsprozesses sind einige Leute in der Institution bereits umfassend informiert, während der überwiegende Teil nur über bruchstückhafte Informationen verfügt und bestrebt ist, sich auf dieser Grundlage (echte Fakten, Gerüchte, erfundene Geschichten, Vermutungen, Befürchtungen, usw.) einen Reim auf die veränderte Unternehmenssituation zu machen. In den seltensten Fällen haben die Verantwortlichen bis zu diesem Zeitpunkt eine totale Informationssperre verhängt, sondern in der Regel werden sie bereits über die Ziele und Zwischenergebnisse der «Problemlöser» informiert haben. Aber es ist sicher der Moment, in dem die Überlegungen weitgehend abgeschlossen und Entscheidungen gefällt sind und damit umfassend orientiert werden kann. Die Kommunikation von Zielen, Möglichkeiten und Konsequenzen an den grossen Kreis der Nicht-Involvierten erfordert in der Regel eine andere Wahl der Informationsmittel als innerhalb des Projektteams. Die Information muss sowohl umfassend sein und damit Transparenz erzeugen (quantitatives Ziel), als auch das Verständnis für unsere Massnahmen erhöhen, die häufig Ängste auslösen, (qualitatives Ziel). Auch hier ist davon auszugehen, dass letztendlich der Empfänger darüber entscheidet, ob er die Information aufnimmt, wie er sie interpretiert und ob er sie weitergibt. Analytisch kann man auch sogenannte Kommunikationsbarrieren unterscheiden, die es durch gezielte Kommunikation zu überwinden gilt. Um kontraproduktive Verzerrungen zu vermeiden, reicht eine Einweg-Informationsstrategie nicht aus, sondern diese muss durch intensiven Dialog mit den Betroffenen ergänzt werden. Nur so können wir erfassen, ob Mitarbeiter die geforderten Verhaltenveränderungen verstanden und akzeptiert haben, und ob bzw. welche Verständnis- oder Anpassungsschwierigkeiten bestehen. Je intensiver die Kommunikation in den vorhergehenden Phasen gewesen ist und je mehr Mitarbeiter in den Prozess einbezogen waren, desto einfacher fällt in der Regel dieser Schritt. Im Dialog sind die Gründe für die Einleitung des Projektes nochmals klar darzustellen, Lösungen zu erklären, um auch Nichtbeteiligte (aber Betroffene) zu sensibilisieren, indem sie den Leidensdruck, der Ausgangspunkt aller Überlegungen war, persönlich nacherleben können. Der Führung kommt innerhalb dieses

Prozesses eine besondere Rolle zu. Führungskräfte müssen Informationen verteilen, die Vision kommunizieren, Impulse setzen, aber gleichzeitig offen sein, fragen, zuhören und die Betroffenen einbeziehen. Die gute Führungskraft zeichnet sich aus durch ihre Fähigkeit zur situationsadäquaten Kommunikation und durch ihr Talent, andere für die Organisationsziele zu sensibilisieren. Bei Kommunikationsprozessen haben Führungskräfte dabei besonders auf vier Dimensionen zu achten (Modell von Neuberger 1981):

Tatsachendarstellung (Information, Problemlösung)
Ausdruck (Selbst-Offenbarung und -Darstellung)
Lenkung (Beeinflussung, Manipulation)
Kontakt (Beziehung, Klima)

Da Kommunikation die Basis aller Prozesse zwischen Menschen darstellt, soll das TALK-Modell im folgenden ausführlicher dargestellt werden (vgl. im Detail Neuberger 1981). Die Grundidee des Modells liegt in der simultanen Kommunikation des Menschen über verschiedene Kanäle. So kann folgende Bemerkung einer Führungskraft gegenüber einem Mitarbeiter verschiedene Inhalte haben: «Herr Müller, in der Kassenabrechnung der letzten Woche fehlen schon wieder fünfzig Franken.»

T: In der Kasse fehlen fünfzig Franken
A: Ich bin sehr ungehalten über diese wiederholte Schlamperei
L: Ich fordere Sie auf, dieses schlampige Verhalten abzustellen
K: Ich halte Sie für unfähig

Da wir bewusst oder unbewusst immer auf diesen vier Ebenen «senden», werden wir auch immer auf diesen vier TALK-Ebenen vom «Empfänger» interpretiert. Die Konsequenzen dieses kommunikativen Grundsachverhalts für das Führungsverhalten werden für die einzelnen TALK-Komponenten getrennt dargestellt.

Tatsachendarstellung
Die Tatsachendarstellung verfolgt das Ziel, darzulegen, was ist und worum es geht. Das Problem wird (nochmals) beschrieben und benannt («Wir haben ein Qualitätsproblem. Qualität bedeutet für uns ...»). Die Abweichungen von erwarteten oder gewohnten Zuständen und ihre Ursachen werden erklärt. Lösungsalternativen oder bereits verabschiedete Lösungen werden dargelegt und beurteilt. Ausserdem werden die Erfolgsindikatoren und Kontrollmechanismen vermittelt. Durch sachliche Darstellung sollen Gerüchte vermieden und eine der Grundlagen für ein «positives» Klima geschaffen werden. Es werden zusammenfassend:

- Eine angstfreie, akzeptanzfreudige Atmosphäre geschaffen, Zeitdruck und Störungen im Rahmen der Situation vermieden (Kontext).
- Informationen eingeholt, Stellungnahmen erbeten, Fragen zur Situation aufgenommen.
- Problemdefinitionen in einer gemeinsamen Sprache gesucht (ohne eventuell die Lösung bereits im Detail zu präsentieren).
- Transparenz erhöht (durch Offenlegung von Bedingungen, Zielen, Bewertungsmassstäben und Implementierungsvorstellungen)

Ausdruck
Jede Kommunikation bedeutet Begegnung, in der nicht nur Informationen über Sachfragen ausgetauscht werden, sondern auch Eindrücke, Gefühle, Image, Motive, Status usw. Immer, wenn wir sprechen, bringen wir auch uns selbst zum Ausdruck. Oft sind es in einer Vis-à-Vis-Situation weniger die Tatsachen, die uns interessante neue Perspektiven auf eine Problemlösung liefern, sondern das Verständnis der «Ich-Botschaften des Senders (bspw. «Ich bin Forscher und will nichts mit unseren Kunden zu tun haben»). Folgende Aspekte werden auf dieser Ebene relevant:

- Zeigt mein Gegenüber sein wahres Gesicht oder eine Fassade?
- Kommuniziert mein Gegenüber «kongruent», das heisst stimmen seine verbalen Aussagen mit den non-verbalen Signalen (Gestik, Mimik, Körperhaltung, Artikulation und Intonation der Sprache) überein oder nicht?
- Welcher Eindruck soll auf die Kommunikationspartner gemacht werden?
- Wird Selbstdarstellung und Imagepflege betrieben, die mit den Tatsachen wenig zu tun hat?
- Stimmen Eigenbild und Fremdbild überein?

Ausdruck ist aus der Kommunikation nicht wegzudenken. Daher müssen wir darauf achten, ob unsere non-verbale und verbale Kommunikation übereinstimmen. Unstimmigkeiten werden vom Gegenüber gespürt. Aus welchem Grunde kommunizieren wir? Um Selbstdarstellung zu betreiben? Bei Mitteilungen ist auch zu beachten, dass wir das Eigenbild und Image des Gegenüber gefährden können, was zu starken Abwehrreaktionen führen kann, die sich nicht über eine Analyse des Austausches sachlicher Information erklären lassen. Aggression, taktische Rückzüge, Rationalisierung eigenen Verhaltens, Intellektualisierung von alternativen Lösungen sind typische Abwehrmechanismen des Individuums gegen persönlichkeitsgefährende Feedbacks. Offenheit und Ehrlichkeit sind notwendig und die einzige Lösung in dieser Situation. «Das Ideal der Offenheit und Echtheit kann (aber) nur graduell, nicht vollkommen verwirklicht werden. Der einzelne sollte aber – durch Rückmeldung – seine spezifischen Fassadetechniken kennenlernen und bewusst entscheiden, inwieweit er sie braucht und beibehalten will» (NEUBERGER 1981, S. 37).

Lenken

Lenken bedeutet aktive Einflussnahme auf das Denken und Handeln Dritter. In der Kommunikation von Lösungen wird besonders stark beeinflusst. Die Frage ist nur, ob Lenkungsmassnahmen heimlich oder offen ergriffen werden. Der Führungskraft stehen verschiedenste Manipulationstechniken zur Verfügung. Diese sind allerdings sehr bewusst und vorsichtig zu nutzen. Man will den anderen überzeugen, ihm eine Meinung mitgeben, ihn zu Handlungen anregen. Dabei ist jedoch zu beachten, dass wir das Ordnungssystem bei anderen Menschen empfindlich stören, ihr sicheres Umfeld destabilisieren und ihre Denk- und Handlungsweisen in Frage stellen. Die wichtigsten Einflusstechniken, die in Mitarbeitergesprächen und -informationen eingesetzt werden, sind nach NEUBERGER (1981, S. 53f):

- Unmittelbar auf die Persönlichkeit einwirken;
- das Selbstwertgefühl steigern (loben, «bestechen», emotionalisieren, Anfangserfolge erzielen lassen usw.);
- das Selbstwertgefühl herabsetzen (beeindrucken, unterbrechen, provozieren, persönlich werden usw.);
- Aneinander vorbeireden (zum Beispiel monologisieren, vor unwirkliche Alternativen stellen, ablenken, ausweichen ...);
- Verkomplizieren (sinnloser Wortschwall, Haarspalterei, Erweiterung);
- Den Handlungsspielraum verringern (mit früheren Aussagen konfrontieren, durch Fragen lenken, wiederholen usw.)
- Vereinfachen und Patentlösungen anbieten (zum Beispiel etikettieren, Autoritäten anführen, schlagende Gegenbeispiele bringen ...).

Wenn auch klar wird, dass Manipulation nicht vollständig zu vermeiden ist, so ist doch zu betonen, dass diese immer nur kurzfristige Erfolge erlaubt und die langfristige Vertrauensbasis strapaziert oder gar zerstört. Es empfiehlt sich, Manipulation nur sehr begrenzt einzusetzen, offen und ehrlich zu sein sowie sich der möglichen Manipulationstechniken gegenseitig bewusst zu sein. Rückmeldungen und Reden über die Kommunikation und deren Mittel sind dabei sehr hilfreich.

Kontakt

Auch noch so sachliche Kommunikation im Implementierungsprozess wird immer Beziehungsaspekte beinhalten. Wir haben und übernehmen gewisse Rollen im Gespräch und weisen unseren Partnern gleichzeitig Rollen zu. In vielen Fällen können wir überhaupt nicht mehr aus unserer Rolle heraus. Handlungs- und Reaktionsformen haben sich verfestigt. Was immer wir im Kontakt mit den Mitmenschen tun, es klingt wie ein Befehl, eine Drohung, eine Moralpredigt, eine Mahnung, eine Belehrung, ein Rat, ein Lob oder eine Kritik. Ein Wahrnehmungsmuster hat sich verfestigt, und selbst wenn der Sender meint, eine positive Beziehungsbotschaft gesendet zu haben («Ich nehme Sie ernst und schätze ihre Meinung»), kann der Empfänger diese als Ironie und massive Abwertung interpretieren und erleben. So entstehen Kommunikationssperren, die den offenen Dialog verhindern und somit den Ablauf und Erfolg eines Kommunikationsprozesses stark beeinträchtigen (vgl. Abbildung 5.23). Für ein gutes Klima sind die bereits mehrfach angesprochenen Instrumente besonders wichtig: Non-verbale Kommunikation beachten, Killerphrasen vermeiden, aktiv zuhören, Rückmeldungen geben u. a.

Die Wichtigkeit bewusster Kommunikation soll am Turn-Around von METTLER-TOLEDO illustriert werden (vgl. dazu PROBST/TIKART 1994; daraus stammen alle folgenden Zitate von J. Tikart). Ende der 80er Jahre stand Johann TIKART vor der Aufgabe, seinen Betrieb aus dem Wägetechnik-Bereich wieder zu einem konkurrenzfähigen Unternehmen zu machen. METTLER-TOLEDO ist Hersteller von kleinen Serien und Einzelstücken im Waagenbau und findet sich seit Beginn der 80er Jahre in einer neuen Marktsituation, die durch zunehmende Dynamik, wechselnde Anforderungen und immer differenziertere Kundenbedürfnisse in einem stark fragmentierten Markt mit hohem Konkurrenzdruck charakterisiert werden kann. Die Industrie- und Handelswaagen sind multifunktionale Elektronikprodukte, die mit einer speziellen Software ausgerüstet sind. Diese Änderungen im unternehmerischen Umfeld waren dramatisch und erforderten bei Führungskräften und Belegschaft ein neues Verständnis der Situation, und beschleunigtes Lernen. Die durchgeführten Änderungen können wie in Abbildung 5.24 gezeigt dargestellt werden (vgl. auch SPOERRY 1995).

Warnsignale im Gespräch	Zeichen gelungener Kommunikation
1 Trotz, Ablehnung, Widerstand, Auflehnung	1 Geduld, Akzeptierung, Hilfsbereitschaft
2 Aggression, Vergeltungsmassnahmen	2 Konfliktbereitschaft und -toleranz
3 Fixierung	3 «Persönlicher» Umgangston, Auflockerung
4 Fluchtverhalten, Ausweichen, Verleugnung der Wirklichkeit	4 Echtheit und Verständlichkeit
5 Selbstbeschuldigung	5 Souveränität, Selbstsicherheit
6 Verschiebung und Projektion	6 Selbständigkeit, Verantwortungsbereitschaft
7 Resignation, Depression	7 Kontaktbereitschaft
8 Regression	8 Konstruktivität
9 Überkonformität und Anpassung	9 Meinungsvielfalt, Zivilcourage
10 Reaktionsbildung	10 Ausdruck von Gefühlen, Eingehen auf Gefühle
11 Rationalisierung und Intellektualisierung	11 Ganzheitlichkeit
12 Verdrängung	12 Direktheit
13 Soziale Absicherung	13 Ich-Bezug und Tiefe

Abbildung 5.23
Warnsignale und positive Zeichen für das Gelingen einer Kommunikation (Neuberger 1981, S. 68f)

Die kommunikative und charismatische Persönlichkeit des Geschäftsführers hat ohne Zweifel zu einer raschen und erfolgreichen Umsetzung der beschlossenen Lösungen beigetragen. Tikart war klar, dass der hohen Dynamik der Märkte eine entsprechende interne Dynamik und Beweglichkeit entgegengesetzt werden musste: «Deshalb setzten wir uns als Unternehmensziel die Entwicklung der Eigenschaft, in höchstem Masse gegenüber den sich permanent verändernden Bedingungen und Chancen des Marktes anpassungsfähig zu sein, ohne Kostennachteile zu haben. Anders gesagt, unser Markt, den wir früher in einige wenige Segmente einteilen konnten, zerfällt jetzt in lauter kleine Cluster, mit der Konsequenz, dass der Clusterinhalt, die Stückzahl per anno, immer kleiner wird. Wir können auf diesen Märkten nur wirtschaftlich erfolgreich sein, wenn wir lernen, auch für kleine Stückvolumina wirtschaftlich zu entwickeln und zu produzieren.» Die wichtige Rolle, die der Führungskraft bei der Auslösung von Prozessen zukommt, geht aus der folgenden Aussage hervor: «Wenn ich sage, der Mensch steht im Mittelpunkt, dann heisst das, wir müssen den Menschen akzeptieren, so wie er ist und uns nicht mit einem Idealbild beschäftigen. Eine der Eigenschaften des Menschen ist, dass er zu Veränderungen nicht fähig ist, wenn er sich in dem Zustand, in dem er sich befindet, wohlfühlt und überhaupt keine Veranlassung zur Veränderung hat. Wer auch immer glaubt, aus diesem Wohlbehagen heraus etwas

Mettler-Toledo vorher (80er)	
Ausdifferenzierte Organisationsstruktur Produktionsprogramm – gesteuerte Fertigung Hohe Lagerbestände (schlechte Ertragslage)	
Mettler-Toledo nachher (90er)	
Strategieorientierte Elemente	■ Selbständigkeit
	■ geringe Fertigungstiefe
	■ nachfrageorientiert
Strukturorientierte Elemente	■ Netzwerkstruktur
	■ Überantwortung
	■ Ingenieurteams
	■ parallele Prozesse
Führungsorientierte Elemente	■ flexibler Personaleinsatz
	■ Redundanz
	■ keine fertigen Konzepte
	■ charismatischer Geschäftsführer
	■ positive Einstellung der Führungskräfte
	■ kooperatives Verhalten der Führungskräfte
Kulturorientierte Elemente	■ offene Architektur
	■ keine Pilotprojekte
	■ Team- bzw. gemeinschaftsbezogen

Abbildung 5.24
METTLER-TOLEDO
in den 80er
und 90er Jahren

ganz neu machen zu wollen, weil es vielleicht «in» ist, betreibt nichts anderes als eine intellektuelle Spielerei, die versanden wird. Das heisst aber nicht, dass wir auf eine Katastrophe warten müssen. Es ist eine der wichtigsten Aufgaben der Führung eines Unternehmens, vorauseilend zu ahnen, zu fühlen, welche Katastrophen, welche Krisen auf das Unternehmen zukommen könnten. Unter dieses Leid geraten, bin auch ich veränderungsfähig ... Wenn ich eine Krise habe oder ein Leid spüre, einen Systemwechsel brauche, dann mache ich einen Sprung.» Diese durch die Führungskraft im voraus gespürte Situation ist weiterzutragen. «Wann immer wir die Absicht haben, etwas neu zu gestalten, ziehen wir uns in eine Klausur zurück. Zunächst einmal im Führungskreis, später im Kreis aller Betroffenen. Diese Klausur findet ausser Haus statt, dauert etwa 1,5 Tage und beginnt mit Kaffee und Kuchen am späten Nachmittag. Anschliessend ist es mein wichtigster Job, das Leid zu vermitteln, das ich schon vorher gespürt habe. Dabei ist es extrem wichtig, nicht zuzulassen, dass irgendwelche Abschwächungen in der Art und Weise geschehen, wie: ‹Wir haben schon Schlimmeres erlebt, irgendwie werden wir das auch noch meistern.› Nein, wir müssen den bitteren Kelch des Leides bis zur letzten Neige austrinken, bis alle von dieser Leid- und Notsituation erfasst sind. Ich betone, ich rede von Leid und Not, vom Gefühl, was alles passieren kann; ich rede nicht von Angst machen.»

So wird nicht nur Leiden kommuniziert und dem einzelnen die Notwendigkeit des Wandels vermittelt, sondern auch der persönliche Wunsch zur Veränderung geweckt. Die Bereitschaft zum Verlernen alter und zur Annahme neuer Denk- und Handlungsweisen wird verstärkt. Intensive negative Gefühle (Leiden/Not) sollen in positive Handlungsenergie transformiert werden («Wie schön wäre es, wenn ...»).

Bewusste Kommunikation ist die Grundvoraussetzung für Umsetzungsprozesse bei METTLER-TOLEDO. Dies geht auch aus anderen Überlegungen und Aussagen von Johann TIKART klar hervor. «Die Kommunikationsdichte ersetzt uns die Instrumente; sie ersetzt uns eine Vielzahl sonst notwendiger Regelungen. Ich will das einmal mit einem Beispiel sagen: Bei uns im Haus ist es gestattet, dass die Menschen miteinander reden. Wenn vielleicht vier oder fünf Menschen beisammen stehen und über das letzte Fussballspiel tratschen, und ich vorbei komme, dann spritzt niemand auseinander, weil jeder weiss, dass dies bei uns gestattet ist, ich verlange dies. Ich möchte, dass die Menschen miteinander reden, und selbst wenn 90% der Zeit, die sie miteinander reden, nur Tratsch ist, wenn nur in den anderen 10% das geschieht, was sonst nie geschehen würde, dann ist das richtig. Wir wollen die hohe Kommunikationsdichte, aber wir dürfen doch nicht so vermessen sein zu glauben, Menschen seien so, dass sie streng selektiv kommunizieren, also immer nur sachlich rational und das emotional Private dann heraushalten».

Vertrauens- und sinnorientiert führen

Führungskräfte haben in der Umsetzung meist nur geringen Erfolg, wenn sie die Inhalte ihrer Kommunikation nicht leben. Die Forderung der Übereinstimmung von verbaler und non-verbaler Kommunikation hat diese Notwendigkeit der Kongruenz von Reden und Handeln bereits verdeutlicht. Vertrauen ist wohl die wichtigste Voraussetzung dafür, dass Mitarbeiter einer Führungskraft folgen. Um dieses Vertrauen aufzubauen bzw. nicht zu gefährden, sind besonders sogenannte «Double-Bind-Situationen» zu vermeiden. Gregory BATESON und später Paul WATZLAWICK haben sehr ausführlich gezeigt, dass das Auftreten von solchen Doppelbindungen in der menschlichen Kommunikation von überragender Bedeutung ist. «Wer von Personen, die für ihn lebenswichtig sind, Verhaltensanweisungen erhält, die bestimmte Handlungen sowohl erfordern als auch verbieten, wird dadurch in eine paradoxe Situation versetzt, in der er nur durch Ungehorsam gehorchen kann. Die Grundformel dieser Paradoxie ist: «Tu, was ich sage, und nicht, was ich möchte.» (WATZLAWICK 1978, S. 30). In diesen Situationen wird deutlich, dass es sich bei den propagierten Lösungsvorschlägen um leere Worthülsen handelt, von denen der Kommunikationsvermittler (die Führungskraft) persönlich nicht überzeugt ist, sie nicht vorzuleben vermag oder die gewählte

Abbildung 5.25
Double-Bind-Situationen in der Unternehmung (nach Neuberger 1981)

«Double-Bind»–Situationen in der Unternehmung	
Du sollst kommunizieren	aber in bestimmten Momenten das Maul halten.
Man darf Fehler machen	aber sie schaden der Karriere
Du sollst im Team arbeiten	aber bezahlt wirst Du individuell
Du sollst vertrauen und informieren	aber keine schlechten Nachrichten nach oben melden.
Du sollst Konflikte austragen	aber nicht mit dem Chef
Jeder Arbeiter ist gleich wichtig	aber einige sind wichtiger
Psychologisch reife Unternehmung ◀	▶ **Psychologisch unreife Unternehmung**

Lösungsalternative gar innerlich ablehnt. Abbildung 5.25 gibt Beispiele für solche Situationen.

Welche Bedeutung dem Vertrauen zukommt, ersehen wir auch aus den Ergebnissen einer neueren Langzeitstudie, die Turn-Around-Situationen von Unternehmen zum Thema hatte. GHOSHAL und BARTLETT (1994) vertreten in ihrer Studie die Ansicht, dass folgende Faktoren die primären Grössen für einen erfolgreichen Implementierungs-Kontext bilden:

- Disziplin
  (Sich Verlassen können, klare Regeln, Erwartungen und Standards, Konsistenz in Belohnung, Sanktionen usw., klares Feedback)
- Sich ausstrecken (stretch)
  (ambitionierte Zielsetzung, gemeinsame Zielverfolgung, eigener Weg und Identität, persönliches Engagement und Bedeutung eines jeden einzelnen)
- Vertrauen
  (wahrgenommene Fairness, Gleichheit in den Entscheidungsprozessen, Einbezug und Partizipation an den Kernprozessen, persönliche und kollektive Entwicklung von Kompetenzen, Teamorientierung)
- Unterstützung
  (Zugang zu Ressourcen, Autonomie, Förderung von Initiativen, Fehlertoleranz, persönliche Hilfestellung).

In den existierenden Managementtheorien finden diese Grössen wenig Platz, während sie für GHOSHAL und BARTLETT von zentraler Bedeutung für eine unternehmerische und effiziente Bewältigung von Wandel sind.

Vertrauen ist eine natürliche Sache, und doch fällt es immer wieder schwer, danach zu leben. Manchmal überspielt man diese Schwierigkeit mit dem Ausspruch «Vertrauen ist gut, Kontrolle ist besser» und will damit aufzeigen, warum in der gegebenen Situation das Vertrauen zurückstehen musste. Es ist aber in den meisten Fällen nur ein Frage des Mutes, anderen Menschen eine Aufgabe zuzutrauen, ihnen eine Entscheidung zu überlassen und diese auch zu akzeptieren oder an das Gute und Ehrliche im Menschen zu glauben. Im Rahmen des Arbeitszeitmodells bei HEWLETT PACKARD GMBH (vgl. Abbildung 5.5 dieses Kapitels) haben wir uns selbst dabei ertappt, wie wir doch kontrollorientiert unsere Fragen an den damaligen Arbeitsdirektor Heinz Fischer stellten: «Wenn die Mitarbeiter ihre Arbeitszeiten selbst in den Computer abends eingeben, wie können wir dann wissen, ob er wirklich so lange gearbeitet hat? Brauchen wir nicht ein Kontrollsystem? Eine Stechuhr oder etwas ähnliches? Werden wir so nicht ständig betrogen?» Die Antwort war klar und deutlich: «Wieviele Menschen werden das System ausnutzen, um ungerechtfertigt Zeit anzusparen? Vielleicht 1% oder 3% der Belegschaft? Oder gar ein wenig mehr? Wir wissen es nicht. Aber wir trauen den Mitarbeitern. Und wir sind nicht bereit, wegen einer geringen Zahl von Schmarotzern die grosse Mehrheit der Mitarbeiter zu bestrafen und ein Misstrauenssystem einzuführen. Wenn jedoch einmal jemand erwischt wird, der dieses Vertrauen missbraucht, dann gehört er nicht mehr hierher.»

Vertrauen kann nicht aufgebaut werden, wenn Führungskräfte schon bei ersten Schwierigkeiten oder Konflikten im Umgang mit den neupropagierten Zielen «umfallen» und deutlich machen, dass sie nicht meinen, was sie sagen. Dieses Verhalten beobachtet man oft, wenn Kooperation, Flexibilität, Innovation, kritischer Geist oder eine eigene Meinung und offene Meinungsäusserung verlangt wird, aber gleichzeitig bei den ersten Schwierigkeiten Gehorsam, Einfügung in die Vorgaben oder Konsens eingefordert werden. Es ist vielmehr grosses Verständnis seitens der Führungskraft für Anpassungsschwierigkeiten notwendig. Die Kommunikation und Praxis einer «Politik der offenen Türen» kann dabei viel zum gegenseitigen Verständnis beitragen.

Leadership ist ein vielgeforderter Begriff. Er beinhaltet klare Erwartungen an die Führungskraft in der Umsetzung. Wesentlichster Bestandteil ist dabei ein persönliches Vorleben, um glaubwürdig zu sein. Führen verlangt ein sich Exponieren, ein offenes Ohr und Verständnis für Schwierigkeiten, eine Unterstützung der Prozesse durch Coaching, Beratung und Mentoring. Dies bedeutet also auch gleichzeitig, dass Freiräume geschaffen und gegeben, und nicht einfach die Dinge selbst erledigt werden. Führen bedeutet, das Denken und Handeln zielorientiert im Rahmen der Realisierung eines Wandels zu beeinflussen. Dabei kann es nie nur darum gehen, über Regelungen, Anweisungen, Strukturen und Planvorgaben Einfluss zu nehmen. Vielmehr ist eine starke persönliche Führung über die direkten menschlichen Kontakte notwendig. Natürlich ist damit nicht einfach eine charismatische Great-Man-Theorie zu verstehen. Wir sind uns bewusst, dass nur sehr wenige Führungskräfte wirklich das persönliche Rüstzeug zum Charismatiker haben (Wunderer spricht von ca. 2% der Führungskräfte). An erster Stelle steht die Glaubwürdigkeit und Ehrlichkeit des Verhaltens der Führungskraft. Bevor jedoch eine Führungskraft direkt oder indirekt erfolgreich führen kann, muss sie sich selbst verstehen und entwickeln. Dies ist nicht immer offensichtlich und leicht zu akzeptieren. Wie Peter Drucker es ausdrückte: «Nur wenige Führungskräfte sehen ein, dass sie letztlich nur eine Person führen müssen, nämlich sich selbst». Erst wenn wir überzeugt sind, dass eine Führungskraft sich selbst führen kann, vertrauen wir auch auf sie.

Johann Tikart von mettler-toledo soll auch hier als Beispiel dienen. Durch seine positive Einstellung, durch sein kooperatives Verhalten und durch sein Glauben und Leben der Philosophie, die er vertritt, gewinnt er

Vertrauen, und hat er Charisma. Diese Voraussetzungen oder Pflichten von Führungskräften formuliert er folgendermassen: «Und die Ressource, mit der wir etwas erzielen können, ist der Mensch. Deswegen sagen wir, der Mensch steht im Mittelpunkt, und wenn der Mensch im Mittelpunkt steht, dann heisst das auch, wir müssen Bedingungen schaffen, unter denen die Fähigkeiten der Menschen zum Wohle des Unternehmens zur Entfaltung kommen können und alle die Hindernisse beseitigen, die eine solche Entfaltung nicht zulassen. Wir haben uns deswegen auch für die Führung des Unternehmens drei vornehme Pflichten gegeben.

Die erste Pflicht ist es, Bedingungen zu schaffen, unter denen es Menschen möglich wird, auf freiwilliger Basis Topleistungen zu bieten, auf die sie stolz sind, und für die sie Anerkennung finden. Bedingungen zu schaffen, unter denen es Menschen möglich wird, Freude und Spass an der Arbeit zu empfinden.

Die zweite Pflicht ist, alle künstlichen Hindernisse zu beseitigen, die der freien Entfaltungsmöglichkeit der individuellen Fähigkeiten unserer Mitarbeiter zum Wohle des Unternehmens im Wege stehen.

Und die dritte ist: Wir brauchen eine hohe Kommunikationsdichte, damit wir alle Fähigkeiten aller Mitarbeiter kumulieren können. Wir brauchen Offenheit, damit die Kommunikationsdichte entstehen kann. Die Voraussetzung für Offenheit ist das gegenseitige Vertrauen. Vertrauen setzt nun wiederum voraus, dass Menschen Ängste vergessen. Die Pflicht eines Unternehmers ist es, Ängste abzubauen, zu gestatten, dass Menschen erleben dürfen, dass auch ein Fehler möglich ist.»

Leadership ist der Prozess der Vermittlung von Vision, Richtung und Inspiration. Der Mensch ist auf der Suche nach Sinn (i. S. von Viktor Frankl), und es ist die Aufgabe der Führungskraft, in Umsetzungs- bzw. Wandelprozessen neuen Sinn zu vermitteln. Sinn kann allerdings nicht gemacht oder gegeben werden. Jeder muss ihn für sich ganz persönlich finden. Die Führungskraft kann diesen persönlichen Sinnfindungsprozess nur durch die Schaffung eines adäquaten Kontextes unterstützen. Sie kann Impulse setzen, Mitarbeiter ermutigen, stärken und unterstützen. Sie kann Leistungen und Aktivitäten anerkennen, Ängste vor Veränderungen abbauen, Widerstände verringern und den Umgang mit dem Wandel so erleichtern. Die Möglichkeiten, über bewusste Information und Kommunikation auf diese Prozesse einzuwirken, haben wir bereits aufgezeigt. Aber selbst wenn der Mensch die Notwendigkeit des Änderungsprozesses und dessen praktische Konsequenzen intellektuell versteht, ist er häufig emotional nicht fähig, den Übergang persönlich zu vollziehen. Die Verteidigung eigener Interessen, Missverständnisse, fehlendes Vertrauen zur Führungskraft oder ein ausgeprägtes Sicherheitsbedürfnis führen zu einer geringen persönlichen Toleranz für den Wandel. An dieser Stelle sind Führungseigenschaften gefordert, die nicht von einer rein sachorientierten optimalen Lösung ausgehen, sondern auf den einzelnen Menschen und seine emotionalen Hindernisse und Bedürfnisse zielen. Strategien und Massnahmen sind an den Stand der Mitarbeiter anzupassen. Ausbildung, bewusste Kommunikation, Partizipation, Managementunterstützung und Vereinbarungen sind dem individuellen Veränderungsniveau anzupassen (vgl. KOTTER/SCHLESINGER 1979).

Die bekannten Methoden des Coaching, Counseling und Mentoring sind darauf ausgerichtet, diese Prozesse zu unterstützen (vgl. PROBST 1993, S. 518 ff, KOBI 1994, S. 48 und 65ff). Führungskräfte erhalten neue Rollen: sie werden zu Förderern und Unterstützern (zu weiteren Managementrollen vgl. MINTZBERG, 1973, S. 7 ff oder STAEHLE 1991). In diesen Rollen werden für die Führungskraft andere Inhalte relevant (vgl. KOBI 1994, S. 48). Es handelt sich um Prozesse der Anerkennung, das Vermitteln von Erfolgserlebnissen, Coaching, Unterstützung, die Vermittlung von Sicherheit, positives Denken, den Umgang mit positiven und negativen Gefühlen und mit Belohnungs- und Bestrafungsmechanismen. Vielleicht erwartet der Leser, dass an dieser Stelle vermehrt über das Thema Motivation gesprochen werden sollte. Motivation ist aber kein Instrument, das der Führungskraft zur Verfügung steht. «Motivieren Sie mal ihre Leute» ist kein operationaler Auftrag. Wir können Motivation nicht machen und schon gar nicht befehlen. Motivation ist das Resultat des Kontextes. Die Information, die Schulung, die Überzeugung und vorgelebte Motivation des Vorgesetzten können dazu führen, dass Mitarbeiter Sinn «finden»; aber sie «entscheiden» selbst darüber, denn Motivation kommt aus ihrem eigenen Innersten. Emotionen, Überzeugung und persönliche Entwicklung sind immer Prozesse, die sich in der «black box» des Individuums abspielen, sie sind Resultat eines in sich geschlossenen operationellen Systems (vgl. GOMEZ/PROBST 1985, MATURANA/VARELA 1987). Diese subjektiven Wahrheiten können nicht gemacht, aber durch Kontextsteuerung unterstützt oder ermutigt werden. So gewendet, stellt Coaching eine Methode dar, die Hilfe zur Selbsthilfe anbietet und damit dem Individuum den inneren Wandel erleichtern kann.

Lernprozesse auslösen und unterstützen

Wir haben gesehen, dass wir in einer Umsetzungsphase fast immer Wandelprozesse auslösen. Die Organisation muss lernen, neue Wege zu beschreiten, zu experimentieren und sich neue Sinnzusammenhänge zu konstruieren. Dies erfordert die kritische Hinterfragung und Reflexion des Bestehenden. Wir reden von Prozessen, die über einen längeren Zeitabschnitt ablaufen und die, wie wir gesehen haben, im unternehmerischen Handeln ein entsprechendes Controlling erfordern. Von der Führungskraft wird erwartet, dass sie zur Reflexion ermuntert. Fortschritte und Hindernisse müssen offengelegt werden, damit sie ins kollektive Bewusstsein gelangen und damit in den Entscheidungsarenen diskutierbar werden.

Dies ist keineswegs eine einfache Aufgabe. Häufig sind gewisse Themen ein Tabu. Beispiele sind die persönliche Eignung von Personen, die Notwendigkeit bzw. Existenzberechtigung einer Abteilung oder der Aufbau eines neuen Geschäftszweiges. Folgende Interviewaussagen sind für diese Form der Tabuisierung typisch: «Das ist der Sohn des Präsidenten», «Wer dagegen ist, fliegt» oder «Das ist hier kein Thema».

Diese «cover-ups» (Argyris), das heisst nicht diskutierbaren Themen, sind ein lohnender Ausgangspunkt zum Verständnis oberflächlicher Implementierungsprobleme. Daher muss versucht werden, diese «Un-Themen» sichtbar zu machen und ihre Nichtdiskutierbarkeit aufzulösen. Es ist wichtig, dass sich Führungskräfte hierzu Zeit nehmen, zuhören und gemeinsam im Team reflektieren. Dies hilft, Ängste abzubauen und Hindernisse aus dem Weg zu räumen. Es hilft aber auch, die Fortschritte unter Kontrolle zu haben und die Prozesse eventuell zu beschleunigen.

In diesem Prozess setzen Führungskräfte das Führungsinstrument des Feedbacks ein. Feedback hatten wir bereits als unersetzbare Komponente innerhalb des kybernetischen Steuerungskreislaufes kennengelernt. Im Führungsprozess kann es innerhalb von Evaluationsgesprächen, regelmässigen Fortschrittkontrollen («Milestones») oder ähnlichen Reviews installiert werden. Dieses Instrument erfordert von den Anwendern die Fähigkeit, Feedback geben und nehmen zu können (vgl. die Regeln zum Feedback geben und nehmen in Probst 1993, S. 386; vgl. auch Kobi 1994, S. 117).

Reflektieren bedeutet nicht nur, Bestehendes zu hinterfragen, sondern setzt auch persönliche Offenheit für neue Gedanken und Handlungsweisen voraus. Bevor wir uns mit Neuem beschäftigen können, müssen wir bereit sein, Bestehendes loszulassen, uns zu befreien, Leitplanken und Sicherheiten aufzugeben. Dieses Loslassen kann auch mit Verlernen (Hedberg 1981) bezeichnet werden.

Für die Menschen im Betrieb ist dies keine einfache Aufgabe. Sehr häufig verfallen sie in sogenannte defensive Routinen. Sie verteidigen den Status-Quo, auch wenn sie ihn offiziell kritisieren. Symptome dieses Verdrängungsprozesses sind folgende Äusserungen: «So gravierend waren die Fehler bisher auch nicht.» «Das hat bei uns Tradition – und das ist für uns auch wichtig.» «Damit haben wir über Jahre grosse Erfolge erzielt.» Je langandauernder der Erfolg war, um so schwieriger ist es, Etabliertes in Frage zu stellen, zu reflektieren und loszulassen. Ohne die Unterstützung der Vorgesetzten wird der Trennungsprozess fast verunmöglicht (vgl. das Beispiel nach ARGYRIS/SCHÖN 1978, in PROBST 1993, S. 471). Johann TIKART von METTLER-TOLEDO bestätigt dies aus seinen Erfahrungen:

«Wenn wir Beweglichkeit gewinnen wollen, dann heisst das natürlich unter anderem auch, dass wir Ballast abwerfen. Solchen Ballast gibt es in jedem Unternehmen in Hülle und Fülle. Ich möchte jetzt nicht auf die einzelnen Ballaststoffe eingehen, aber ein entscheidender Ballast ist in unseren eigenen Köpfen: Unsere Denkgewohnheiten, unsere Denkbequemlichkeiten, unser Misstrauen, unsere Vorurteile und vor allen Dingen, die Summe der bisher leidvollen Berufserfahrungen. Dabei ist es Voraussetzung, den Kopf für das Neue wieder freizubekommen, um in Zukunft gewinnen zu können. Wir selbst gehen so vor, dass wir einerseits das Leid und das Entlernen miteinander koppeln. Wann immer wir etwas neu gestalten, oder ein Problem, sei es klein oder gross, lösen wollen, so ist der richtige Weg, nicht mit der sachlichen Lösung zu beginnen, sondern die Menschen zu gewinnen und zu begeistern. Wenn wir die Menschen gewonnen haben, ist die Lösung der sachlichen Problemstellung in der Regel sehr einfach. Das ist eine Binsenwahrheit. Wenn wir genau überlegen, dann verfahren wir in der Regel gerade anders herum. Wir haben ein Problem und sagen: «Lasst uns mal wie vernünftige Menschen zusammensitzen und eine vernünftige Lösung finden.» Wir finden eine rationale Lösung, und all die Ängste und Probleme, die mental in den Menschen versteckt sind, werden überhaupt nicht beachtet. Man erreicht Zustimmung, nicht aus Überzeugung, sondern weil man zustimmen muss oder weil es einfach logisch ist. Auf diese Weise gewinnt man die Menschen nicht! Ich sagte vorhin schon, Menschen sind zu Änderungen nicht fähig, wenn sie nicht den Drang, die Not haben, sich zu verändern».

Ängste sind fast immer Hindernisse des Lernens. Angstquellen liegen in eigener Unsicherheit, der Unbestimmtheit von Situationen oder im Unbekannten bzw. im Unvergleichbaren. Aber auch Gewohnheiten, Lethargie und Resignation, Tradition, «Geschichte» und Erfahrungen, Ignoranz, fehlendes Problembewusstsein, fehlende Kommunikation durch Isolation sind bekannte Lernhindernisse. In einer kleinen, aber weltbekannten Firma der Haute Couture machten wir die Erfahrung, wie die Erfolge von gestern, das gute

Image bei hohem Bekanntheitsgrad und eine starke, verfestigte Kultur zu ausgeprägten defensiven Routinen und hoher Undiskutierbarkeit von zentralen Lernthemen führte. An anderer Stelle haben wir bereits ein Instrument zur Analyse lernhemmender und fördernder Kräfte vorgestellt, das uns bei der Überwindung von Lernbarrieren nützlich sein kann. Andere Instrumente können für Lernprozesse genutzt werden, auch wenn diese nicht spezifisch dafür entwickelt worden sind, zum Beispiel Leitbilder, Simulationen, Zielbildungsprozesse usw. (vgl. PROBST/BÜCHEL 1994).

Aufgabe der Führungskraft ist es, sich für die Lernbedürfnisse und -möglichkeiten zu sensibilisieren und seine persönliche Sensibilisierung unternehmensweit zu vermitteln. Um hemmende Kräfte abzubauen, muss sie zuhören können, den Dialog leben und fördern, als Vorbild reflektieren und handeln, Zusammenhänge aufzeigen, Experten- und eigene Meinungen einbringen, befragen usw. Um Lernprozesse auszulösen und zu fördern, muss sie Freiräume gewähren, ein positives Klima zur Veränderung schaffen, Vertrauen schenken, Fehler und Experimente akzeptieren, Strukturen aufbrechen und Eigendynamik, Selbsthilfen, Initiativen und Aktionen unterstützen, anerkennen und belohnen.

Für die Umsetzung existieren keine eineindeutigen Regeln. Die erfolgreiche Auslösung gewaltiger, von der Managementliteratur zelebrierter Lernprozesse darf daher nicht bedenkenlos kopiert werden. So entwickeln sich Organisationen wie OTICON und GORETEX in chaotischen, netzwerkartigen Strukturen, die durch die oberste Führung immer wieder aufgebrochen werden, permanent weiter. BODY SHOP und CHAPPARAL STEEL lösten Lernprozesse durch die Einführung neuer Entscheidungs-, Handlungs- und Belohnungsstrukturen aus, während sich HEWLETT PACKARD und SMH (SWATCH, RADO usw.) durch strategische Flexibilität und Nutzung ihrer Kernkompetenzen veränderten. So interessant diese Beispiele auch sein mögen, sie bieten keine endgültigen organisatorischen Lösungen, sondern sollten lediglich als Anregungsquellen für individuelle, kontext-adäquate Implementierungsstrategien genutzt werden. Die Barrieren und Ansatzpunkte für Veränderungsprozesse müssen in jeder Organisation neu entdeckt werden.

METTLER-TOLEDO bediente sich zur Einleitung und Beibehaltung des Wandelprozesses unkonventioneller Instrumente, die die Prozesse des Verlernens fördern und neues Lernen unterstützen. Am folgenden Beispiel soll gezeigt werden, welche Rolle der Führung in diesen Prozessen zukommt. Es ist insbesondere darauf zu achten, wie METTLER-TOLEDO es verstanden hat, organisationale, kollektive Lernprozesse zu fördern und die Barrieren individuell-isolierten Lernens zu überwinden (vgl. PROBST/TIKART 1994).

TIKART: «... wir haben als Beispiel ein betriebliches Verbesserungswesen eingeführt. Wir brauchen eine hohe Beweglichkeit, sowohl in der Entwick-

Realisierte Verbesserung

Name: Datum:

Verbesserung:

Wirkung:
- kostenorientiert
- Qualität
- andere Kriterien:
(zum Beispiel zeitreduzierend)

Beteiligte:

Registriert:

Abbildung 5.26
Formular zum Vorschlagswesen bei METTLER-TOLEDO

lung, als auch in der Produktion, wir brauchen Teamfähigkeit, das miteinander Arbeiten.

Wir hatten vorher ein Verbesserungswesen herkömmlicher Art. Das war anonym, es war egozentrisch, es schloss die eigene Arbeit aus und war auf möglichst hohe Kosteneinsparungspotentiale ausgerichtet. Das alles hielten wir für nicht mehr zeitgerecht, nicht mehr passend und wollten ein neues System kreieren, das wir schliesslich auch realisiert haben. Das radikal Neue an diesem System ist, dass wir keine Verbesserungsvorschläge wollen. Schlichtweg deswegen, weil ich es mir gar nicht leisten kann, in der Erwartung vieler kleiner Verbesserungschritte, alle zu bewerten, zu quantifizieren, zu implementieren. Einen solchen administrativen Aufwand kann ich mir nicht leisten. Unser System haben wir folgendermassen eingeführt: Ich erwarte im Grunde genommen von jedem Mitarbeiter, dass er einmal in der Woche – zur Not bin ich auch mit einmal im Monat zufrieden – seine eigene Tätigkeit um eine Winzigkeit verbessert und uns, nachdem er sie verbessert hat, meldet. Wir haben daher ein kleines Formular erstellt, auf dem der, der eine Verbesserungsidee verwirklicht hat, diese Meldung abgibt, indem er uns drei Informationen liefert (vgl. Abbildung 5.26).

Erstens soll er uns mit ein oder zwei Sätzen sagen, worum es denn eigentlich geht. Er soll nicht den bisherigen Zustand und den künftigen Zustand beschreiben und eine Begründung geben, sondern sagen, worum es geht.

Zweitens soll der Mitarbeiter auf einem Feld mit drei Kästchen ein oder zwei Kästchen, oder gar alle drei, ankreuzen und so seine Meinung kundtun. In welche Richtung wirkt eine Verbesserung? Ist sie kostensparend, zeitreduzierend oder qualitätserhöhend? Zur Qualität gehören ja natürlich auch die Themen Ordnung, Sauberkeit, Arbeitssicherheit und ähnliches.

Die dritte Information: Er soll seinen Namen und die Namen all derjenigen angeben, die ihm bei der Umsetzung seiner Verbesserungsidee behilflich waren. Für jeden Namen, der hier erscheint, wandert ein 10-Mark-Schein in einen Prämientopf. Je mehr Namen er angibt, desto mehr 10-Mark-Scheine wandern in den Topf. Dieser Prämientopf wird zum Jahresende linear an alle Mitarbeiter in Form einer Barausschüttung oder vielleicht einer Reise ausgeschüttet. Jeder bekommt gleich viel, ungeachtet der Tatsache, wie oft er sich beteiligt hat. Wir führen nicht einmal Statistik, wer sich wie oft beteiligt hat; das wollen wir gar nicht wissen.

Worin liegt nun eigentlich der tiefere Sinn des ganzen Systems? Erstens möchte ich erreichen, dass die Menschen ihre eigene Tätigkeit, den Sinn dessen, was sie selber tun, reflektieren. Warum mache ich das, was ich tue, und dies in einem permanenten Prozess. Man sollte Abstand nehmen, immer danach zu schielen, was der andere denn besser machen könnte, der natürlich wieder auf den nächsten schielt, und so weiter. Am Schluss hat man einen Kreiszeigeverkehr und nichts passiert. Die Frage muss sein: Was kann ich an der eigenen Tätigkeit kontinuierlich verbessern? Dass jeder Name einen 10-Mark-Schein wert ist, soll bewirken, dass jeder, der eine Idee hat, zunächst einmal zu anderen geht, sie beteiligt und fragt: ‹Was hältst Du davon?›, oder auf die Idee kommt, dass er eigentlich erst den Entwickler oder den Einkäufer fragen muss, was der davon hält. Weil der Gefragte, wenn er positiv reagiert, einen weiteren 10-Mark-Schein erzeugt, ist er von Haus aus nicht negativ eingestellt, wie beim herkömmlichen Verbesserungsvorschlagswesen, wo diejenigen, die eigentlich die Ursache der Verbesserung sind, den Vorschlag bewerten sollen.

Wieso wird linear ausgeschüttet? Wir wollen damit einfach auslösen, dass zu dem Zeitpunkt, wenn die Ausschüttung beginnt und wir also ein gemeinsames Fest machen, all diejenigen, die sich intensiv beteiligt haben, ein gutes Gefühl entwickeln und sagen: ‹Ich habe meinen Solidaritätsbeitrag geleistet.›»

Das Beispiel HEWLETT PACKARD

Die Einführung eines Risk Management bei HEWLETT PACKARD wurde am Anfang dieses Schrittes vorgestellt. Dieses hatte zum Ziel, frühzeitig Veränderungen und Veränderungsmöglichkeiten zu erfassen, um schneller und problemadäquater agieren zu können, statt in einem ungünstigen Zeitpunkt zur Reaktion gezwungen zu werden. Abbildung 5.27 zeigt die Ziele der Projektgruppe.

Die Projektgruppe war bewusst interdisziplinär zusammengesetzt worden, um verschiedene Sichtweisen zur Erreichung der HP-Ziele einzubeziehen. Aus der Perspektive verschiedener HP-Ziele wurden Einflussgrössen identifiziert und in Zusammenhang gebracht. In einem zweiten Schritt wurden die Ziele miteinander vernetzt. Ziele existierten in den folgenden Dimensionen: Gewinn, Kundenzufriedenheit, Wachstum, Betätigungsgebiete, Mitarbeiter und Führung sowie gesellschaftliche Verantwortung. Auf Detaildarstellungen der Netzwerke soll hier verzichtet werden. Die zielspezifischen Teilnetzwerke konnten zu einem Gesamtnetzwerk mit über 80 Elementen (vgl dazu DEISS/DIEROLF 1991, S. 211ff) integriert werden. Innerhalb dieses Netzwerkes konnte man nun, vom jeweiligen Ziel ausgehend, den Weg der Einflussbeziehungen so weit wie möglich zurückverfolgen und sich jeweils fragen, ob bei jedem Schritt Frühwarnindikatoren vorhanden sind oder erstellt werden könnten. Die identifizierten Indikatoren mussten in ihrer zeitlichen Aussagefähigkeit beurteilt werden. Es musste erfasst werden, ob die Aktionszeit für Korrekturen und Veränderungen kürzer ist als die Frühwarnzeit, also die Zeit, die zur Reaktion bzw. Korrektur vor Eintritt des Ereignisses noch zur Verfügung steht. Einzelne Indikatoren konnten nun herausgelöst und kommuni-

Abbildung 5.27
Projektziele im Risk Management bei HEWLETT PACKARD

Aufbau eines ganzheitlichen Frühwarnsystems
■ das die HP-Ziele als Grundlage hat
■ Konflikte und Abhängigkeiten aufzeigt
■ sachliche und zeitliche Veränderungen mittels Indikatoren erkennen lässt
■ flexibel, einfach und transparent ist
■ um den optimalen Erfolg von HP im Sinne des Risk Management auf lange Frist zu sichern

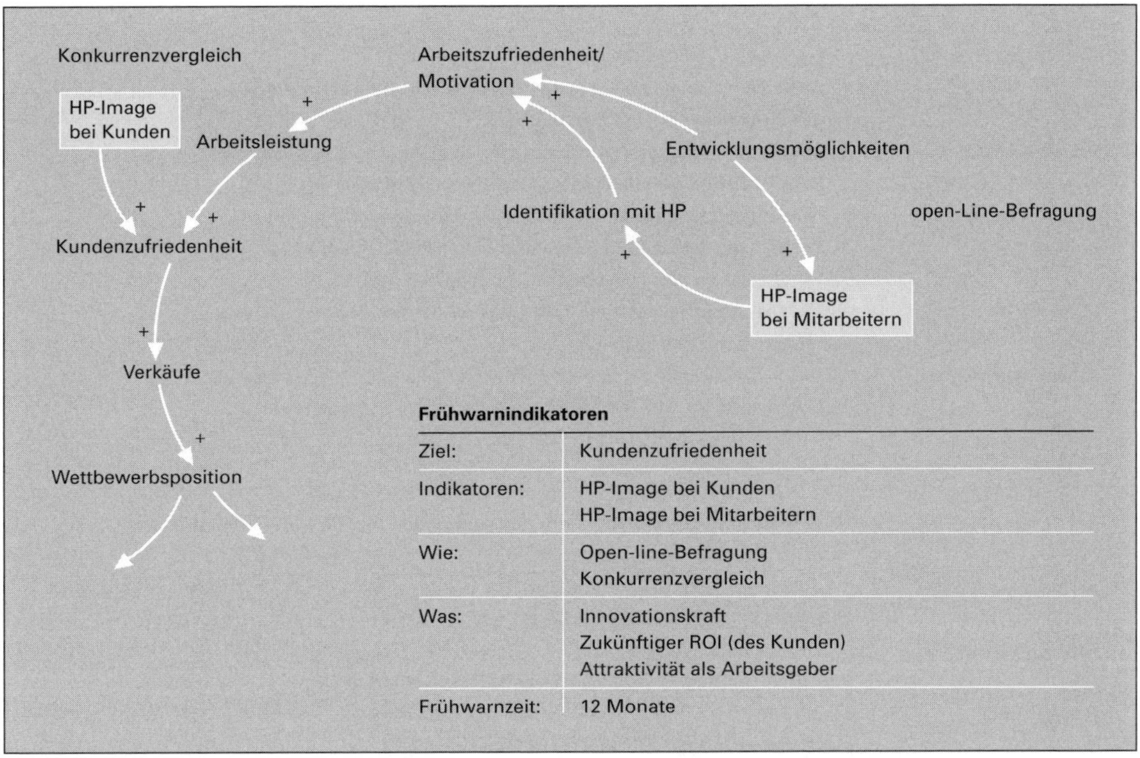

Frühwarnindikatoren

Ziel:	Kundenzufriedenheit
Indikatoren:	HP-Image bei Kunden HP-Image bei Mitarbeitern
Wie:	Open-line-Befragung Konkurrenzvergleich
Was:	Innovationskraft Zukünftiger ROI (des Kunden) Attraktivität als Arbeitsgeber
Frühwarnzeit:	12 Monate

Abbildung 5.28
Frühwarnindikatoren «HP-Image bei Mitarbeitern und Kunden»

ziert werden. Meist geschah das ohne Netzwerke und Kreisläufe, aber die Argumente für die Zusammenhänge waren vorhanden und konnten in die Diskussionen eingebracht werden. In einigen Fällen war es auch sinnvoll, einzelne Kreisläufe bewusst aufzuzeigen und darauf hinzuweisen, welche Wechselwirkungen zwischen den einzelnen Grössen bestehen.

Die meisten Indikatoren wurden in der in Abbildung 5.28 dargestellten Art und Weise kommuniziert. Die Frühwarnindikatoren mussten zunächst identifiziert, dann präzisiert und schliesslich auf ihre Zuverlässigkeit hin überprüft werden (vgl. auch Probst/Büchel 1994, S. 55ff und S. 154ff). So wurde zum Beispiel das Image als bedeutender externer Faktor (Kunden) als auch als wichtiger interner Faktor (Mitarbeiter) gesehen. In Form von Untersuchungen durch Umfragen sollte gemessen werden, wie diese Interessengruppen HP sehen und welche Entwicklungen ihre Einschätzungen durchlaufen. Umfragen mussten erarbeitet oder auf dem Markt gefunden, angepasst und durchgeführt werden. Die Mitarbeiter wurden in sogenannten «Friday-Speeches» informiert. Unter dem Motto «Mitarbeiter haben das Wort» wurden die HP-Mitarbeiter um ehrliche Antworten auf eine Vielzahl von Fragen gebeten, die gleichzeitig zum Vergleich auch in anderen Unternehmen gestellt wurden. Die Resultate wurden regelmässig an die Mitarbeiter zurückgespielt und zur Diskussion gestellt (vgl. Abbildung 5.29).

Arbeitsorganisation:
- Die Arbeit in meiner Abteilung ist gut organisiert
- Normalerweise haben wir ausreichend Personal in meiner Abteilung, um die anfallende Arbeit zu erledigen.

Arbeitseffizienz:
- Meiner Meinung nach wird in meiner Abteilung wenig Zeit vergeudet.
- Prioritäten oder Arbeitsziele wechseln nicht so häufig, dass ich Schwierigkeiten habe, meine Arbeit vernünftig zu tun.

Management:
- Die Managemententscheidungen sind im allgemeinen fair.
- Ich finde, dass HP im allgemeinen gut geführt wird.

Vorgesetzte:
- Mein Vorgesetzter zeigt mir häufig seine Anerkennung für eine gute Arbeitsleistung.

Arbeitsbeziehungen:
- Meine Arbeitskollegen kommen im allgemeinen gut miteinander aus.
- Normalerweise arbeiten bei HP die Abteilungen gut zusammen.

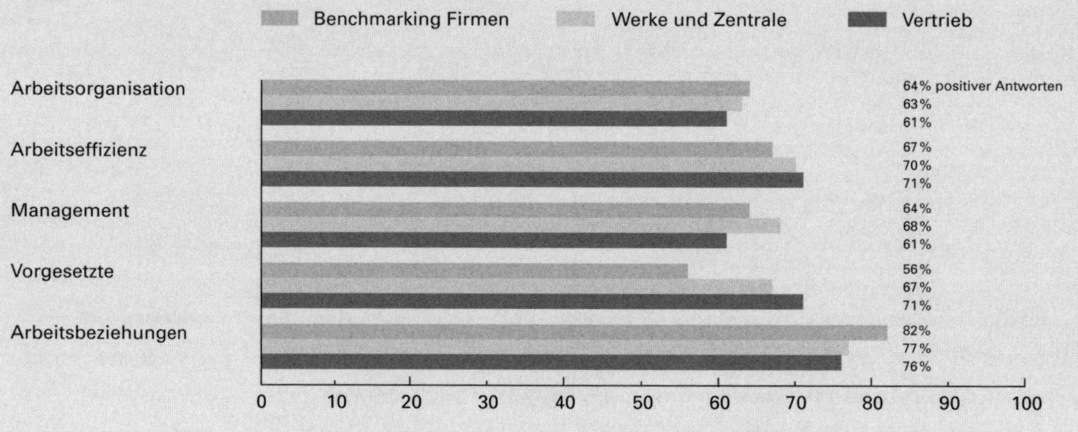

Abbildung 5.29
Ausschnitt aus der internen Image-Analyse (HP Open line, aus «puls» 10/85)

Die Verbreitung der Ergebnisse über Projekte und Schulung und die Erfahrungen mit dem vernetzten Denken hatten zur Folge, dass bei der Umsetzung und Konkretisierung immer wieder mit dieser Methodik gearbeitet wurde. Deiss und Dierolf (1991) zeigen beispielsweise, dass in einem späteren Zeitpunkt die Netzwerke auch auf tiefere Ebenen, zum Beispiel das Personalwesen oder den Verkauf, hinuntergebrochen und in höherem Detaillierungsgrad aufgezeichnet wurden. Deiss und Dierolf schreiben: «Bei der Sammlung von Faktoren, die Einfluss auf den Auftragsbestand haben, hat sich herausgestellt, dass Sichtweisen und Einflussgrössen auf verschiedenen Ebenen liegen, und die tieferen Ebenen jeweils Subsysteme der jeweils höheren sind…» Auf der Basis der entwickelten Netzwerke lassen sich für jede Ebene Systemgrössen identifizieren, deren Verhalten Hinweise auf Veränderungen des Auftragseingangs geben kann.

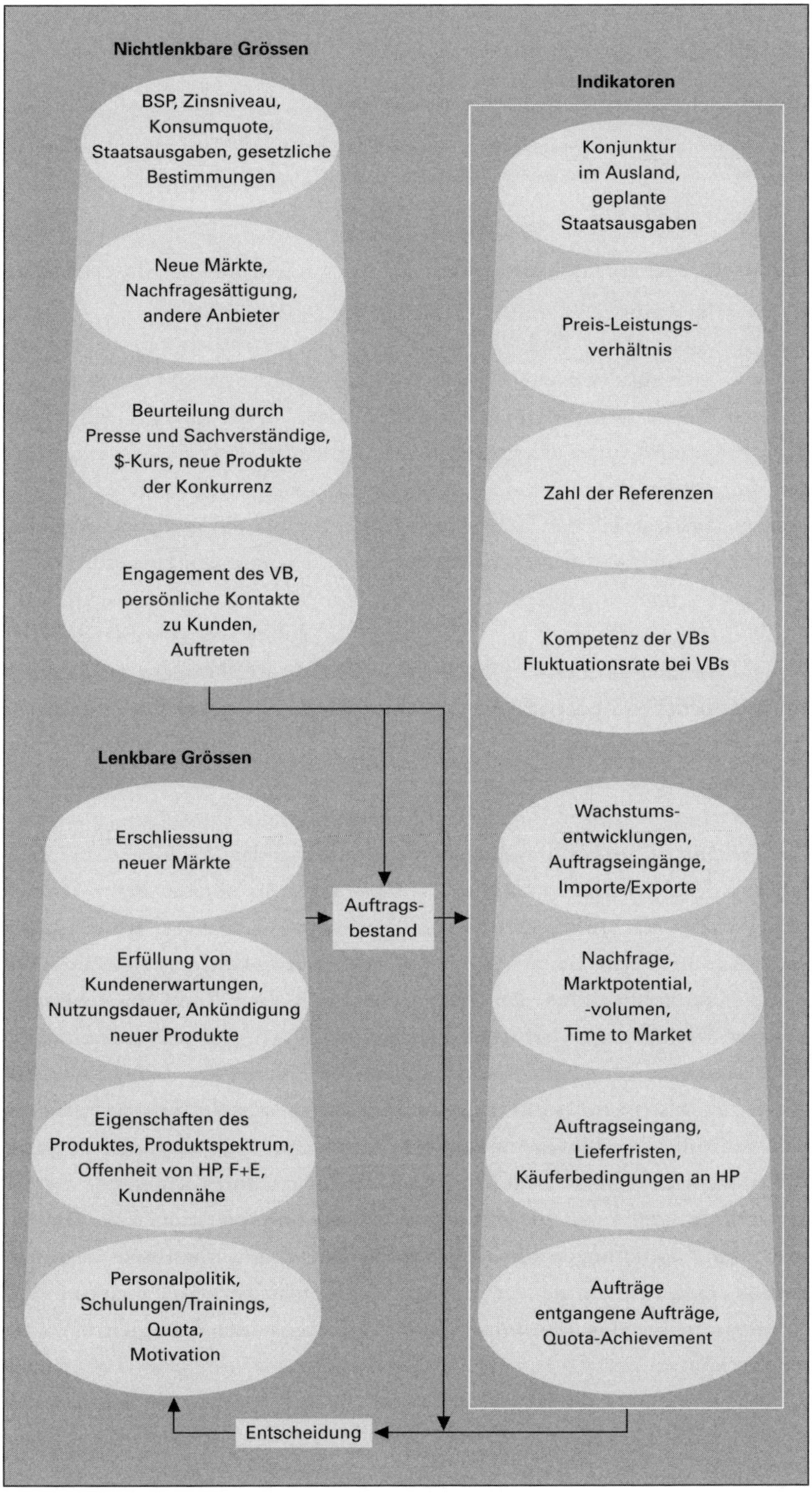

Abbildung 5.30
Ausgewählte Grössen zum Auftragsbestand auf den Ebenen
- Volkswirtschaft
- Markt
- Unternehmen
- Entscheidungsträger

(Deiss/Dierolf, 1991, S. 225)

Anhand der folgenden Kriterien sind diejenigen Faktoren herausgefiltert worden, die als Frühwarnindikatoren in der Praxis wirklich handhabbar sind:

- Beobachtbarkeit
- Rechtzeitigkeit
- Deutlichkeit

Die verschiedenen Frühwarnindikatoren konnten damit auf unterschiedlichen Ebenen des Lenkungsmodelles lokalisiert, institutionalisiert und bewusst gemacht werden (vgl. Abbildung 5.30). Ein wesentlicher Faktor konnte so bspw. auch auf der zweiten Ebene (Märkte) identifiziert werden. Er besteht in einer Korrelation zwischen den kurzfristigen Wachstumsentwicklungen der Computer-Komponenten und den langfristigen Wachstumsentwicklungen der übrigen Produkte. Der Komponentenmarkt stellt zwar einen sehr kleinen Umsatzanteil dar, hilft jedoch frühzeitig aufmerksam zu werden, zu sensibilisieren und zu agieren anstatt zu reagieren. Damit wurden jedoch nicht nur klare, zeitgerechte und beobachtbare Früherkennungsgrössen erarbeitet, sondern gleichzeitig wichtige Lernprozesse ausgelöst (vgl. PROBST/BÜCHEL 1994). Das Spiel mit den Zusammenhängen und Interaktionen, das Denken auf verschiedenen Ebenen und im grösseren Ganzen, die Beachtung verschiedener Perspektiven und Systemeigenschaften und -regeln wurden weitherum kollektiviert.

Abbildung 5.31
(gegenüberliegende Seite)
Netzwerk zur Ebene Verkäufer/Entscheidungsträger
(Deiss/Dierolf, 1991, S. 225)

«Zu den potentiellen Indikatoren, die allen Kriterien genügen, gehört auf der Verkäufer/Entscheidungsträger-Ebene unter anderem die Fluktuationsrate bei den Vertriebsbeauftragten. Ursachen hierfür können beispielsweise auf generelle Schwierigkeiten bei der Erreichung der vorgegebenen Quota zurückzuführen sein. Betrachtet man die weitere Entwicklung, so löst die erhöhte Fluktuation durch den Verlust an langfristigen Kundenbeziehungen negative Einwirkungen auf den Auftragseingang aus. Auf der anderen Seite kann auch eine gute Branchenkonjunktur die Fluktuation erhöhen, da dadurch eine gesteigerte Nachfrage nach Verkäufern entsteht. Es erscheint deshalb sinnvoll, diese Grösse im Vergleich zu anderen Herstellern der Branche zu beobachten.» (DEISS/DIEROLF 1991, S. 222) Diese durch Abbildung 5.31 illustrierte Aussage zeigt, wie mit dem Netzwerk Interpretationen vorgenommen und Präzisierungen für die Erfassung von Frühwarngrössen abgeleitet werden. Dies führt in der Umsetzung zu regelmässigen Benchmarking-Aktivitäten, die in ihren Ergebnissen und der Einschätzung klar nachvollzogen werden können.

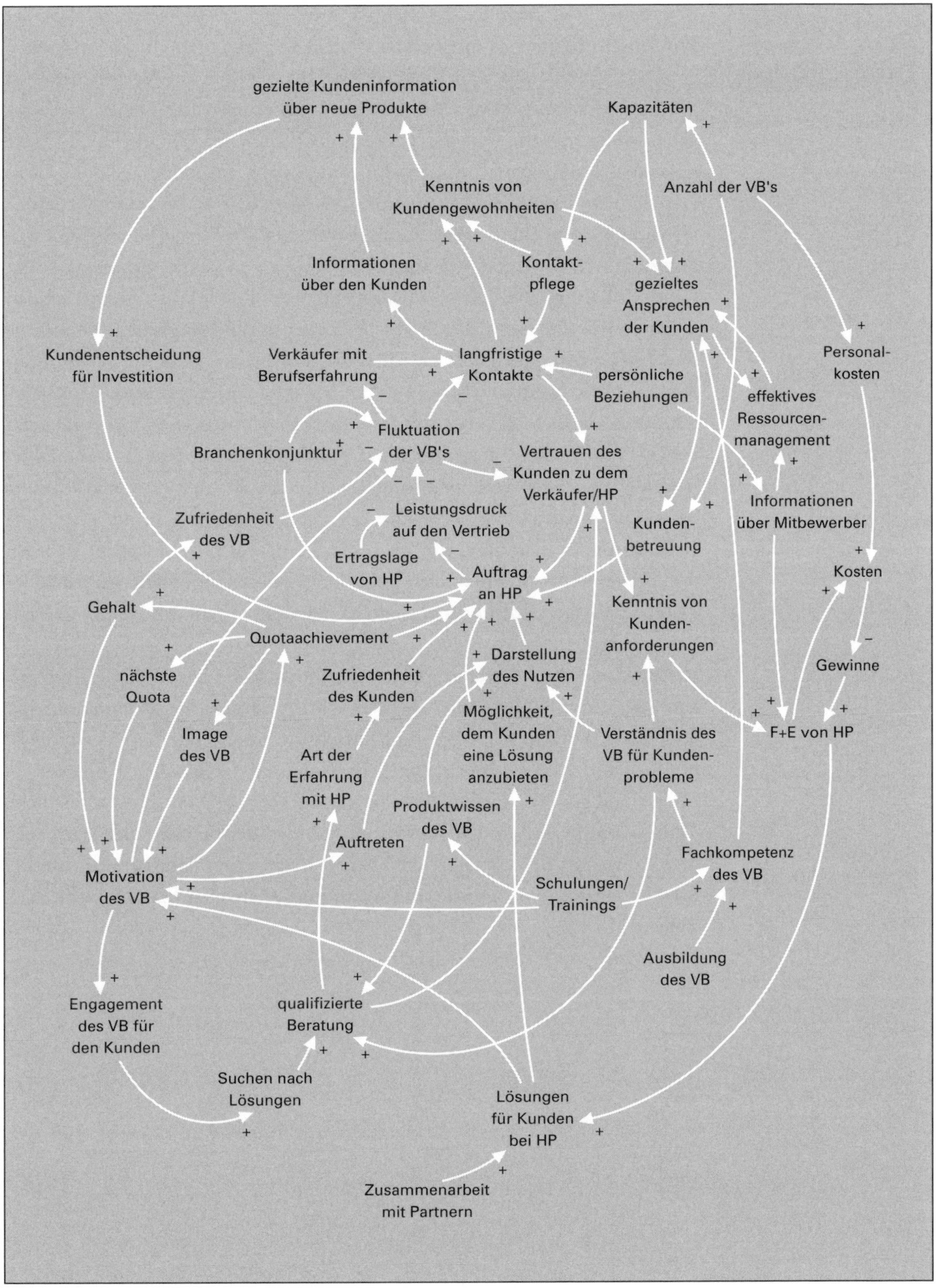
gezielte Kundeninformation über neue Produkte
Kapazitäten
Kenntnis von Kundengewohnheiten
Anzahl der VB's
Informationen über den Kunden
Kontakt-pflege
gezieltes Ansprechen der Kunden
Kundenentscheidung für Investition
Verkäufer mit Berufserfahrung
langfristige Kontakte
persönliche Beziehungen
Personal-kosten
effektives Ressourcen-management
Fluktuation der VB's
Branchenkonjunktur
Vertrauen des Kunden zu dem Verkäufer/HP
Informationen über Mitbewerber
Zufriedenheit des VB
Leistungsdruck auf den Vertrieb
Kunden-betreuung
Ertragslage von HP
Auftrag an HP
Kosten
Gehalt
Kenntnis von Kunden-anforderungen
Quotaachievement
Darstellung des Nutzen
Gewinne
nächste Quota
Zufriedenheit des Kunden
Möglichkeit, dem Kunden eine Lösung anzubieten
Verständnis des VB für Kunden-probleme
F+E von HP
Image des VB
Art der Erfahrung mit HP
Produktwissen des VB
Auftreten
Fachkompetenz des VB
Motivation des VB
Schulungen/ Trainings
Ausbildung des VB
Engagement des VB für den Kunden
qualifizierte Beratung
Suchen nach Lösungen
Lösungen für Kunden bei HP
Zusammenarbeit mit Partnern

Wir haben mit dem letzten Beispiel auch gleichzeitig gesehen, dass der Problemlösungsprozess nicht einfach mit der Erarbeitung einiger Frühwarngrössen abgeschlossen war. Vielmehr wurden methodische Vorgehensweisen hinterfragt, weitere Möglichkeiten für Anwendungen der Denk- und Vorgehensweise gesucht und das gewonnene Wissen im Unternehmen einem grösseren Kreis zugänglich gemacht. Von Anfang an wurde auf diese «Kollektivierung» besonders Wert gelegt. Das Vorgehen in Workshops erlaubte gleichzeitig, eine heterogene Gruppe für den Problemlösungsprozess zusammenzustellen. Dabei fiel uns von Anfang an das starke Engagement der Geschäftsleitung auf. Dieses Engagement war jedoch von unterstützender, partizipativer Art und drückte viel Vertrauen in die Fähigkeiten, Vorschläge und Entscheidungen der Mitarbeiter aus. Wir haben darauf bereits im Rahmen des Arbeitszeitmodells verwiesen. Es war gewissermassen ein heterarchisches statt ein hierarchisches Arbeitsteam zu finden, indem immer jener gerade das Projekt leitete, der am meisten einbringen konnte bzw. als «Spezialist» besonders betroffen war, unabhängig von seiner Stellung im Unternehmen. So war automatisch die Vertreterin der Personalabteilung in der führenden Rolle anzutreffen, wenn es um die Entwicklung des Netzwerkes im Rahmen der mitarbeiterorientierten Ziele ging, und es übernahm völlig natürlich der Leiter «Statistik» die Führung, wenn es um volkswirtschaftliche Zusammenhänge ging.

In dieser heterarchischen Form, einer sich ständig ändernden Hierarchie, kam das Vertrauen besonders deutlich zum Ausdruck. Die Kommunikation über Ziele, Vorgehen und Ergebnisfortschritte wurde innerhalb der Projektgruppe, aber auch gegenüber der Belegschaft, auf verschiedenen Ebenen gefördert und genutzt. Es fanden nicht nur regelmässig Workshops, zusätzliche Teamsitzungen und Präsentationen im Rahmen der Freitagsreden statt, sondern es wurden bewusst auch die offenen Kaffeeecken dazu benutzt, um die Schwierigkeiten, Fortschritte und Lösungsmöglichkeiten zur Diskussion zu stellen.

Epilog
Vom Problemlösen zum Wissensmanagement

Im Verlaufe der verschiedenen Schritte unserer Problemlösungsmethodik ging es immer wieder darum, Intelligenz mobil zu machen. Wir haben beschrieben, wie Probleme entdeckt und identifiziert, Zusammenhänge erfasst und aufgezeichnet, die Eigenschaften der vernetzten Situationen analysiert werden, und wie Kreativität gefördert wird, um Lösungen zu finden. Wir haben Umsetzungshilfen geschaffen und Lösungen in der Realisierung unterstützt. Damit könnten wir jetzt abschliessen: Lösungen sind gefunden und implementiert worden, der Problemlösungsprozess ist gleichsam eine in sich geschlossene Einheit. Also könnten wir zum nächsten Problem schreiten. Es mag also wenig Anlass bestehen, sich weiterhin Gedanken über das Problem und vor allem über das im Problemlösungsprozess gewonnene Wissen zu machen. Aber genau hier geht damit etwas Wesentliches verloren, das vermutlich in Zukunft den Wettbewerbsvorteil schlechthin darstellen wird. Es geht um das Wissen oder eben das Wissenskapital, das wir gewonnen haben (könnten).

In den seltensten Fällen werden jedoch Projekterfahrungen, Wissen über Vorgehensweisen, Beziehungen, Barrieren usw. aufgearbeitet und dokumentiert. So kommt es immer wieder vor, dass wir ähnliche Aussagen hören: «Wir sind doch solchen Problemsituationen schon früher begegnet; wie sind wir denn damit umgegangen?» «Wir wussten doch mal, wie man das macht, aber jetzt scheinen wir es vergessen zu haben.» «Das vorhandene oder gewonnene Wissen wird nicht geteilt und genügend genutzt.» «Wissen und Erfahrungen werden nicht allen Betroffenen zugänglich gemacht.» Solche Erkenntnisse sind nicht unüblich, und ähnliche Aussagen hört man oft am Ende eines Problemlösungsprozesses oder bei der Auslösung eines Projektes. Auch in der Problemlösungsmethodik haben wir als Leser vermutlich vieles wiedergefunden, das wir doch eigentlich wussten. Vielleicht haben wir es bereits schon verschiedene Male praktiziert. Trotzdem müssen wir uns Wissen immer wieder neu erarbeiten, weil wir es vergessen haben, oder weil wir nicht mehr wissen, dass wir es wissen. Oder wir wissen nicht mehr, wo das Wissen zu finden ist. Wie können wir dies vermeiden? Was ist für das Erhalten und den zukünftigen Nutzen des Wissens zu tun?

Vor diesen Fragen standen gewissermassen auch die Verantwortlichen bei der HOFFMANN-LA ROCHE, als der multinationale Pharmakonzern ein Projekt des «Wissensmanagements» unter der Leitung von Patricia SEEMANN lancierte. Die Problemlösungsprozesse, vor allem im Entwicklungsbereich, sind kosten- und zeitintensiv. Nehmen wir als Beispiel die Rahmenbedingungen für die Entwicklung eines Medikamentes:

- Lange Entwicklungszeit, in der Regel 5-10 Jahre
- Hohe Kosten des Entwicklungsprozesses (Durchschnitt 250 Mio. US$)
- Verzögerungen produzieren hohe Verluste (pro Tag Verzögerung ist durchschnittlich mit 1 Mio. Umsatzverlust zu rechnen; dies gilt für die Branche im allgemeinen).

Eine Verkürzung der Entwicklungszeiten und der sichere und schnelle Zugriff zum Problemlösungswissen ist deshalb von zentraler Bedeutung. Es ist also nicht verwunderlich, dass man sich bei HOFFMANN-LA ROCHE fragte, ob das Wissen aus vorangegangenen erfolgreichen Problemlösungen oder aus den Erkenntnissen bei Misserfolgen nicht besser erfasst, bewahrt, geteilt und zugriffsbereit gestaltet werden könnte. Die Entwicklungsmannschaften verfügten über meist wenig Kenntnisse und Erfahrungen aus vorangehenden Prozessen, hatten ein begrenztes Verständnis der Erwartungen und Bedürfnisse der Zulassungsbehörden, sahen sich immer wieder mit denselben Fragen der Behörden konfrontiert und werteten generell die Erkenntnisse zu wenig aus. Schlussfolgerungen bezüglich der Lösungen und des methodischen Vorgehens wurden kaum zur Diskussion gestellt oder genügend dokumentiert. Typische Problemfragen, die das Projekt «Wissensmanagement» von Patricia SEEMANN steuerten, waren deshalb die folgenden:

1. Wie können wir erkennen, welches Wissen für eine bestimmte Problemstellung bereits im Unternehmen ist?
2. Wie können wir vorhandenes Wissen optimal nutzen?
3. Wie können wir das Verständnis und Wissen für die Situation und die Anspruchsgruppen verbessern?
4. Wie können wir wissen, an wen wir uns bei bestimmten Problemstellungen und -lösungsprozessen wenden können?
5. Wie kann Wissen besser geteilt und nutzbar gemacht werden?
6. Wie kann die Qualität des Informationsmaterials, der Dokumente und der Ablaufdarstellungen verbessert werden?
7. Wie können Ergebnisse und Prozesse diskutierbar gemacht werden?

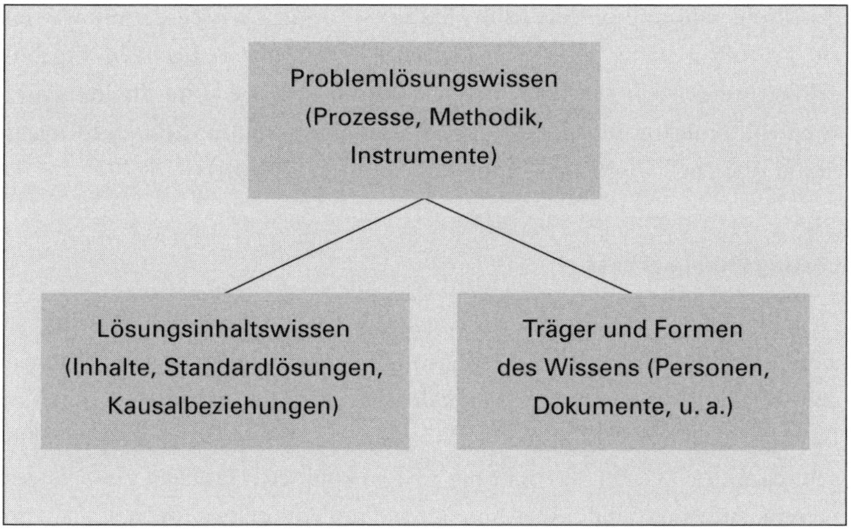

Abbildung A
Wissensarten

Folgende Wissensarten können uns aus den Erfahrungen mit einem Problemlösungsprozess interessieren: Wissen über den Prozess des Problemlösens, verallgemeinerbares Wissen aus den Lösungen selbst und über die Wissensträger, sei es in Form von Personen oder Dokumenten (vgl. Abbildung A).

Problemlösungswissen

Gemeint ist hier das Wissen, das wir aus dem Problemlösungsprozess gewonnen haben:

- Wie sind wir zur Lösung gelangt?
- Mit welchen Schwierigkeiten mussten wir fertig werden?
- Mit welchen Instrumenten haben wir welche Erfahrungen gemacht?

Gerade der Problemlösungsprozess bietet sich als Wissensgenerator par excellence an. Erfolgreiches wissensorientiertes Problemlösen zeichnet sich dadurch aus, dass über die konkrete isolierte Problemlösung hinaus ein Bewusstsein dafür entsteht, dass es um mehr geht als um eine im Einzelfall angewandte Methodik. Es geht vielmehr darum, eine bestimmte Denkhaltung und Weltsicht zu gewinnen, die die Prozesse der Problemerkennung und -lösung sowie den Umgang mit dem im Problemlösungsprozess gewonnenen Wissen bestimmt. Darüber hinaus wird die Tatsache immer wichtiger, dass auch der oben vorgestellte Problemlösungsprozess zeit- und ressourcenintensiv ist und sich bereits hieraus die Notwendigkeit und ein Interesse jeder Organisation ergibt, die Ergebnisse ihrer Problemlösungsprozesse möglichst weit und intensiv nutzbar zu machen. Es geht aber auch um das Wissen über den Problemlösungsprozess selbst, das heisst um das Wissen darum, wie solche Prozesse gestaltet und in angemessener Frist mit befriedigendem Ergebnis genutzt werden können (zum Beispiel Wissen über die beste Zusammensetzung von Projektgruppen, oder etwa Wissen um bestimmte, für eine Organisation typische Umsetzungs- und Verankerungsprobleme).

Lösungsinhaltswissen

Gemeint ist das Wissen, das wir durch die Lösung des Problems selbst gewonnen haben. Mit welchen Lösungen können wir den Leidensdruck abbauen? Welche Instrumente und Methoden haben in der spezifischen Situation Lösungscharakter? Wie ist die Wirksamkeit der verschiedenen Lösungen? Es geht dabei um Wissen, das in Bezug zu dem konkreten Problem steht, das seinerseits Ausgangspunkt eines konkreten Problemlösungsprozesses war, zum Beispiel ein bestimmtes technologisches Know-how oder aber auch ein angemesseneres Bild der Beziehungen zwischen Organisation und Umwelt als Ergebnis eines Strategieentwicklungsprozesses oder die Wahl einer Holdingstruktur in einem bestimmten Kontext. Oft handelt es sich dabei nicht einfach um ein explizites Wissen, das Organigramme, den Marketingmix, Statistiken oder Anweisungen betrifft. Viel häufiger handelt es sich um implizites Wissen (nach POLANYI 1967), das die Fähigkeit umfasst, auf andere Menschen zugehen zu können, zu kommunizieren, Beziehungen, Gefühle und Zusammenhänge managen zu können. Es taucht nicht in Berichten, Bilanzen oder Modellen auf. Trotzdem ist implizites Wissen wichtig, weil es schwer zu kopieren und imitieren ist (vgl. auch NONOKA/TAKEUCHI 1995).

Träger und Formen des Wissens

Überall in den Unternehmungen werden immer wieder Probleme gelöst. Wir wissen jedoch kaum, wer jeweils an der Erarbeitung einer Lösung beteiligt war und damit Träger von Wissen über die Lösungen und die Prozesse geworden ist. Es wird selten festgehalten, wer in einen Problemlösungsprozess miteinbezogen wurde und wer welches Lösungswissen aufgenommen und praktiziert hat. Damit wissen wir weder darüber Bescheid, welche Personen bereits bestimmte Erfahrungen gemacht haben, noch kennen wir die Form, in welcher das Wissen vorhanden ist. Vielfach ist Wissen in einer nicht erfassbaren Form vorhanden. Während zum Beispiel das in «hard facts» gespeicherte Wissen relativ leicht über Kaufverträge von ausserhalb zu erwerben ist – man denke an die Beispiele von Technologietransfer oder Blaupausen – ist das Wissen, das in den Köpfen von Menschen steckt, nur schwer greifbar. Das vorhandene Kapital wird deshalb wenig genutzt und zeigt sich schon gar nicht in einer Bilanz oder Bewertung eines Unternehmens. Man kann dieses Wissen eben nicht sehen, anfassen oder eindeutig messen. Trotzdem haben wir oben von einem Wettbewerbsfaktor gesprochen. Thomas A. STEWART (1994) schreibt: «Intellektuelles Kapital ist etwas, das sie nicht berühren können, aber es macht sie trotzdem reich.»

Intelligente Unternehmen lassen einen Problemlösungsprozess also nicht einfach mit der Implementierung einer Lösung zu Ende gehen. Sie versuchen vielmehr, sich des gewonnenen Wissens bewusst zu werden, es zu speichern, zu generalisieren, in andere Teile des Unternehmens zu transferieren und es so aufzubereiten, dass es genutzt und abgerufen werden kann. Dabei geht es klar darum, vom Wissen der Individuen zu einem Wissen der Organisation zu gelangen. Um ein weiteres Schlagwort zu benutzen, das leider meist nur oberflächlich als Metapher gebraucht wird, sprechen wir damit von *Organisationalem Lernen.* Es sind nicht einfach einzelne Individuen, die sich Wissen und damit Problemlösungs- und Handlungspotential aufbauen, sondern es ist ein kollektives Resultat zu erzielen. Das Unternehmen als Ganzes, und nicht seine einzelnen Teile oder einzelne Individuen, gewinnen an Wissen (vgl. PROBST/BÜCHEL 1994).

Es geht im Kern um einen bewussten Umgang mit dem im Problemlösungsprozess gewonnenen Wissen, unabhängig davon, ob dieses nun auf einer konkreten, das heisst problembezogenen, Ebene oder eher auf der Prozessebene liegt. Etwas konkreter heisst die Frage:

Wie kann im Problemlösungsprozess gewonnenes Wissen gezielt identifiziert, erworben oder erarbeitet, gespeichert, verteilt und nutzbar gemacht werden?

Identifikation, Erwerb, Entwicklung, Speicherung, Verteilung und Nutzung sind die «primären» Bausteine des Wissensmanagements. Sie ergänzen sich gegenseitig und sind je für sich notwendige Bedingung einer erfolgreichen Erschliessung der Potentiale, die das im Rahmen des Problemlösungsprozesses erworbene Wissen bietet.

Ergänzend ist vorab zu klären, mit welchen Zielen Wissen erfasst und gemanaged werden soll. Ebenso bedarf es eines Controllings, das die Wirksamkeit, den Nutzen, Adäquatheit, Zeitgerechtigkeit usw. des Wissens überprüft. Wichtig scheint dabei auch, dass die einzelnen Bausteine in der Praxis nicht voneinander getrennt und isoliert behandelt werden können. Sie hängen wechselseitig voneinander ab, und das Wissensmanagement als Ganzes kann immer nur so stark sein, wie sein schwächstes Glied. Jeder Baustein wirft spezifische Fragen und Probleme auf. Auf diese besonderen Fragestellungen soll im folgenden eingegangen werden (vgl. PROBST/RAUB/ROMHARDT 1997).

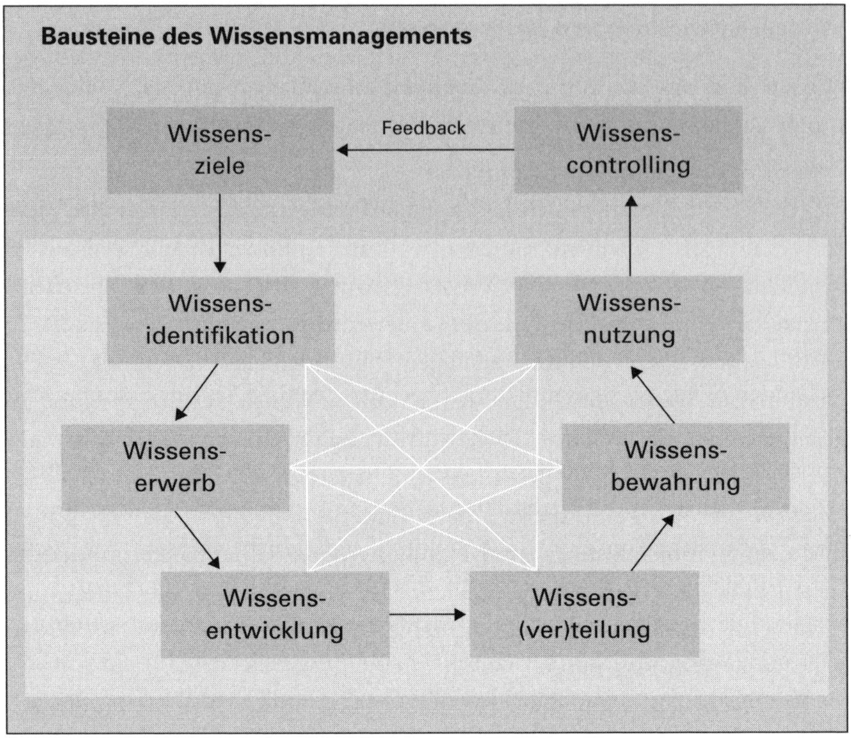

Abbildung B
Die Bausteine des Wissensmanagements

Wissensziele

Zu Beginn wie auch am Ende jedes Problemlösungsprozesses ist im Rahmen der Reflektion über die gemachten Erfahrungen zu klären, welche Ziele mit einem bestimmten Wissen zu erreichen sind. Die Frage steht damit im Raum, welche Probleme wir mit welchen Methoden, Lösungen, Personen und Instrumenten bewältigen wollen. Damit sprechen wir hier an, welche unternehmerischen Fähigkeiten vorhanden sein müssten, um erfolgreich zu sein und sich zu entwickeln.

Wissensidentifikation

Bereits zu Beginn eines Problemlösungsprozesses müssen wir uns die Frage stellen, welches Wissen intern oder auch extern vorhanden ist. Häufig ist Wissen bereits in ähnlichen Projekten gewonnen worden, es fehlt jedoch am Zugang zu diesem Wissen oder den notwendigen Relationen. Fehlende Transparenz über Erfahrungen und Fähigkeiten sind üblich, und oft wird erst im Rückblick festgestellt, dass Problemlösungen einfacher hätten erarbeitet werden können oder schon im Unternehmen vorhanden waren. Eine Dokumentation des erworbenen Wissens, ob methodischer, inhaltlicher oder personeller Art, ist deshalb von besonderer Bedeutung.

Wissensentwicklung und Wissenserwerb

Wissen können wir aus den Problemlösungserfahrungen selbst ableiten, durch Vergleiche mit andern, externen Erfahrungen gewinnen oder schlicht von aussen «einbringen». Wichtig ist am Ende eines Problemlösungsprozesses die Reflektion über seinen Verlauf. Auf den ersten Blick scheint es als eine Binsenweisheit, dass die Frage, welches Wissen überhaupt im Rahmen des Problemlösungsprozesses gewonnen wurde, als erstes beantwortet werden muss. Weniger trivial wird die Sache jedoch dann, wenn wir sehen, dass ein grosser Teil des in Individuen und Organisationen in jedem Augenblick entstehenden Wissens unerkannt und ungenutzt bleibt. Dies gilt besonders für Erfahrungen, die einzelne Personen oder Gruppen im spezifischen Kontext ihrer Organisation, zum Beispiel beim Zulassungsverfahren und der Registrierung neuer Produkte des Pharmakonzerns HOFFMANN-LA ROCHE, machen. Zwar liegt zunächst ein besonderes individuelles Wissen vor, dieses wird jedoch in der Regel nicht für die gesamte Organisation nutzbar gemacht. Die Reflektion über das vorhandene Wissen in einem bestimmten Zusammenhang ist daher der entscheidende Ausgangspunkt für ein sinnvolles Wissensmanagement. Dabei kommen zwei grundlegende Fragen ins Spiel: «Was wissen wir bzw. was haben wir gelernt?» und «Wie können wir wissen, was wir wissen, bzw. was wir gelernt haben?» Wichtig ist es, die Aufmerksamkeit nicht nur auf vermeintlich leicht handhabbare Grössen wie technologisches Know-how, das heisst Patente, Produktionsverfahren etc. zu lenken, sondern vor allem auch «weiches» Wissen, das heisst die Erfahrung in der Gestaltung bestimmter Prozesse, zu berücksichtigen. Gerade «weiches» Wissen und Prozesswissen liefern nämlich oft die Grundlage dafür, dass «hartes» Wissen überhaupt genutzt werden kann. Die Reflektion, das heisst das Bewusstmachen und Explizieren des gewonnenen Wissens ist auch unter einem anderen Gesichtspunkt die notwendige Grundlage für eine Gestaltung organisationaler Wissenszusammenhänge: Nur dann, wenn wir wissen, was wir nicht wissen, können wir «Wissenslücken» erkennen und diejenigen Felder identifizieren, denen wir uns im Rahmen des Wissensmanagements besonders widmen sollten.

Wissensverteilung

Eine Besonderheit von Wissen gegenüber anderen Ressourcen liegt darin, dass es bei der Übertragung für denjenigen, der sein Wissen weitergibt oder der es für jemand anderen nutzbar machen will, nicht verlorengeht. Wissen ist übertragbar und entfaltet seine volle Wirkung in der Organisation erst dann, wenn es gelingt, es über verschiedene Anwendungsbereiche und unterschiedliche Gruppen hinaus nutzbar zu machen. Oft sind Problemlösungen, die durch Transfer (zum Beispiel Analogiebildung) aus anderen Bereichen gewonnen werden, weitaus kreativer und origineller und helfen, eingefahrene Denkmuster und Routinen zu überwinden. «Transfer» beinhaltet zwei voneinander verschiedene Aspekte: Zum einen geht es darum, inhaltlich zu abstrahieren, das heisst Wissen aus einem ganz konkreten Kontext herauszulösen und auch für andere Fragestellungen nutzbar zu machen, zum anderen geht es unter einem eher formalen Aspekt darum, Wissen zu übertragen, das heisst von einem zu einem anderen «Wissensträger» zu wechseln.

Ein grosses Problem stellt nach erfolgreicher Implementierung einer Lösung dar, dass Wissen als «Machtinstrument» zurückbehalten wird. Wenig erfolgreiche Problemlösungsprozesse werden ohnehin kaum reflektiert und so schnell wie möglich vergessen. In beiden Fällen wäre jedoch eine (Ver-)Teilung des Wissens angebracht. Aber auch die «anderen» lassen oft notwendiges Interesse und Offenheit vermissen und tun «Wissen» als «not-invented-here» sehr schnell ab. Aufgrund fehlender Reflektionen, gemeinsamer Sprache, Medien und bestimmten Beziehungen wird Wissen nicht einem grösseren Ganzen zugänglich. Nur wenn jedoch Wissen gemeinsam reflektiert und geteilt wird, können wir wirklich von Organisationalem Lernen und einer unternehmerischen Wissensbasis sprechen (von Krogh/Roos 1995).

Wissensbewahrung

In einem weiteren Schritt stellt sich die Frage, wie Wissen in Organisationen grundsätzlich bewahrt, also im weitesten Sinne «gespeichert» werden kann. Das Wissen einer Organisation liegt – wie oben gezeigt – ja nicht nur in Form von Dokumenten, Dateien etc. vor, sondern beruht zu einem grossen Teil auf persönlichen Erfahrungen, Fertigkeiten, bestimmten Routinen und Ritualen, die bspw. in einzelnen Abteilungen wirken. Wissen kann in Organisationen also auf vielen verschiedenen Ebenen und in völlig unterschiedlichen «Speichern» bewahrt werden (Walsh/Ungson 1991, S. 5). So verschieden diese Speicherungsmöglichkeiten sind, so schwer scheint es auch, allgemeingültige Ratschläge zu geben, wie Wissen in einer Organisation bewahrt werden sollte. Allerdings lässt sich eine Reihe von Kriterien herausarbeiten, denen die Bewahrung von Wissen, auf welcher Ebene und in welcher Form auch immer, grundsätzlich genügen sollte:

- Zugänglichkeit,
- Explizierbarkeit und Anschlussfähigkeit
- Personenunabhängigkeit.

Die Zugänglichkeit eines organisationalen «Wissensspeichers» ist die notwendige Voraussetzung dafür, dass überhaupt ein Wissenstransfer stattfinden kann. Explizierbarkeit und Anschlussfähigkeit ergänzen das Kriterium der Zugänglichkeit: Damit Wissen überhaupt übertragen (und nutzbar) gemacht werden kann, muss es in einer Form gespeichert werden, die von anderen Akteuren in der Organisation «verstanden» wird. Das dritte zentrale Kriterium für die Speicherung organisationalen Wissens ist dessen Personenunabhängigkeit. Immer wieder kann beobachtet werden, wie dann, wenn Schlüsselpersonen eine Organisation verlassen, plötzlich auch ein grosser Teil des bislang vorhandenen, das heisst tagtäglich genutzten wichtigen Wissens verloren geht. Zielsetzung eines bewussten Wissensmanagements wäre es daher zu versuchen, zentrales Wissen personenunabhängig zu bewahren. Wie eine solche personenunabhängige Speicherung aussehen könnte und wie sie zu gestalten wäre, ist bis heute weitgehend ungeklärt. Klar ist allerdings, dass über die «harten» Speicherungsmedien wie Archive hinaus auch Konstrukte wie zum Beispiel die Organisationskultur personenunabhängige Medien der Bewahrung organisationalen Wissens darstellen.

Wissensnutzung

Es reicht natürlich nicht aus, dass Wissen vorhanden ist; es muss auch nutzbar gemacht und angewandt werden. In zahlreichen Organisationen liegt wichtiges, das heisst für die jeweilige Situation der Organisation relevantes Wissen brach. Vor diesem Hintergrund stellt sich die Frage nach den Barrieren der Nutzung organisationalen Wissens. Barrieren können auf vier Ebenen ausgemacht werden: strukturell, individuell, politisch und kulturell.

- *Strukturelle Barrieren* liegen dann vor, wenn die bestehende «Wissensinfrastruktur» nicht geeignet ist, relevantes Wissen zu reflektieren, zu transferieren und zu speichern. Oftmals liegt die mangelhafte Nutzung von Wissen daran, dass mit einer zu einseitig technologisch dominierten Infrastruktur wichtige Wissensbereiche ausgeblendet werden.
- *Individuelle Barrieren* wurzeln in unterschiedlichen Bereichen. Neben den kognitiven Fähigkeiten der beteiligten Individuen spielen hier insbesondere Aspekte wie Macht, Prestige und Einfluss von Organisationsmitgliedern, die mit ihrem Wissen eine zentrale Position in der Unternehmung einnehmen, eine grosse Rolle. Auch können bestehende Anreizsysteme die Nutzbarmachung bzw. Anwendung organisationalen Wissens beeinträchtigen.

- *Politische Barrieren* weisen in eine ähnliche Richtung. Hier sind es letztlich Machtinteressen bestimmter Gruppierungen innerhalb einer Organisation, die die Nutzung relevanter Wissensbestände erschweren.
- *Kulturelle Barrieren* schliesslich behindern oft die sinnvolle Verwendung vorhandenen Wissens. Je nach dem, wie offen und veränderungsfreudig, oder aber wie verschlossen und vergangenheitsgerichtet die Kultur einer Organisation oder etwa einer Abteilung ist, steigt oder sinkt die Bereitschaft, Wissen auch über die Grenzen einer bestimmten Abteilung hinaus zu nutzen.

Wissenscontrolling

Reflektionen nach einem Problemlösungsprozess, Erkenntnisse durch «lessons learned», die Bewahrung und Verbreitung von gewonnenem Wissen dürfen nicht isoliert stehen bleiben. Wir müssen uns auch darum kümmern, ob dieses Wissen wirklich und richtig genutzt wird, ob es noch immer aktuell ist. Wissenscontrolling hilft damit, Korrekturen im richtigen Moment vorzunehmen, aber auch Wissen zu eliminieren, wenn es nicht mehr adäquat ist.

Die Bausteine des Wissensmanagements ergänzen die Problemlösungstechnik und die oben beschriebenen Schritte wesentlich. Wissen als strategische Ressource wird damit bewusst gemacht, nutzbar und Grundlage für zukünftige Erfolge. Dabei geht es kaum um neue Instrumente des Managements, sondern um die (bewusste) Nutzung bereits vorhandener. Einige Beispiele für Instrumente des Managements innerhalb der oben genannten Bausteine sind in Abbildung C dargestellt (vgl. dazu Probst/Raub/Romhardt 1997).

Instrumente des Wissensmanagements	
Wissensziele	■ Wissensleitbild ■ Kompetenzportfolio ■ wissensorientierte Wertkettenanalyse ■ Management by Knowledge Objectives
Wissensidentifikation	■ Wissenslandkarten ■ Expertenverzeichnisse ■ Projektdatenbanken ■ Intranet ■ Vernetzung von Experten ■ Patentportfolios ■ Einsatz von Technologie-Scouts ■ Kundenerfahrung ■ Assessments für Lernen und Wissen
Wissensentwicklung	■ Ideenwettbewerb ■ Externalisierungstechniken ■ Kreativitätstechniken ■ think tanks ■ Erfahrungsgruppen, Diskussionsforen ■ Lernarenen ■ kollektive Problemlösungstechniken ■ Szenarien ■ Wissenslabor ■ Benchmarking ■ Simulationen
Wissenserwerb	■ Wissens- und Produkteallianzen ■ Diversity-Recruiting ■ Headhunting ■ Reverse Engineering ■ gezielte Beratereinbindung ■ Management von Stakeholderwissen ■ Akquisitionen ■ Einbindung von Schlüsselkunden und -lieferanten

Abbildung C
Instrumente zu den Bausteinen des Wissensmanagements

Wissensbewahrung	elektronische Archive Expertensysteme Schaffung von Austrittsbarrieren kollektives Gedächtnis, Wissenstrukturen Aktualisierungstechniken Datenbanken Mind Map Wissenskarten Lerngeschichten Visualisierung (zum Beispiel Netzwerke)
Wissensverteilung	Practices Rapid Response Network Erfa-Gruppen Personendatenbanken Projektdatenbanken Dokumentenmanagement Groupware offene Kaffeebar Knowledge Board
Wissenscontrolling	Wissensindikatoren Business Navigator Dissens Controlling Kommunikationsinstrumente Feedback-Systeme

Patricia SEEMANN ist bei HOFFMANN-LA ROCHE im Wissenmanagement ganz neue Wege gegangen. Anhand einiger Instrumente aus diesem Projekt soll das Wissenmanagement hier nochmals kurz illustriert werden.

Um das Wissen und die Erfahrungen aus Entwicklungsprozessen im Medikamentenbereich allen Betroffenen zugänglich zu machen, wurden sogenannte «Landkarten des Wissens» geschaffen. Die behördlichen Richtlinien aus den wichtigsten Ländern wurden erfasst und zusammengestellt und die Unternehmens-Experten daraufhin befragt, wie die Prozesse im eigenen Betrieb ablaufen, welche Erfahrungen gemacht worden sind, welche relevanten Fallstudien (positiver und negativer Art) existieren und welche Fragen von den Behörden immer wieder gestellt werden. Ebenso wurden unterschiedliche Erfahrungen und Expertenmeinungen erfasst. Die Leute mit hohem Expertenwissen und (dem Ruf) der Bereitschaft, Wissen weiterzugeben, nahm man in diese Karte auf. Ein benutzerfreundliches Dokument wurde damit geschaffen, das ein Netzwerk von Problemlösungswissen und inhaltlichem Wissen bezüglich Lösungen und Personen darstellt.

Damit wurde Wissen nicht nur schneller greifbar und abrufbar und führte entsprechend zu effizienteren Entscheidungen, sondern es wurde grundsätzlich diskutierbar gemacht. Es entstanden spontan Arbeits- und Gesprächsgruppen über bestehende Abteilungsbarrieren hinweg, die erlaubten, das gewonnene Wissen zu verarbeiten.

Zur Dokumentation des in der Unternehmung vorhandenen persönlichen Wissens kreierte die Projektgruppe das «Buch der gelben Seiten» (ähnlich dem Telephonbuch). Parallel zur personengebundenen Dokumentation relevanten Wissens wird eine Einschätzung über die Bereitschaft, dieses Wissen auch zu kommunizieren, vorgenommen. Durch dieses Vorgehen kann ein Personen- und Problemnetzwerk aufgebaut werden, in dem persönliche Kontakte höher bewertet werden als die im Organigramm «verordneten» Beziehungsmuster. Durch die Anzahl von Nennungen in den «yellow pages» wird ein Indikator für organisationales Wissen geschaffen, der eine Bewertungsgrundlage unabhängig von konkret in Umsatzzahlen bezifferbaren Erfolgen darstellt. Die Nennung von Personen, die bereit sind, ihr Wissen zu teilen, stellt somit eine Form eines kollektiven Gedächtnisses dar.

Nur wenn es uns gelingt, das Wissen über Lösungen in bestimmten Problemsituationen, über Vorgehensweisen und mögliche Barrieren sowie über die Wissensträger, deren Bereitschaft und Können zu erfassen, werden wir in Zukunft effizient Probleme lösen können. Dann lernt das Unternehmen als Ganzes aus seinen Problemlösungsprozessen, bildet ein kollektives Gedächtnis, erhöht seine Handlungsfähigkeit und -geschwindigkeit und wird so wettbewerbsfähiger. Das Zusammenspiel von vernetztem Denken, unternehmerischem Handeln und persönlichem Überzeugen ist dafür unabdingbar.

Literatur

ARGYRIS, Chris / SCHÖN, Donald (1978)
Organizational Learning: A Theory of Action Perspective, Reading 1978

ASHBY, Ross (1970)
An Introduction to Cybernetics, London 1956

BARNEVIK, Percy (1991)
The Logic of Global Business, in:
Harvard Business Review, March/April 1991, 91-105

BAUMGARTNER, Rudolf (1994)
Der Kunde als Bezugspunkt aller Anstrengungen,
in: Neue Zürcher Zeitung 4. 10. 1994, S. 65

BEER, Stafford (1959)
Cybernetics and Management, London 1959

BEER, Stafford (1966)
Decision and Control, New York 1966

BERGER, Peter / LUCKMANN, Thomas (1980)
Die gesellschaftliche Konstruktion der Wirklichkeit.
5. Auflage, Frankfurt 1980

BERTALANFFY, Ludwig von (1951)
General Systems Theory: A New Approach to Unity of Science,
in: Human Biology, 23 (1951), S. 302 ff.

BETTIS, Richard / PRAHALAD, C. K. (1995)
The Dominant Logic: Retrospective and Extension,
in: Strategic Management Journal 16 (1995), 5 ff.

BINDER, Beat (1993)
Benchmarking, Werkzeuge für spektakuläre Leistungsverbesserungen,
in: ATAG Praxis 4/93, 1 ff.

BITZER, Marc (1991)
Intrapreneurship – Unternehmertum in der Unternehmung
Stuttgart/Zürich 1991

BLEICHER, Knut (1978)
Chancen für Europas Zukunft, Frankfurt/Wiesbaden 1989

Bleicher, Knut (1992)
Das Konzept Integriertes Management, 2. Auflage, Frankfurt 1992

Brauchlin, Emil (1978)
Problemlösungs- und Entscheidungsmethodik, Bern 1978

Brauchlin, Emil / Heene, Robert (1995)
Problemlösungs- und Entscheidungsmethodik, 4. Auflage, Bern 1995

Chandler, Alfred (1962)
Strategy and Structure, Cambridge 1962

Cohen, Susan (1993)
New Approaches to Teams and Teamwork, in:
Galbraith J. et al. (eds), Organizing for the Future,
San Francisco 1993, S. 194 ff.

Curti, Elisabeth / Kündig, Karl / Studer, Silvio (1993)
Mobilink, unveröffentlichte Diplomarbeit NDU Hochschule
St. Gallen, 1993

Davenport, Thomas (1993)
Process Innovation-Reengineering Work Through Information
Technology, Boston 1993

Deiss, Gert / Dierolf, Karin (1991)
Strategische Planung und Frühwarnung durch Netzwerke
bei hewlett packard, in: Probst, G. / Gomez, P. (Hrsg.), Vernetztes
Denken, 2. Auflage, Wiesbaden 1991, S. 211 ff.

Demoscope (1987)
Das psychologische Klima der Schweiz, Luzern 1987

Dörner, Dietrich (1989)
Die Logik des Misslingens, Reinbek 1989

Drucker, Peter (1994)
The Theory of Business, in:
Harvard Business Review, September/October 1994, S. 95 ff.

Fischer, Heinz (1986)
Arbeitszeitverkürzung und Lernzeit, in:
Sozialbilanz 1986, hewlett packard, Böblingen 1986, S. 9 f.

Forrester, Jay (1961)
Industrial Dynamics, Cambridge 1961

Forrester, Jay (1969)
Urban Dynamics, Cambridge 1969

Forrester, Jay (1971)
World Dynamics, Cambridge 1971

Garvin, David (1993)
Building a Learning Organization,
in: Harvard Business Review, July/Aug. 1993, S. 78 ff.

Glasersfeld, Ernst von (1984)
Konstruktivistische Diskurse, Siegen 1984
Glasersfeld, Ernst von (1991)
Abschied von der Objektivität, in: Watzlawick, P. / Krieg, P. (Hrsg.) Das Auge des Betrachters, München 1991, 17 ff.
Gomez, Peter (1981)
Modelle und Methoden des systemorientierten Managements, Bern 1981
Gomez, Peter (1993)
Wertmanagement – Vernetzte Strategien für Unternehmen im Wandel, Düsseldorf 1993
Gomez, Peter (1996)
Ganzheitlich führen in Zeiten rasanten Technologiewandels, in: Management-Zeitschrift io, Nr. 1/2 1996 S. 22-26
Gomez, Peter / Malik, Fredmund / Öller, Karl-Heinz (1975)
Systemmethodik, Bern 1975
Gomez, Peter / Probst, Gilbert (1985)
Organisationelle Geschlossenheit im Management sozialer Systeme, in: Delfin, Nr. 5, Siegen/Stuttgart 1985, S. 22 ff.
Gomez, Peter / Probst, Gilbert (1987)
Vernetztes Denken im Management, Bern 1987
Gomez, Peter / Zimmermann, Tim (1993)
Unternehmensorganisation – Profile, Dynamik, Methodik, 2. Auflage, Frankfurt 1993
Gomez, Peter / Bleicher, Knut / Brauchlin, Emil / Haller, Matthias (1993)
Multilokales Management: Zur Interpretation eines vernetzten Systems, in: Haller, Matthias et al (Hrsg.), Globalisierung der Wirtschaft, Bern 1993, 273 ff.
Gomez, Peter / Probst, Gilbert (1994)
Handbuch der ganzheitlichen strategischen Führung, Schweizerische Kurse für Unternehmungsführung, Zürich 1994
Grässle, Anton (1993)
Quantensprung, München 1993
Gross, Peter (1994)
Die Multioptionsgesellschaft, Frankfurt 1994
Haken, Hermann / Haken-Krell, Maria (1992)
Erfolgsgeheimnisse der Wahrnehmung, Stuttgart 1992
Haller, Matthias (1990)
Risikodialog, in: Königswieser R. / Lutz, Ch. (Hrsg.), Das systemisch-evolutionäre Management, Wien 1990, S. 322 ff.

HAMMER, Michael / CHAMPY, James (1994)
Business Reengineering – Die Radikalkur für das Unternehmen, Frankfurt 1994

HAMPDEN-TURNER, Charles (1990)
Creating Corporate Culture, Reading 1990

HANDY, Charles (1991)
The Age of Unreason, 2. Auflage, London 1991

HANDY, Charles (1994)
The Age of Paradox, Boston, Mass. 1994

HEDBERG, Bo (1981)
How Organizations Learn and Unlearn, in: NYSTROM, P. / STARBUCK, W. (Hrsg.), Handbook, of Organizational Design, Oxford 1981

HOFFMANN, Klaus / LINDER, Frank (1994)
Kommando zurück, in: Manager Magazin 11/1994, S. 34ff.

HUB, Hans (1994)
Ganzheitliches Denken im Management – Komplexe Aufgaben PC-gestützt lösen, Wiesbaden 1994

JANISCH, Monika (1992)
Das strategische Anspruchsgruppenmanagement, St. Gallen 1992

KLIMECKI, Rüdiger / PROBST, Gilbert / EBERL, Peter (1994)
Entwicklungsorientiertes Management, Stuttgart 1994

KOBI, Jean-Marcel (1979)
Management des Wandels, Bern 1994

KOERBER, Eberhard von (1993)
Geschäftssegmentierung und Matrixstruktur in internationalen Grossunternehmen. Das Beispiel ABB, in: Zeitschrift für betriebswirtschaftliche Forschung, Heft 12, 1993, S. 1060 ff.

KOTTER, John / SCHLESINGER, Leonhard (1979)
Choosing Strategies for Change, in: Harvard Business Review, March/April 1979, S. 106ff.

KRAMER, Friedhelm (1977)
Produktinnovation, Die Orientierung, Nr. 66, 1977

KRYSTEK, Ulrich / MÜLLER-STEWENS, Günter (1993)
Frühaufklärung in Unternehmen, Stuttgart 1993

LEIBFRIED, Kathleen / MCNAIR, C. J. (1992)
Benchmarking, New York 1992

LIPPUNER, Heini (1993)
Changing Corporate Culture – The View of the COO, in: ISC-International Management Symposium (Hrsg.), Mobilizing Corporate Energies, St. Gallen 1993, S. 97 ff.

MAGYAR, Kasimir / PRANGE, Peter (1993)
Zukunft im Kopf, Freiburg i. Br. 1993

MALIK, Fredmund / PROBST, Gilbert (1981)
Evolutionäres Management, in: Die Unternehmung, Nr. 2, 1981, S. 121 ff.

MÄRKI, Hans Ulrich (1995)
Von der Defensive in die Offensive,
in: io Management Zeitschrift, 64 (1995) 1/2, S. 35 ff.

MATURANA, Humberto / VARELA, Francisco (1987)
Baum der Erkenntnis, 2. Auflage, Bern 1987

MEISTER, Peter (1991)
Vernetztes Denken bei der Einführung neuer Produkte –
dargestellt am Beispiel der HILTI AG, in: PROBST, G. / GOMEZ, P. (Hrsg.),
Vernetztes Denken, 2. Auflage, Wiesbaden 1991, S. 145

MILLS, Quinn (1991)
Rebirth of the Corporation, New York 1991

MINTZBERG, Henry (1973)
The Nature of Managerial Work, New York 1973

MORECROFT, John / STERMAN, John (1994)
Modeling for Learning Organizations, Portland 1994

MÜLLER-STEWENS, Günter (1995)
Zur Anschlussfähigkeit von Führungsinterventionen am Beispiel
DAIMLER-BENZ, in: MÜLLER-STEWENS, G. / SPICKERS, J. (Hrsg.),
Unternehmerischen Wandel erfolgreich bewältigen,
Wiesbaden 1995, S. 139 ff.

NAISBITT, John / ABURDENE, Patricia (1985)
Re-Inventing the Corporation, New York 1985

NEUBERGER, Oswald (1981)
Miteinander arbeiten – miteinander reden.
Bayrisches Staatsministerium, München 1981

NONAKA, Ikujiro / TAKEUCHI, Hirotaka (1995)
The Knowledge-Creating Company, New York 1995

PESTALOZZI, Heinrich (1944)
Geist und Herz in der Methode, in: BOSSHARDT, E. / DEJUNG, E. /
KEMPTER, E. / STETTBACHER, H., Heinrich Pestalozzi:
Gesammelte Werke in zehn Bänden, Bd. 9, Zürich 1944, S. 323 ff.

PETERS, Tom (1994)
The Tom Peters Seminar, Crazy Times Call for Crazy Organizations,
New York 1994

PIESKE, Reinhard (1994)
Benchmaking: das Lernen von anderen und seine Begrenzung,
in: Management-Zeitschrift io 63 (1994) 6, 19 ff.

PINCHOT, Gifford (1985)
Intrapreneuring, New York 1985
POLANYI, Michael (1967)
The Tacit Dimension, New York 1967
PORTER, Michael (1988)
Wettbewerbsstrategie, Frankfurt 1988, 5. Auflage
PRAHALAD, C. K. / HAMEL, Gary (1991)
Nur Kernkompetenzen sichern das Überleben,
in: Harvard Manager 2/1991, S. 66 ff.
PRIGOGINE, Ilya / STENGERS, Isabelle (1981)
Dialog mit der Natur, München 1981
PROBST, Gilbert J. B. (1981)
Kybernetische Gesetzeshypothesen als Basis für Gestaltungs- und Lenkungsregeln im Management, Bern 1981
PROBST, Gilbert J. B. (1987)
Selbstorganisation, Berlin 1987
PROBST, Gilbert J. B. (1989)
So haben wir ein Leitbild eingeführt,
in: Management-Zeitschrift io, Vol. 58, No. 10, 1989, S. 36 ff.
PROBST, Gilbert J. B. (1993)
Organisation, Landsberg 1993
PROBST, Gilbert J. B. / GOMEZ, Peter (Hrsg.) (1991)
Vernetztes Denken, 2. Auflage, Wiesbaden 1991
PROBST, Gilbert J. B. / BÜCHEL, Bettina (1994)
Organisationales Lernen, Wiesbaden 1994
PROBST, Gilbert J. B. / TIKART, Johann (1994)
Erfahrungen mit dem Organisationalen Lernen.
ISC, St. Gallen 1994, S. 81 ff.
PROBST, Gilbert J. B. / RAUB, Steffen / ROMHARDT, Kai (1997)
Ressource Wissen, Wiesbaden 1997 (im Druck)
PÜMPIN, Cuno (1989)
Das Dynamik-Prinzip, Düsseldorf 1989
PÜMPIN, Cuno (1992)
Strategische Erfolgspositionen, Bern 1992
RICHMOND, Barry / PETERSON, Steve (1993)
ithink!, Hanover 1993
RIGBY, Jim (1994)
Activity-based Costing and Process Re-Engineering
at HEWLETT HACKARD,
in: Taylor, B. (Ed), Successful Change Strategies,
Henell Hempstead 1994, S. 61 ff.

RÜEGG-STÜRM, Johannes / GOMEZ, Peter (1994)
From Reality to Vision, from Vision to Reality,
in: International Business Review, 3 (1994) 4, S. 369 ff.
SCHEER, A.W. (1990)
EDV-orientierte Betriebswirtschaftslehre, 4. Auflage, Berlin 1990
SCHOLL, Kai / NIEMAND, Stefan / BÄTZ, Peter (1994)
Die fraktale Fabrik in der Praxis, in:
Management Zeitschrift io 63 (1994) 6, S. 42 ff.
SEGHEZZI, Hans Dieter (1994)
Qualitätsmanagement, Stuttgart-Zürich 1994
SENGE, Peter (1990)
The Fifth Discipline, New York 1990
SENGE, Peter (1991)
The Learning Organization Made Plain,
in: Training and Development, Vol. 45, 1991, S. 37 ff.
SPOERRY, Robert (1995)
Jeder lebt mit dem Markt,
in: Management Zeitschrift io, Nr. 1, 1995, S. 44 ff.
STAEHLE, Wolfgang (1991)
Die Rolle des Managers, Wiesbaden 1991
STALK, George / HOUT, Thomas (1990)
Competing Against Time, New York 1990
STEWART, Thomas (1994)
Your Company's most Valuable Asset: Intellectual Capital,
in: Fortune, Oct. 1994, p. 86 ff.
TAYLOR, Walter (1991)
The Logic of Global Business: An Interview with ABB's Percy Barnevik,
in: Harvard Business Review, March/April 1991, S. 91 ff.
TICHY, Noel / SHERMAN, Stratford (1993)
Control Your Destiny or Somebody Else Will, New York 1993
ULRICH, Hans (1968)
Die Unternehmung als produktives soziales System, Bern 1968
ULRICH, Hans / PROBST, Gilbert J. B. (1988)
Anleitung zum ganzheitlichen Denken und Handeln,
Bern/Stuttgart 1988
VESTER, Frederic (1976)
Ballungsgebiete in der Krise, München 1976
VESTER, Frederic / HESSLER, Alexander (1980)
Sensitivitätsmodell, Frankfurt 1980
VESTER, Frederic (1990)
Ausfahrt Zukunft, München 1990

VESTER, Frederic (1992)
Methodenhandbuch zum Sensitivitätsmodell Prof. Vester, München 1992

VON KROGH, Georg / ROOS, Johan (1995)
Organizational Epistemology, New York 1995

VON KROGH, Georg / ROOS, Johan / SLOCUM, Ken (1994)
An Essay on Corporate Epistemology, in: Strategic Management Journal, 15 (1994), S. 53 ff.

VON REIBNITZ, Ute (1991)
Szenario-Technik, Wiesbaden 1991

WÄLCHLI, Adrian (1995)
Strategische Anreizgestaltung, Bern 1995

WATZLAWICK, Paul (1978)
Wie wirklich ist die Wirklichkeit, München 1978

WEICK, Karl (1979)
The Social Psychology of Organizing, 2nd edition, Reading 1979

WEINBERG, Gerald (1975)
An Introduction to General Systems Thinking, New York 1975

WIENER, Norbert (1948)
Cybernetics, New York 1948

WUNDERER, Rolf (1989)
Personal-Controlling, in: SEIDEL, E. / WAGNER, D. (Hrsg.), Organisation. Festschrift zum 60. Geburtstag von Knut Bleicher. Wiesbaden 1989, S. 243 ff.

WALSH, Jim / UNGSON, G. (1991)
Organizational Memory, in: Academy of Management Review, Vol. 16, 1991, S. 57 ff.

Stichwortverzeichnis

C

D

E

F

Q

R

S

T

X

Z

Johannes Rüegg-Stürm

Das neue St. Galler Management-Modell

Grundkategorien einer integrierten Managementlehre: Der HSG-Ansatz

2. durchges. und korr. Auflage 2003.
103 Seiten, 33 Abbildungen, kartoniert
CHF 34.– / EUR 22.–
ISBN 978-3-258-06629-5

Für den Sprachphilosophen Ludwig Wittgenstein steckt der Sinn der Worte nicht in den Worten selbst, er entsteht erst durch ihren Gebrauch in einem bestimmten Anwendungskontext. Dies gilt auch für betriebswirtschaftliche Fachbegriffe. In dem Sinne ist das Buch keine betriebswirtschaftliche Enzyklopädie mit einer Vielzahl isolierter, abschliessender Definitionen, vielmehr werden darin anhand eines differenzierten «Modells» grundlegende Fragen und Zusammenhänge einer modernen Managementlehre erörtert. Das neue St. Galler Management-Modell stellt einen differenzierten Bezugsrahmen dar, d.h. eine nützliche Landkarte zur Orientierung, die es erlaubt, wichtige Managementbegriffe in ihrem Gesamtzusammenhang zu verstehen. Es werden also keine Managementrezepte vermittelt, wohl aber ein solides Grundverständnis von Management, das bei der Bewältigung von Managementherausforderungen und bei der weiteren Vertiefung in betriebswirtschaftliche Fragestellungen gute Dienste leistet.

William Ellet

Das Fallstudien-Handbuch der Harvard Business School Press

Business-Cases entwickeln und erfolgreich auswerten

2008. 345 Seiten, 35 Abb. und 33 Arbeitsvorlagen, kartoniert
CHF 48.– / EUR 29.90
ISBN 978-3-258-07327-9

Um erfolgreich Management-Studiengänge zu absolvieren, muß man souverän mit Fallstudien umgehen können. Wer sich an Fallstudien ohne das nötige Rüstzeug heranwagt, verschwendet Zeit oder zieht irrige Schlussfolgerungen. Das umfassende Handbuch erläutert anhand ausgewählter Fälle aus der Harvard Business School alle Methoden und Techniken, die man für Business Cases kennen muss:

- Wie man die Ausgangslage einer Fallstudie erkennt
- Wie man angemessene Problemlösungs-, Entscheidungsfindungs- oder Bewertungs-Tools einsetzt
- Wie man schnell eine Wissensbasis über den Fall aufbaut
- Wie man sich in der Gruppendiskussion fundiert über Fallstudien äußert
- Wie man selber überzeugende Fallstudien entwickelt

Das Handbuch bietet nicht nur Strategien, sondern auch die nötigen Vorlagen und Beispiele zur direkten Anwendung der Fallstudien-Methode. William Ellet ist Herausgeber der Training Media Review, einer führenden amerikanischen Fachzeitschrift für BWL- und Management-Didaktik. Als Dozent der Harvard Business School lehrt er Studenten der berühmten Harvard-MBA-Programme seit über 12 Jahren, wie man mit Business Cases erfolgreich ist.